# Synapsen im digitalen Informations- und Kommunikationsnetzwerk

**Reihe herausgegeben von**
Mike Friedrichsen
University of Digital Science (UDS Berlin)
Berlin, Deutschland

Stuttgart Media University
Stuttgart, Deutschland

**EBOOK INSIDE**

Die Zugangsinformationen zum eBook inside finden Sie am Ende des Buchs.

Die Reihe behandelt Themen aus den Gebieten Digital Business, Digitale Kompetenz, Digitale Transformation, Digitale Wertschöpfungskette, Digitale Strategien, Digital Leadership, Digitales Change Management, globale Kommunikation, digitales Recht, Internet und Gesellschaft, Internet und Ethik.

Weitere Bände in der Reihe http://www.springer.com/series/15696

Mike Friedrichsen · Wulf Wersig
Hrsg.

# Digitale Kompetenz

Herausforderungen für Wissenschaft,
Wirtschaft, Gesellschaft und Politik

*Hrsg.*
Mike Friedrichsen
University of Digital Science (UDS Berlin)
Berlin, Deutschland

Wulf Wersig
University of Digital Science (UDS Berlin)
Berlin, Deutschland

Stuttgart Media University
Stuttgart, Deutschland

ISSN 2524-4329  ISSN 2524-4337 (electronic)
Synapsen im digitalen Informations- und Kommunikationsnetzwerk
ISBN 978-3-658-22108-9  ISBN 978-3-658-22109-6 (eBook)
https://doi.org/10.1007/978-3-658-22109-6

Die Deutsche Nationalbibliothek verzeichnet diese Publikation in der Deutschen Nationalbibliografie; detaillierte bibliografische Daten sind im Internet über http://dnb.d-nb.de abrufbar.

Springer Gabler
© Springer Fachmedien Wiesbaden GmbH, ein Teil von Springer Nature 2020
Das Werk einschließlich aller seiner Teile ist urheberrechtlich geschützt. Jede Verwertung, die nicht ausdrücklich vom Urheberrechtsgesetz zugelassen ist, bedarf der vorherigen Zustimmung des Verlags. Das gilt insbesondere für Vervielfältigungen, Bearbeitungen, Übersetzungen, Mikroverfilmungen und die Einspeicherung und Verarbeitung in elektronischen Systemen.
Die Wiedergabe von allgemein beschreibenden Bezeichnungen, Marken, Unternehmensnamen etc. in diesem Werk bedeutet nicht, dass diese frei durch jedermann benutzt werden dürfen. Die Berechtigung zur Benutzung unterliegt, auch ohne gesonderten Hinweis hierzu, den Regeln des Markenrechts. Die Rechte des jeweiligen Zeicheninhabers sind zu beachten.
Der Verlag, die Autoren und die Herausgeber gehen davon aus, dass die Angaben und Informationen in diesem Werk zum Zeitpunkt der Veröffentlichung vollständig und korrekt sind. Weder der Verlag, noch die Autoren oder die Herausgeber übernehmen, ausdrücklich oder implizit, Gewähr für den Inhalt des Werkes, etwaige Fehler oder Äußerungen. Der Verlag bleibt im Hinblick auf geografische Zuordnungen und Gebietsbezeichnungen in veröffentlichten Karten und Institutionsadressen neutral.

Springer Gabler ist ein Imprint der eingetragenen Gesellschaft Springer Fachmedien Wiesbaden GmbH und ist ein Teil von Springer Nature.
Die Anschrift der Gesellschaft ist: Abraham-Lincoln-Str. 46, 65189 Wiesbaden, Germany

# Vorwort

Wulf Wersig  Prof. Dr. Mike Friedrichsen

Ziel von uns als Herausgebern des vorliegenden Bandes war natürlich, namhafte und fachkundige Autorinnen und Autoren als Repräsentanten der relevanten gesellschaftlichen Gruppierungen zu gewinnen, um dem Spektrum der unterschiedlichen Argumente ein möglichst großes Aussagegewicht zu verleihen.

Eine sehr erfreuliche Bestätigung unseres Ansatzes bildeten die durchweg positiven Reaktionen der so Angesprochenen, die sowohl die Thematik als brennend aktuell einordneten als auch in der Gründung der University of Digital Science (UDS Berlin) eine zukunftsweisende Initiative sehen, die dringend zu unterstützen ist.

Oft wird die Frage an uns gerichtet, warum die Gründung einer weiteren – privaten – Universität notwendig sein soll. Die deutsche Hochschullandschaft unterlag mit Blick auf die Rolle privater Hochschulen in den vergangenen beiden Jahrzehnten erheblichen strukturellen Veränderungen. Zahlreiche Hochschulneugründungen, die Diversifizierung der Hochschultypen und das Engagement von Stiftungen, Verbänden, Bildungskonzernen und Finanzinvestoren im privaten Hochschulsektor sind Ausdruck eines tief greifenden Wandels im Wissenschaftssystem. Gemessen an der Gesamtzahl der Studierenden an deutschen Hochschulen insgesamt entspricht die Zahl der Studierenden an privaten Hochschulen einem Anteil von knapp unter 9 Prozent.

Private Hochschulen sind in der Regel deutlich kleiner und weisen ein schmaleres Fächerspektrum auf. Private Hochschulen haben sich jedoch räumlich und fachlich vor allem dort etabliert, wo Lücken im staatlichen Bildungsangebot bestehen. Das Studienangebot des privaten Hochschulsektors hat daher einen deutlichen Schwerpunkt in den Bereichen Weiterbildung, Fernstudium und Unternehmens- oder Business-to-Business-Programmen.

Die UDS ist eine völlig neue Art von Universität. Der Fokus liegt auf der Kompetenzbildung für die digitale Transformation und die daraus resultierende Veränderung der Unternehmens- und Wertschöpfungsstrukturen. Die UDS will in Europa die erste 100 Prozent digital konzipierte, plattformbasierte Hochschule werden und soll für die Digitalisierung mit allen ihren Facetten im Fokus von Forschung und Lehre stehen.

Die UDS steht für die Auflösung der klassischen Trennung von Fachbereichen und somit ist schon in der institutionellen Struktur die interdisziplinäre Arbeits- und Denkweise verankert. Das digitale Fundament hilft, traditionelle Herausforderungen des universitären Bildungssystems zu überwinden und die nächsten Generationen mit digitalen Kompetenzen auszustatten („Shared Intelligence and Competence"-Konzept).

Wissenschaftliches Denken und Handeln sollen eng mit Projekten und Forschung verbunden sein, als Zusammenspiel von Unternehmen und Universität. Im Kern geht es um einen University-as-a-Service Ansatz, u. a. Einbindung eines community-orientierten kollaborativen Grundprinzips.

An der UDS wird in Competence Center geforscht. Transformative Forschung wird an der UDS als ein Prozess verstanden, dessen Fragen sich an gesellschaftlichen Problemstellungen orientieren. Konkrete Ziel- und Transformationspfade werden erarbeitet, um diese Probleme zu lösen. Es handelt sich um einen Paradigmenwechsel, der über Grundannahmen der bisherigen Wissenschaft hinausgeht, die z. B. ihren Fokus auf disziplinäre Exzellenz und Publikationen in wissenschaftlichen Journalen richtet, und der grundsätzlich darauf zielt, Forschungsfragen prinzipiell transdisziplinär anzugehen.

Das Prinzip der Plattformorientierung liegt der Gesamtstruktur zugrunde. Die vier Stufen der UDS-Bildungsplattform:

- Das Studium im Pocket-Format
- Im Mittelpunkt steht immer der Studierende.
- Direktes Lernen, projektbasiert & kompetenzorientiert.
- Intelligente Analytics setzen die Studierenden ans Steuer.

Bildung heißt in der UDS Entwicklung von Neugier, Persönlichkeit und menschlich-technologischen Kompetenzen.

Für das Zusammenspiel mit Unternehmen und deren Personal-Rekruitment ergeben sich aus diesem universitären Ansatz diverse Synergieeffekte. Unternehmen und Hochschulen sind letztlich auf vielfältige Art und Weise miteinander verbunden. Insbesondere im Technologiesektor, in forschungsorientierten Unternehmen und in wissensintensiven Branchen basieren unternehmerisches Handeln und nachhaltiges Business Development mehr denn je auf dem kontinuierlichen Austausch mit Wissenschaft und Forschung. Unternehmen sind Abnehmer und Partner von Hochschulen. Abnehmer sind sie im Hinblick auf Absolventen und Forschungsergebnisse. Als Partner von Hochschulen und Universitäten können Unternehmen profitieren, wenn es um lebenslanges Lernen, zukunftsfähige Personalentwicklung und Innovationsfähigkeit geht.

Genau an diesem Punkt setzt auch die Idee der neuen Buchreihe *Synapsen im digitalen Informations- und Kommunikationsnetzwerk* an. Die Buchreihe wird sich inhaltlich mit Herausforderungen, Chancen und Risiken der größten Transformation der Geschichte, der Digitalisierung, beschäftigen. Dabei spielen inhaltliche Vertiefungen zu speziellen Bereichen wie beispielsweise „Blockchain", „Cyber Security" oder „Big Data" eine ebenso große Rolle wie die Auseinandersetzung mit den Folgen der Digitalisierung für die Gesellschaft, die Wirtschaft und die Politik. Eine Besonderheit dieser Reihe soll zudem in der Gestaltung liegen. Die Grundidee von der neuen Buchreihe ist, dass man mit relativ knapp gehaltenen Seitenumfängen auch vergleichsweise komplexe und komplizierte Zusammenhänge erklären und darstellen kann, um erste Einblicke in die wichtigsten Fakten und Grundlagen zu ermöglichen. Dabei haben wir die „100-Seiten-Regel" im Kopf, da die Erfahrung zeigt, dass viele Leserinnen und Leser eine überschaubare Länge präferieren, kompetent aufbereitet von renommierten Autoren aus Wissenschaft, Beratung und digitaler Praxis. Neben neuesten Forschungsergebnissen soll die neue Buchreihe auch Best Practices und Erkenntnisse aus der digitalen Welt aufzeigen.

Gleich mit dem ersten Band erlauben wir uns jedoch eine Ausnahme hinsichtlich des Umfangs zu machen. Das Thema „digitale Kompetenzen" hat bei den Autorinnen und Autoren derart viel Anklang gefunden, dass wir uns bei diesem Herausgeberband für einen eher „klassischen" Buchumfang entschieden haben. Die Qualität und die Vielfalt der Beiträge haben uns eigentlich auch kaum eine andere Wahl gelassen. Die spontane Bereitschaft, einen Beitrag zur Gestaltung des Buches zu leisten, ist umso höher zu bewerten, da alle Autorinnen und Autoren logischerweise durch ihre Kerntätigkeiten zeitlich stark beansprucht sind und sich durch die Arbeit an ihren Artikeln zwangsläufig zusätzliche Zeit jenseits der Komfortzone abringen mussten.

Insgesamt hat sich durch die Zusammensetzung der Autorinnen und Autoren ein beachtliches Spektrum über das Thema digitale Kompetenz ergeben. Dies sollte als Anregung für weitere Diskussionen verstanden werden, da es natürlich nicht möglich ist, alle Facetten eines solchen Themas in einem Buch abzudecken.

Ein besonderes und herzliches Dankeschön gilt Frau Barbara Roscher und Frau Birgit Borstelmann vom Verlag Springer Gabler. Sie haben mit viel Geduld und enormer Fachkenntnis zum Erfolg des Buches beigetragen und uns auch in schwierigen Phasen mit Rat und Tat zur Seite gestanden.

Zudem möchten wir uns herzlich bei den Autorinnen und Autoren der begleitenden Vorworte bedanken. Sie zeigen uns, dass wir mit dem Thema dieses ersten Bandes „richtig" liegen.

# Geleitwort von Dr. Nathalie von Siemens, Sprecherin des Vorstandes der Siemens Stiftung und Mitglied Aufsichtsrat Siemens AG

Ausgelöst durch den technologischen Paradigmenwechsel der Digitalisierung erleben wir einen gesellschaftlichen Epochenwandel. Die Komplexität unserer Gesellschaften hat sich enorm erhöht, sie ist zu einem fundamentalen Teil unseres Lebens geworden. Interdependenzen werden nun offenkundig, die vorher schlicht nicht existierten oder unerkannt geblieben waren.

Diese Komplexität macht eine separate Betrachtungsweise von Herausforderungen und Chancen unmöglich. Interdependenzen – auch konfliktäre – lassen sich gut am Beispiel der 17 Nachhaltigkeitsziele der Vereinten Nationen darstellen: Weltweit soll den Menschen ein würdiges Leben ermöglicht werden und gleichzeitig die natürlichen Lebensgrundlagen dauerhaft bewahrt werden. Wie kann dies bei einer stark wachsenden Weltbevölkerung mit immer höheren Lebensansprüchen geschehen? Unsere Welt ist komplex, Kausalitäten sind nicht mehr und vor allem nicht für jeden auf den ersten Blick identifizierbar. Simple Antworten sind zwar in Mode, liefern aber mangels Anerkenntnis der wissenschaftlich nachgewiesenen Interdependenzen keine tragfähige Basis für gesellschaftliche Weiterentwicklung. Stattdessen müssen wir als Gesellschaften und als Individuen lernen, Korrelationen zu bestimmen, Ziele in Beziehung zueinander zu setzen und Handlungsoptionen abzuwägen.

Durch die Digitalisierung und der mit ihr einhergehenden hohen Dynamik des Wandels muss sich entsprechend die Herangehensweise, Wissen zu vermitteln und zu erwerben, verändern. Das bestehende Bildungswesen baut jedoch auf überholte Bildungsmuster auf, welche für das industrielle Zeitalter sinnvoll waren und in diesem auch sehr wohl die Grundlage für gesellschaftlichen Wohlstand geliefert haben: Standardisierung, Memorierung, Wiederholung. Entspricht ein Bildungswesen jedoch nicht mehr seiner Zeit, drohen soziale Spaltung und Wohlstandsverluste.

Entsprechend sollte nun mittels neuer pädagogischer Methoden bei Lernenden Interesse geweckt werden, Komplexität ernst zu nehmen, sie in ihre Arbeits- und Denkweise zu integrieren. Lernende müssen andere Fähigkeiten einüben – die sogenannten „21st Century Skills". Diese beinhalten nicht nur den kompetenten Umgang mit Technologien, sondern auch Interdisziplinarität, kreative Problemlösung, abweichendes Denken, Eigenmotivation, Flexibilität und selbstständiges Arbeiten. Allesamt Fähigkeiten, um als aktiver, verantwortungsbewusster Bürger komplexe Probleme im Team lösen zu können.

Die Siemens Stiftung fördert gezielt entsprechende pädagogische Methoden wie „Forschendes Lernen" oder „Design Thinking" sowie die Integration der 21st Century Skills in die Bildungskette. Anhand der operativen Erfolge unserer Projekte können wir bestätigen: Ein zeitgemäßes Bildungswesen kann gelingen und macht Lust auf Zukunft!

Dr. Nathalie von Siemens
Sprecherin des Vorstandes der Siemens Stiftung
und Mitglied Aufsichtsrat Siemens AG

# Geleitwort von Prof. Dr. Armin Willingmann, Minister für Wirtschaft, Wissenschaft und Digitalisierung des Landes Sachsen-Anhalt

Die Digitalisierung durchdringt unser Leben in beeindruckendem Tempo: Wir nutzen smarte Telefone, um im Internet einzukaufen oder mit Freunden auf der ganzen Welt zu kommunizieren. In Büro und Werkhalle sind wir umgeben von intelligenten Maschinen, die in kürzerer Zeit deutlich mehr erledigen können als früher. Und auch unser Zuhause wird zunehmend von smarten Geräten erobert, die unser Leben erleichtern sollen. Dieser umfassende digitale Wandel bietet riesige Chancen – um sie zu nutzen braucht es aber mehr denn je auch digitale Kompetenzen. Und die sollte man ein Leben lang aktuell halten.

Dass sich zum Thema „Digitale Kompetenzen" komplette Bücher füllen lassen, zeigt das vorliegende Exemplar ganz deutlich. Hochkarätige Autoren gehen in interessanten Beiträgen der spannenden Frage nach, was der digitale Wandel für Wissenschaft, Wirtschaft und Gesellschaft in Deutschland bedeutet. Dabei geht es auch um Herausforderungen für die Politik. Sprich: Was können Bund, Länder und Kommunen tun, um die Menschen fit zu machen für „Leben & Arbeit 4.0"? Das ist eine Frage, die auch mich als Minister für Wirtschaft, Wissenschaft und Digitalisierung natürlich umtreibt.

In Sachsen-Anhalt sind wir uns der weiter wachsenden Bedeutung digitaler Kompetenzen bewusst. Daher nimmt das Thema eine zentrale Rolle in unserer „Digitalen Agenda" ein. Mit diesem Fahrplan in die digitale Zukunft haben wir ein ambitioniertes Maßnahmenpaket geschnürt, um Unternehmen, Hochschulen, Beschäftigte sowie Schülerinnen und Schüler in Sachsen-Anhalt auch beim Erwerb digitaler Kompetenzen zu unterstützen: Sei es durch ein digitales Kompetenzzentrum für den Mittelstand, das als erstes im Osten auch auf künstliche Intelligenz setzt, durch die Ausweitung digitaler Angebote an den

Hochschulen, durch passende Förderangebote zur digitalen Qualifizierung oder durch ein Landeskonzept zur digitalen Bildung.

Aus der Vielzahl der Initiativen in Sachsen-Anhalt möchte ich ein Angebot hervorheben, das mir in diesem Zusammenhang besonders wichtig ist. So haben wir 2019 das zweite Jahr in Folge ein „Digitales JugendCamp" veranstaltet. Junge Menschen haben hier ihre Vorstellungen für die digitale Zukunft des Landes diskutiert, in Praxisworkshops digitales Wissen erworben und sogar eine „Digitale Jugendagenda" mit Forderungen an die Landespolitik erarbeitet. So geht digitale Kompetenz „made in Sachsen-Anhalt"!

Ihr

Prof. Dr. Armin Willingmann

Minister für Wirtschaft, Wissenschaft und Digitalisierung des Landes Sachsen-Anhalt

# Geleitwort von Dr. Hans-Peter Friedrich, MdB, Vizepräsident des Deutschen Bundestages

Die Digitalisierung ist fraglos einer der größten Umbrüche in der Wirtschaftsgeschichte mit tief greifenden Auswirkungen auch auf die gesellschaftliche Entwicklung. Kein Bereich unseres Lebens wird durch diese Veränderung unangetastet bleiben. Entscheidend ist, die Digitalisierung nicht als unabwendbares Ereignis zu erdulden, sondern sie aktiv zu gestalten und ihre Chancen zu nutzen. Um dies zu erreichen, müssen Ängste und Besorgnisse genommen und gleichzeitig Gestaltungskompetenzen vermittelt werden.

Die Industriegeschichte des 19. und 20. Jahrhunderts hat gezeigt, dass große Umwälzungen immer mit der Sorge um den Arbeitsplatz verbunden waren und am Ende dennoch zu mehr Arbeitsplätzen und gleichzeitig zu mehr Wohlstand geführt haben. Hier wird die erste politische Aufgabe deutlich, durch Bildung und Kompetenzvermittlung im umfassenden Sinne die Menschen beim Transformationsprozess in die neue Zeit zu begleiten. Gleichzeitig muss unsere Wirtschaft in allen Sektoren von der Urproduktion über das verarbeitende Gewerbe bis hin zum Dienstleistungsbereich für die Transformation und die sie begleitenden disruptiven Prozesse gerüstet sein. Hilfestellungen bei der Vernetzung und dem unkomplizierten Zugang zu Wissen bedürfen des Zusammenwirkens von Regierung, Wirtschafts- und Unternehmerverbänden sowie den Universitäten und Forschungseinrichtungen.

Nicht zu unterschätzen sind die sozialen Auswirkungen, etwa bei der Kommunikation bis hin zum Einsatz von künstlicher Intelligenz in Bereichen, die bisher nur menschlichem Handeln und Entscheidungen vorbehalten waren. Besonderes Augenmerk muss deshalb auch auf die digitale Alltagskompetenz der Menschen gelegt werden. Die Chancen der Digitalisierung können wir nur dann nutzen, wenn wir allen Bürgern, egal welchen Alters und welcher Herkunft, den Zugang in die vernetzte Welt ermöglichen. Und schließlich müssen der Staat und seine Einrichtungen als Vorbild vorangehen, wenn es um die Bürgerkommunikation und den Zugang zu öffentlichen Einrichtungen und Dienstleistungen geht. Je früher und je schneller es gelingt, die Menschen in die digitalen Prozesse einzubinden, umso besser wird es gelingen, das riesige wirtschaftliche Potenzial auszuschöpfen.

Dr. Hans-Peter Friedrich, MdB
Vizepräsident des Deutschen Bundestages

# Geleitwort von Lena-Sophie Müller, Geschäftsführerin Initiative D21

Wir befinden uns in herausfordernden Zeiten. Viele Mechanismen der Gegenwart haben maximale Wirkung und doch verstehen wir sie noch gar nicht richtig. Da Leben und Fortschritt jedoch nicht pausieren, braucht es neue Werkzeuge, um den dynamischen Anforderungen der Digitalisierung standhalten zu können. Digitalkompetenzen lautet die Lösung.

Ohne Digitalkompetenzen sind Menschen von Bereichen wie Teilhabe an aktuellen gesellschaftlichen Diskursen, Bestehen und Wachsen in einer modernen Arbeitswelt, Nutzung von digitalen Anwendungen und Diensten, Einschätzung von Risiken in der digitalen Welt und vielen weiteren Lebensbereichen ausgeschlossen. Zurecht rücken daher Digitalkompetenzen in den Fokus gesellschaftlicher Auseinandersetzung mit der Bildung.

Bei der Vermittlung von Digitalkompetenzen werden vor allem Schul- und Hochschulbildung in die Pflicht genommen. Das greift jedoch zu kurz, was vor allem die mittleren Altersklassen gerade zu spüren bekommen. Sie federn ab, was das aktuelle Bildungssystem an Lücken hinterlässt – sowohl inhaltlich als auch auf das Alter bezogen. Dafür benötigen sie jedoch selbst gute Digitalkompetenzen. So haben es Eltern beispielsweise nicht leicht, denn sie müssen das eigene digitale Handeln verstehen und reflektieren und gleichzeitig Wege finden, ihre Kinder im Umgang mit Technologien zu unterstützen. Eine besondere Pflicht kommt ebenfalls Führungskräften und Institutionen zu, die ihre Verantwortung als Lenkende der Gesellschaft wahrnehmen (können) müssen. Sie müssen entsprechend geschult werden und gleichzeitig schulen, ähnlich dem Beispiel der Eltern.

Bildung läuft nicht linear, sie wirkt in unterschiedlichen Verbindungen auf Menschen. Und Lernen ist keine Frage des Alters. Als neue Basiskompetenzen neben Lesen, Schreiben, Rechnen muss die Vermittlung von Digitalkompetenzen vielfältig entlang der gesamten Bildungskette möglich gemacht werden. Keine Alterskohorte kann und darf ausgenommen werden, denn Digitalkompetenzen sind maßgeblich für erfolgreiche Bildungs- und Arbeitsbiografien sowie das Gestalten des Privatlebens.

Kurzum: Neben der Bildungsgerechtigkeit müssen wir auch die klassische Sicht auf Lernen und Lehren hinterfragen und neu bewerten. Dazu ist ein interdisziplinärer Dialog vonnöten. Auf den folgenden Seiten finden Sie Argumente und Meinungen, die ein wichtiger Beitrag hierzu sind und ein weiterer Schritt für eine Gesellschaft mit guten Digitalkompetenzen.

Lena-Sophie Müller
Geschäftsführerin Initiative D21

# Geleitwort von Professor Michael Rotert, Ehrenpräsident ECO Verband der Internetwirtschaft

Schon in den 70er-Jahren mussten mit Erscheinen der Informatik als eigenständigem Studienfach an fast allen Fakultäten technischer Hochschulen Programmierkurse verpflichtend angeboten werden. Die Politik hat damals wohl die Zeichen der Zeit erkannt. Als 1984 der erste deutsche Mailserver am Internet an einer Hochschule in Betrieb genommen wurde, spielte sich die Digitalisierung noch im Wesentlichen in Bereichen der Umsetzung analoger zu digitaler Elektronik ab – digitale Kompetenz betraf die Technik, und das Internet wurde von der Politik nur als vorübergehende technische Erscheinung wahrgenommen.

Doch schon Ende der 80er-Jahre konnte man beispielsweise die jeweils aktuelle digitalisierte Wetterkarte als Hintergrundbild aus dem Internet auf den Arbeitsplatzrechner laden und 1991 gab es schon die legendäre Kaffeemaschine im Internet. Heute wissen wir, dass die digitale Transformation uns noch viele Jahre beschäftigen wird, und die Thematik wird noch viel umfassender sein, als wir es uns vorstellen können.

Eigentlich hätte die Schulung der digitalen Kompetenz schon viel früher einsetzen müssen! Die Verantwortung für das Gelingen einer digitalen Transformation kann nicht nur im Verantwortungsbereich der Unternehmensmanager liegen, denn es handelt sich hierbei um vielschichtige Prozesse, die in der gemeinsamen Verantwortung aller liegen müssen

Kurzsichtige Politiker und Beamte haben es schlichtweg versäumt die Bildung bzw. Ausbildung im Bereich der digitalen Kompetenz rechtzeitig einzuführen. Obwohl Kinder es noch am leichtesten erlernen könnten, lässt man diese nach wie vor oft als Autodidakten die Digitalisierung am Smartphone begreifen.

Allen Lehrern sei gesagt, dass Digitalisierung keine „Technik für Jungs" ist, sondern die ganze Gesellschaft in allen Ausbildungsbereichen betrifft! An den meisten staatlichen Bildungseinrichtungen gibt es leider immer noch keine umfassenden Curricula, denn auch gesellschaftliche Aspekte dürfen nicht fehlen. Es ist dringend erforderlich, dass alle Ausbildungseinrichtungen digitale Kompetenz in ihren jeweiligen Lehrinhalten berücksichtigen.

Es wird Zeit, dass in Deutschland die Digitalisierung mit Nachdruck angegangen wird. Daher ist es zu begrüßen, dass auch nicht staatliche Einrichtungen wie die UDS Berlin die Initiative ergreifen!

Prof. Michael Rotert
Ehrenpräsident
ECO Verband der Internetwirtschaft

# Geleitwort von Professor Dr. Jörg Müller-Lietzkow, Präsident Hafen City Universität Hamburg

Stellen Sie sich vor, Sie leben als Europäer seit über 50 Jahren in China und haben kein Wort Chinesisch gelernt. Man kann sicherlich überleben, wohl aber würde es schwierig werden, Land, Kultur, Werte und Normen auch nur annähernd zu verstehen geschweige denn selber etwas zu gestalten. Die Einsicht würde allein dazu führen, dass man sich bemüht, zumindest die Basissprache in China zu erlernen und sich der Kultur umfänglich zu stellen.

Computer, Vernetzung und Digitalisierung sind im Zusammenhang mit dem zunehmenden Alltagsgebrauch auch schon über 50 Jahre Wegbegleiter in allen Lebensbereichen. Entgegen aber der Bereitschaft eine Sprache und Kultur zu erlernen, was uns wie eine Notwendigkeit vorkommt, haben es große Teile der Bevölkerung seit Jahrzehnten vermieden sich mit Programmcode, Technologien und Daten soweit auseinander zu setzen, dass wir heute sagen könnten, die ganze Population hat einen guten Stand hinsichtlich ihrer Digitalkompetenz. Heute wird zwar vielfach davon ausgegangen, dass Menschen digitale Endgeräte (allen voran das Smartphone) bedienen können, aber sobald es nur darum geht, kleinere Programmieraufgaben oder Datenauswertungen vorzunehmen, kommen schon viele Menschen schnell an Grenzen. Um aber Innovationstreiber in der realen, durchdigitalisierten Welt zu werden, braucht es sogar noch weit mehr Digitalkompetenz.

Der schillernde Begriff der Digitalkompetenz – oder wie in diesem Buch die semantische Trennung Digitale Kompetenz – ist eng verknüpft mit Entwicklungen, die zu ganz anderen Bereitschaften verbunden werden muss. Allen voran eine radikale Veränderung im Bildungssystem. Unser Bildungssystem – explizit in Deutschland, aber auch durchaus in vielen anderen Europäischen Ländern – basiert immer noch auf Vorstellungen und Ideen, die weit aus der Vergangenheit des letzten Jahrhunderts herrühren – und selbst da gab es hinreichend Grund sich spätestens seit den 1970er-Jahren viel intensiver mit Digitaler Kompetenz auseinanderzusetzen. Und unsere Bereitschaft sehr viel schneller den notwendigen Wandel in Wirtschaft, Gesellschaft, Wissenschaft und Politik voranzubringen, ersticken wir im Keim vielfach durch Gesetze, Vorschriften, Normierungen und anderen bürokratischen Hürden. Die berühmte DSGVO ist das allerbeste Beispiel, wie gut gemeinter Datenschutz zum Sisyphos-Berg der Digitalisierung in Europa wird.

Und warum ist das so? Nun, es liegt weit weniger an den jungen und lernwilligen Menschen, sondern an uns, die wir Ende des letzten Jahrhunderts eben nicht, wider besseren Wissens, auf die Steigerung der Digitalkompetenz in der Gesamtbevölkerung durch Bildung und ernsthafte Auseinandersetzung gedrängt haben. Diese Ignoranz fällt uns nun auf die Füße, denn die wenigen sehr qualifizierten Köpfe werden weltweit abgeworben und sind heiß begehrt – dann fehlen sie uns aber beim Aufbau europäischer Antworten auf die globalen Mitbewerber, insbesondere aus Nordamerika und Asien. Doch Resignation ist keine Antwort, sondern es gilt nun, die Siebenmeilenstiefel auszupacken, aufzuholen und die Kräfte zu bündeln, denn die nächsten digitalen Schlüsseltechnologien, insbesondere Automatisierung, Künstliche Intelligenz oder auch Blockchain-Anwendungen benötigen Talent, Kapital und Neugierde aus Europa für Europa.

Das vorliegende Buch gibt einige wichtige Impulse, wie wir uns dieser Herausforderung stellen sollen (eigentlich müssen) und warum wir dennoch gute Chancen haben, wenn wir die Fehler der Vergangenheit nicht wiederholen. Digitalisierung als „Label" ist so breit, dass immer noch sehr viel mehr Chancen als Risiken bestehen, und wir brauchen weit mehr Sehende als Blinde in der Welt von Nullen und Einsen. Ich wünsche Ihnen angenehme Lektüre und freue mich über die Verbreitung neuer Impulse durch den Herausgeberband von Mike Friedrichsen und Wulf Wersig.

Prof. Dr. Jörg Müller-Lietzkow
Präsident Hafen City Universität Hamburg

# Inhaltsverzeichnis

**Teil I Einleitung**

**Digitale Kompetenz – Notwendigkeit und Kerngedanken** .................. 3
Mike Friedrichsen und Wulf Wersig

**Bildung im digitalen Zeitalter** ........................................... 7
Florian Frank

**Teil II Wissenschaft und Hochschule**

**Was hat die Digitalisierung mit Diderot zu tun?** ......................... 19
Michael Jäckel

**Digitale Kompetenzen und Schulbildung** ................................. 29
Christoph Meinel

**Selbstbestimmtes Handeln im Digitalzeitalter – Philosophische und
anthropologische Überlegungen** ......................................... 37
Hans Köchler

**Notwendiger Paradigmenwechsel an Hochschulen – das Beispiel UDS Berlin** ... 45
Mike Friedrichsen

**Die Psychologie der Digitalkompetenz** .................................. 55
Jo Groebel

**Digitale Medien – Zugang zu einer neuen Welt** .......................... 61
Rainer Busch

**Die Cloud als Höheres Wesen? Digitale Psychologie** ..................... 71
Manfred Schönebeck und Elke van der Meer

**Alles digital, oder was?** .............................................. 83
Harald Rau

**Fünf Thesen zur digitalen Bildung** .................................. 103
Thomas Riecke-Baulecke

**Blended Learning als Spielfeld für Learning Analytics und Educational Data Mining**........................................................ 111
Malte Persike

**Der Inverted Classroom – eine Königsdisziplin der digitalen Hochschullehre?**.... 129
Bertram Bühner und Julia Sommer

**Hochschul(aus)bildung im Zeitalter der Digitalisierung – Ziele und Kompetenzanforderungen** ............................................. 135
Tobias Seidl

### Teil III  Politik

**Kompetenzen und Technologiesouveränität als Voraussetzungen für die Selbstbestimmtheit von Staat und Individuen im digitalen Wandel** ........... 145
Wolf-Dieter Lukas

**Der dynamische Staat: Denken wir IT-Sicherheit in Behörden neu!**............ 153
Jimmy Schulz

**Digital und demokratisch – was zeitgemäße schulische Bildung leisten kann** ... 161
Jan Hofmann und Alexa Schaegner

**EinBlicke zur deutschen und europäischen Bildungspolitik 2018** .............. 171
Cornelia Langer

**„Viel zu lernen du noch hast" – Medienkompetenz frei nach Yoda**............ 177
Peter Tauber

**Digitale Kompetenz – Was ist das? Vier Blicke und ein erstaunter Zweifel**..... 183
Torsten Albig

### Teil IV  Wirtschaft

**Führung und Strategieentwicklung im Spannungsfeld der Digitalisierung** ..... 191
Siebo Woydt

**Digital Excellence: Innovation plus Management-Kompetenz**................. 195
Klaus Radermacher

**Kompetenzen für das digitale Zeitalter schaffen**........................... 201
Klaus-Hinrich Vater

**Towards a Skilling Ecosystem: Ein Plädoyer für engere, sektorübergreifende Zusammenarbeit zur Stärkung von Weiterbildung und Qualifizierung** ........ 207
Anna Sinell

**Was bedeutet Digitalisierung für das Lernen im Klassenzimmer?** ............ 215
Christiane Bauer

**Neugier als digitale Kompetenz** ......................................... 223
Thomas Oehring

### Teil V  Verbände/Organisationen/Stiftungen

**Wie kann Cybersicherheit digital kompetent gestaltet werden?** .............. 229
Hans-Wilhelm Dünn

**Der Schlüssel zur wirtschaftlichen Zukunft Deutschlands: Digitale Kompetenzen für alle** ................................................. 235
Alexander Rabe und Lucia Falkenberg

### Teil VI  Gesellschaft

**Im Griff von Social Media: Wie Journalisten ihre Glaubwürdigkeit aufs Spiel setzen.** ........................................................ 243
Markus Ziener

**Leibniz, Labs & Leapfrogging Prolegomena einer Pädagogik in postdigitalen Zeiten** ............................................................. 249
Wolf Siegert

**Medienkompetenz – ein gerne unterschätzter Aspekt einer digitalen Welt** ..... 257
Wolfgang Kreißig und Thomas Rathgeb

**Zukünftige digitale Kompetenzen: Design Thinking und digitales Technologieverständnis für die nachhaltige Gestaltung der digitalen Wissensrevolution** .................................................... 263
Ingo Rollwagen

### Teil VII  Resümee

**Ausblick: Deutschland – Land der digitalen Denker und Macher.** ............ 283
Florian Frank

**Digitale Kompetenz – Handlungsoptionen und Perspektiven** ................ 289
Mike Friedrichsen und Wulf Wersig

# Teil I
# Einleitung

# Digitale Kompetenz – Notwendigkeit und Kerngedanken

Mike Friedrichsen und Wulf Wersig

Digitale Kompetenzen sind (neue) Fähigkeiten, die Mitarbeiter/-innen von Wirtschaftsunternehmen, Behörden und Bildungseinrichtungen in die Lage versetzen, digitale Technologien anzuwenden, im Rahmen ihres Aufgabenprofils zu nutzen und darüber hinaus die digitale Transformation von Geschäftsprozessen und institutionellen Abläufen mit voranzutreiben.

Gerade auch durch die internationale Verflechtung im Rahmen der Globalisierung und dem daraus resultierenden Wettbewerbsdruck ist das Vorhandensein von digitalen Kompetenzen eine Kernvoraussetzung für zukunftsweisende Entwicklung. Sich verändernde Anforderungsprofile für bestehende Berufe bieten Chancen für digital qualifizierte Mitarbeiter/-innen, verbunden mit stetigem Bedarf zur Weiterqualifizierung. Gleichzeitig müssen sich Mitarbeiter/-innen ohne digitale Kompetenzen weiterbilden, um den Anschluss nicht zu verlieren.

Die sechs großen Motoren der Veränderung sind derzeit:

- **Gesteigerte Lebenserwartung:** Menschen bleiben länger arbeitsfähig und -willig. Das beeinflusst Karrierewege, Lernkurven und Neuorientierungen.

---

M. Friedrichsen (✉)
University of Digital Science (UDS Berlin), Berlin, Deutschland

Stuttgart Media University, Stuttgart, Deutschland
E-Mail: mike.friedrichsen@uds.berlin

W. Wersig
University of Digital Science (UDS Berlin), Berlin, Deutschland
E-Mail: wulf.wersig@digitalscience.foundation

© Springer Fachmedien Wiesbaden GmbH, ein Teil von Springer Nature 2020
M. Friedrichsen, W. Wersig (Hrsg.), *Digitale Kompetenz*, Synapsen im digitalen Informations- und Kommunikationsnetzwerk,
https://doi.org/10.1007/978-3-658-22109-6_1

- **Intelligente Maschinen:** Die Nachbildung der kognitiven Prozesse des Menschen und deren Abrufbarkeit durch technische Systeme wird uns viele reproduzierbare Aufgaben abnehmen.
- **Computerisierung:** Sensoren und Programme steuern grundlegende Prozesse, Menschen lernen, mit komplexen Datenstrukturen umgehen zu können.
- **Neue Medien:** Ein Ökosystem neuer Medientechnologien fordert den Menschen auf kognitiver, technischer und interpretatorischer Ebene.
- **Superstrukturierte Organisation:** Durch die Nutzung sozialer Technologien werden neue Wege der Produktivität und Kollaboration erschlossen.
- **Globale Vernetzung:** Über die ganze Welt verteilte Spezialisten arbeiten an gemeinsamen Problemen, heutige Entwicklungsländer eingeschlossen.

Während neue Technologien eingeführt werden (müssen!), mangelt es bis hinauf in die obersten Chefetagen an digitalen Fähigkeiten. Jedem dritten Unternehmen sind die Angebote von Weiterbildungen zu Digitalthemen zu teuer und ihnen fehlt die Kompetenz, die Qualität der Inhalte zu beurteilen. Des Weiteren können Unternehmen oftmals nicht – oder nur schwer – auf Mitarbeiter verzichten, während diese sich weiterbilden. Parallel entstehen neue, anspruchsvolle Jobs, die innerhalb der Unternehmen besetzt werden müssen und deren Anforderungsprofile noch gar nicht absehbar sind. Somit steigende Anforderungen an die Fachkräfte und neue Berufsbilder führen zu einer wachsenden Flexibilisierung des Arbeitsmarktes, auf die es angemessen zu reagieren gilt.

Digitale Kompetenzen von Mitarbeitern/-innen in Unternehmen zu entwickeln, ist eine essenzielle Aufgabe, um den digitalen Wandel wertschöpfend umzusetzen. Im Zuge der Digitalisierung ist es wichtig, digitale Souveränität für Mitarbeiter/-innen und Manager/-innen eines Unternehmens zu schaffen. Es handelt sich bei der digitalen Umstrukturierung um einen langfristigen Entwicklungsprozess, bei dem die Mitarbeiter/-innen kontinuierlich ihre Kompetenzen erweitern. Die Mitarbeiterqualifikation ist der Haupttreiber der Digitalisierung in Unternehmen. Hierzu ist ein umfassendes Technikverständnis der Mitarbeiter/-innen von Nöten, welches eine generelle Begeisterung für Technik erfordert.

Unternehmen mit einem höheren digitalen Reifegrad sind im Durchschnitt 26 % profitabler als Unternehmen mit einem geringeren digitalen Reifegrad. Eine digital kompetente Führungskraft stärkt die Förderung digitaler Prozesse auf tieferen Hierarchieebenen. Nur 30 % der Unternehmen in Deutschland behaupten von sich, über die richtigen Führungsqualitäten zu verfügen, um den digitalen Wandel zu bewältigen, international sind es auch nur 35 %.

Ein wesentlicher Grund für die Stagnation ist, dass Mitarbeiter/-innen nicht richtig in den digitalen Wandel mit einbezogen werden. „Digitale Angst", also die Angst, den neuen Herausforderungen nicht gewachsen zu sein (bis hin zur Angst, den Arbeitsplatz dadurch zu verlieren), verbreitet sich allseits.

Somit ist es vorrangig von hoher Bedeutung, den Mitarbeitern/-innen die Prägnanz der Veränderungen verständlich zu machen. Um für eine Erleichterung bei den neuen

Arbeitsweisen zu sorgen, sollten die Mitarbeiter/-innen bei der Ausgestaltung der Arbeitsplätze mit einbezogen werden:

Es besteht insofern dringender Handlungsbedarf bei der Aus- und Weiterbildung in Bezug auf Digitalthemen von Mitarbeiter/-innen und Führungskräften. Digitale Kompetenz steht bei der Priorisierung ganz oben auf der Agenda und sollte (muss!) besser heute als morgen in das Zentrum der Aufmerksamkeit rücken. Es gibt eine zwingende Verbindung zwischen dem Thema („Digitale Kompetenzen") und seiner Umsetzung („Digitale Bildung").

Die Anforderungsprofile für das Kompetenzprofil „2030" sind vielfältig und natürlich auch differenziert zu betrachten:

- **Interpretationsfähigkeit:** Alle künstlichen Intelligenzen sind nur krude, partielle Nachbildungen des menschlichen Verstands. Wir müssen lernen, aus unseren Informationen die richtigen Schlüsse zu ziehen.
- **Soziale Intelligenz:** Wir werden immer weniger alleine mit Werkstoffen arbeiten, immer häufiger mit anderen Menschen gemeinsam planen und entwickeln. Soziale Intelligenz ist hier unabdingbar.
- **Adaptives Denken:** Neue Probleme müssen situationsspezifisch erkannt und kreativ angegangen werden. Weg vom Schema „if this, than that" – das werden künftig Maschinen leisten. Der Mensch kann mehr.
- **Interkulturelle Kompetenz:** In einer globalen Wirtschaft wird die Fähigkeit essenziell sein, mit unterschiedlichen Kulturen und Sprachen umgehen und Diversity nutzen zu können.
- **Digitales Denken:** Wir müssen lernen, komplexe Daten und Zusammenhänge in Algorithmen und computerisierten Modellen auszudrücken und als solche zu verstehen.

Die globale Digitalisierung wird somit unsere gesamte Gesellschaft und ihre Wertschöpfungsprozesse drastisch und nachhaltig verändern. Um im internationalen Wettbewerb bestehen zu können, muss jetzt gehandelt werden. Die Schlüsselfaktoren für die erfolgreiche digitale Transformation sind Bildung und Humankapital, die als Grundlage für zukünftig notwendige digitale Kompetenzen dienen! Es müssen neue Wege in der Etablierung von digitalen Kompetenzen und ebenso im Personalrecruiting beschritten werden – schnell, flexibel und global orientiert! Nur wenn aktiv in allen Bereichen digitale Kompetenzen kontinuierlich aufgebaut, weiterentwickelt und innovativ eingesetzt werden, können die Unternehmen auch erfolgreich sein.

Im vorliegenden Buch sollen konkrete Konzepte, Lösungsansätze und auch Visionen aus unterschiedlichen Perspektiven vorgestellt werden. Dabei stehen einige Fragestellungen im Vordergrund:

1. Was bedeutet digitale Kompetenz und was wird konkret benötigt?
2. Welchen Stellenwert hat die digitale Kompetenz in Unternehmen, in Behörden, in Bildungseinrichtungen?

3. Welche politischen Maßnahmen sind erforderlich, um digitale Kompetenzen aufzubauen?
4. Welche digitalen Kompetenzen müssen durch das Bildungssystem geschaffen werden und welche Veränderungen im Bildungssystem sind erforderlich?
5. Welche Handlungsoptionen und Lösungskonzepte gibt es?

Es kann natürlich nur ein erster Aufschlag geleistet werden, also wenn man so will, ein bunter Blumenstrauß zu einem weitreichenden Themenfeld. Allerdings zeigt sich in der Vielfalt der Beiträge und auch der Sichtweisen, wie dringlich die Aufgabe zur Schaffung von digitalen Kompetenzen in einer sich vollkommen verändernden Arbeits- und Lebenswelt ist.

**Mike Friedrichsen** ist ein Pionier im Zeitalter der Digitalisierung und gründete bereits Anfang der neunziger Jahre Unternehmen mit dem Schwerpunkt Internet & E-Commerce. Prof. Dr. Mike Friedrichsen ist seit über 20 Jahren Full-Professor an diversen staatlichen Hochschulen, derzeit ist er Professor für Wirtschaftsinformatik und digitale Medien (Schwerpunkt Digital Economy & Innovation) an der HdM Stuttgart und Founding President der University of Digital Science Berlin. Zudem ist er Direktor des UDS Competence Center for Digital Economy. Neben seiner wissenschaftlichen Tätigkeit ist er stets unternehmerisch tätig, u. a. Vorstand der Humboldt School AG sowie Gründer und Gesellschafter diverser Startup-Unternehmen. Zusätzlich nimmt er regelmäßig diverse Gastdozenturen und Lehraufträge an internationalen Universitäten weltweit wahr. Prof. Dr. Friedrichsen ist Autor zahlreicher Bücher und Fachaufsätze (national und international) und hält Keynotes und Vorträge auf allen relevanten Kongressen und Tagungen sowie bei unternehmerischen Veranstaltungen. Zudem ist er als Gutachter tätig und nimmt diverse ehrenamtliche – nationale und internationale – Funktionen ein. In wissenschaftlichen und nicht-wissenschaftlichen Unternehmen, Organisationen und Verbänden ist er Mitglied von Aufsichtsgremien und Beiräten. Er ist Herausgeber von mehreren Buchreihen in deutschen und internationalen Verlagen sowie in diversen Editorial Boards von renommierten wissenschaftlichen Zeitschriften.

**Wulf Wersig** hat in Kiel (CAU) und Berlin (FU) Volkswirtschaft und Diplom-Handelslehrer studiert. Er ist zertifizierter Organisationsentwicklungsberater und Lerncoach, war Studienleiter für Wirtschaftsinformatik und 10 Jahre lang – bis 2016 – Schulleiter und Geschäftsführer des Regionalen Berufsbildungszentrums Wirtschaft der Landeshauptstadt Kiel (RBZ Wirtschaft . Kiel). Seit 2019 ist er Kanzler und Geschäftsführer der UDS – University of Digital Science Berlin.

# Bildung im digitalen Zeitalter

Florian Frank

Macht Google uns nun klüger oder dümmer? Erleichtern uns Smartphones den Alltag oder stellen sie eine Erschwernis dar? Können wir noch frei denken oder geben uns Algorithmen inzwischen unterschwellig alles vor? Lenken wir die Entwicklung unserer Technologie oder lenkt diese uns? Erfüllt unser Schulsystem noch seine Aufgabe oder ist es überholt? Bereiten wir unsere Kinder verantwortungsvoll auf ihre Zukunft vor oder machen wir uns das selbst nur vor? Bringt das Internet uns Menschen näher zueinander oder entfernt es uns zusehends?

Das sind sieben Fragen, die uns in der heutigen Zeit betreffen und beschäftigen. Nur sieben und dennoch könnte man ganze Bücher darüber verfassen. Auch wenn die Fragen je zwei einander entgegengesetzte Annahmen aufwerfen, so sind sie doch berechtigt. Denn einfach zu beantworten sind sie nicht. Das ist auch nicht das Ziel dieses Textes. Die Fragen stehen beispielhaft für noch hunderte weiterer Themen, die heute mit sehr viel Unsicherheit verbunden sind.

Wir leben im digitalen Zeitalter. Das ist kein Geheimnis, das hat jeder bereits bemerkt. Die digitale Technologie hat inzwischen alle Lebensbereiche durchdrungen. Von der Hightech-Arbeitsumgebung im Beruf über eine digital dominierte Konsumindustrie bis hin zu unseren privatesten Rückzugsräumen, wo die Ladestation für das iPhone auf dem Nachtkästchen steht – wir sind definitiv digital. Während wir uns manchmal noch nach der guten alten vordigitalen Zeit sehnen, so können unsere Kinder nur mit den Schultern zucken. Denn sie kennen gar kein „Davor" mehr. Sie haben die digitale Selbstverständlichkeit bereits mit der Muttermilch gefüttert bekommen.

---

F. Frank (✉)
University of Digital Science (UDS Berlin), Berlin, Deutschland
E-Mail: florian.frank@uds.berlin

© Springer Fachmedien Wiesbaden GmbH, ein Teil von Springer Nature 2020
M. Friedrichsen, W. Wersig (Hrsg.), *Digitale Kompetenz*, Synapsen im digitalen Informations- und Kommunikationsnetzwerk,
https://doi.org/10.1007/978-3-658-22109-6_2

Diese tiefe Penetration ist nicht immer angenehm. Denn digitale Technologie nimmt keine Rücksicht auf die natürlichen Kurven, denen das menschliche Dasein im Tagesverlauf so folgt. Sie schläft nicht. Sie hält uns stets auf Trab. Sie informiert uns, organisiert uns, erinnert uns, berät uns, schlägt vor, markiert, setzt nach, pusht, piept, vibriert, sammelt, wertet aus, interpretiert für uns, erledigt, hakt ab und ist einfach das Beste, was uns jemals passiert ist. Doch ist das wirklich so? Der Takt in unserem Leben hat sich definitiv massiv gesteigert. In vielen Bereichen ist unser Dasein schnelllebiger geworden. Unser Bewusstsein für das Hier und Jetzt schwindet. Die Globalisierung überträgt sich in unsere Köpfe. Von großen Stresspotenzialen ist oftmals die Rede. Der digitale Wandel erfolgt dermaßen schnell, dass viele Menschen einfach zurückbleiben und hinterherhecheln.

Dennoch scheinen wir dieser Technologie sehr viel Vertrauen zu schenken. Unsere Kinder machen das sehr deutlich. Kaum ein Kind, das heute nicht über einen MP3-Player oder ein Smartphone mit offenem Zugang zum Internet verfügt. In Elternkreisen wird zwar häufig über Beschränkung und Kontrolle gesprochen, in Wirklichkeit sieht es jedoch meist anders aus. Hinzu kommt, dass auch Kinder zunehmend außerhalb ihrer Freizeit mit digitalen Medien umgehen müssen. So wird häufig die Kommunikation in der Schule auch über soziale Gruppen oder Chatrooms abgewickelt. Hausaufgaben landen in der Dropbox und Hausarbeiten sind per E-Mail einzureichen. Letztlich bleibt den Eltern nichts anderes übrig, als zu vertrauen.

Man kann nun einen endlosen kritischen Diskurs führen zum Thema Digitalisierung. Eine andere Möglichkeit ist, die Digitalisierung einfach als Fakt hinzunehmen. Da sie von unzähligen Triebkräften befeuert wird und endlos vielen Interessen als Vehikel dient, können wir dagegen auch nicht wirklich etwas ausrichten. Ein wesentlich besserer Ansatz ist, sich zu fragen, wie und welche Vorteile unserer digitalen Lebenswelt auszunutzen sind. Das dürfte unser maximal möglicher positiver Eintrag in diese Entwicklung sein. Beim Thema Bildung jedoch sieht es anders aus. Denn Bildung ist nach wie vor eine Domäne, die wir auf Landes- und Bundesebene gestalten können. Trotz zahlreicher privater Initiativen, vor allem im höheren Bildungsbereich, gibt es national und international gültige Qualitätsmaßstäbe. Die Gestaltungsspielräume innerhalb dieser bieten ein enormes Potenzial.

Um auf die Frage zurückzukommen, ob wir denn auf dem richtigen Weg mit unserem Bildungssystem sind, lohnt sich ein Blick auf die historischen Wurzeln unserer gegenwärtigen Bildungswirtschaft. Als Wilhelm von Humboldt sich vor über 200 Jahren mit der Konzeption von Bildung auseinandersetzte, schuf er sein berühmtes Bildungsideal, das bis in die heutige Zeit als Leitlinie noch seine Aktualität besitzt. So sollten vom Lehrer im Elementarunterricht Grundfertigkeiten vermittelt werden, die es dem Schüler in der weiterführenden Schule ermöglichen sollten, sich weiteres Wissen selbstständig anzueignen. Der Lehrer sollte dabei zunehmend entbehrlich werden, bis der Schüler als Student zum selbstständigen Forschen angeleitet werden sollte. Der Lehrer rückte dabei zunehmend in eine Position des Begleiters und Mentoren. Insgesamt sollte im Bildungsprozess die gesamte Persönlichkeit des jungen Menschen herausgebildet werden und schließlich, gemäß der eigenen Interessen und Neigungen, in einen kritischen und zur selbstständigen Meinungs- und Entscheidungsfindung befähigten Charakter münden.

Diese Konzeption war sehr erfolgreich und blieb dennoch eine Idealvorstellung. Denn mit zunehmenden Studentenzahlen war das System immer weniger in der Lage, auf die individuellen Bedürfnisse des Individuums einzugehen. Zusätzlich wurde Kritik laut in der Form, dass der Ansatz nicht den Bedürfnissen einer zunehmend spezialisierten Arbeitswelt Rechnung trage. Besonders deutlich wird das heute in Zeiten von Tenure-Track und schwindender Arbeitsplatzsicherheit im akademischen Bereich. Die stark durchstrukturierten Studienprogramme erlauben kaum noch, die Entwicklung von mündigen Forscherpersönlichkeiten. An vielen Universitäten kommt ein Studium einem Husarenritt gleich, der, minimalistisch und auf Bestehen getrimmt, dem ursprünglichen Anspruch nicht mehr gerecht werden kann. Ein typisches Problem von idealisierten Konzepten.

Wie steht es denn nun heute um unsere Bildung? Dazu ein Gedankengang, der ganz erstaunliche Perspektiven ermöglicht. Betrachten wir doch unser Bildungskonzept einmal von oben. Dazu setzen wir das humanistische Bildungskonzept Humboldts in einen aktuellen Referenzrahmen und lesen es mit unseren digitalen Augen neu. Es fällt auf, dass alle Unzulänglichkeiten, die das System im Laufe seiner Entwicklung ineffizient gemacht haben, inzwischen über digitale Unterstützungsdimensionen verfügen. So etwa die starke Standardisierung des Studiums bedingt durch die hohen Studentenzahlen. Oder die mangelhafte Abdeckung persönlicher Interessen. Oder die einseitige Ausrichtung auf berufliche Profile. Oder aber die Inhalte, die dem Studenten nicht das vermitteln, was er für eine erfolgreiche spätere Lebensgestaltung benötigt. Ganz zu schweigen von methodisch-didaktischen Aspekten, die bereits vor 20 Jahren überholt waren. Dazu im Anschluss mehr.

MOOCs (Massive Open Online Courses) sind seit 2012 in aller Munde. Das sind erste Versuche, akademische Inhalte unter Zuhilfenahme digitaler Technologie zu skalieren. Damit sind Universitäten weltweit das Problem angegangen, einen enorm wachsenden Kursbedarf in bestimmten Fachbereichen abzudecken und sogar noch weiter auszubauen. Der Erfolg einerseits untermauert das Potenzial digitaler Technologie. Die Tatsache, dass die Entwicklung inzwischen beinahe zum Stillstand gekommen ist, zeigt auch die Begrenztheit dieses Ansatzes. Denn die Aufzeichnung von Live-Vorlesungen und den verwendeten Folien auf Video, um sie dann digital wiederzugeben, stellt keinen großen Fortschritt dar. Es ist im Grunde nur die Erweiterung der klassischen didaktischen Kette von der Kreidetafel über den Tageslichtprojektor hin zu Beamer oder Smartboard und schließlich den heutigen Online-Kursen. Um die digitalen Möglichkeiten wirklich auszunutzen, ist gedanklich viel früher anzusetzen. Nicht bei den Möglichkeiten der Technologie. Diese sind heute unbegrenzt. Der Fokus muss zurück zum Menschen wandern. Der einzelne Mensch mit seiner individuellen Historie, seinen Erfahrungen, seinen Bedürfnissen, seinen Interessen und Erwartungen, sowie seiner sich ständig verändernden Verfassung, muss im Fokus stehen. Vom richtigen Menschenbild ausgehend entwickelt sich daraus ein neues Bildungskonzept. Treten wir nun mit einem freien Geist und den technologischen Entwicklungsmöglichkeiten Humboldts Konzeption gegenüber, eröffnen sich gänzlich neue Perspektiven. Aus dem Humboldtschen Bildungsideal wird ein Digitales Humboldtsches Bildungsoptimal. Denn in der digitalen Ära werden die damaligen Ziele endlich greifbar.

## Ziele digitalisierter Bildung

Aus einem abstrakten Blickwinkel heraus sind die Ziele digitalisierter Bildung unverändert. Denn die wesentliche Leistung des Bildungsanbieters, in diesem Fall die Universität, ist nach wie vor die Förderung der Herausbildung von Persönlichkeiten, die dem zugrunde liegenden Menschenbild entsprechen. Dies gepaart mit der Vermittlung von Fertigkeiten, die dem Individuum und seinen Bedürfnissen entsprechen. Doch was genau sind diese Bedürfnisse?

Die Entwicklung der digitalen Welt ist sehr technologiegetrieben. Dies hat zum Aufkommen gänzlich neuer Industrien und Betätigungsbereiche geführt. Die Allgegenwärtigkeit der Technologie verändert natürlich auch das Bewusstsein ihrer Benutzer. Technologische Themen wie Hardwareentwicklung, Programmierung, digitale Transformation, rechtliche Rahmenbedingungen, psychologische Adaption, Risiken und Gefahren, Geschäftsmodelle und vieles mehr haben Einzug in den gesellschaftlichen Diskurs gefunden. Diese Themen sind besonders den jüngeren Generationen, die in ihnen aufgewachsen sind, massiv im Bewusstsein. Dies sind alles Rahmenbedingungen, die jegliche Überlegung zu Zielen digitalisierter Bildung als gegeben annehmen muss. Daher sind es zwei fundamentale Aspekte, die ein erfolgreiches Bildungskonzept im digitalen Zeitalter erfüllen muss. Zum einen muss der gesamte Bildungsprozess daraufhin ausgerichtet sein, dem jungen Menschen frühzeitig eine differenzierte Wahrnehmung und fundierte Interpretation seines gesamten technologisch-gesellschaftlichen Rahmenwerkes zu ermöglichen. Dadurch hat er überhaupt eine Chance, bewusste Entscheidungen zu treffen und seine Entwicklung zu gestalten. Zum anderen muss der Bildungsrahmen in der Lage sein, durch eine adäquate Technologisierung die Erwartungen und Gewohnheiten des Studenten zu bedienen. Im Optimalfall übertrifft er sie sogar und bewegt sich selbst entlang des State-of-the-Art der Technologie.

Bildung ist eine der tragenden Säulen unserer Gesellschaft. Dass der Bildungssektor ebenfalls eine Lähmung durch Bürokratisierung erfahren hat, verwundert nicht. Schließlich stehen Bildung und Gesellschaft in politisch-industrieller Wechselwirkung zueinander und machen sich zum gegenseitigen Abbild. Doch all das entspricht nicht dem Grundgedanken: Bildung muss frei sein. Bildung muss neue Wege gehen können und im besten Falle, als gelebter Humanismus, humanistische Avantgarde sein dürfen. Daher sind die Entwicklungen der letzten Jahre sehr erfreulich. Es drängen zunehmend auch private, unabhängige Anbieter in den Markt und fordern die alten Strukturen mit neuen Ideen heraus. Ein zeitgemäßes Bildungssystem verfolgt daher das Ziel der Befreiung, der Durchbrechung veralteter Strukturen. Es fordert Pioniergeist, geistige Wendigkeit, Mut zum Experiment und den kritischen Diskurs mehr denn je und fördert damit, dass der Bildungssektor wieder eine führende Rolle einnimmt. Eine Portion Entrepreneurship ist dabei sehr hilfreich, was der Entwicklung von Fortschrittshunger und Erkenntnisdurst in jeder Hinsicht dienlich ist.

## Vom Menschen ausgedacht

Ein digitales Bildungskonzept ist durch und durch humanistisch. Es hat den Menschen ganz klar im Zentrum und folgt der Prämisse, dass Technologie dem Menschen dienen soll. Die eingangs erwähnten Unsicherheiten im bewussten Umgang mit dem Thema Digitalisierung sind das Ergebnis einer stark technologiegetriebenen Entwicklung, in der alles realisiert wird, was technologisch möglich ist. Dass die Sinnhaftigkeit im Sinne tatsächlicher menschlicher Bedürfnisse dabei oft auf der Strecke bleibt, zeigt die technologische Konsumgüterindustrie. Dort verkauft sich alles und wird zum Hype, wenn man es nur ausreichend psychologisch-emotional auflädt. Ironischerweise sind diese Konzepte ebenfalls am Menschen orientiert, jedoch in tendenziell missbräuchlicher Weise.

Davon kann der Bildungssektor allerdings im taktisch-operativen Bereich viel lernen. Was dafür sorgt, dass der Mensch im digitalen Raum kauft, konsumiert, benutzt und reagiert, ist im Bildungskontext mindestens genauso wirksam. So hat der Mensch ein evolutionär starkes Bedürfnis, zu kommunizieren und sich als Teil einer Community aus Gleichgesinnten zu erleben. Stets den Überblick zu haben und Kontrolle auszuüben ist genauso ein Grundbedürfnis, wie das gelegentliche Erleben von Spannung und Überraschung (also einer bedingten Kontrolllosigkeit). Der Mensch braucht Freiheit, um nach persönlicher Neigung und Interessenslage ausprobieren und experimentieren zu können. Ebenso braucht er die leichte Überforderung, das Fortschrittserleben und schließlich die Belohnung für erbrachte Leistungen. Hinzu kommt die soziale Anerkennung. Große Bedeutung hat dann noch der kreative Schaffensprozess im sozialen Zusammenhang, in dem Menschen miteinander an etwas arbeiten.

Gelingt es einem Bildungskonzept, stets einen gesunden Mix aus diesen Elementen für das Individuum bereitzuhalten, so hat es einen maximal leistungsfähigen und motivierten Studenten. Besonders interessant ist in diesem Zusammenhang die erwähnte leichte Überforderung, die unter anderem auf Ansätze wie das Flow-Konzept des ungarisch-amerikanischen Forschers und Psychologen Mihaly Csikszentmihalyi zurückgeht. Grob formuliert geht dieses Konzept davon aus, dass der Mensch dann optimale und lang anhaltende Leistung abliefern kann, wenn er im Rahmen seiner Kompetenzen in einem leichten Überforderungsstadium agiert (Csikszentmihalyi 1985).

Der Schlüssel eines funktionierenden digitalen Konzepts liegt nun darin, all diese Rahmenbedingungen durch digitalisierte Unterstützungsmethoden abzubilden. Dies führt zu der Herausforderung der technologischen Umsetzung. Denn je individueller zugeschnitten das Angebot sein soll, desto intensiver, engmaschiger und autonomer muss die technologische Unterstützung sein. So stellen sich große Herausforderungen an Messmethodik, Interpretationsverfahren, Feedbackschleifen, Mensch-Maschine-Interaktion sowie das Verschmelzen der Technologie mit dem Studier- und auch Dozlererlebnis beim hoch motivierten Nutzer.

## Technologische Anforderungen

Dass die technologischen Challenges den humanistischen Vorüberlegungen folgen, entspricht unserem Paradigma der Menschzentrierung. Dabei kommen sehr schnell die wesentlichen Kernherausforderungen auf den Tisch, die sich bei einem solchen Vorgehen auch nicht umschiffen lassen. Sie zwingen zum Fortschritt, denn sie sind zu lösen. Ein großes Thema, welches eine der Hauptrahmenbedingungen darstellt, ist die Datenverarbeitung. Soll das System nämlich in der Lage sein, jeden individuellen Lerner optimal zu unterstützen und mit entsprechendem Input zu versorgen, muss es vieles „wissen".

Dabei treffen nun zwei Welten aufeinander. Einerseits Datenhunger des Systems mit einer extrem hohen Auswertungsrate während der ständigen Lernbegleitung und andererseits die strikten gesetzlichen Vorgaben. Wenngleich Firmen wie IBM sehr viel Erfahrung mit der Verarbeitung großer Datenmengen haben und auch Industriestandards für deren intelligente Verarbeitung anbieten, ist die technologische Einbindung großer Datenmengen schwierig. Datenhoheit ist nämlich nicht nur ein gesetzlicher Aspekt, sondern eine wesentliche Voraussetzung für eine Vertrauensbeziehung zum Nutzer. Es braucht große Transparenz, denn der Nutzer will wissen, was das System, das ihn jede Sekunde begleitet, mit seinen Daten macht. Und um das garantieren zu können, ist auch die Frage nach dem „Wo" der Datenverarbeitung relativ leicht zu beantworten. Zumal die Entwicklung des Systems auch hohe Forschungsanteile aufweist, ist die Lösung ein geschlossenes Plattformkonzept mit eigenem Rechenzentrum in Deutschland. Eine solche Plattform bietet zahlreiche Vorteile. So können wir selbst die strengsten Spielregeln aufstellen, nach denen verfahren wird und kontrollieren damit auch die Einbindung externer Drittanwendungen.

Um die geforderte extreme Individualisierung zu realisieren, sind mindestens zwei Voraussetzungen zu erfüllen: Einerseits die bereits diskutierten Nutzerdaten, die ein hinreichend detailliertes individuelles Nutzermodell entwerfen lassen, andererseits optimal aufbereitete Schulungsinhalte, die erst die notwendigen, in der jeweiligen Situation optimalen Darbietungsformen ermöglichen.

Die Datenerhebung stellt kreative Anforderungen. Optimalerweise erhebt man Daten mit bereits vorhandenen bewährten Sensoren. Da wären etwa Smartphones und Smartwatches, die über eine Fülle von Daten und bereits aufbereitete Informationen verfügen. Für speziellen Erhebungsbedarf sind dann auch mal eigene Entwicklungen notwendig. Wie aufwändig die Nutzerdatengewinnung ist, wird damit ansatzweise deutlich. Die Eingabe und technische Aufbereitung der Inhalte setzt dem noch einen drauf. Denn Nutzerfreundlichkeit ist ein entscheidender Faktor. Etwas Gewöhnung und Einlernen zu Beginn darf zwar eingefordert werden – man erinnere sich an den langwierigen Lernprozess beim 10-Finger-Tippsystem. Aber vereinfachende Standards sind notwendig und müssen sich über die gesamte Plattform und durch alle abgedeckten Fachbereiche ziehen.

Die Interpretation der Daten ist eine ganz eigene Disziplin. Jedoch haben sich in diesem Feld in den letzten Jahren Quantensprünge getan. Besonders in den Bereichen Künstliche Intelligenz (KI), Machine Learning, Deep Learning und Neuronale Netzwerke. Man schöpft hier bereits aus einem Fundus offen zugänglicher Code-Frameworks, die experimentell und explorativ an die Bedürfnisse der Plattform angepasst werden können. Motivation und Chancen en masse, die Entwicklungs-Rahmenbedingungen sind noch zu schaffen.

An dieser Stelle ist bereits klar, wie entwicklungsintensiv, personalfordernd und mittelhungrig ein solches Plattformkonzept sein wird. Hier bieten sich große Chancen, über Kooperationen mit Forschungsinstituten und der Industrie Projekte zu definieren, die im Interesse aller Beteiligten entsprechende Fortschritte ermöglichen. Gerade in Deutschland sind nicht zu unterschätzende Kompetenzen auf den genannten Gebieten vorhanden. Aber auch innereuropäische Technologie- und Forschungspartnerschaften sollten angesichts der eingangs formulierten Prämissen in förderlichem Rahmen zu bilden sein.

Es geht darum, langfristige Perspektiven zu vermitteln und diesen folgend langfristige Partnerschaften aufzubauen. Denn der State-of-the-Art in der Digitaltechnologie entwickelt sich weltweit mit rasanter Geschwindigkeit. Somit darf von einer abschließenden Entwicklung nicht ausgegangen werden. Vielmehr sind im Rahmen einer digitalen Bildungsplattform Forschung, Entwicklung und Bildungswesen so eng beisammen wie nie zuvor. Bildungsevolution in lebender Form par excellence.

## Companion: ein Begleiter von früh bis spät

### Ein Gedankenansatz zur praktischen Umsetzung aus User-Sicht

In Erinnerung an die eigene Studentenzeit und die damit verbundenen Probleme liegen die primären Erwartungen an eine Bildungsplattform auf der Hand. Lange Wege, Wartezeiten, Unklarheiten, zu späte Information bei Änderungen, Präsenzpflicht etc. – um nur ein paar zu nennen. Diese grundlegenden Dinge hat der digitale Nutzer von heute gerne in der Hand – genauer gesagt in Fingerspitzenreichweite. Der Erfolg und die massive Verbreitung zweckorientierter Apps macht es beinahe unumgänglich, dem Studenten ebenfalls eine App an die Hand zu geben. Die muss es jedoch in sich haben. Schließlich konkurriert sie mit vielen anderen Apps. Sie muss mehr sein als nur eine App. Optimalerweise eine Verlängerung der Plattform, die alles in einer intuitiv-einfachen, klar strukturierten Anwendung vereint. Vergleichbar mit einem Gefährten oder auf Englisch „Companion".

Die Besonderheit ist, dass er seinen Benutzer auf sehr vielfältige Weise unterstützt. Seine Basisfunktionalität liegt darin, dem Studenten die Informationen anzubieten, die er in seinem Studienalltag benötigt. Dazu gehören ein Zeit- und Kalendermanagement, Erinnerungsfunktionen in Abhängigkeit von Ort und Zeit sowie die Organisation seiner Lern- und Arbeitsleistung im Studium. Bestimmte Lerninhalte kann der Companion zur Verfügung stellen, allerdings nur dann, wenn dies im gegebenen Kleinformat sinnvoll ist. So zum Beispiel Lernkarten, Audiomitschnitte, mündliche Leistungen oder Live-Diskussionen. Auch könnten damit alle möglichen studentischen Bedürfnisse mit abgedeckt werden, etwa die Einbindung sozialer Netzwerke, öffentlicher Services, Freizeitfunktionen, Online-Banking, Projektplaner, Präsentationsmanager etc. Ebenso sinnvoll ist der Aspekt, nach der Studentenzeit gut und effektiv vernetzt zu sein, um beruflich optimal unterstützt zu werden, in passende Projekte eingebunden zu sein, maßgeschneiderte Hilfe anfordern zu können usw. Grenzen sind praktisch nicht vorhanden, allein die Sinnhaftigkeit und Praktikabilität sind Inhalt der noch zu führenden Diskussion. Wichtig sind auch hier die individuelle Anpassbarkeit und gleichzeitig eine automatische Optimierung der Services in Abhängigkeit der Gewohnheiten des Nutzers. Die Nutzungsintensität eines solchen Companions korreliert direkt mit der Qualität der User-Experience.

## Ausblick: Exploratives Mindset

Dieser kurze Ritt von einigen der Grundlagen digitaler Bildung, über Rahmenbedingungen für die Umsetzung eines Plattformkonzeptes, hin zum Aufzeigen erster Lösungsansätze, vermittelt eine Idee von der Komplexität des Themas. Und das ist nur die Spitze des Eisberges. Auf dem Weg zu einem angemessenen neuen Bildungskonzept für die digitale Ära werden noch ganz andere Herausforderungen auftauchen. Herausforderungen, die zum gegenwärtigen Zeitpunkt noch gar nicht absehbar sind. Auch die Übertragung eines integrativen Plattformkonzeptes auf andere Bereiche der Bildung – zu nennen wären etwa berufliche Aus- und Weiterbildung oder lebenslanges Lernen – wird noch weitere Fragestellungen aufwerfen. Der Weg mag zwar unbequem erscheinen, ihn zu gehen ist jedoch notwendig. Denn mit den nun aufkommenden Technologien ergeben sich Möglichkeiten, den Mensch und sein Lernen auf ein gänzlich neues Niveau anzuheben und damit der Forderung nach zeitgemäßen Bildungskonzepten im digitalen Zeitalter konkrete Lösungen vorzustellen. Den Gedanken und digitalen Umsetzungsmöglichkeiten sind keinerlei Grenzen gesetzt. Herausfordernd ist allein die Disziplin, auf dem Weg wissenschaftlich vorzugehen und dabei die Lektionen zu lernen, sie korrekt zu interpretieren und in der Weiterentwicklung umzusetzen.

Was es braucht, ist ein exploratives Mindset und Mut, neue Wege zu gehen. Auf die Nase zu fallen ist fester Bestandteil der ersten Schritte, die jedes Kind geht. Der Weg ist ein Lernmix aus Fehlern und Erfolgen. Das höhere Bildungswesen steckt in seinen digitalen Kinderschuhen. MOOCs waren ein erster Schritt. Doch ihr Potenzial scheint begrenzt. Daher ist es an der Zeit, neue Wege zu gehen. Es wird eine spannende Reise, für die es noch echte Abenteurer braucht!

## Literatur

Csikszentmihalyi, M. (1985). *Das Flow-Erlebnis*. Stuttgart: Klett-Cotta.

**Florian Frank** ist Diplom-Sportwissenschaftler mit den Schwerpunkten Psychologie und Medizin. Die weitere Ausbildung in Psychologie und Therapie führten ihn schließlich in die akademische Lehre, wo er seine Faszination für digitale Technologie im Lehrkontext auf vielfältige Weise in die Praxis überführt. Sein Forschungsinteresse gilt besonders dem „digitalen Menschenbild" und der Entwicklung und Umsetzung digital gestützter Bildungsansätze sowie dem Einsatz digitaler Medien im Unterricht. Weiterhin sammelte er in über 10 Jahren als Offizier der deutschen Streitkräfte vielfältige praktische Führungserfahrung. Als Consultant für Führungskräfte und strategische Unternehmensfragen gibt er sein Wissen und Können im herausfordernden Feld von Kommunikation, Führung und Personalentwicklung im Rahmen digitaler Transformation weiter.

# Teil II

# Wissenschaft und Hochschule

# Was hat die Digitalisierung mit Diderot zu tun?

Michael Jäckel

„Die Entfernung fördert meist die Bewunderung." Dieser Satz von Denis Diderot (1713–1784) beschreibt eine vertraute Erfahrung, die die Kehrseite des Sprichworts „Der Prophet im eigenen Land ist nichts wert." wiedergibt. Ständig neue Ideen mit stets besonderen Namen oder Akronymen begleiten die digitale Agenda. Jedes Themengebiet entfaltet ein semantisches Feuerwerk, z. B. „Open Educational Resources" (OER), das nicht nur einen kreativen Umgang mit Lehren und Lernen favorisiert, sondern auch die entsprechenden Instrumente und Rahmen mitliefert: Makerspace, EduLab, TinkerBib – drei zufällig ausgewählte Begriffe aus einem Schwerpunktheft. Jede dieser Ideen steht für ein Element in einem Schaltplan der Zukunft, den der verstorbene Frank Schirrmacher mit Blick auf eine innovative Region einmal so formulierte: „Jeder neue Output des Silicon Valley [...] ist ein Ereignis der sozialen Physik" (Schirrmacher 2013). Etwas verändert die Spielregeln und die Strukturen.

Auch das aufklärerische Ideal, für das Diderot steht, zielte auf eine Veränderung der Spielregeln, auf einen anderen Zugang und Umgang mit Bildung. Eine „von außen angetragene [.] Erziehung", so Reinhart Koselleck, wird zu dem „Autonomieanspruch, die Welt sich selbst einzuverwandeln [...]" (Koselleck 1990, S. 14 f.).

Sich selbst einzuverwandeln? Autonomer kann ein Bildungsvorgang wohl kaum beschrieben werden. Aber wie sahen manche Antworten aus? Langdon Winner und seine Automatic Professor Machine war vor fast 20 Jahren ein Wink mit dem Zaunpfahl (Langdon 2018).

---

M. Jäckel (✉)
Universität Trier, Trier, Deutschland
E-Mail: jaeckel@uni-trier.de

Als er, als Technikphilosoph, demonstrativ vor einem Apparat stand, der einem Geldautomaten glich, seine Kreditkarte zum Abruf einer Vorlesung einsetzte und den Vorgang mit dem Satz kommentierte: „It's all information to me.", wussten doch alle, warum sie das lustig fanden. Konnte man sich – um das Wort information beim Wort zu nehmen – ein Bild von dieser Bildung machen?

## Veränderung – Orientierung – (Neu)Ausrichtung

Ebenfalls in der Ferne, erneut in den Vereinigten Staaten, nehmen derweil Nano-, Micro- und Master Degrees, die von Plattformen wie edX, Udacity oder Coursera angeboten werden, zu. Neben diese neuen Abschlüsse und Geschäftsmodelle treten Connect-Modelle mit anderen Universitätsstandorten. Aber nicht alle folgen diesem Vorbild. Die Skepsis gegenüber elektronischen Vorlesungs-Formaten ist ebenso vorhanden. Zur Vorstellung, man könne mit Massive Open Online Courses die Welt der Bildung öffnen, sagte ein Verantwortlicher der University of Southern Californians beispielsweise im Jahr 2015:

> Ja, die Moocs-Bewegung wollte breitere Bevölkerungsschichten erreichen. Aber universitäre Bildung heißt ja nicht nur Informationen zu bekommen. Es geht um den Austausch mit Professoren und anderen Studenten, darum sich zu respektieren und zu interagieren. Der Bildungsprozess ist also ein viel umfassenderer (taz 1. August 2015).

Da ist sie wieder: die traute Umgebung, die aber häufig auch zu heimelig beschrieben wird. Trotzdem konnte die Bewunderung dessen, was da in der Ferne passiert, Rektorenkonferenzen und viele andere Kongresse (inhaltlich) vereinnahmen.

Es waren also vor wenigen Jahren vier Großbuchstaben und ein kleines s, die für Aufregung sorgten: MOOCs. Ausführlich wurden die Potenziale und Probleme dieser Massive Open Online Courses analysiert. Die Aufregung ist heute eher verflogen, aber die Plattformen expandieren. Welche akademische Anerkennung diesem Wandel folgt, ist noch nicht absehbar; ein Angriff auf ein von hohen Gebühren finanziertes System wie das der USA ist es wohl. Die deutschen Hochschulen beobachten die Entwicklung und üben sich in dem Format, meistens im Sinne einer Anreicherung der Präsenzlehre oder als Testballon, auch in Kooperation mit weiteren akademischen Partnern. Fernstudiengänge orientieren sich neu, reine Online-Studiengänge sind bereits vorhanden und entwickeln sich weiter – verursachen aber auch hohe Kosten (Zeit und Geld).

Alles kreist um die Frage guter Lehre, um das Ausmaß der Interaktion zwischen Lehrenden und Lernenden, um die Qualität von Lehrformaten, um kognitive Effekte unterschiedlicher Lernformen, um Anwesenheit und Abwesenheit, mithin um Flexibilität, um Fokussierung und Ablenkung, um Unabhängigkeit und Kontrolle, um Infrastrukturen, um die Zukunft.

## „Gedanken in einer Mondnacht"

Der Moderator des Hochschulforums Digitalisierung wollte zu Beginn einer Diskussionsrunde wissen, ob es in Sachen Digitalisierung an deutschen Hochschulen eher evolutionär oder disruptiv zugehe. Dabei hatte das Hochschulforum selbst in einer Publikation die Devise „Den Wandel weiterdenken" ausgegeben. Ich antwortete mit einem Hinweis auf das Erstlingswerk des US-amerikanischen Schriftstellers Don DeLillo, der bereits in den 1970er-Jahren eine nicht nur irritierende, sondern auch aufschlussreiche Geschichte erzählte, und zwar in Gestalt der Vision eines alten weisen Indianers:

> Er hat gesagt, alle neuen Universitäten würden nur noch aus einem kleinen Raum bestehen. Das würde folgendermaßen funktionieren: Zu Beginn eines jeden Semesters würde die gesamte Studentenschaft – die mindestens fünfhunderttausend betragen müsste, damit die Computer genug zu tun hätten – sich auf einem großen freien Platz vor einer Fernsehkamera versammeln. Sie würden auf Videoband aufgenommen. In einer getrennten Aktion würde man dann auch, einzeln, das Lehrpersonal auf Video aufnehmen. Anschließend würden die beiden Monitore in den einen Raum gestellt werden, der die Universität darstellt. […] Am ersten Unterrichtstag um neun Uhr morgens würde ein Computer die beiden Geräte einschalten, die sich gegenüberständen. Das Videoband der Studenten würde sich dann das Videoband des Lehrpersonals ansehen. Das System könnte schließlich so verfeinert werden, dass es im ganzen Land nur noch eine einzige Universität gäbe (DeLillo 1971/2016, S. 160).

Daraufhin meinte der Zuhörer, dass dieser Beobachter doch nicht ganz auf der Höhe der Zeit sei.

Auf der Höhe der Zeit? Wir müssten eigentlich erstaunt sein, was über die Zukunft der Bildung schon alles gedacht wurde. Wenn man fragt, um was es eigentlich geht, tendieren die meisten Antworten zu: „Um alles." Wäre der Film „Die Reifeprüfung" in der heutigen Zeit entstanden, würde der Freund des Hauses zu dem erfolgreichen Absolventen Benjamin nicht mehr „One Word: Plastics … There's a great future in plastics." sagen, sondern den großen Deal in „Digitization" sehen. Diese berühmte Szene erinnert an die Monotonie heutiger Ansprachen, die alle nur noch dieses eine (Digitalisierung) predigen. Man muss aufpassen, dass aus dem Begriff kein „Plastikwort" wird. Diese One-Word-Philosophien hinterlassen einen diffusen Handlungsdruck nach dem Motto: Egal, was Sie tun: Es wird kommen.

Es gibt in der Geschichte der Universität keine Tradition, die systematisch die Abwesenheit der Studierenden zelebriert hat. Im Gegenteil: Der Ausschluss aus der akademischen Welt war für wechselnde Anspruchsgruppen Ansporn, den Zugang zu erkämpfen oder politisch auszuhandeln. Jene, die es an die Universität schafften, freuten sich auf eine komplizierte Welt des Denkens. Eine Erwartung an die Qualität der Lehre lautete:

> Das Wichtigste war mir, dass es endlich anders wurde als in der Schule; und ich verachtete geradezu diejenigen wenigen Lehrenden, die sich im Sinne der eben erst aufgekommenen Hochschuldidaktik bemühten, uns den Weg in das Fach einfacher zu machen. Ich wollte es schwierig haben, weil das das untrügliche Zeichen dafür war, in der Wissenschaft angekommen zu sein (Schimank 17. April 2009).

Man stelle sich die Wirkung einer solchen Aussage einmal im Rahmen einer aktuellen Akkreditierungsrunde vor.

## „Brick" & „Click"

Seit Jahren wird die Universität mit der Erwartung konfrontiert, dass ihr die Besucher ausgehen. Gerne wird in diesem Zusammenhang auf eine Prognose des US-amerikanischen Ökonomen Peter Drucker verwiesen, der in den 1990er-Jahren der herkömmlichen Universität bescheinigte, in 30 Jahren ein Relikt der Vergangenheit zu sein. Während die Zahl der jungen Menschen, die ein Studium aufnehmen wollen, von Jahrgang zu Jahrgang anstieg, erfreuten sich andere angesichts der neuen Vermittlungswege in der digitalen Welt an Botschaften wie: „Warum noch 200 Menschen in einen Hörsaal bitten?", oder priesen ein Modell des Online-Studiums, das eher dem Wunsch einer Privatisierung des Bildungswesens als einer Verbesserung der Studierqualität entsprach. Die Gemeinschaft der Lehrenden und Lernenden ist Kern des „universitas"-Gedankens. Nun gewann man den Eindruck, dass es sich um einen Ort handelt, der aufgesucht werden muss. Parallel dazu wurden Modelle favorisiert, die ein Studieren an beliebigen Orten erlauben. Hätte man die Zielgruppe, für die ein solches Studiermodell wünschenswert ist (in erster Linie Berufstätige, aber auch Personen, die aus verschiedenen Gründen an einen Ort gebunden sind), gleich mitgenannt, wäre manche Diskussion über den Campus der Zukunft überflüssig gewesen. In weniger dicht besiedelten Regionen machen Online-Studiengänge Sinn (man schaue nach Skandinavien oder Kanada). Im Fall einer Hochschuldichte, wie sie beispielsweise in Deutschland gegeben ist, nicht immer. Mit dem Begriff „Anwesenheitsinstitution" hat der Soziologe Rudolf Stichweh (Stichweh 2015) auf eine Tradition hingewiesen, die eben noch ganz im Sinne der „brick university" (also: ein reeller Ort) interpretiert werden kann und den Gedanken des gemeinsamen Studierens hervorhebt. Wer die intensivere Digitalisierungs-Diskussion in diesem Jahrzehnt Revue passieren lässt, der stellt nun zudem mit Erstaunen fest, dass viele Modelle und Konzepte auf eine gute Verzahnung von „brick" und „click" setzen. Aus dem Relikt wird ein moderner Ort.

## Lernorte neu (er)leben

Ein englischer Kollege hat den prägnanten Satz formuliert: „Far from libraries being displaced by information technology, information technology has moved into libraries" (McDonald 2002, S. 243). Informationstechnologien haben Bibliotheken demnach nicht ersetzt, sondern sind in diese integriert worden. Die Bibliothek als Ort wird nicht mehr nur mit gefüllten Regalen assoziiert, sondern mit einer Umgebung, die reell („brick") und virtuell („click") zugleich ist. Als das Trinity College Dublin im Jahr 2010 eine Erweiterung erfuhr, bestaunte man nicht „heavy book stacks" (schwere Bücherstapel). Es war ein Lounge-Konzept „for the mind" (McDonald 2002, S. 46). Die digitale Bibliothek ist also nicht nur ein Synonym für ein zentrales Portal zum kulturellen Erbe, sondern ein Modernisierungsprogramm, das einen beliebten Ort belebt. Lautlosbereiche, Lernlounges, Lesecafés sind Beispiele, die diese Neugestaltung verdeutlichen (Ryan 2010).

Es geht um die Gewährleistung eines modernen Lernortes, der nicht nur Wissen verbreitet, sondern auch analoge und digitale Lehrkomponenten gut miteinander verknüpft. Es müssen Signale wider die strukturelle Alterung der klassischen Universität gesetzt werden. Wenn die moderne Gesellschaft Wert auf „Access" (Zugriff, Verfügbarkeit) legt, muss auch die Universität diese Gelegenheitsstrukturen vorhalten: Datenbanken, elektronische Bücher (e-books), elektronische Fachzeitschriften, Apps etc. Der Begriff „digital" wird vielfältig verwandt und steht für viele Inhalte, die auch mit Lehre zu tun haben.

Als mir der Rektor einer Partneruniversität die neuen, modernen Hörsäle auf seinem Campus zeigte, berichtete er mir, dass sich die Mathematiker massiv über das Fehlen der klassischen Tafel beschwert hätten. Dieses Beispiel zeigt, dass Digitalisierung in einem flächendeckenden Sinne wenig Anspruch auf Akzeptanz haben dürfte. Die Differenzen und Spezifika der jeweiligen Fächer müssen auch in diesem Prozess anerkannt werden. Man kann über den Begriff „Digitale Spaltung" und die damit verbundene Bedeutung geteilter Meinung sein. Aber auch für den Campus des 21. Jahrhunderts gilt, dass es inneruniversitär nach wie vor nicht nur erhebliche Akzeptanzunterschiede, sondern auch erhebliche Unterschiede im Bereich der digitalen Fertigkeiten und Notwendigkeiten gibt.

Das betrifft selbstredend auch die Organisation der Lehre selbst. Bereits in den 1960er-Jahren hatte der kanadische Kommunikationswissenschaftler Marshall McLuhan die Souveränität der Lehrkanzel in Zweifel gezogen. Das Modell des Lehrstuhls existiert gleichwohl weiterhin und auch die Reputationsstrukturen sind noch immer sehr stark auf das Erreichen solcher Positionen ausgerichtet. Dass diese Art der Wissensvermittlung nunmehr durch von Beginn an partizipative Formate ersetzt werde, ist nicht wirklich zu erkennen. Auch viele akademische Plattformen setzen auf das Modell des Vortragenden, perfektionieren jedoch dafür die dramaturgischen Effekte einer Vorlesung oder versuchen sich in kleineren Formaten („learning nuggets"). Wo viele Zuhörer involviert sind, bleibt die gelingende Einbindung eine Herausforderung. Die Liste der Fragen, die sich beispielsweise hinter der Leinwand auf dem Podium des Hochschulforums Digitalisierung ansammelte, wurde länger und länger. Auch wenn versucht wurde, auf möglichst viele davon einzugehen, wies die Frage eines auf Mitwirkung Hoffenden: „Was passiert mit all diesen Fragen?", auf die grundsätzlichen Grenzen der Beteiligung hin. Daniel Bell hatte diesen Engpass bereits in den 1970er-Jahren erkannt. Die Informationsgesellschaft sei gekennzeichnet durch ein Spiel zwischen Personen, weil ein wachsendes Bedürfnis nach Partizipation einen Anstieg von Interaktionen mit sich bringt. Er kam zu dem Ergebnis, dass „das erhöhte Mitspracherecht paradoxerweise meist nur das Gefühl einer größeren Frustration aus[löst]" (Bell 1976, S. 355). „Die Welt", so schrieb Niklas Luhmann einmal, „wird gleichsam zusätzlich mit Geräusch gefüllt, mit Initiativen, Kommentaren, Kritik" (Luhmann 1996, S. 70).

Aber mit diesem Hinweis auf mehr „Abstimmungsbedarf" wird die Aufmerksamkeit auf etwas gelenkt, was in der Diskussion über Online-Lehre/digitale Lehre durchaus betont wird: Diese kann auch dazu führen, dass Lehrende und Lernende enger zusammenkommen, dass also die oben beschriebene Verzahnung zunimmt. Sie kann sinnvolle Abwechslung in den Lehralltag bringen und das Ausmaß des Frontalunterrichts reduzieren. Manche sprechen euphorisch bereits von Curriculum 4.0, meinen damit häufig doch das gegenseitige Impulsgeben in Vorlesung, Seminar oder praktischer Übung. Das universitäre Bildungserlebnis setzt nicht mehr auf „Ich will dich nicht verstehen", sondern „Ich hätte da eine Idee", auch durch Zwischenschaltung von Technik.

Das spiegelt sich auch in vergleichsweise positiven Ergebnissen zum Stellenwert der digitalen Lehre wider. Es dürfte einem überwiegend pragmatisch ausgerichteten Konzept geschuldet sein: Punktuelle Anreicherung der analogen Lehre, keine Doppelstrukturen. Man ist mehr oder weniger kontinuierlich in der Welt der digitalen Lehre unterwegs.

## Experimentierbereitschaft und Integration

In diesem Rahmen bewegt sich gegenwärtig der Auf- und Ausbau zentraler und dezentraler Kompetenzfelder. Aber die Experimentierbereitschaft nimmt zu. Diese wird nicht unbedingt vorwiegend – was überraschen mag – von den Studierenden eingefordert. Der wissenschaftliche Nachwuchs und die Inhaber von Professuren werden durchaus auch einmal zum Ausprobieren animiert. Wer sich digital umfassender engagieren will, braucht aber eine nachhaltige Unterstützung und Beratung. Die Erwartungen verändern sich, aber es gibt noch kein eindeutiges und neues Rollenbild, dem es zu entsprechen gilt. Eine digitale Zweitwelt ohne personelle Verstärkung ist zugleich sowohl illusorisch als auch wenig zweckmäßig. Wenige Hochschulen haben sich auf ein nahezu vollständig online angebotenes Studium mit geringen Präsenzphasen spezialisiert, häufig in Kooperation mit mehreren Partnern. Die Zielgruppe sind meistens nicht Erststudierende, sondern Personen, die sich berufsbegleitend weiterbilden wollen. Von einem bedeutenden strategischen Element im Rahmen der Gestaltung des Erststudiums kann (noch) nicht ernsthaft gesprochen werden. Letztlich ist es eine eher niedrigschwellige Einbindung von digitalen Elementen in den Lehralltag, aber durchaus ein Gewinn für das Gesamtangebot. So lassen sich, um nur ein Beispiel zu nennen, internationale Kooperationen mit Partneruniversitäten vorteilhaft in das Curriculum integrieren. Die Live-Übertragung eines Vortrags oder Videokonferenzen für gemeinsame Seminare lassen sich heute leicht realisieren. Es gibt also sehr viele Anwendungsfelder und Beispiele, die genannt werden könnten. Sie ergeben aber in ihrer Gesamtheit keinen Ersatz für ein Bachelor- oder Masterstudium. Sie sollen dort für Abwechslung im didaktischen Ablauf sorgen, wo es sinnvoll ist. Die curriculare Verankerung dieser Bausteine steht noch am Anfang.

Weitgehend angekommen ist die Digitalisierung im Bereich der Organisation des Studiums, und zwar in der Administration selbst als auch bei der Planung des Studiums durch die Studierenden. Ein Studium ohne eine elektronische Plattform, die Anmeldungen, Sprechstunden, den Zugriff auf Lehrmaterialien usw. erlaubt, ist heute nicht mehr vorstellbar. Neue Prüfungsformen (E-Assessment, E-Klausuren) etablieren sich ebenfalls erstaunlich schnell, ebenso die Dokumentation von schrittweisen Lernfortschritten (auch Learning Analytics genannt).

## Digitalisierung als Katalysator für eine neue Vielfalt & Gelegenheitsstrukturen

Als das bereits erwähnte Hochschulforum Digitalisierung im Dezember 2016 seinen Abschlussbericht vorstellte, war allen Beteiligten klar, dass es in diesem Prozess keinen wirklichen Abschlussbericht geben kann. Trotzdem: Das Interesse war groß, viele kamen aus der Praxis, ebenso viele wollten beobachten, welche neuen Kombinationen von Lehre in An- und Abwesenheit es gibt, was sich als brauchbar erweist, was als zu ambitioniert und zeitraubend eingestuft wird. Die Suche nach passgenauen Konzepten, die Lernbedürfnisse und technologische Optionen im Dienste des akademischen Auftrags besser zueinander führen, dauert also nun schon einige Zeit an. Ein besonderes Augenmerk erfahren – wie bereits angedeutet – sogenannte integrative Konzepte, die in- und außerhalb der eigentlichen Präsenzphasen mehr Beteiligung bzw. Einbindung der Studierenden gewährleisten. Man spricht auch von Kollaboration und experimentiert mit Programmen, die das gemeinsame Arbeiten an Dokumenten bzw. Projekten ermöglicht. Die Mitmach-Philosophie, die in vielen Bereichen des Alltags um sich greift, erreicht auf diese Weise auch das akademische Leben. Bereits im Jahr 1910 veröffentlichte übrigens Arthur Brehmer sein Buch „Die Welt in 100 Jahren". Es enthält ein Kapitel über Erziehung und Bildung im Jahr 2010. Die Erwartung des Autors wird hier auf den Universitätsalltag übertragen:

> Es werden Gespräche sein, ein Gedankenaustausch, weiter nichts, und es wird sehr oft die Frage sein, wer der Lernende sein wird, ob der [Professor] oder – [der Studierende]. [...] [Mauern werden fallen] und statt Zwingburgen des Geistes freie blumige Auen entstehen (orientiert an: van der Straaten 1910/2010, S. 168).

Mauern, die überwunden werden sollen – ein Bild, das immer wieder in Verbindung mit einem Kreativitätserfordernis gebracht wird. Ein „Mauern", ein Verweigern aus Prinzip – das würde das Akzeptanzklima nicht zutreffend beschreiben. Gegenwärtig lautet die Strategie: durch gute Beispiele überzeugen. Es werden Preise für gute digitale Lehre ausgelobt, E-Zertifikate für Studierende angeboten, aber auch Fortbildungskurse für das wissenschaftliche Personal, nationale und internationale Wettbewerbe gewährleisten eine Konkurrenz der Ideen. Wer eine Vorlesung des Jahres 2018 mit einer Vorlesung des Jahres 1988 vergleicht, der mag hier und da noch einen Beleg für das hartnäckige Stereotyp („Alles beim alten") finden. Ein neutraler Beobachter aber müsste sich vermehrt positiv überrascht über das Ausmaß der Einbindung digitaler Elemente in die Darstellung des Lehrstoffs zeigen. In einer Vorlesung zur „Klassischen Archäologie" ist das ebenso der Fall wie in einer Mathematik-Vorlesung, die zwar immer noch viel Kreide benötigt, aber doch auch komplexe Simulationen visualisiert. Daher sorgt auch die gute Verbindung von

Lehre und Forschung dafür, dass sich etwas bewegt. Dazu passt ein Wortspiel aus der Zeit der Weimarer Republik, das ein Bibliothekar in einem anderen Zusammenhang zur Illustration der Zukunft der Bibliotheken verwandt hat: „Die alte Schönheit ist nicht mehr wahr und die neue Wahrheit ist noch nicht schön" (Bonte 2014, S. 239).

Mehrheitsfähig sind gegenwärtig vor allem versöhnliche Ausblicke. Wahrscheinlich ist das Wort „disruptiv" auch im Umfeld der Diskussion um die Zukunft der Universität zu häufig verwandt worden. Ein US-amerikanischer Universitätspräsident antwortete auf die Frage: „Der Stanford-Campus im Jahr 2060 wird also im Großen und Ganzen so aussehen wie der Campus von 2016?", wie folgt: „Nicht ganz. Die Vorlesung als Format wird aussterben und durch neue Formate ersetzt werden, Flipped Classroom-Modelle zum Beispiel, wo Sie sich das Wissen zu Hause selbst erarbeiten und es dann im Präsenzkurs praktisch anwenden. Es wird auch mehr Video-Lehreinheiten geben. Außerdem werden wir intelligente automatische Tutorensysteme haben, die anhand individueller Stärken und Schwächen Online-Übungsprogramme für unsere Studenten erstellen. Wir werden also Veränderungen erleben, aber sie werden nicht alles über den Haufen werfen" (zit. nach Wiarda 9. April 2016).

Wer will schon alles über den Haufen werfen? Zwischen den großen Visionen und der Sorge um den Relikt-Status hat man sich auf den Weg gemacht und lässt sich von Ergebnissen leiten. Dass sich so gegensätzliche Favoriten wie „elektronische Vorlesung" und „IT-basierte Laboratorien für das gemeinsame Lernen" gegenüberstehen, ist in der aktuellen Umbruchsituation kein Zufall. Das eine hat viel von Geschäftsmodell, das andere von „Adieu Eindimensionalität". In Lehr-Lern-Laboren sieht man eine wichtige Ergänzung bisheriger Curricula. Es sollen Gelegenheitsstrukturen auf dem Campus entstehen, die eine flexible Didaktik (analog/digital) erlauben. So entstehe auch Anerkennung am richtigen Ort. Gerade dort könne man die Studierenden einbinden, denen die digitale Lehre doch angeblich gar nicht so wichtig sei. Das Erststudium ist immer noch das Kerngeschäft der Universität. Also sollte es vor allem um eine Belebung dieses Angebots gehen. Jede Zielgruppe braucht letztlich einen adäquaten Mix von analogen und digitalen Elementen, manchmal kann das eine oder andere auch schlicht unterbleiben. Die digitalen Kompetenzen sind ungleich verteilt und werden es wohl auch bleiben. Das steuert das Engagement und sorgt für Unterschiede im akademischen Alltag.

Die Universitäten und Hochschulen registrieren daher sowohl aufmerksam das „digitale Heldentum", das nicht mehr nur in der Ferne bewundert werden kann, sondern auch Versuche und Aufforderungen, Insellösungen mehr in die Fläche zu tragen. Ohne gute Rahmenbedingungen (spezialisiertes unterstützendes Personal, Hardware usw.) kann es nicht gelingen. Man will etwas einleiten und fortentwickeln, das beherrschbar bleibt.

Apropos Beherrschbarkeit: Nach Diderot ist in der Konsumforschung ein Effekt benannt, der eine einmal in sich ruhende Gesamtkomposition durch eine Einzelentscheidung über den Haufen wirft (vgl. McCracken 1988, S. 118).

Offenbar – neben den Mauern, die es einzureißen gilt – eine beliebte Metapher, wenn es um den Wandel geht. Letztlich geht es um Beherrsch- und Gestaltbarkeit, mithin um Bewunderung in und aus der Nähe. Anerkennung war einer von vier Wünschen, die der amerikanische Soziologe William Isaac Thomas (1923) dem menschlichen Verhalten zugrunde legte (Thomas 1923). Ebenso wichtig schienen ihm neue Erfahrungen, Sicherheit und Aufmerksamkeit im Sinne von „response". In einem übertragenen Sinne – ohne diese Klassifikation im wissenschaftlichen Sinne überzubewerten – gilt dies auch für das hier skizzierte Handlungsfeld. Nur, weil Digitalisierung irgendwie mit allem zu tun hat, muss man nicht alles mitmachen. Die Universitäten und Hochschulen hadern mit dem Tempo der technologischen Entwicklung, wollen aber nicht auf dem Bahnsteig stehen, während der Zug vorbeirast.

## Literatur

Bell, D. (1976). *Die nachindustrielle Gesellschaft* [Aus d. Amerik] (2. Aufl.). Frankfurt a. M: Campus.
Bonte, A. (2014). Wissenschaftliche Bibliotheken der nächsten Generation. Sind die Institutionen und ihre Mitarbeiter für die Zukunft gerüstet? *Zeitschrift für Bibliothekswesen und Bibliographie, 4–5*, 239–242.
DeLillo, D. (2016). *Americana* [Aus d. Amerik., zuerst 1971]. Köln: KiWi-Taschenbuch.
Koselleck, R. (1990). Einleitung – Zur anthropologischen und semantischen Struktur der Bildung. In R. Koselleck (Hrsg.), *Bildungsgüter und Bildungswissen* (Bildungsbürgertum im 19. Jahrhundert, Bd. 2, S. 11–46). Stuttgart: Deutscher Klassiker.
Langdon, W. (2018). Homepage. http://www.rpi.edu/~winner. Zugegriffen am 04.07.2018.
Luhmann, N. (1996). *Die Realität der Massenmedien* (2., erw. Aufl.). Opladen: Westdeutscher Verlag.
McCracken, G. (1988). *Culture and consumption. New approaches to the symbolic character of consumer goods and activities*. Bloomington/Indianapolis: Indiana University Press.
McDonald, A. (2002). Planning the digital library. A virtual impossibility? *Serials, 15*(3), 237–244.
Ryan, R. (2010). Fabric and object. The Long Room Hub. In McCullough Mulvin Architects (Hrsg.), *The Long Room at Trinity College* (S. 19–20). Kinsale: Wiley-Blackwell.
Schimank, U. (17. April 2009). Humboldt: Falscher Mann am falschen Ort. Frankfurter Allgemeine Zeitung. http://www.faz.net/aktuell/beruf-chance/campus/hochschulreform-humboldt-falscher-mann-am-falschen-ort-1782114.html. Zugegriffen am 09.07.2018.
Schirrmacher, F. (2013). Das ist Googles Wille – Die neue digitale Planwirtschaft. Online Dokument in F.A.Z.-Net. http://www.faz.net/aktuell/feuilleton/debatten/digitales-denken/das-ist-googles-wille-die-neue-digitale-planwirtschaft-12162503.html. Zugegriffen am 03.07.2018.
Stichweh, R. (2015). Die Universität als Anwesenheitsinstitution. *Forschung und Lehre, 22*(2), 85.
van der Straaten, J. (2010). Unterricht und Erziehung in 100 Jahren. In A. Brehmer, G. Ruppelt & E. Lübbert (Hrsg.), *Die Welt in 100 Jahren* (S. 161–170) (zuerst 1910). Hildesheim: Palgrave Macmillan.
taz, (Anna Lehmann). (2015). Ernüchterung ist eingekehrt. Interview mit dem Präsidenten der University of Southern California, C.L. Max Nikias (1. August 2015). www.taz.de. Zugegriffen am 03.01.2019.
Thomas, W. I. (1923). *The unadjusted girl. With cases and standpoint for behavior analysis*. Boston: Harper & Row. Thompson.
Wiarda, J. (9. April 2016). Rankings sind was für Angeber. Interview mit Stanford-Präsident John Hennessy. *Die Zeit, 14*. https://www.zeit.de/2016/14/universitaeten-silicon-valley-stanford-exzellenzinitiative-john-hennessy. Zugegriffen am 06.07.2018.

**Prof. Dr. Michael Jäckel** ist Professor für Soziologie an der Universität Trier. Seit 2011 ist er Präsident der Universität Trier. Er ist Mitglied des Rats für Informationsinfrastrukturen und arbeitet an zentraler Stelle im Hochschulforum Digitalisierung mit, das als interdisziplinär zusammengesetztes Expertenforum die Entwicklungen in der digitalen Welt beobachtet und analysiert.

# Digitale Kompetenzen und Schulbildung

Christoph Meinel

Von überall hört man den Ruf nach qualifizierten IT-Fachkräften. Hochschulen und Betriebe schaffen es nicht, diese in hinreichender Zahl auszubilden und dem Markt zur Verfügung zu stellen. Globale IT-Unternehmen, der Mittelstand, Start-ups und öffentliche Verwaltungen konkurrieren erbittert um die besten Köpfe. Sie alle überlegen, wie sie ihr bestehendes Personal im Bereich der IT-Technologien weiterbilden können, um für die neue Zeit mit ihren Anforderungen im Digitalbereich gewappnet zu sein. Dann gibt es immer noch diejenigen, die die Digitalisierung für einen Hype halten oder für zu unbedeutend, um sich aktiv um Bildung und Weiterbildung im diesem Bereich zu kümmern. Beide Haltungen sind gemessen an der Qualität der Veränderung problematisch: Letztere, weil sie die Augen vor einer sich entfaltenden Realität verschließt. Erstere, weil sie annimmt, durch eine Monokultur von IT-Fachleuten das Problem der Digitalkompetenz lösen zu können.

Zwar ist es wichtig, qualifiziertes IT-Personal zu bekommen. Eigentlich tut aber eine flächendeckende Aneignung von grundlegender Digitalkompetenz[1] not – unabhängig von

---

[1] Soweit hier und im weiteren Verlauf von Digitalkompetenz(-en) die Rede ist, meint dies ein Set von Fähigkeiten, wie sie bspw. im *Digital Competence Framework 2.1* (http://publications.jrc.ec.europa.eu/repository/bitstream/JRC106281/web-digcomp2.1pdf_%28online%29.pdf) von Carretero et. al. beschrieben werden. Darunter fallen die Fähigkeiten mit komplexen Informationen und Daten umzugehen, mit digitalen Werkzeugen zu kommunizieren und kollaborativ zu arbeiten, digitale Inhalte zu produzieren, digitale Endgeräte und Dienste sicher zu nutzen sowie eine grundlegende Fähigkeit zur Problemlösung in einer sich stetig verändernden digitalen Umwelt.

---

C. Meinel (✉)
Hasso Plattner Institut, Potsdam, Deutschland
E-Mail: christoph.meinel@hpi.de

© Springer Fachmedien Wiesbaden GmbH, ein Teil von Springer Nature 2020
M. Friedrichsen, W. Wersig (Hrsg.), *Digitale Kompetenz*, Synapsen im digitalen Informations- und Kommunikationsnetzwerk,
https://doi.org/10.1007/978-3-658-22109-6_4

Beruf, Alter, Branche, Geschlecht und Herkunft. Ein grundsätzliches Verständnis von Digitalisierung muss in einer aufgeklärten Gesellschaft so selbstverständlich sein wie Lesen, Rechnen und Schreiben als Grundkompetenzen einer liberalen bürgerlichen Gesellschaft. Genau wie die klassischen Grundkompetenzen sind Digitalkompetenzen Querschnittsfähigkeiten, die in allen zukünftig relevanten Bildungsfeldern, Arbeitsbereichen und Kreativberufen notwendig sein werden.

## Die digitale Revolution verändert alles

Die Digitalisierung – zurecht wird auch von der digitalen Revolution gesprochen – ist der bestimmende globale Megatrend unserer Zeit und nicht nur eine vorübergehende Mode. Sie beschränkt sich nicht nur auf technologische Veränderung, sondern verändert unsere Gesellschaft als Ganzes grundsätzlich. Die bisher gekannte Art, wie wir leben, arbeiten, lernen und in der Gesellschaft miteinander interagieren, wird fundamental neu definiert. Wir sind Zeitzeugen einer Entwicklung, in der Computer und Netzwerke eine ganz neue, die digitale Welt entstehen lassen. Diese etabliert sich außerhalb unserer evolutionär erlernten physischen Welt und beruht auf ganz eigenen Gesetzmäßigkeiten. So haben hier die Gesetze der Schwerkraft ihre Bedeutung verloren, räumliche Entfernungen stellen kein Hindernis mehr dar, der Zugang zu jeder Art von Informationen ist unbegrenzt. Mit annähernd Lichtgeschwindigkeit können Aktionen auch am anderen Ende der Welt ausgelöst, überallher und jederzeit virtuelle Güter erworben oder auf sie zugegriffen und Bankgeschäfte in Sekundenschnelle abgewickelt werden.

## Die digitale Transformation kann gestaltet werden

Mit der Entstehung dieser digitalen Welt erweitert sich unsere Lebenswelt in neue, bisher unvorstellbare Dimensionen. Mit Unterstützung winziger Geräte können wir auch über große Entfernungen in unmittelbarer Verbindung mit Angehörigen bleiben, können kommunikative Freundeskreise unvorstellbaren Ausmaßes um uns versammeln und diesen Einblicke in unser Tun und Handeln geben. Wir können zusammen forschen, entwickeln und gemeinsam arbeiten, ohne räumlich beieinander zu sein.

Gesellschaftliche Gewissheiten und soziale Strukturen werden dadurch grundsätzlicher und noch viel weitergehender in Frage gestellt als beispielsweise zu Zeiten der industriellen Revolution. Damals fand man neue Antworten darauf, wie eine zunehmend aufgeklärte und wohlhabende Gesellschaft organisiert werden kann. Die Entstehung des Bürgertums, allgemeine Schulbildung, die Errichtung des Wohlfahrtsstaats waren wichtige Entwicklungen dieser geschichtlichen Entwicklungsphase. Heute leben wir wieder in einer Zeit, in der die Weichen grundsätzlich neu gestellt werden und die Frage beantwortet werden muss, wie diese neue digitale Welt strukturiert sein soll. Dies zu tun, ist die Herausforderung der heutigen Generation. Es gilt, diese digitale Welt nach besten Kräften human und werteorientiert zu gestalten. Das Leben der nachfolgenden Generationen wird ganz entscheidend davon abhängen.

## Kompetenzen jenseits von Weiterbildung entwickeln

Die fundamentalen Veränderungen, denen wir heute ausgesetzt sind, werden sicher nicht allein durch IT-Schulungen und Weiterbildung zu meistern sein. Es werden sich völlig neue Herangehensweisen an Probleme der (Arbeits-)Welt und ein neues gesellschaftliches Ethos entwickeln müssen. Digitalkompetenz muss zu einem festen Bestandteil der Disposition des modernen Menschen werden.

Nehmen wir als nur ein Beispiel die Frage nach der Weltanschauung. Mit der Digitalisierung ändert sich der klassische Wahrheitsbegriff schon einfach deshalb, weil der räumliche Bezug und lokale Kontext der Wahrheit verschwindet. Über das Internet werden wir mit Weltanschauungen konfrontiert, mit denen wir uns in der physischen Welt im täglichen Leben nie oder zumindest kaum auseinanderzusetzen hatten. Verschiedene Weltanschauungen und Wertesysteme treten in unmittelbaren und direkten Wettbewerb. Schon heute erleben wir in den Sozialen Medien erbitterte Debatten über die Deutungshoheit gesellschaftlicher Phänomene. Etwas hilflos noch wehren wir uns mit ungelenken Kampfbegriffen wie „Fake News" gegen die sich anbahnende grundsätzliche Ausweitung der Meinungs-, Werte- und Weltanschauungspluralität. Der Fähigkeit, selbstständig in der riesigen Menge verfügbarer Informationen und Meinungen Brauchbares und „Wahres" zu finden, kommt eine immer größere Bedeutung zu. Diese Kompetenz ist auch wichtig, um im Berufsleben Informationen zu recherchieren und richtig bewerten zu können und sie muss schon in der Schule entwickelt werden.

Ein zweites ganz lapidares Beispiel: der Umgang mit den eigenen Spuren in der digitalen Welt, Einträgen auf Webseiten oder in den sogenannten sozialen Medien. Leichtsinnigkeit (nicht nur) im Jugendalter hat im digitalen Zeitalter ernste Konsequenzen für das Erwachsenenalter. Jungen Menschen muss vermittelt werden, dass solche Spuren und Äußerungen, die beim Online-Shoppen, in Sozialen Medien oder auf anderen offenen digitalen Kommunikationsplattformen hinterlassen werden, aufgrund des dezentralen Charakters des Internets nicht mehr „vergessen", d. h. vollständig gelöscht werden können. Wenn man sich diese leichtsinnige Haltung einmal angewöhnt hat, ist sie auch später im Beruf kaum abzustellen. Jenseits der Gefahren für die eigenen Persönlichkeitsrechte im Datenschutz kann dies auch dramatische Konsequenzen für die Cybersicherheit von Unternehmen haben. Es muss ein Zustand erreicht werden, in dem Mitarbeiter nicht erst darüber nachdenken müssen, wie sie sich daten- und cybersicher verhalten. Dies muss zur Gewohnheit werden, genauso wie man nicht mehr darüber nachdenkt, sich anzuschnallen oder sich vor Mahlzeiten die Hände zu waschen.

## Stand der Digitalisierung in deutschen Schulen

Wir sind in Deutschland stolz auf einen Staat, der dafür sorgt, seinen Bürgern einen freien und gerechten Zugang zu einem modernen Schul- und Bildungssystem zu garantieren, das jeden Bürger in die Lage versetzt, mündig und selbstbestimmt sein (Arbeits-)Leben zu meistern. Doch wie sieht das mit der Vorbereitung auf ein mündiges und selbstbestimmtes Leben in der neuen digitalen Welt aus?

Bisher hat unsere Gesellschaft noch keine passende Antwort darauf gefunden, welche Rolle digitale Technologien im Bildungswesen spielen und wie sie flächendeckend eingesetzt und genutzt werden können. In den vergangenen Jahrzehnten wurden mit (sehr) viel Geld unzählige Versuche unternommen, die Digitalisierung im Bereich der Schulen durch Pilotprojekte in einzelnen Klassen oder durch Ausstattungsinitiativen für ganze Schulen voranzubringen. Immer wieder wurden aus Förderprogrammen neue Rechengeräte beschafft oder über Spendeninitiativen Computer in die Schulen gebracht, ohne ein schlüssiges Gesamtkonzept, ohne eine gesellschaftliche Verständigung über Sinn und Nutzen digitaler Lehr- und Lerninhalte und sogar ohne eine (breitbandige) Anbindung der Schulen an das Internet sicherzustellen. Im Gefühl, einen wesentlichen Beitrag für die Digitalisierung zu leisten, wurden allerorten Smartboards installiert. Wenn überhaupt werden sie meist lediglich als Whiteboards genutzt. Auch technische Gimmicks, wie z. B. der Calliope-Minicomputer verstauben in den Schulen.

Klar ist, dass wir so das Problem der flächendeckenden Modernisierung unserer Schulen und ihren Anschluss an das digitale Zeitalter nicht lösen können: Zum einen skaliert Hardware nicht und veraltet schnell. Wenn man die Digitalisierung in den Schulen allein mit der Beschaffung von Computern, Tablets, Smartboards etc. lösen wollte, müsste man jedem Schüler in Deutschland entsprechende Geräte zur Verfügung stellen, vernetzen und sicher administrieren. Bei ca. 40.000 Schulen in Deutschland mit jeweils bis zu 1000 Schülern lässt sich schnell ausrechnen, dass es unmöglich sein wird, alle drei Jahre – so schnell veraltet Hardware – 8 Mio. Geräte bereitzustellen und gleichzeitig professionell ausgebildete Administratoren im öffentlichen Dienst zu beschäftigen, die für die sichere Konfiguration derselben sorgen.

Auch nützt die beste Hardware nichts, wenn in den Schulen die zur Vernetzung erforderliche Infrastruktur fehlt. Schulen gehören in Deutschland zu den Institutionen mit dem schlechtesten Zugang zum Internet. Obwohl sie eigentlich an ein Gigabit-Netz angeschlossen und vollständig mit WLAN ausgerüstet sein müssten, verfügen die allerwenigsten Schulen überhaupt nur über einen Breitbandminimalstandard von 16 Mbit/s. Auch bei der WLAN-Ausleuchtung sind Schulen weit davon entfernt, auch nur die Hälfte ihrer Flächen mit einem mobilen Netzwerkzugang zu versorgen. Die bittere Konsequenz ist, dass der über das Internet verfügbare große Schatz an digitalen Lerninhalten und -software im Unterricht nicht eingesetzt und Rechner nur in separaten Computer-Kabinetten genutzt werden können, dass Smartboards eben nur als Whiteboards dienen und Calliope Minicomputer in Schullagern verstauben.

Digitale Kompetenzen und Schulbildung

Vor dem Hintergrund all dieser Erfahrungen ist klar, dass neue Wege gegangen werden müssen, wenn das Projekt der Modernisierung des deutschen Bildungswesens gelingen soll. Dabei wird man nicht auf zeitgemäße und sichere Cloud-Technologien verzichten können, wie sie inzwischen weltweit genutzt werden.

## Cloud-Technologien für das deutsche Bildungswesen

Die Vorteile der Nutzung von Cloud-Strukturen im Bildungswesen liegen auf der Hand: In den Schulen landesweit verteilte und kaum ordentlich administrierbare Rechner können durch die effiziente Nutzung von professionell und sicher betriebenen Rechenzentren ersetzt werden. Lehrer können sich auf die Vorbereitung des Unterrichts und auf das Unterrichtsgeschehen selbst konzentrieren. Dank der professionellen Bereitstellung und Wartung einer Cloud-Lösung steht immer ausreichend Rechen- und Speicherkapazität zur Verfügung und es kann für ein Höchstmaß an IT-Sicherheit gesorgt werden. Sämtliche bundesweit verfügbaren Lerninhalte, ob offene Bildungsinhalte, sogenannte OERs oder kommerzielle Dienste, könnten leicht und passgenau von allen Zugangsberechtigten genutzt werden. Lizenzen für komplexe Lernsoftware könnten gemeinschaftlich angeschafft und zugänglich gemacht werden. Überhaupt könnte so auch in Deutschland ein echter Markt für interaktive digitale Lernsoftware entstehen und durch den aufkommenden Wettbewerb die Qualität der Angebote deutlich verbessert werden. Schüler und Lehrer könnten aktiv selbst Inhalte bereitstellen und die Erfahrungen bei ihrer Nutzung auch schulübergreifend austauschen.

Zudem kann eine Schul-Cloud ein wichtiges Problem bei der digitalen Transformation des deutschen Bildungswesens lösen: die Einhaltung der geltenden strengen Regelungen zum Datenschutz. Moderne interaktive Lernsoftware kann zielgerecht auf die Stärken und Schwächen ihrer Nutzer eingehen. So kann eine Vokabeltrainingssoftware genau die Vokabeln trainieren, mit denen der Nutzer seine Schwierigkeiten hatte. Dabei fallen zwangsläufig personenbezogene Daten an, denn die Software muss sich an den Nutzer und seinen Leistungsstand „erinnern". Bevor diese im Unterricht eingesetzt werden darf, müssen die Hersteller solcher interaktiver Lernsoftware nach momentan gültiger Rechtslage nicht nur das dezidierte Einverständnis der Schulleitung einholen, sondern auch von allen (!) Eltern und mit Vollendung des 16. Lebensjahres auch der Jugendlichen selbst. Diese Hürde ist so hoch, dass es so gut wie unmöglich ist, moderne interaktive Lernsoftware in Schulen datenschutzrechtssicher zu nutzen. Allerdings kann auch die Abschwächung oder gar Abschaffung eines effektiven Datenschutzes keine Alternative sein.

Dieses Dilemma kann (nur) mit einer Schul-Cloud gelöst werden: Nach einmaliger Einholung der für die Verarbeitung personenbezogener Daten erforderlichen Einverständniserklärungen bleibt der Zugang zu personenbezogenen Daten auf den inneren Bereich der zugriffsbeschränkten Schul-Cloud beschränkt. Mit dem Einsatz fortgeschrittener Pseudonymisierungstechniken kann erreicht werden, dass sich eine über die Schul-Cloud erreichbare interaktive Lernsoftware an ihre Nutzer „erinnert", ohne dass diese oder ihr Hersteller Zugang zu personenbezogenen Daten erhalten. So können die verschiedensten Lerndienste datenschutzkonform und effektiv genutzt werden, ohne dass Unternehmen oder andere unberechtigte Institutionen Zugang zu personenbezogenen Daten erlangen oder diese verarbeiten müssten.

Aus diesen Gründen hat das Bundesministerium für Bildung und Wissenschaft dem Hasso-Plattner-Institut (HPI) den Auftrag erteilt, gemeinsam mit den etwa 300 bundesweit verteilten Schulen des nationalen Exzellenznetzwerks MINT EC eine Pilotlösung für eine Schul-Cloud zu entwickeln. 2017 konnten die ersten 26 Schulen zu Schuljahresbeginn an die Schul-Cloud angeschlossen werden, die übrigen 270 folgen zu Schuljahresbeginn des nächsten Schuljahres. Inzwischen haben sich darüber hinaus auch einzelne Landesinitiativen, wie N21 in Niedersachsen, angeschlossen und nutzen die HPI Schul-Cloud-Architektur für ein eigenes individualisiertes digitales Cloud-Angebot an 40 Pilotschulen.

## Gemeinsame Infrastruktur, aber mehr Diversität in den Inhalten

Diese begrüßenswerte Initiative lässt die Frage aufkommen, ob eine Schul-Cloud zu einer Monokultur in den bundesweiten Lehr- und Lerninhalten führt, ob gar der deutsche Bildungsföderalismus in Gefahr ist. Das Gegenteil ist der Fall: Bildung ist in Deutschland Ländersache und das ist auch gut so! Durch die gemeinsame Nutzung der Infrastruktur einer Schul-Cloud werden in den Länderhaushalten Finanzmittel frei, die sinnvoll genutzt werden können für die Beschaffung von auch länderspezifischen Lerninhalten mit dem Ziel, die Schulbildung quantitativ und qualitativ zu verbessern. Pluralität in den Bildungsinhalten braucht keine Pluralität in der Infrastruktur. Eine gemeinsame Infrastruktur kann die vielfältigsten Bildungsinhalte anbieten, wobei länderbezogen, ja sogar schulbezogen entschieden werden kann, auf welche dieser Inhalte Zugriff gewährt wird oder welche dieser Inhalte gar verpflichtend zu nutzen sind. Technisch ist das ganz einfach zu realisieren: Wenn sich Schüler oder Lehrer in die Schul-Cloud einloggen, werden sie sofort als Schüler oder Lehrer ihrer Schule in einem ganz bestimmten Bundesland erkannt. Sie können dann über die Schul-Cloud nur auf solche Lerninhalte zugreifen, die in den Lehrplänen dieser Schule bzw. dieses Bundeslandes vorgesehen sind. In den Schulen anderer Bundesländer können das ganz andere Inhalte sein. Schüler werden so die Möglichkeit haben, deutlich anwendungsorientierter, sinnstiftender und vielfältiger zu lernen. Dies wird ihnen auch dazu verhelfen, digitale Kompetenz zu erwerben und auszubauen, eine kritische Persönlichkeit in Bezug auf digitale Medien zu entwickeln, und bereit zu sein für die vielfältigsten neuen Aufgaben- und Arbeitsprofile der Zukunft.

## Digitale Kompetenzen werden nur über zukunftssichere Schulen erworben

Wir leben in Zeiten des Umbruchs und die Herausforderungen durch die Digitalisierung auf Politik, Wirtschaft, Gesellschaft und Arbeitswelt sind groß. Wir müssen unserer Verantwortung gegenüber der nachfolgenden Generation gerecht werden: Sie muss die Chance haben, frühzeitig diejenigen digitalen Kompetenzen zu erwerben, die sie für ein eigenverantwortliches und selbstbestimmtes Handeln in der digitalen Welt braucht. Das wird nicht ohne eine beherzte Digitalisierung unseres Bildungssystems gelingen. Viele Jahre des teuren Herumexperimentierens haben gezeigt, dass die Digitalisierung der Bildung ohne leistungsfähige digitale Infrastrukturen nicht zu erreichen ist. Mit einem Schul-Cloud-basierten Ansatz kann es gelingen, dass digitale Kompetenzen in den Schulen nachhaltig und effizient vorangebracht werden. Nun muss es darum gehen, die fertigen Konzepte auch in die Tat umzusetzen und in die Fläche zu tragen.

**Christoph Meinel** (Univ.-Prof., Dr.rer.nat., Dr.sc.nat., 1954) ist Geschäftsführer und wissenschaftlicher Direktor des Hasso-Plattner-Instituts für Digital Engineering gGmbH (HPI) sowie Dekan der Digital-Engineering-Fakultät an der Universität Potsdam und Gastprofessor in Peking und Nanjing. Er ist ordentlicher Professor (C4) für Informatik und hat den Lehrstuhl für Internet-Technologien und -Systeme am HPI inne. Er ist Mitglied der Nationalen Deutschen Akademie der Technikwissenschaften acatech, Vorsitzender des deutschen IPv6-Rates, Leiter verschiedener Projektgruppen des Digital-Gipfels sowie Mitglied in zahlreichen wissenschaftlichen Gremien und Aufsichtsräten.

# Selbstbestimmtes Handeln im Digitalzeitalter – Philosophische und anthropologische Überlegungen

Hans Köchler

## Die Problemstellung

„A fool with a tool is still a fool."

In diesem saloppen Spruch drückt sich die Herausforderung aus, vor welche der Einzelne wie die Gesellschaft angesichts der digitalen Transformation unserer Lebenswelt gestellt ist.

Einerseits gilt: Wer die rapide sich ausbreitende Informationstechnologie nicht zu nutzen versteht, läuft Gefahr, als Konsument wie Bürger marginalisiert, ja für von ihm nicht durchschaute Zwecke nach nicht verstandenen Methoden instrumentalisiert zu werden. Es geht hier um die Artikulation und Durchsetzung der Interessen nicht nur in wirtschaftlicher, sondern auch in sozialer und politischer Hinsicht. Beim Gemeinwesen kommt noch ein weiterer Aspekt hinzu. Ein Staat, der die entsprechenden Techniken nicht effizient einzusetzen versteht, wird im internationalen Wettbewerb unweigerlich zurückbleiben und muss eine drastische Einschränkung seines Handlungsspielraumes – zum Nachteil seiner Bürger – hinnehmen. Im IT-Zeitalter kann ein souveräner Staat seine Interessen – ja seine Unabhängigkeit – nicht ohne „digitale Souveränität" behaupten, wozu nicht nur die Einrichtungen der physischen Infrastruktur (mit Datenspeicherung auf dem eigenen Hoheitsgebiet, etc.), sondern auch die „digital skills" seiner Bürger gehören.

Anderseits gilt: Die Fähigkeit zur Nutzung der Informationstechnologie und das Verfügen über die entsprechende Infrastruktur bedeutet noch nicht, dass der Einzelne unter den neuen technischen Gegebenheiten selbstbestimmt zu handeln imstande ist. Zu den

H. Köchler (✉)
International Progress Organisation, Wien, Österreich
E-Mail: mail@hanskoechler.com

„digital skills" (Fertigkeiten) in der Handhabung der Techniken muss die Fähigkeit zur Abschätzung der sich für den Einzelnen und die Gesellschaft aus ihrer Anwendung ergebenden Folgen hinzukommen. Dies ist digitale Kompetenz im eigentlichen Sinn. Der Unterschied zwischen „skills" und „Kompetenz" ist von elementarer Bedeutung. Es darf hier auch nicht übersehen werden, dass „computer literacy" nicht auf Kosten der traditionellen Lese- und Schreibfähigkeit gehen darf, die nach den Erkenntnissen der Lernpsychologie für das Merken und die Durchdringung eines Sachverhaltes unverzichtbar bleibt. Digitale Kompetenz im hier verstandenen umfassenden Sinn schließt die traditionellen Fertigkeiten, die mit der Methode von „Copy & Paste" verloren zu gehen drohen, mit ein.

Der technische Fortschritt als solcher muss noch keinen sozialen Fortschritt bedeuten, solange die Fähigkeit zur Nutzung der Techniken nicht mit der Fähigkeit zur Beurteilung ihrer individuellen und gesellschaftlichen Folgen einhergeht. Im Dilemma zwischen Marginalisierung – als Bürger bzw., auf kollektives Handeln bezogen, als Unternehmen oder Gemeinwesen (Staat) – bei mangelnder Fähigkeit, IT zu nutzen, auf der einen und Instrumentalisierung, d. h. der Erosion elementarer Persönlichkeitsrechte bei nicht reflektierter Nutzung eben dieser Technologien, auf der anderen Seite besteht die zentrale Herausforderung von Mensch und Gesellschaft im Digitalzeitalter. Hier gewinnt auch der Aspekt des lebenslangen Lernens eine ganz neue, existenzielle Bedeutung. Auf diesen zweiten Aspekt – gewissermaßen die Tiefendimension der digitalen Kompetenz – wollen wir näher eingehen. Anthropologische Technikfolgenabschätzung gehört angesichts der rasanten Entwicklung der Informationsverarbeitungsmethoden, die unmittelbare Wirkung auf Persönlichkeit und sozialen Realitätsbezug haben, notwendig zur digitalen Kompetenz. Nur so lassen sich naive Erwartungen und falsche Hoffnungen, die in die Nutzung der Digitaltechniken gesetzt werden – mit möglicherweise verhängnisvollen gesellschaftspolitischen Konsequenzen – vermeiden. Damit man nicht der Illusion verfällt, dass mit der Fähigkeit zur Nutzung der Instrumente („tools") quasi von selbst die Fähigkeit zu kritischem und selbstbestimmtem Handeln einhergehe, bedarf es also der digitalen Kompetenz auf der Meta-Ebene.

## Chancen und Risiken der digitalen Technik: Spannung zwischen Autonomie und Instrumentalisierung des Individuums

Es bedarf keiner weiteren Begründung, dass die Fähigkeit zur Nutzung der digitalen Techniken dem Einzelnen eine intensivere Teilhabe an der Gesellschaft – privat wie als Bürger – ermöglicht. Die entscheidende Frage ist jedoch, was diese Teilhabe qualitativ für den Einzelnen wie die Gemeinschaft (insbesondere den Staat als Demokratie) bedeutet. Die Effizienz der Informationsgewinnung ist in den letzten Jahren um ein Vielfaches gesteigert worden (was u. a. die Arbeitswelt des Wissenschaftlers geradezu revolutioniert hat). Gleichzeitig verfügt der Einzelne mit diesen Techniken über einen Hebel, der ihm in der Informationsverbreitung eine bisher nicht vorstellbare Wirksamkeit (Macht) verleiht – mit gravierenden Auswirkungen auf die traditionelle Medienlandschaft („main stream media") und in der Folge auch auf die demokratische Willensbildung. Angesichts der Effizienz in der Gewinnung und des Multiplikator-Effektes in der Verbreitung von Information – in Verbindung mit der Geschwindigkeit, in der sich diese Prozesse vollziehen – ist die Kritikfähigkeit des Nutzers von wesentlich größerer Bedeutung als im traditionellen (analogen) Umfeld. Die Fähigkeit zur Reflexion der Techniken und Methoden (v. a. hinsichtlich der Zuverlässigkeit der Information und der Abschätzung der Folgen ihrer Verbreitung, aber auch der Auswirkungen auf einen selbst und die eigene Stellung in der Gesellschaft) ist wesentlicher Teil der digitalen Kompetenz. Nur so kann der Gefahr des Realitätsverlustes (d. h. des Verlustes der Fähigkeit, zwischen „virtuell" und „real" zu unterscheiden) und der Manipulation des Nutzers – ob wirtschaftlich oder politisch – begegnet werden.

Die Probleme werden mit der Entwicklung der digitalen Techniken quasi im Jahresabstand immer komplexer, mögliche Folgen für den Nutzer immer schwerer durchschaubar. Im Zusammenhang mit dem eingangs beschriebenen Dilemma zwischen Marginalisierung und Instrumentalisierung bedeutet digitale Kompetenz, über „digital skills" hinausgehend, dass man der Gefahr der „Robotisierung" der Person – und nicht nur der Kommunikationsabläufe –, d. h. des Verlustes der Kritikfähigkeit und des Ausgeliefertseins an nicht durchschaute wirtschaftliche und politische Interessen, etwas entgegenzusetzen vermag. Die Herausforderungen sind vielfältig und schwerwiegend. Das vom Nutzer des digitalen Universums zumeist verdrängte Dilemma ist treffend in der englischen Redewendung „There ain't no such thing as a free lunch" ausgedrückt. Die Beispiele sind simpel, aber deshalb nicht weniger eindringlich. So wird etwa, wer heute – kostenfrei und sorglos – nach Informationen sucht und sich der neuesten „Interfaces" bedient, in einer Weise bevormundet und in seinem Suchverhalten dokumentiert, ja überwacht, dass es einer beachtlichen, die meisten Nutzer überfordernden Anstrengung bedarf – fall es überhaupt möglich ist –, z. B. die vielen „Suchvorschläge" zu deaktivieren oder das Monitoring des eigenen Suchverhaltens zu unterbinden. Die Aufdringlichkeit und Beharrlichkeit, mit welcher der einzelne Nutzer hier konfrontiert ist, spottet jeder Beschreibung. Es gehört gewissermaßen zum Geschäftsmodell, dass man den Nutzer bei seiner Suche ablenkt und in die jeweils kommerziell gewünschte Richtung steuert. So gefährdet die Kommerzalisierung die Authentizität der in einem freiheitlich verfassten Gemeinwesen zentralen Informationsgewinnung. Auch bei anderweitiger kostenloser Nutzung des Internet wird es immer schwerer, sich des Bombardements durch personalisierte Werbung, die auf dem früheren Surfverhalten basiert, zu erwehren. Der Nutzer bezahlt sozusagen mit der Preisgabe seiner Persönlichkeitsrechte.

Der dergestalt faktisch entmündigte Nutzer, dessen Such- und Surf-Verhalten in intransparenter Weise erfasst, ausgewertet und weitergegeben wird, wird so nach und nach zum „gläsernen Konsumenten" – in der Folge, wenn man auf die Entwicklung in China blickt, zum „gläsernen Bürger" –, der sich de facto des Schutzes seiner Persönlichkeitssphäre (Privatsphäre) begibt. In einem solchen organisatorischen Umfeld von höchster Komplexität (mit Akteuren wie Google, welche die der Informationsauswertung zugrunde liegenden Algorithmen in der Regel nicht offenlegen) werden die klassischen Grund- und Freiheitsrechte immer weiter ausgehöhlt, zumal man weder als Konsument noch als

Akteur der Zivilgesellschaft bzw. Bürger ohne diese elektronischen Hilfsmittel auskommt. Das oben Gesagte gilt natürlich auch für einen Anbieter wie Facebook, der praktisch das gesamte Leben seiner Nutzer eigenmächtig und völlig intransparent dokumentiert und vermarktet – und dies, wie die jüngsten Anhörungen vor dem US-Kongress und dem EU-Parlament gezeigt haben, mit einer kaum mehr zu überbietenden Arroganz auch noch gegenüber den politischen Instanzen rechtfertigt bzw. verschleiert.

Zur digitalen Kompetenz gehört also auch ganz wesentlich die Fähigkeit, die jeweiligen Apps zu blockieren bzw. Optionen der Programme und Interfaces zu deaktivieren, auch wenn dies – nachdem man allenfalls hunderte Zeilen von Geschäftsbedingungen gelesen hat – bedeuten mag, dass der jeweilige „Service" dann kaum mehr nutzbar ist, wodurch sich der Nutzer in einer Situation der Nötigung wiederfindet. Voraussetzung dafür, dass man sich dieser Mühe überhaupt unterzieht, ist, dass man die Auswirkungen solcher Nutzung auf sich selbst und die Gesellschaft versteht und imstande ist, größere gesellschaftliche Zusammenhänge zu erfassen. Deshalb kann digitale Kompetenz nicht ohne solide sozialwissenschaftliche Kenntnisse gebildet werden. Mit der rasanten Entwicklung der technischen Möglichkeiten und im Überschwang der damit einhergehenden Goldgräberstimmung – bei Google, Facebook etc. – wurde die Autonomie des sogenannten „Users" immer mehr ausgehöhlt. Das „Abschöpfen" von Informationen – einschließlich des (zumeist unbemerkten) Auslesens von beim Nutzer gespeicherten Email-Adressen und der Verknüpfung sowie Vermarktung der Daten – ist fast schon zur Routine geworden, vom „geheimdienstlichen" Zusatznutzen, der in der digitalen Schattenwelt lukriert wird, ganz zu schweigen. Es ist daher unerlässlich, digitale Kompetenz im größeren Kontext gesellschaftlicher und politischer Organisation – also des kollektiven Handelns – zu definieren.

## Digitale Kompetenz und Politik

Im Sinne der eingangs thematisierten Spannung zwischen Autonomie (Selbstbestimmtheit) und Instrumentalisierung (Objektivierung) des Individuums kann digitale Technik das unverzichtbare Vehikel moderner Demokratie in einer immer komplexeren arbeitsteiligen Gesellschaft sein, aber auch – wenn in ihren Folgen nicht verstanden und beherrscht – ein Instrument zur Absicherung von Herrschaft, das zur Errichtung einer Art totalitärer Kontrolle des Alltags im Sinne von Aldous Huxleys „Brave New World" (1932) verwendet werden kann. Es geht hier in der Tat um die größte Bewährungsprobe für Demokratie und Menschenrechte im beginnenden 21. Jahrhundert. Der Grat zwischen gesellschaftlicher Stabilität (als Voraussetzung für wirtschaftlichen Erfolg eines Staates im globalen Wettbewerb) und der falschen (weil nicht spontanen, sondern gesteuerten) Harmonie einer „schönen neuen Welt" ist durch die Geschwindigkeit und kaum mehr durchschaubare Komplexität des elektronischen Informationsflusses – mit einer Vielzahl von Akteuren, die die Karten nicht (gerne) offenlegen – immer schmaler geworden. Eine Vogel-Strauß-Politik wäre, wenn es um ein prosperierendes Gemeinwesen mündiger Bürger geht, die völlig falsche Herangehensweise.

Der Status des Menschen als autonomes Subjekt, für die säkulare Epoche gültig von Immanuel Kant formuliert, muss die Richtschnur für politisches Handeln im Rahmen der Demokratie sein. Dies bedeutet, dass die Entwicklung und wirtschaftliche wie gesellschaftliche Nutzung der digitalen Techniken grundsätzlich nicht zu einer Einschränkung des Handlungs- und Freiheitsspielraumes führen darf, wie er sich in der „analogen" Ära der technischen Zivilisation herausgebildet hat. Der Kontrollverlust in der Nutzung der neuen Techniken, für den wir Beispiele angeführt haben, ist unvermeidlich auch ein Verlust an gesellschaftlicher Autonomie – und damit ein Demokratieproblem. Ganz grundsätzlich gilt natürlich – weit über die hier behandelte Frage der digitalen Kompetenz hinausgehend –, dass sich die Menschheit nicht einer sogenannten „künstlichen Intelligenz" ausliefern darf und dass die gesellschaftliche Interaktion, die die Berücksichtigung von Normen (Werten) beim Aushandeln auch wirtschaftlicher Rahmenbedingungen erfordert, nicht dem Computer überlassen werden darf. Dies gilt insbesondere auch für die Digitalisierung der Finanzmärkte.

Wer als Nutzer und vermeintlich souveräner Teilhaber an der digitalen Gesellschaft die Kontrollmechanismen, die sein Verhalten immer lückenloser dokumentieren und in der Folge sein Konsumverhalten vielfach steuern, nicht versteht bzw. aus Bequemlichkeit verdrängt, ist diesen Mechanismen und den nicht deklarierten Interessen, die sich ihrer bedienen, hilflos ausgeliefert und kann sich somit nicht mehr – oder nur noch in sehr eingeschränktem Umfang – als mündiger Bürger in den Kommunikationsaustausch einbringen. Dazu gehört auch die effektive Unmöglichkeit, die Vertraulichkeit im Datenaustausch (ob über E-Mail oder Apps) zu wahren bzw. die Weitergabe der das eigene Kommunikationsverhalten betreffenden Daten zu verhindern. Die traditionellen Bestimmungen und Garantien zum Schutz der Persönlichkeitssphäre sind angesichts der Entwicklung der technischen Möglichkeiten kaum umsetzbar. Dies gilt auch und gerade für die Verordnung des Europäischen Parlaments und des Rates „zum Schutz natürlicher Personen bei der Verarbeitung personenbezogener Daten" („Datenschutz-Grundverordnung").

Die Erfahrung zeigt, dass, was technisch möglich ist, auch gemacht wird. Idee und Wirklichkeit klaffen beim Daten- und Persönlichkeitsschutz weit auseinander. Die Frage im „Schlaraffenland" des Datensammelns, zu dem unser „globales Dorf" geworden ist, ist lediglich, was schlimmer wäre: der nicht deklarierte Zugriff (ungeachtet der bestehenden Verordnungen oder unter Missbrauch von Ausnahmebestimmungen) oder das offen deklarierte, quasi gesetzlich verordnete „data harvesting" am Beispiel des für 2020 geplanten sogenannten Sozialkredit-Systems in China. Wenn der Mensch zum „gläsernen" Bürger wird und gegen diese seine Instrumentalisierung effektiv nichts unternehmen kann, werden mit dem Verlust der Privatsphäre die klassischen Grund- und Freiheitsrechte obsolet. Dies gilt in gleicher Weise, wenn der Einzelne zum Objekt wirtschaftlicher Interessen (zwecks Steuerung seines Konsumverhaltens) wie wenn er zum Gegenstand politischer Überwachung (mit dem Zweck seiner Disziplinierung als Bürger) wird. Beides fällt unter die von George Orwell unter der Chiffre „1984" schon kurz nach dem Zweiten Weltkrieg formulierte prophetische Warnung.

In menschenrechtlicher, aber insbesondere auch in demokratiepolitischer Hinsicht bedeutet dies, dass es dem Nutzer der digitalen Techniken als mündigem Bürger sozusagen von Amts wegen nicht gleichgültig sein darf, wenn sein Verhalten in Richtung auf lückenlose Erfassung jeder seiner Präferenzen „ausspioniert" wird, auch wenn er, wie oftmals mit Emphase gesagt wird, „nichts zu verbergen hat". Die rechtsstaatliche und demokratiepolitische Verantwortung des Bürgers darf nicht der Bequemlichkeit – d. h. der Effizienz seiner Teilnahme an der Informationsgesellschaft – geopfert werden. Qualität geht auch und gerade hier vor Quantität. Die Fähigkeit zur Thematisierung dieser Problematik ist wesentlicher Bestandteil der digitalen Kompetenz auf der Metaebene – in einem Zeitalter, in dem grenzenlose Kommunikation und Interaktion unter dem Slogan der „Globalität" Wirklichkeit zu werden beginnt.

## Conclusio: Neudefinition von Selbstbestimmung im Kontext der Informationstechnologie

Wenn man den hier beschriebenen Herausforderungen – im Hinblick auf Individuum und Gesellschaft, Autonomie des Einzelnen und Souveränität des Gemeinwesens im globalen Wettbewerb – gerecht werden will, muss digitale Kompetenz in ihrer Tiefendimension neu gedacht werden. Es geht nicht nur um die schulmeisterliche Vermittlung von Fertigkeiten (skills), sondern um die Reflexion der Nutzung der Digitaltechniken und die Abschätzung ihrer sozialen Folgen. Dies erfordert die Fähigkeit des Nutzers – und nicht nur der Betreiber von Plattformen oder Anbieter von Diensten – zu einer Art Gesamtschau, d. h. zu einer Verknüpfung der Ebenen, auf denen er agiert und sich Informationen beschafft bzw. diese verbreitet, zur Erfassung der Wechselwirkung zwischen den einzelnen Plattformen und zur Analyse der eigenen Informationsstrategien. Auch wenn dies hochtrabend klingen und im Einzelnen nicht mehr als eine Richtschnur sein mag, geht es schlicht und einfach darum, dass der Nutzer die Naivität überwinden muss, die darin besteht, zu glauben, dass die perfekte Beherrschung der Funktionalität ihn zum „souveränen" Meister seines digitalen Universums mache. Das Technisch-Funktionale bedarf einer humanistischen Fundierung, d. h. der Einordnung in einen größeren lebensweltlichen Zusammenhang. Nur so kann man das „big data – big brother"-Dilemma, das sich angesichts staatlicher Regulierungstendenzen (nicht nur in China, sondern auch im Hinblick auf EU-Verordnungen) immer deutlicher abzeichnet, als solches überhaupt erkennen. Auch wenn es keine Waffengleichheit zwischen Individuum und den Akteuren des IT-Establishments (einschließlich des Staates) gibt, so ist die systemisch verstandene digitale Kompetenz ein unverzichtbares Korrektiv der ungehemmten Instrumentalisierung des Nutzers durch oftmals demokratisch nicht legitimierte wirtschaftliche und politische Akteure. Die klassische Allgemeinbildung ist also auch in Zeiten der Digitalisierung unverzichtbar. Sie ist integraler Bestandteil der digitalen Kompetenz.

Eine so verstandene „digitale Kompetenz auf der Metabene" – als Fähigkeit des Bürgers, sich die Objektivierungstendenzen bewusst zu machen und Strategien selbstbestimmten Handelns zu entwickeln – ist für die Demokratie in der komplexen arbeitsteiligen Gesellschaft des 21. Jahrhunderts unverzichtbar. Die Beschwörung der Menschenwürde wird ansonsten inhaltslos. Der „Neuerfindung" („reinvention") des Menschen im Sinne der Beeinflussung seines Verhaltens (einschließlich der Formung seiner Präferenzen, d. h. Wertungen) durch robotergesteuerte Prozesse, die als „künstliche Intelligenz" idealisiert werden, kann nur durch digitale Mündigkeit gegengesteuert werden.

**Prof. Dr. DDr. h.c. Hans Köchler** ist Präsident der International Progress Organization, einer Konsultativorganisation der Vereinten Nationen mit Sitz in Wien, und Vorsitzender der Arbeitsgemeinschaft für Wissenschaft und Politik. Er war u. a. Professor und Vorstand des Institutes für Philosophie an der Universität Innsbruck (Österreich), Lehrbeauftragter im Rahmen des Europastudienprogramms der University of Notre Dame (USA), Gastprofessor an der University of Malaya (Kuala Lumpur) und Mitglied des Vorstandes des Österreichischen College (Europäisches Forum Alpbach). Er ist Mitglied des Lehrkörpers der Akademie für Kulturdiplomatie (Berlin), Gastprofessor an der Polytechnic University of the Philippines (Manila) und Professor h.c. an der Pamukkale-Universität (Türkei). Er fungierte als Mitgründer der Gesellschaft für Phänomenologie und kritische Anthropologie, Co-Vorsitzender der Internationalen Akademie für Philosophie, und initiierte und leitete zahlreiche internationale Konferenzen zu Problemen von Staat und Gesellschaft. Seine Forschungsschwerpunkte sind philosophische Anthropologie, Kulturhermeneutik, Rechtsphilosophie, politische Philosophie und die Theorie der internationalen Beziehungen.

# Notwendiger Paradigmenwechsel an Hochschulen – das Beispiel UDS Berlin

Mike Friedrichsen

## Hintergrund

Auch wenn es nicht wirklich radikal neu ist, so kann die transformative Wissenschaft gerade in Zeiten der Digitalisierung eine innovative Option zur Veränderung der Denkweisen und Strukturen an Hochschulen darstellen. Letztlich muss klar sein, dass Lehre und Forschung nur Sinn ergeben, wenn sie der Gesellschaft dienen, mit ihr konzipiert und realisiert werden. Das bedeutet für die Hochschulen, dass sie nicht nur Studierende zu sozialem Engagement oder zur Übernahme von Ehrenämtern anregen sollten. Auch die Forschung und Lehre sowie jegliche Aktivitäten der Hochschule gilt es im Kontext ihrer gesellschaftlichen Verantwortung neu zu definieren und zu konzipieren. Daher werden neue Leitbilder für Forschung und Lehre benötigt, inhaltlich mit der Verpflichtung auf gesellschaftliche Verantwortung, der Nachhaltigkeit und der Partizipation (vgl. dazu Schneidewind 2009, 2018).

Hinter der Formel einer „transformativen Wissenschaft" steckt die Forderung, dass sich Wissenschaft im 21. Jahrhundert noch stärker an großen gesellschaftlichen Herausforderungen ausrichten soll. Sie zielt auf eine Forschung und Lehre, die schon bei der Problemdefinition und Problembearbeitung auch außerwissenschaftliches Wissen mit einbezieht und so zu einem Wissen kommt, das nicht nur an den wissenschaftlichen Diskurs anschlussfähig ist. Es soll auch handelnden Akteuren vor dem Hintergrund aktueller

---

M. Friedrichsen (✉)
University of Digital Science (UDS Berlin), Berlin, Deutschland

Stuttgart Media University, Stuttgart, Deutschland
E-Mail: mike.friedrichsen@uds.berlin

Problemlagen eine Orientierung geben. Die Ansätze der transdisziplinären Forschung liefern seit rund zwanzig Jahren die Konzepte und die Methodologie, um eine solche Wissensintegration zu ermöglichen – ohne dass dies die Anschlussfähigkeit an klassische disziplinäre und interdisziplinäre Wissensproduktion behindert. Eine relevante Verbreitung im Wissenschaftssystem haben sie bisher kaum gefunden. Hier hat Schneidewind Pionierarbeit geleistet. Er ist der festen Überzeugung, dass die Art und Weise, wie wir Wissenschaft betreiben, einen zentralen Einfluss auf gesellschaftliche Veränderungsprozesse hat. Deswegen streitet er für eine „transformative Wissenschaft" und erregt damit viele Gemüter im Wissenschaftssystem. Für die UDS sind seine Ausführungen von hoher Relevanz und sie konnten für den inhaltlichen Aufbau der Universität fast vollständig übernommen werden (Schneidewind 2009, 2018).

Die UDS Berlin will zur Diskussion über die Chancen der Digitalisierung, Aspekte aus der Open-Source-Bewegung, Wohlstandsmuster der Zukunft und eine Kultur der Augenhöhe beitragen, die als Basis vor allem für junge Wissenschaftler dienen kann, um neue Netzwerke und strukturelle Änderungen einzufordern und den Anforderungen der Zukunft gerecht zu werden.

Schneidewind und Singer-Brodowski (2013) liefern eine ausführliche Analyse der Stärken und Schwächen des deutschen Wissenschafts- und Hochschulsystems in Bezug auf seinen Beitrag zur Lösung globaler Umwelt- und Nachhaltigkeitsfragen. Die zentrale Schlussfolgerung dieser Analyse ist, dass Forschung und Lehre bisher primär Schwächen aufweisen im Vergleich zu anderen europäischen Ländern – von einigen Leuchtturm- und Pionierprojekten abgesehen. Laut den Autoren ist dieses Defizit auch nicht so sehr einem Mangel an technologischer Spitzenforschung im Bereich Maschinenbau, Chemie und Elektrotechnik geschuldet – die erneuerbare Energien, Elektroautos, Energie- und Materialeffizienz vorantreiben –, sondern vielmehr einer systematischen Unterentwicklung an transformativer Forschung und Lehre.

Transformative Forschung ist ein Prozess, dessen Fragen sich an gesellschaftlichen Problemstellungen orientieren und der konkrete Ziel- und Transformationspfade erarbeitet, um diese Probleme zu lösen. Insofern ist die transformative Lehre an der UDS darauf fokussiert, Studierenden Handlungskompetenzen zu vermitteln, damit sie Wandlungsprozesse verstehen und aktiv vorantreiben können. Transformative Wissenschaft stellt somit einen Paradigmenwechsel dar, der mit zahlreichen Grundannahmen der bisherigen Wissenschaft bricht, z. B. dem singulären Fokus auf disziplinäre Exzellenz und Publikationen in wissenschaftlichen Journalen, hin zu transdisziplinären Forschungsfragen und Qualitätskriterien, die die soziale Relevanz von Forschung mit einbeziehen. Dieses neue Leitbild ist eine gewaltige Herausforderung, jedoch auch eine einmalige Chance für Innovationen und Erneuerungen im Kontext einer neuen Hochschule wie der UDS (vgl. Schneidewind und Singer-Brodowski 2013).

## Transformative Hochschule im Leitbild der UDS

Wissenschaft muss aus der Sicht der UDS in der Verantwortung gesehen werden, sich aktiv in gesellschaftliche Veränderungsprozesse einzubringen, diese zu analysieren und geeignetes Handlungswissen gemeinsam mit anderen, außerwissenschaftlichen Akteuren zu erzeugen. Eine transformative Wissenschaft muss also raus aus den Elfenbeintürmen, raus aus zu engen disziplinär gezogenen Horizonten. Dazu dienen in der UDS Kompetenzzentren, die je zur Hälfte von Wissenschaftlern und Managern besetzt sein sollen. So soll schon in der Struktur der UDS eine enge Vernetzung des Denkens und Handelns vorgegeben werden.

Die UDS greift das Unbehagen der Vermittlungsleistung von Wissen an Hochschulen auf. Der Mainstream verhindert zunehmend, dass außerhalb etablierter Methoden, Theorien und Konzepte überhaupt noch etwas Gesellschaftsrelevantes in den Blick genommen werden kann. Es hat sich mehr und mehr ein Theorie- und Methodengebäude etabliert, das nicht mehr mit dem Rest der Gesellschaft und ihren Fragen kommunizieren kann. Bestehendes Wissen in Form etablierter Theorien und Methoden kann also zu einer gefährlichen Blindheit und Abschottung der Wissenschaft führen. Umso wichtiger ist es für Akteure der Wissenschaft sich aktiv in gesellschaftliche Problemlagen und Veränderungsprozesse einzubringen und den Kontakt zu außer-wissenschaftlichen Akteuren als Partner in der Wissensproduktion zu suchen (Schneidewind 2009, 2018).

Wissenschaft hat in ihrer Wissensproduktion immer eine performative Wirkung auf Gesellschaft, vor allem auf Politik. Daher ist es bedeutsam für die UDS, normativ Position zu beziehen. Dabei ist eine wichtige Grundvoraussetzung, ihre eigene Wirkung auf die Gesellschaft zu hinterfragen, die gegenwärtige Lage der Gesellschaft zu diagnostizieren, ihre eigenen wie die Annahmen der Gesellschaft über sich selbst offenzulegen und Szenarien der Veränderung gemeinsam mit außerwissenschaftlichen Akteuren zu begründen. Wissenschaft kann so zu einer reflexiven Instanz in der Gesellschaft werden (Schneidewind 2009, 2018).

Die UDS will tradierte Paradigmen hinterfragen und alternative Konzepte und Leitbilder stärker in den Blick nehmen. Diese neuen Konzepte und Leitbilder sind notwendig, weil gerade die Anforderungen einer nachhaltigen Entwicklung nicht mehr mit den herkömmlichen, zu sehr auf technisch-instrumentelle Veränderungen fokussierten Ansätzen beantwortbar sind . Nachhaltigkeit impliziert aber einen kulturellen Wandel, der eine Pluralität im Denken, in den Methoden und Theorien erfordert. Allerdings wird sich die Pluralität der Gesellschaft und die Heterogenität ihrer Akteure auch in der Wissenschaft abbilden müssen, wenn sie relevant für die Gesellschaft bleiben will. Das schließt die Beachtung der Tiefenwirkung von Diversität wie z. B. Geschlechterrollen und -wahrnehmungen auf wissenschaftliche, politische, ökonomische und kulturelle Wirklichkeiten ebenso mit ein wie die Forderung nach einer stärkeren Öffnung wissenschaftlicher Wissensproduktion in die Gesellschaft im Rahmen von transdisziplinären Projekten mit Unternehmen, zivilgesellschaftlichen Organisationen, Vereinen und Verbänden, öffentlichen

Verwaltungen und der Politik. Transformationswissen ist grundsätzlich transdisziplinäres Wissen (Schneidewind 2009; Schneidewind und Singer-Brodowski 2013).

## Die Umsetzung in Forschung und Lehre an der UDS

Für die Ausbildung an der UDS bedeutet das Programm einer transformativen Wissenschaft dreierlei. Entscheidend wird sein, die Lehre nicht nur wieder stärker problemorientiert und auf Akteure bezogen zu gestalten, sondern sie zu öffnen für transformativ wirksame Praxisprojekte mit verschiedenen gesellschaftlichen Akteuren. Dabei sind den Studierenden die entsprechenden akademischen Freiräume zu gewähren, um solche Projekte auch eigenständig durchführen zu können: Lernen in und durch die eigene Praxis. Das schließt auch eine Öffnung der UDS hin zur hochschulexternen Öffentlichkeit ein und erfordert eine umfassendere Definition von dem Ort, wo Lernen eigentlich stattfinden kann. Die transformative UDS wird so zu einem Lernnexus der Gesellschaft, ob die Lernenden immatrikuliert sind oder nicht (Schneidewind 2009, 2018).

Damit solche studentischen Transformationsprojekte in offenen Netzwerken mit der Gesellschaft auch funktionieren können, braucht es eine viel stärkere Vermittlung entsprechender transformativer Managementkompetenzen. Gerade ethische Grundlagen, Nachhaltigkeitsaspekte und ein breiterer Blick auf die Einbettung wirtschaftlichen Handelns in größere gesellschaftliche, kulturelle und ökologische Aspekte müssen dazu in allen Studienangeboten der UDS als Kernkompetenz Eingang finden. Schließlich braucht es für transformative Lehre auch einen anderen Ausgangspunkt. Nicht von gesellschaftlichen Problemen losgelöste Methoden oder etablierte Theoriebestände können dabei im Mittelpunkt stehen, sondern die uralte aristotelische Frage nach dem guten und verantwortbaren Leben. Nur wenn die Ausgangsfragen groß und bedeutend sind, können auch die Studierenden begeistert werden, als aktive Transformateure den Wandel in Wirtschaft und Gesellschaft hin zur Nachhaltigkeit mitzugestalten (Schneidewind 2009, 2018).

Die UDS kann hier eine Rolle als transformativer Akteur spielen. Vor allem ihr Fokus auf Inter-nationalität, Interkulturalität und Diversität wird zur nachhaltigen Transformation beitragen. Als internationale Hochschule ist die UDS hier bestens aufgestellt, die globale Perspektive und die unterschiedlichen kulturellen Sichtweisen auf Transformationsprozesse und Nachhaltigkeit zu gewährleisten.

Transdisziplinäre Forschung und Lehre in dem an der UDS verstandenen Sinne liefert Beiträge zur Lösung gesellschaftlich relevanter Probleme und nimmt daher ihren Ausgangspunkt bei konkreten gesellschaftlichen Herausforderungen. Da diese Probleme nicht vor Disziplingrenzen haltmachen, ist transdisziplinäre Forschung auch zwangsläufig interdisziplinär und vernetzt unterschiedliche Wissenschaftsdisziplinen miteinander. Zudem bezieht sie außerwissenschaftliche Akteure des Problemfeldes ein, um zu umsetzbaren, praktischen Handlungsempfehlungen zu kommen. Zu den Anwendungsfeldern transdisziplinärer Forschung gehört auch die Herausforderung einer nachhaltigen Entwicklung (Schneidewind 2009, 2018).

Der Unterschied zu „einfacher" Interdisziplinarität liegt darin, dass die Forschungsprobleme nicht innerwissenschaftlich, sondern zusammen mit betroffenen Gruppierungen (z. B. aus Politik, Wirtschaft, Verbänden, Organisationen) definiert und bearbeitet werden. In der Global-Change-Forschung wird dies als „Co-Design" wissenschaftlicher Fragestellungen und „Co-Production" wissenschaftlichen Wissens bezeichnet (ICSU 2013). Transdisziplinäre Forschung ist nicht mehr ausschließlich Wissensproduzentin, sondern zunehmend auch Wissensanwältin und „Wissensbroker".

Transdisziplinäre Forschung katalysiert Veränderungsprozesse in der Gesellschaft – und wird so zur „transformativen Wissenschaft". Die Einbeziehung außerwissenschaftlicher Gruppierungen führt auch zu einer Ausdifferenzierung der Wissensformen, die im Rahmen einer transdisziplinären Forschung erzeugt werden. Neben das klassische Systemwissen (als „objektives" Beobachtungswissen über Zusammenhänge in natürlichen und sozialen Systemen) treten ein Transformationswissen (als ein von den jeweiligen Akteuren abhängiges Wissen zu konkreten Umgestaltungsmöglichkeiten) und ein Zielwissen (als ein Wissen über wünschenswerte und damit automatisch wertbehaftete Zukunftsoptionen). Eine besondere Rolle kommt dabei einer globalen Perspektive zu, die Wissensbestände unterschiedlicher Kulturen und Wechselwirkungen unterschiedlicher politischer Ebenen integriert (vgl. Schneidewind und Singer-Brodowski 2013).

Nach Schneidewind (2013) muss der Anspruch einer partizipativen Einbindung von Praxiswissen in den Forschungsprozess gestellt und damit die Brücke zur sogenannten transformativen Bildung und Transformationsbildung geschlagen werden, wobei er auf das Memorandum für eine „Wissenschaft für Nachhaltigkeit" der Deutschen UNESCO-Kommission verweist (Deutsche Unesco-Kommission e. V. 2012; vgl. dazu auch MWFK Baden-Württemberg 2013):

1. **Systeminnovationen**: Viele gesellschaftliche Entwicklungen im 19. und 20. Jahrhundert waren technologisch getrieben. Technologische Innovationen und eine sie ermöglichende Forschung stellten den Motor für gesellschaftlichen Fortschritt dar. Bei den aktuell diskutierten großen Herausforderungen wird dagegen deutlich, dass Lösungsbeiträge nicht mehr nur durch technologische Fortschritte, sondern insbesondere durch umfassende soziale und institutionelle Innovationen möglich sind. Statt isolierter Technik rücken Systeminnovationen in den Blickpunkt, die aus einer Verknüpfung technologischer, sozialer und institutioneller Innovationen bestehen. Dies hat Auswirkungen auf die dafür erforderlichen disziplinären Wissensbestände.
2. **Perspektivenvielfalt**: An die Seite natur- und technikwissenschaftlicher Forschung treten auf Augenhöhe wirtschafts- sowie sozial- und kulturwissenschaftliche Perspektiven, die es zu integrieren gilt. Erst dadurch entsteht das auch vom WBGU eingeforderte Transformationswissen (WBGU 2011).
3. **Ziel- und Transformationswissen**: Herkömmliche Forschung produziert Systemwissen, d. h. Beobachtungswissen über Zusammenhänge und Systeme. Zur Unterstützung von Transformationsprozessen treten zwei weitere Wissensformen hinzu: Zielwissen, das Auskunft über mögliche und wünschenswerte Entwicklungszustände gibt, sowie

Transformationswissen, ein kontext- und situationsabhängiges Wissen zur Gestaltung von konkreten Veränderungsprozessen.
4. **Partizipation**: In einer transdisziplinären Wissenschaft kommt Akteuren aus Gesellschaft, Wirtschaft und Politik eine neue Rolle zu. Sie stehen nicht mehr außerhalb des Wissenschaftsprozesses und erhalten am Ende der Forschung fertige Ergebnisse. Stattdessen werden diese Gruppierungen schon in die Problemrahmung und in den Wissenschaftsprozess selber einbezogen, insbesondere bei der Erzeugung von Transformationswissen. Auf diese Weise soll „sozial robustes Wissen" (Nowotny et al. 2001) geschaffen werden, das sowohl im Wissenschaftssystem als auch für die gestaltenden Akteure, z. B. in der Politik, anschlussfähig ist.

Um dies zu ermöglichen, sind strukturelle Veränderungen im Wissenschaftssystem erforderlich, denn aktuell stößt Wissenschaft für Nachhaltigkeit nach wie vor auf Hemmnisse und Hürden (MWFK Baden-Württemberg 2013):

- Die disziplinäre Organisation der Forschungslandschaft in Fächer und Fachbereiche, insbesondere an den Universitäten, erschwert interdisziplinäre Kooperation.
- Die Fokussierung auf monodisziplinäre Leistungsindikatoren („Exzellenz") in Begutachtungen auf allen Ebenen benachteiligt systematisch inter- und transdisziplinäre Forschung.
- Transdisziplinäre Forschung wird in den klassischen wissenschaftlichen Institutionen zu wenig wahrgenommen, wissenschaftliche Qualifikationsverfahren (Studienabschlüsse, Promotionen, Habilitationen) lassen häufig interdisziplinäre Themen nicht ohne Weiteres zu.

Weil viele zukünftige national und international tätige Führungskräfte Hochschulen durchlaufen, wo sie Fach- und Orientierungswissen für ihr späteres Handeln und Kompetenzen für ihre zukünftigen Aufgaben erwerben, kommt der Verankerung einer Wissenschaft für Nachhaltigkeit vor allem in der akademischen Lehre eine herausragende Bedeutung zu. Auch von Seiten der Studierenden wird gefordert, im Studium das Thema Nachhaltigkeit in breiter Form anzubieten und zu fördern (Netzwerk studentischer Nachhaltigkeitsinitiativen 2011). Damit einher geht die Notwendigkeit eines Klärungsprozesses darüber, welche Wissensbestände und Kompetenzen vor allem vermittelt werden sollen, d. h. was die Studierenden „kennen" und „können" müssen, um in ihrem späteren Berufs- und Privatleben einen Beitrag zur nachhaltigen Entwicklung leisten oder sogar zu „Pionieren des Wandels" werden zu können (vgl. Schneidewind 2013).

Weiterhin spielt die akademische Lehre eine wichtige Rolle in Bezug auf ein „Capacity-Building" für Nachhaltigkeit in Entwicklungs- und Schwellenländern, worauf in den entwicklungspolitischen Leitlinien des Landes hingewiesen wird (Staatsministerium Baden-Württemberg 2012). Es gehört zu den zentralen Elementen internationaler Verantwortung der Wissenschaft, die Lehre für Nachhaltigkeit international zu öffnen bzw. zu organisieren.

Ein wichtiger Aspekt einer Lehre für nachhaltige Entwicklung stellt das Konzept des „forschenden Lernens" dar. Forschendes Lernen bedeutet, dass Lehrende den Studierenden auf Augenhöhe begegnen und sie bei der Problem- und Forschungsfragendefinition ebenso wie bei der eigentlichen Wissensproduktion in gleichberechtigter Form einbeziehen. Dies fördert die Aneignung von konzeptionellen und methodischen Fähigkeiten der Wissensgenerierung und -bearbeitung. „Forschung" umfasst dabei nicht nur die aus Drittmitteln geförderte Grundlagen- und Anwendungsforschung, sondern auch und insbesondere von Studierenden selbst initiierte Projekte sowie Konzepte des Service Learning. Dem forschenden Lernen in Reallaboren kommt in diesem Kontext aus Sicht der UDS eine hohe Bedeutung zu. Insbesondere wenn es sich um Reallabore aus lebensweltlichen Bezügen der Studierenden handelt, können sich Studierende sowohl als Expertinnen/Experten als auch als disziplinär, konzeptionell und methodisch Lernende in den Prozess einbringen. Die Idee einer „disziplinierten Interdisziplinarität in transdisziplinären Prozessen" wird hier dann auch für den Lehrbetrieb erlebbar (vgl. Schneidewind 2009; Scheidewind und Singer-Brodowski 2013).

An der UDS ist somit die Vermittlung von Wissen (vgl. dazu Schneidewind und Singer-Brodowski 2013 sowie MWFK Baden Württemberg 2013)

- eine problemorientierte Lehre, die den Lernenden die Möglichkeit eröffnet, Transformations- und Zielwissen zu erarbeiten;
- eine Bewertungskompetenz vermittelnde Lehre, die Beiträge zur Orientierung in einer sich ausdifferenzierenden modernen Welt liefert;
- eine reflexive Lehre, die ihre Wirkungen reflektiert und sich konsequent weiterentwickelt;
- eine partizipative Lehre, die den Fokus auf Studierende richtet, diese mitnimmt und zur Beteiligung ermuntert;
- eine aktivierende Lehre, die zur gesellschaftlichen Teilhabe anregt;
- eine motivierende und Lust auf Innovation und Wissenschaft, auf das „Neue" machende Lehre (Entdecken neuer Denkräume und Differenzen);
- ein Konzept mit Freiräumen für diese Innovationen und deren Umsetzung;
- eine projektorientierte Lehre, die sich auf konkrete Veränderungsprozesse bezieht;
- eine experimentelle Lehre, die Fehler als Lernräume wertschätzt;
- eine normativ sensible Lehre, die verschiedene Leitbilder und Werte diskutiert und Entscheidungssituationen in den Blick nimmt;
- eine zukunfts- und visionsorientierte, Gestaltungskompetenz vermittelnde Lehre.

Angesicht des Umstandes, dass es für den Zusammenhang von Lehrformat und Lernerfolg im Hinblick auf eine Bildung für nachhaltige Entwicklung bisher nur erste empirische Belege gibt, bietet sich die Erprobung verschiedener Lehrformate an, die über die disziplinäre Perspektive in klassischen Vorlesungen und Seminaren hinausreichen. Dazu gehören an der UDS unter anderem (vgl. Schneidewind und Singer-Brodowski 2013):

- kooperierende interdisziplinäre Vortragsreihen und Seminare mit Lehrenden unterschiedlicher Disziplinen,
- transdisziplinäre Studienprojekte,
- Lernteam-Coaching, Service Learning, Studierende-Mentoring,
- Kombination von Internet-Lectures: Virtual Academy mit Präsenzveranstaltungen (Blended Learning),
- Einsatz virtueller Lehr- und Studienwerkstätten,
- Nachhaltige-Entwicklung-Veranstaltungen von Studierenden für Studierende,
- Förderung von Studien und Abschlussarbeiten mit Problembezug zur nachhaltigen Entwicklung.

Ein weiterer wichtiger Baustein für die Umsetzung des transformativen Lehrkonzepts an der UDS ist das Service Learning. Hierbei handelt es sich um ein Lehr- und Lernformat aus dem angloamerikanischen Raum, das gemeinnütziges Engagement (= service) mit Lerninhalten aus dem Studium (= learning) verknüpft. Dieses Format ist ein Beispiel dafür, wie der Transfer nachhaltigkeitsrelevanten Wissens in die Gesellschaft auf mehreren Ebenen praktiziert werden kann. Service Learning wird sowohl fachspezifisch als auch fachübergreifend angeboten und schafft eine Verbindung zur Arbeits- und Lebenswelt. Studierende erwerben berufs- und studienrelevante Praxiserfahrung sowie Schlüsselkompetenzen.

Die UDS greift darüber hinaus das Konzept „Research-Relevanz-Responsibility" (umgesetzt an der Universität Tübingen) auf, das auf den Prinzipien der Verantwortung für Zukunftsfragen aufbaut und einen breiten interdisziplinären Ansatz nutzt, ganz im Sinne der Humboldt'schen Tradition. Besonders hervorzuheben ist der partizipative und integrative Charakter des Veränderungsprozesses, der auf die Akzeptanz und Kreativität der Beteiligten setzt (vgl. Schneidewind 2009).

Die inter- und transdisziplinäre Ausrichtung in Lehre und Forschung ist ein Kernelement der UDS. Ihre Umsetzung erweist sich in den bestehenden Strukturen der Hochschullandschaft als schwierig, insbesondere in Hinblick auf die wissenschaftliche Qualifizierung und die vorgegebenen Karrierepfade für Nachwuchswissenschaftlerinnen/-wissenschaftler, die bei Begutachtungen vornehmlich die Erfüllung disziplinärer Leistungsindikatoren unter Beweis zu stellen haben. Transdisziplinäre Forschung à la UDS, bei der die Wissenschaft neben wissenschaftlichen Publikationen auch die Zusammenarbeit mit außeruniversitären Partnern und Produkte für die Praxis zu erbringen hat, wird im heutigen Wissenschaftssystem wenig wahrgenommen und anerkannt. Daher ist dies ein wesentlicher Beitrag der UDS für die zukünftige Entwicklung der Hochschullandschaft.

Neben Strukturbildung innerhalb von Hochschulen ist der Aufbau von Verbindungen zwischen Hochschulen und Wissenschaftseinrichtungen sowie ihrem Umfeld ein wichtiger struktureller Ansatzpunkt zur Förderung einer Wissenschaft für Nachhaltigkeit.

Vernetzungsstrukturen zwischen unterschiedlichen wissenschaftlichen Einrichtungen spielen an der UDS eine wichtige Rolle für die gemeinsame Konzept- und Methodenentwicklung, aber auch für den Aufbau von Systemen der Qualitätssicherung und der systematischen Nachwuchsförderung (vgl. MWFK Baden-Württemberg 2013).

Transdisziplinäre Forschung ist auf die enge Einbeziehung von gesellschaftlichen Akteuren an-gewiesen. Hierfür gilt es an der UDS geeignete Vernetzungs- und Kooperationsstrukturen zu schaffen sowie eine angemessene Prozessgestaltung zu motivieren und Lernerfolge auch bewertbar und wahrnehmbar zu machen.

## Literatur

Deutsche UNESCO-Kommission e.V. (Hrsg.). (2012). *Hochschulen für eine nachhaltige Entwicklung – Nachhaltigkeit in Forschung, Lehre und Betrieb.* Bonn: Deutsche UNESCO-Kommission e. V. https://www.hrk.de/uploads/media/Hochschulen_fuer_eine_nachhaltige_Entwicklung_Feb2012.pdf. Zugegriffen am 17.01.2020.

ICSU. (2013). Annual report 2013. Paris. https://council.science/publications/annual-report-2013/. Zugegriffen am 17.01.2020.

Ministerium für Wissenschaft, Forschung und Kunst (MWFK) Baden-Württemberg. (2013). Wissenschaft für Nachhaltigkeit. Herausforderung und Chance für das baden-württembergische Wissenschaftssystem. Stuttgart. https://www.baden-wuerttemberg.de/fileadmin/redaktion/dateien/PDF/Brosch%C3%BCre_Wissenschaft_f%C3%BCr_Nachhaltigkeit.pdf. Zugegriffen am 17.01.2020.

Netzwerk studentische Nachhaltigkeitsinitiativen. (2011). Blog nachhaltige Wissenschaft. http://nachhaltigewissenschaft.de/2011/06/30/heute-petition-gestartet-forderungspapier-nachhaltige-hochschullandschaft-netzwerk-studentische-nachhaltigkeitsinitiativen-11400512/. Zugegriffen am 17.01.2020.

Nowotny, H., Scott, P., & Gibbons, M. T. (2001). *Re-thinking science: Knowledge and the public in an age of uncertainty.* London: Wiley.

Schneidewind, U. (2009). *Nachhaltige Wissenschaft. Plädoyer für einen Klimawandel im deutschen Wissenschafts- und Hochschulsystem.* Marburg: Metropolis.

Schneidewind, U. (2013). Transformative Literacy. Gesellschaftliche Veränderungsprozesse verstehen und gestalten. *GAIA, 22*(2), 82–86.

Schneidewind, U. (2018). *Die große Transformation – Eine Einführung in die Kunst gesellschaftlichen Wandels.* Frankfurt a. M.: Fischer.

Schneidewind, U., & Singer-Brodowski, M. (2013). *Transformative Wissenschaft. Klimawandel im deutschen Wissenschafts- und Hochschulsystem.* Marburg: Metropolis.

Staatsministerium Baden-Württemberg. (2012). Welt: Bürger gefragt. https://stm.baden-wuerttemberg.de/fileadmin/redaktion/dateien/PDF/Entwicklungspolitische_Leitlinien_f%C3%BCr_Baden-W%C3%BCrttemberg.pdf. Zugegriffen am 17.01.2020.

WBGU – Wissenschaftlicher Beirat der Bundesregierung Globale Umweltveränderungen. (2011). *Hauptgutachten. Welt im Wandel Gesellschaftsvertrag für eine große Transformation. Zusammenfassung für Entscheidungsträger.* Berlin: WBGU. https://www.wbgu.de/fileadmin/user_upload/wbgu/publikationen/hauptgutachten/hg2011/pdf/wbgu_jg2011.pdf. Zugegriffen am 17.01.2020.

**Mike Friedrichsen** ist ein Pionier im Zeitalter der Digitalisierung und gründete bereits Anfang der neunziger Jahre Unternehmen mit dem Schwerpunkt Internet & E-Commerce. Prof. Dr. Mike Friedrichsen ist seit über 20 Jahren Full-Professor an diversen staatlichen Hochschulen, derzeit ist er Professor für Wirtschaftsinformatik und digitale Medien (Schwerpunkt Digital Economy & Innovation) an der HdM Stuttgart und Founding President der University of Digital Science Berlin. Zudem ist er Direktor des UDS Competence Center for Digital Economy. Neben seiner wissenschaftlichen Tätigkeit ist er stets unternehmerisch tätig, u. a. Vorstand der Humboldt School AG sowie Gründer und Gesellschafter diverser Startup-Unternehmen. Zusätzlich nimmt er regelmäßig diverse Gastdozenturen und Lehraufträge an internationalen Universitäten weltweit wahr. Prof. Dr. Friedrichsen ist Autor zahlreicher Bücher und Fachaufsätze (national und international) und hält Keynotes und Vorträge auf allen relevanten Kongressen und Tagungen sowie bei unternehmerischen Veranstaltungen. Zudem ist er als Gutachter tätig und nimmt diverse ehrenamtliche – nationale und internationale – Funktionen ein. In wissenschaftlichen und nicht-wissenschaftlichen Unternehmen, Organisationen und Verbänden ist er Mitglied von Aufsichtsgremien und Beiräten. Er ist Herausgeber von mehreren Buchreihen in deutschen und internationalen Verlagen sowie in diversen Editorial Boards von renommierten wissenschaftlichen Zeitschriften.

# Die Psychologie der Digitalkompetenz

Jo Groebel

**Themenbereiche**

Zunächst ist die einfachste Annäherung an die Psychologie der Digitalkompetenz die über die Verbindung zur Pädagogik. Als solche beschreibt sie wissenschaftlich die Prozesse bei Erlernen und Aufbau von Fähigkeiten und Wissen rund um die Nutzung von Computern und allgemein digitalen Displaygeräten, nicht zuletzt Online-Medien auf individueller Ebene. Mindestens so naheliegend ist aber die Ausweitung der Begrifflichkeit auf die Vorbereitung, Anwendung und Wirksamkeit aller digitalen Systeme und Abläufe im gesellschaftlichen und im organisatorischen Rahmen.

Damit geht es nicht mehr primär um die Psychologie des Lernens im Bildungsrahmen, so wichtig sie auch ist. Vielmehr sind bei dem erweiterten Kompetenzbegriff auch unternehmerische Abläufe, politische Entscheidungen oder technologische Strategien und der Anteil der Psychologie daran einzubeziehen. Entsprechend gehören Bereiche wie Künstliche Intelligenz, Digitale Transformation aber auch Edutainment zum Themenfeld der Psychologie digitaler Kompetenz. Bei dieser großen Bandbreite kann nur versucht werden, eine Übersicht über die zentralen Forschungssujets und eine einordnende Strukturierung vorzunehmen. Die Forschung selbst teilt sich auf in die wissenschaftliche Abhandlung sehr konkreter einzelner digitaler Fragestellungen einerseits und die Übertragung und Prüfung allgemeiner Grundlagenerkenntnisse im gleichen Zusammenhang andererseits. Eine große, umfassende Psychologie der Digitalkompetenz, gar als eigenes Fach, hat sich bislang nicht entwickelt. Sehr wohl aber lassen sich einige vorläufige Schlussfolgerungen aus potenziell äquivalenten Feldern wie der Medienpsychologie (u. a. Groebel 2001) oder aus der Psychologie allgemein ableiten.

---

J. Groebel (✉)
Deutsches Digital Institut, Berlin, Deutschland
E-Mail: jgroebel@aol.com

## Definition

Ein begrifflicher Vorläufer für Digitalkompetenz stammt aus dem Bibliothekswesen, dort unter dem Namen Informationskompetenz. Er entstand mit dem heraufziehenden Computerzeitalter in den 1970er-Jahren und betonte den Erwerb der Fähigkeit, selbstbestimmt mit Informationen umzugehen, besonders bei Nutzung, Gestaltung und Entwickeln maschinenvermittelter Kommunikation. Als Pendant zum erziehungswissenschaftlich definierten Umgang mit digitalen Plattformen und Online-Medien bieten sich heutzutage einschlägige Annäherungen an die Digitalkompetenz aus der Medienpädagogik an (stellvertretend für viele siehe Schorb et al. 2017).

Selbst aber bei einer inzwischen möglichen deutlichen Spezifizierung in Richtung psychologischer Dimensionen der Digitalkompetenz kann aktuell entsprechend dem großen Spektrum an Themen wie zum Beispiel der digitalen Mobilität (siehe u. a. Groebel et al. 2006) nur eine recht allgemein gehaltene Bestimmung des Begriffs vorgenommen werden. Die Definition lautet daher:

Die Psychologie der Digitalkompetenz befasst sich mit den mentalen, emotionalen, sozialen und handlungsbezogenen Aspekten bei den daran beteiligten individuellen Personen, Gruppen und Gemeinschaften in Bezug auf Dispositionen, Motivationen, Verarbeitungen und Wirkungen zur Entwicklung und zum Erwerb von Wissen und Fähigkeiten rund um die Digitalisierung und ihre Anwendungen.

## Die psychologischen Faktoren der Digitalkompetenz

Zur Beschreibung und punktuellen Vertiefung wesentlicher Bereiche der Psychologie für digitale Kompetenz dient eine Übersicht mit den technologischen, physiologischen, emotionalen, kognitiven, sozialen, ethischen und entscheidungsbezogenen Faktoren für Kontext und menschliche Disposition, Motivation, Verarbeitung und Wirkung. Die Makro-Ebene bezieht sich in der Übersicht auf übergreifende Gesellschaftsstrukturen, die Meso-Ebene auf Organisationen und Unternehmen. Die Mikro-Ebene kennzeichnet die individuellen Prozesse bei einem einzelnen Menschen.

Die jeweiligen Dimensionen Makro, Meso und Mikro sind miteinander verknüpft. So bestimmt die digitale Infrastruktur einer Gesellschaft, welche digitalen Entwicklungsmöglichkeiten ein Unternehmen oder eine Organisation haben. Die Digitalausstattung des Unternehmens ist Voraussetzung für den Kompetenzaufbau am Arbeitsplatz. Umgekehrt prägt das digitale Bildungsniveau des Einzelnen die Geschwindigkeit, mit der in einer Firma oder einer Organisation die digitale Transformation voranschreitet und Einfluss auf die gesamtgesellschaftliche Gestaltung genommen wird.

Psychologische Aspekte kommen insofern ins Spiel, als notwendige Entscheidungen und Handlungsprämissen bislang mit Verhalten auf individueller oder Teamebene verknüpft sind. Selbst wenn es durch Computeralgorithmen oder digitale Prozesse unterstützt wird. Auch bei zunehmender Bedeutung von Maschinenlernen und Künstlicher Intelligenz wird zunächst die Simulation menschlicher Interaktion noch einen Bestandteil der digitalen Entwicklung darstellen.

Diese und ähnliche Zusammenhänge kennzeichnen die Zellen der Übersichtsmatrix (Tab. 7.1). Sie beleuchten bestehende oder künftige Schwerpunkte von Forschung und Anwendung in der Praxis. Auf einzelne der Schwerpunkte wird kurz eingegangen.

Bezogen auf die Dimensionen Physiologie und Emotion ist aus der Lernforschung bekannt, dass Kompetenzsteigerung erheblich vom Anregungscharakter und emotionalen Gehalt der Ausgangssituation abhängt. Im psychologischen Yerkes-Dodson-Gesetz wird die Konstellation zwischen angenehmen Motivationsreizen und Aufnahme neuer Informationen beschrieben. Zu geringe Außenmotivierung führt zu geringer Hinwendung zum Kompetenzinhalt, zu massive Anregung lenkt ab, die Aufnahmebereitschaft sinkt. Das Optimum liegt im Mittelbereich zwischen beiden Polen.

Im Digitalzusammenhang ist dann die Entwicklung von Kompetenz am größten, wenn auf der Dispositionsseite eine hinreichend ausgeprägt stimulierende Gesamtkultur mit zahlreichen digitalen Optionen, funktionierendem Breitband, e-Government, vorbildliche Internetpolitiker und eine Computerneugier belohnende Organisationsstruktur auf die persönliche Anregungssuche, psychologisch-wissenschaftlich „Sensation Seeking" (Groebel 2014), trifft. Dies zusammen verstärkt die Motivation, gesellschaftspolitisch weitere Innovationen zu fördern, in Firma und Organisation diese Innovation auf Seiten von Mitarbeitern und Mitgliedern zu belohnen und damit eine kompetenzerhöhende positive Stimmung für den Fähigkeitsaufbau des Einzelnen zu schaffen.

All dies geht einher mit den aus der Psychologie bekannten Verstärkungsprozessen aus äußerem Positivfeedback durch eine ergonomisch gestaltete und vor allem funktionierende digitale Umgebung und kompetentem Führungshandeln der Leitfiguren sowie der aus dem instrumentellen Lernen bekannten selbstmotivierenden Dynamik.

Als langfristige Wirkung führen diese Wechselbeziehungen insgesamt wieder zu einer weiteren Steigerung dieser Abläufe. Ähnliches gilt für die in der Übersicht genannten anderen psychologischen Faktoren wie Handeln (siehe Gürlevik et al. 2016), Ethik (Hinde und Groebel 1992), Sozialverhalten (Groebel 2001) oder wirtschaftliche Strukturen (Noam et al. 2016).

So wichtig die Förderung der digitalen Technologie und des flächendeckenden Zugangs dazu ist, der Mensch in den verschiedenen Rollen als Entscheidungsträger, Teammitglied, Lernender oder Lehrender, Berater bei der digitalen Transformation oder kreativer Start-Up-Initiator ist mit seinen Eigenschaften und Fähigkeiten Teil des Kompetenzsystems.

**Tab. 1** Übersicht über die psychologischen Faktoren der Digitalkompetenz (D = Disposition & Kontext, M = Motivation, V = Verarbeitung, W = Wirkung)

|  | MAKRO<br>Gesellschaft | MESO<br>Unternehmen | MIKRO<br>Einzelner |
|---|---|---|---|
| TECHNOLOGIE | D: Infrastruktur<br>M: Gestaltungswille<br>V: Führungsfähigkeit<br>W: Soziale Ansteckung | D: Digitalausstattung<br>M: Change Management<br>V: Funktionsverteilung<br>W: Weiterbildung | D: Digitale Bildung<br>M: Freizeitnutzung<br>V: Learning by Doing<br>W: Belohnungseffekt |
| PHYSIOLOGIE | D: Stimulationsniveau<br>M: Innovationsklima<br>V: Anregung-Lernen<br>W: Verstärkung | D: Neugierkultur<br>M: Innovationsfreude<br>V: Ergonomie<br>W: Kreativteams | D: Sensation Seeking<br>M: Digitale Neugier<br>V: Anregungsarbeit<br>W: Ansteckung |
| EMOTION | D: Optimismusniveau<br>M: Bildungsinnovation<br>V: Verstärkung<br>W: Digi-Enthusiasmus | D: Innovative Arbeit<br>M: Emotionsbelohnung<br>V: Digitalteams<br>W: Edutainment-Markt | D: Enthusiasmus<br>M: Mood Management<br>V: Selbstverstärkung<br>W: Multiplikation |
| KOGNITION | D: Wissensgesellschaft<br>M: Status Wissen<br>V: Digitale Schulen<br>W: Infomultiplikation | D: Lernumgebung<br>M: Digitale Transformation<br>V: Weiterbildung<br>W: Wissensteams | D: Prozeduralbildung<br>M: Wissenstrieb<br>V: Prozedurenfeedback<br>W: Kompetenzzuwachs |
| SOZIALVERHALTEN | D: Kohäsion<br>M: Gemeinschaftswille<br>V: Bildungsgemeinschaft<br>W: Digitalklima | D: Kooperative Struktur<br>M: Gehören<br>V: Interaktive Verstärkung<br>W: Teamenthusiasmus | D: Rollenmodelle<br>M: Statussuche<br>V: Soziales Lernen<br>W: Multiplikation |
| ETHIK | D: Normen<br>M: Altruismusstruktur<br>V: Koop-Verstärkung<br>W: Prosoziale Gestaltung | D: Informelle Normen<br>M: Gruppenorientierung<br>V: Norminternalisierung<br>W: Teamkultur | D: Empathie<br>M: Altruismus<br>V: Selbstverstärkung<br>W: Rollenvorbild |
| HANDELN | D: Belohnungsstruktur<br>M Risikobereitschaft:<br>V: Digitalinvestition<br>W: Infrastrukturzuwachs | D: Project Management<br>M: Digitale Transform.<br>V: Digitalinvestition<br>W: Neue Marktchance | D: Instrumentelles Lernen<br>M: Belohnungshandeln<br>V: Selbstverstärkung<br>W: Multiplikation |

## Ausblick

Nicht zuletzt die Psychologie kann also die großen Unterschiede zwischen dem technologischen, gesellschaftlichen und wirtschaftlichen Potenzial der Digitalisierung von Staaten, Institutionen und Unternehmen einerseits und deren konsequenter Umsetzung in erfolgreichen Anwendungen andererseits erklären. So fehlt es zum Beispiel in Deutschland nicht an den ökonomischen und denkerischen Voraussetzungen für eine Führungsrolle in der digitalen Welt. Dass das Land aber zu Beginn des dritten Jahrzehnts im 21. Jahrhundert selbst innerhalb Europas, geschweige denn im Vergleich zu anderen Weltregionen wie den USA oder China bei der Digitalisierung eine untergeordnete Rolle spielt, ist wohl nur über massive Defizite in Entscheidungswillen und passender Anwendung zu erklären. Ob Politik, Schule, nicht wenige weiterführende Bildungsinstitutionen und Hochschulen oder kleine und mittelständische Unternehmen, über Willensbekundungen und Deklarationen zur Wichtigkeit der digitalen Zukunft wird immer noch viel zu selten hinausgegangen. Risikofurcht, Zuständigkeitskonflikte oder falsche Sparsamkeit bei Entscheidungsträgern führen dazu, dass zwar zahllose technologische Grundlagen für die Digitalisierung in Deutschland geschaffen wurden, der Begriff der Industrie 4.0 sogar hier entstand, dann aber leider ein negatives Urteil gilt: In unserem Lande versteht man, Geld in Wissen zu verwandeln, nicht aber Wissen in Geld. Digitalkompetenz heißt nämlich nicht nur Lernen, Verstehen und Tatsachenwissen, es ist auch die Fähigkeit, das Gelernte in Wirtschaft, Politik und Alltag umzusetzen. Diese Umsetzungsprozesse und das dazu notwendige Änderungsmanagement können auf der Basis psychologischer Erkenntnisse deutlich verbessert werden. Das ist nicht nur eine Frage der Digitalkompetenz, es ist eine der Entscheidungsfähigkeit.

## Literatur

Groebel, J. (2001). Media and child development. In *International encyclopaedia of the social and behavioral sciences*. Oxford: Elsevier.
Groebel, J. (2014). *Das neue Fernsehen*. Wiesbaden: Springer VS.
Groebel, J., Noam, E., & Feldmann, V. (Hrsg.). (2006). *Mobile media*. Mahaw.: Lawrence Erlbaum Publishers.
Gürlevik, A., Hurrelmann, K., & Palentien, C. (Hrsg.). (2016). *Jugend und Politik*. Wiesbaden: Springer VS.
Hinde, R. A., & Groebel, J. (Hrsg.). (1992). *Cooperation and prosocial behaviour*. Cambridge: Cambridge University Press.
Noam, E., Groebel, J., & the International Media Concentration Network. (2016). *Global media concentration*. Oxford: Oxford University Press.
Schorb, B., Hartung-Griemberg, A., & Dallmann, C. (Hrsg.). (2017). *Grundbegriffe Medienpädagogik*. München: Kopaed.

**Prof. Dr. Jo Groebel,** Mitbegründer der internationalen Medienpsychologie. Forschung, Lehre, Beratung zu Wirkungen von TV, Film, Internet auf Verhalten und Märkte. Emeritus Universität Utrecht. Autor von 38 deutschen und internationalen Büchern, u. a. bei Cambridge University Press, und hunderter Fachartikel. Vorträge u. a. National Academy of Sciences, Washington D.C., Französischer Senat, Vatikan. Gastprofessor UCLA, St. Gallen, Amsterdam. Forschungskooperationen Universitäten Cambridge, Columbia New York, Harvard. Beratung für Regierungen, Staatspräsidenten, Vorstände von Fortune 500-Unternehmen, wie Lufthansa und ING-Gruppe, Broadcasters und Digitalunternehmen, wie Microsoft und Apple. Eigene TV-Talks und TV-Beiträge bei u. a. CNN, BBC, ARD, ZDF, ORF, RTL. Interviews und Zitate in u. a. New York Times, Wall Street Journal, Spiegel, Zeit, VICE.

# Digitale Medien – Zugang zu einer neuen Welt

Rainer Busch

## Situation und Perspektiven

Die Digitalisierung unserer Welt ist längst kein Thema mehr für Eingeweihte. Sie hat Eingang in alltägliche Diskussionen gefunden, denn alle Bereiche unseres Lebens, unserer Welt werden von der Digitalisierung erfasst. Wirtschaft, Wissenschaft, Technik und Gesellschaft stehen vor radikalen Veränderungen. Zur Gestaltung dieser neuen Welt, zur Bewältigung dieser komplexen Herausforderungen sind die Menschen durch Bildung vorzubereiten.

Mit dem Synonym „Industrie 4.0" werden die sich abzeichnenden Veränderungen als vierte Revolution eingestuft und ein Signal für eine Zukunftsvision der Arbeitswelt gesetzt. Diese Vision zielt darauf ab, die Instanzen der Wertschöpfungskette, der Menschen und Fertigungssysteme, durch den Einsatz der Informationstechnik über Netzwerke zu verbinden und zu synchronisieren. Diese Verknüpfungen werden nicht nur Dienstleistungen und Produktionsprozesse beeinflussen. Alle Bereiche der Wirtschaft, Wissenschaft und Gesellschaft werden sich wandeln und vernetzen,

Dieser Wandel, diese Chance eine neue Welt gestalten zu können, sollte stimulieren und motivieren. Wie in der Wirtschaft ist auch im Bildungswesen für das Lernen in der digitalen Welt ein konsequentes Umdenken erforderlich.

R. Busch (✉)
Hochschule Ludwigshafen, Ludwigshafen, Deutschland
E-Mail: rbusch@online.de

## Roboter versus Mensch

**Wie die Welt sich verändern wird, sei an folgendem Beispiel gezeigt**
In Australien hat man begonnen, Wohnhäuser zwar konventionell Stein auf Stein zu bauen, die Fertigung hat sich aber grundlegend geändert. Mit Robotern werden die mit dem 3D-Drucker produzierten Steine verbaut, wobei bis zu tausend Steine pro Stunde verarbeitet werden können. In einem 24-Stunden-Betrieb benötigen die Roboter für den Rohbau eines Familienhauses zwei Tage gegenüber vier bis sechs Wochen Bauzeit bei manueller Fertigung.

Mit einer eigens entwickelten Software werden die Position der Steine sowie eine erforderliche Anpassung der Steine durch Schneiden aus dem digitalisierten Bauplan generiert. Darüber hinaus sind nur (noch) wenige Handgriffe für den Rohbau erforderlich, die durch weiterführende Entwicklung der Software zukünftig auch entfallen werden. Digitale Kompetenzen implizieren diese Fortschritte.

Vordergründig zeigt dieses Beispiel wie traditionelle, handwerkliche Arbeitsplätze verloren gehen durch digitale Technik, durch digitale Steuerung von Maschinen. Dieser Trend wird sich fortsetzen mit zunehmender Entwicklungsgeschwindigkeit durch entsprechende Hard- und Software. Die Auswirkung auf Arbeitsplätze ist jedoch nicht isoliert zu sehen. Die Fertigung der Bausteine durch 3D-Drucker demonstriert ebenso eine tief- und weitgreifende Veränderung. Mit der Möglichkeit lokal vor Ort nötige Produkte herstellen zu können, wird ein Wettbewerb zu konventionellen Produktionszentren aufkommen mit der Konsequenz weit verteilter, vernetzter Produktionsstätten zu Lasten der Zentren. Mit den möglichen Unternehmensansiedlungen im ländlichen Raum, mit weit verteilten Produktionsstätten wird sich die Logistik der Waren und Informationen massiv ändern. Digital gesteuerte Logistikmodelle und Geschäftsprozesse müssen permanent angepasst und umgestellt werden. Ein gesamtes Wirtschaftsgefüge (Produzent, Produkte, Produktionsmethoden, Produktionsstätten, Arbeitszeitmodelle, Mitarbeiterprofile, Händler und Lieferwege usw.) wird sich ändern. Die Digitalisierung erfordert permanent neue Ideen, neue Informationen und neue Geschäftsmodelle, die sich fallweise erweitern, kombinieren und zu neuen Geschäftsfeldern entwickeln können. Kerngeschäfte werden sich neu definieren.

## Künstliche Intelligenz

Massive Auswirkungen werden mit der fortschreitenden Digitalisierung in der Arbeitswelt erwartet. Arbeitsmodelle und Mitarbeiterprofile werden sich ständig verändern. Das Zusammenspiel des Menschen mit Elementen der digitalen Welt wird intensiver und nachhaltiger. Nicht nur traditionelle Arbeitsplätze werden ersetzt. Insbesondere werden einfache Tätigkeiten, sog. Helfertätigkeiten, entfallen, da sie vermehrt durch Roboter wahrgenommen werden. Basis dieser Roboterleistungen ist die Künstliche Intelligenz (KI). Diese wissenschaftliche Disziplin der Informatik gewinnt zunehmend an Bedeutung.

Der wissenschaftliche Fortschritt der letzten Jahre hat massive Änderungen initiiert, die sich weiterhin zunehmend einstellen werden.

Die praktische Umsetzung der Künstlichen Intelligenz für reale Anwendungen zeigt sehr deutlich, welche Potenziale bei der Substituierbarkeit von Arbeitsprofilen in der Industrie und in der Verwaltung bestehen. Diese Potenziale werden sukzessiv mit fortschreitender Geschwindigkeit der Entwicklung in ihrem Umfang wachsen und sich weiter differenzieren. Das Profil eines Arbeitsplatzes wird sich in wenigen Jahren radikal verändern. Intelligente Software und KI-gesteuerte Maschinen werden den Menschen bei seiner Arbeit unterstützen und von Routineaufgaben entlasten. Kritisches Denken, nicht isolierte sondern ganzheitliche Ansätze, Kreativität und Innovation sind als Antwort auf eine sich ständig ändernde Welt gefragt.

Mit dem unaufhaltsamen Fortschritt der Künstlichen Intelligenz kann eine dynamische Veränderung in allen Bereichen, in Wirtschaft, Wissenschaft, Technik und Gesellschaft, prognostiziert werden. Eine neue Welt wird entstehen.

Es werden aber nicht nur Arbeitsplätze entfallen sondern auch neue Arbeitsplätze entstehen. Eine notwendige Voraussetzung, diesen Wandel gestalten zu können, ist eine adäquate Bildung und Qualifikation zur Teilhabe und Teilnahme in dieser digitalen Welt. Der wissenschaftliche und technische Fortschritt wird unaufhaltsam voranschreiten und nicht auf Änderungen im Bildungssystem warten. Deutschland benötigt einen massiven Schub für das Lernen und Lehren an den Schulen und Hochschulen, um nicht den internationalen Anschluss zu verpassen. Die Grundlage für ein Leben in einer digitalen Welt ist durch eine informatische Bildung zu gewährleisten. Informatik ist als Fachdisziplin im Bildungswesen zu etablieren.

## Elemente einer digitalen Welt

Es mag selbstverständlich sein, welche Elemente eine digitale Welt beinhaltet. Dennoch sei deutlich betont, dass nicht nur plakative, digitale Objekte wie Computer, Smartphones, Roboter, Clouds und Netze gemeint sind. Der Begriff „Digitale Welt" ist sehr weit zu fassen, so sind u. a. auch informationstechnische Bausteine (sog. embedded systems in technischen oder organischen Systemen) einzuschließen, die Daten erfassen, speichern, verarbeiten und kommunizieren können. Zur digitalen Welt gehören die vielen „unscheinbaren", digitalen Bausteine, die das alltägliche Leben beeinflussen (können). Eine weitere wichtige Säule der digitalen Welt sind hochkomplexe Software-Systeme, die auf der wissenschaftlichen Basis der Künstlichen Intelligenz eine neue Qualitätsstufe erreichen. Selbstlernende oder autonome Software-Systeme werden auf der Grundlage komplexer Algorithmen zunehmend an Bedeutung gewinnen und das Leben in der digitalen Welt bestimmen. Die bisher praktizierte Mensch-Maschine-Kommunikation wird sich ausdehnen zu einer betriebs- und länderübergreifenden Kommunikation von Maschine zu Maschine, von System zu System. Digitale Kompetenz ist hierbei eine notwendige Voraussetzung.

Dieser Wandel und der damit verbundene Weg in eine digitale Welt sind als Herausforderung anzunehmen. Obwohl es um die Zukunftsfähigkeit der Wirtschaft und der Wissenschaft geht, bleibt eine Aufbruchsstimmung jedoch aus. Die Digitalisierung der Wirtschaft in Deutschland ist im weltweiten Vergleich nur unterdurchschnittlich wie der Monitoring-Report Wirtschaft DIGITAL 2018 (BMWi 2018) aufzeigt.

Die Gründe des sich dahinschleppenden Wandels in eine digitale Zukunft sind vielfältig. Es ist häufig eine grundlegende Skepsis zu Sinn und Nutzen eines digitalisiert organisierten Unternehmens zu überwinden sowie ein überbordender Bürokratismus, der Innovationen behindert. Ein zügiger Ausbau der Netze ist eine notwendige Voraussetzung insbesondere bis in den ländlichen Raum. Schnelle Netze bewirken jedoch wenig, wenn die Geschäftsmodelle zur Nutzung fehlen.

## Digitale Kompetenz als Wettbewerbsfaktor

Es muss die Überzeugung wachsen, dass mit der Digitalisierung eine entscheidende Grundlage für die Wettbewerbsfähigkeit Deutschlands gelegt wird. Fundamentale Defizite weisen auf das Kernproblem der sich dahinschleppenden Entwicklung hin (Busch 2016). Fehlende Fachkräfte mit digitalen Kompetenzen wirken negativ und hemmen einen zügigen Wandel. Die digitale Neugestaltung, die Zukunftsfähigkeit eines Unternehmens kann nur gelingen, wenn Mitarbeiter dieser Zielsetzung zustimmen und den Wandel mitgestalten. Basis dieser Bereitschaft sind Qualifikationen und Kompetenzen einer informatischen Bildung, nicht als Elitemerkmal sondern als allgemeine Befähigung aller Mitarbeiter des Unternehmens mit qualitativen Abstufungen. Eine breite informatische Bildung, sowohl schulische als auch universitäre Bildung, stellt zudem sicher, dass auch in kleinen und mittelständischen Unternehmen digitale Kompetenz verfügbar und somit „Industrie 4.0" dort möglich ist. Damit wird deutlich, nur über eine informatische Bildung in Breite und Tiefe kann der Zugang zu einer digitalen Welt eröffnet werden und eine Eigendynamik entstehen.

Bereits in der Schule, sowohl in der allgemeinbildenden als auch in der berufsbildenden Schule, sind der Einsatz und die Nutzung der Informationstechnik als kulturelle Basisfertigkeit zu vermitteln. Die digitalen Medien sind in das Bildungssystem, in den Fächerkanon zu integrieren mit dem Leitziel, Medienkompetenz herauszubilden und damit das Bildungssystem zukunftsfähig zu machen. Hierbei sind die Verfügbarkeit moderner Informationstechnik und der fehlerfreie Betrieb eine notwendige Voraussetzung, um Medienkompetenz zu vermitteln. Mit der Bereitstellung allein von Technik verbessert und verändert sich Bildung jedoch nicht. Lernerfolge können so nicht gesteigert werden. Ausschlaggebend und als bestimmende Vorgabe ist ein Curriculum, das sich an aktuellen Konstellationen der digitalen Welt orientiert und die Entwicklung adäquater digitaler Anwendungen fordert (Friedrich 2018).

## Ganzheitlich und kooperativ

In vielen Belangen ist das Leben sehr komplex geworden. Ansätze zur Problemlösung werden oftmals durch Zerteilen des Problemkomplexes gesucht mit der häufigen Konsequenz, dass mit der Betrachtung der einzelnen Teile oder ihren fachspezifischen Schwerpunkten Widersprüche oder Konflikte zu anderen Teillösungen oder sogar zur Gesamtlösung bestehen, die nicht entdeckt oder zu spät entdeckt werden. Um diese Fehlerquellen zu vermeiden, ist bei komplexen Projekten verstärkt eine interdisziplinäre Zusammenarbeit erforderlich. So wird bei der Entwicklung neuer wissenschaftlicher Erkenntnisse oder neuer Produkte das Zusammenspiel verschiedener wissenschaftlicher Disziplinen praktiziert. Je nach Problemstellung werden einzelne Wissenschaften, Disziplinen eingebunden, die einen speziellen Beitrag zu einer Gesamtlösung erarbeiten. Die Vertreter der Fachdisziplinen (wie Ingenieurwissenschaften, Mathematik, Physik, Chemie) kommunizieren und kooperieren, um die Zusammenhänge der separaten Lösungsansätze aufzuzeigen und sie für die Lösung des Gesamtprojektes kooperativ aufeinander abzustimmen. Kooperatives Lösungsverhalten, gestützt durch Fachkompetenzen einzelner Disziplinen ist in der Bildung zu fördern. Um diesen Weg gehen zu können, müssen die einzelnen Fachkompetenzen bereits bestehen, also herausgebildet worden sein. Mit dieser Basis, nur mit dieser Voraussetzung kann das Lernziel „kooperatives Lösungsverhalten" durch Applikationen der Informatik unterstützt werden. Digitale Medien können hierzu wertvolle Dienste bereitstellen, um Probleme zu analysieren und Lösungsansätze zu generieren. Die erforderlichen Denkprozesse zu initiieren, zu strukturieren und kritisch zu hinterfragen sind elementare Aufgaben der Fachdisziplinen. Digitale Medien, Software für Simulationen sind hierzu förderliche Hilfen. Sie zu entwickeln, setzt digitale Kompetenz voraus. Zur Nutzung dieser Medien sind Fähigkeiten zu erwerben. Sie als Medienkompetenz einzustufen ist jedoch nicht angemessen.

Isolierte, fachspezifische Betrachtungen sind kein Abbild der komplexen Realität. Um das Verständnis für einen ganzheitlichen Ansatz zu entwickeln, können komplexe Sachverhalte beispielsweise durch Animationen dargestellt werden. Je nach Bedarf können spezifische Funktionen als Teilaspekt hervorgehoben, als Ausschnitt sichtbar gemacht und thematisiert werden. Dabei wird das Verständnis gefördert, das komplexe Problem sowohl in seiner Gesamtheit als auch in seinen einzelnen Elementen zu verstehen. Deutlich sollte jedoch sein, dass die Problembehandlung Gegenstand der entsprechenden Fachdisziplin ist. Die Auswahl, Betrachtung und Bewertung der Teillösungen oder der Gesamtlösung erfolgt nur auf der Grundlage der Fachkompetenz. Multimediale Software, Software-Animationen sind hierzu förderliche Hilfen, zwischen den einzelnen Aspekten zu navigieren. Sie zu entwickeln, setzt digitale Kompetenz voraus. Zur Nutzung dieser Software sind Fähigkeiten zu erwerben. Sie als Medienkompetenz einzustufen ist jedoch nicht angemessen.

## Informatische Bildung

Vor etwa 140 Jahren wurde mit der Einführung der Fächer Mathematik, Physik und Chemie im Bildungswesen die Basis gelegt für das Verständnis und die Gestaltung einer neuen Welt. Formal analytisches Denken und formale Modellbildung waren das oberste, das Kernziel dieser Bildungsreform. Mit dieser Allgemeinbildung (für alle) haben diese Schulfächer in Breite und Tiefe die Grundlage für die berufliche und universitäre Bildung gelegt, insbesondere für die aufstrebenden Ingenieurwissenschaften. Kreativität, Innovationen und eine Schwemme von Patenten und Firmengründungen waren die Kennzeichen der aufsteigenden Wirtschaftsnation Deutschland.

Heute sind digitale Kompetenzen für den Zugang zu einer neuen Welt über eine informatische Bildung zu erarbeiten, denn Informatik ist zur Schlüsselkompetenz geworden in allen Gebieten der Wissenschaft, Wirtschaft und Technik. Die wirtschaftliche Leistungsfähigkeit unseres Landes resultiert aus einer umfassenden Nutzung der Informationstechnik. Technischer und wissenschaftlicher Fortschritt sind ohne den Einsatz der Denkweisen und Werkzeuge der Informatik nicht mehr denkbar.

Wie seinerzeit Mathematik und die naturwissenschaftlichen Fächer die Voraussetzungen für den Wandel geschaffen haben, ist jetzt die informatische Bildung fundamental als Allgemeinbildung für den Aufbau, die Gestaltung einer digitalen, neuen Welt erforderlich. Informatik kann hierzu Basisdienste leisten, nicht nur als Schulfach, sondern auch als Fachdisziplin in der universitären Bildung. Wissenschaftlicher Fortschritt basiert zunehmend auf der Grundlage der Informatik, ihrer Methoden und Techniken. Ohne ein Schulfach Informatik kann die nachfolgende universitäre Bildung modernen Anforderungen nicht nachkommen. Daher sind in der Schule die grundlegenden Kompetenzen zu erwerben für die Wissenschaft und die Wirtschaft. Dabei ist „Programmieren" als Teilgebiet der Informatik kein eigenständiges Schulfach.

Die schulische Realität ist jedoch noch weit entfernt von diesem Anspruch. Der Einsatz digitaler Medien im Bildungswesen fokussiert sich fast ausschließlich auf Surfen im Internet, Präsentation mit „Powerpoint" und textliche Gestaltung mit „Word". Ein Schulfach Informatik bietet weit mehr als diese praktizierten Bagatellen. Die vielen, auf hohem Niveau bestehenden Einzelaktivitäten engagierter Lehrkräfte belegen es sehr überzeugend.

## Curriculum und Lehrpläne eines Schulfaches „Informatik" sind auf folgende Schwerpunkte auszurichten

Als Einstieg ist die Begriffswelt und das Verständnis zu vermitteln, wie ein Computer, digitale Medien und Netzwerke aufgebaut sind und wie sie funktionieren. Nur mit detaillierten Kenntnissen können Angebotsvielfalt von Hardware, Software und Dienstleistungen analysiert und eingeschätzt werden.

Eine weitere Säule eines Schulfaches Informatik ist der Begriff des Algorithmus. Auf der Grundlage einer systematischen Problemanalyse sind praktische Probleme zu einem formalen Prozess umsetzbar. Mit den generierten präzisen Anweisungen kann eine fehlerfreie, informationstechnische Verarbeitung ermöglicht werden. Dabei wird das Denken in Algorithmen gefördert und man lernt sehr gut, logische Kausalketten (wenn-dann) eines Prozesses aufzubauen. Auf dieser Grundlage präzise formulierter Anweisungen können digitale Anwendungen in Form eines selbst entwickelten Programms entwickelt und ausgetestet werden. Konzeptionelles Denken sowie Analyse, Modellierung und Struktur von Daten und Abläufen sind systematisierende Elemente einer informatischen Bildung und Grundlage einer digitalen Kompetenz.

Mit den Werkzeugen der Informatik können realitätsnahe Szenarien erzeugt werden zur aktiven handlungsorientierten Lösung komplexer Probleme. Multimediale Software sowie Software für Simulationen und Planspiele sind Beispiele für nachhaltige, positive Anwendungen in anderen Fachdisziplinen. Mit einer fundierten, systematischen Einführung dieser Softwaresysteme sind Modellierungstechniken und die Arbeitsmethodik der Informatik zu vermitteln. Mit diesen Kenntnissen kann der Einsatz in anderen Fachdisziplinen zuverlässig beurteilt werden.

Arbeiten und Lernen in vernetzten Systemen: Eine hausinterne, lokale oder eine globale Vernetzung ist eine unabdingbare Voraussetzung, die Instanzen der Wertschöpfungskette, der Menschen und Fertigungssysteme, durch den Einsatz der Informationstechnik über Netzwerke zu verbinden und zu synchronisieren. Nicht nur im wirtschaftlichen, sondern auch im privaten Bereich ist das Netz ein fundamentales Element zur Teilhabe und Teilnahme an der Gesellschaft. Es ist ein komfortables, weit gefächertes Instrument für gezielte Informationsbeschaffung, -verteilung und -speicherung. Zur Nutzung sind Fähigkeiten zu erwerben. Sie als Medienkompetenz einzustufen ist jedoch nicht angemessen.

Darüber hinaus kann mit einer Vernetzung ein verteiltes System mit seinen Interaktionen erlebt werden. Über eine Softwareplattform werden die Zusammenhänge der eigenen Aktionen mit denen der anderen mit ihren Auswirkungen auf das eigene und fremde Problemlösungsverhalten deutlich.

Der Kontakt mit außerschulischen, außeruniversitären Institutionen ermöglicht eine realitätsnahe Bildung und Ausbildung. Die virtuelle Nähe zur Wirtschaft und zur Wissenschaft fördert nicht nur die mentalen Keimzellen für die Nutzung von Technik und das Verständnis von wirtschaftlichen und gesellschaftlichen Zusammenhängen. Sie bereichert den Lernprozess.

## Big Data

Nicht allein die Algorithmen, die Prozesse sind Kernelemente der Informatik. Struktur und Modellierung von Daten sind gleichbedeutend bei der Entwicklung eines Software-Systems. In den 1960er-Jahren waren mit „Data Science" die Datenstruktur sowie ihre Organisation in Datenbanken Gegenstand einer informatischen Bildung. Mit dem Synonym „Big Data" wird die zunehmende Bedeutung von Daten bezeichnet. Es beinhaltet ein umfangreiches, komplexes Wissenschaftsfeld an den Schnittstellen zu verschiedenen Anwendungsbereichen. Der aktuelle Schwerpunkt der Data Science liegt mit „Big Data" dabei nicht bei den Daten selbst, sondern auf der Art und Weise, wie diese verarbeitet, aufbereitet und analysiert werden. Data Science beschäftigt sich mit einer zweckorientierten Datenanalyse und der systematischen Generierung von Entscheidungshilfen und -grundlagen zum Nutzen in anderen Fachgebieten. Mit einer über Data Science herausgebildeten digitalen Kompetenz können zu unterschiedlichen Anwendungsbereichen Schnittstellen implementiert werden. Hierbei sind die Kompetenzen der eingebundenen Fachdisziplinen unentbehrlich. Die unterschiedlichsten Anwendungsbereiche, wie Mathematik, Natur- oder Wirtschaftswissenschaften, des maschinellen Lernens, der Programmierung, der Datentechnik, der Mustererkennung, der Prognostik, der Modellierung von Unsicherheiten und der Informatik selbst, zeigen deutlich wie mit diesem wissenschaftlichen Gebiet eine neue Welt heranwächst. Diese interdisziplinären, zukunftsweisenden Ansätze erfordern die Herausbildung grundlegender digitaler Kompetenzen in Breite und Tiefe in der schulischen und universitären Bildung.

## KMK-Dokument zur Bildung in der digitalen Welt

Bereits 1995 wurde mit einer Machbarkeitsstudie „Schulen an das Netz" (Busch et al. 1995) grundlegende Positionen für ein zukunftsfähiges Bildungswesen formuliert. Dabei wurden – ausgehend von zukünftigen Anforderungen in einer vernetzten Welt – die Kernpunkte einer informatischen Bildung beschrieben und mit dem Schulfach Informatik eine unumgängliche Grundlagenbildung, eine Schlüsselrolle zugewiesen. Mit einem Schulfach Informatik war die Herausbildung einer digitalen Kompetenz konzipiert, um wertvolle Basisdienste für einen digitalen Wandel in anderen Fachdisziplinen zu offerieren. Ausführlich wurden die Lernziele und Tätigkeiten zur Nutzung eines vernetzten Umfeldes beschrieben. Insbesondere die Nutzung des Internets wurde thematisiert für gezielte Informationsbeschaffung, -verteilung und -speicherung. In der daraufhin gestarteten Initiative „Schulen ans Netz" wurde die technische Ausstattung mit Internetanschlüssen jedoch in den Vordergrund gestellt (Busch 2003). Die aktuelle, gängige Praxis beschränkt sich auf „surfen im Internet" sowie textliche und gestalterische Aufbereitung mit „Word" oder „Powerpoint". Mit diesen Banalitäten können Lernerfolge nicht gesteigert, Bildung nicht verbessert werden. Diese Orientierung genügt nicht dem Anspruch zukunftsweisend zu sein.

Grundsätzlich ist es erfreulich, dass 2016 von der KMK (Kultusministerkonferenz) ein Dokument (KMK 2016) veröffentlichte wurde zum Thema „Bildung in der digitalen Welt – Strategie der Kultusministerkonferenz". Nach über zwanzig Jahren (nach dem Start von „Schulen ans Netz") hat sich die KMK endlich zu der Verantwortung bekannt, digitale Medien zum Thema der Bildungspolitik zu machen (Busch 2003). Eine detaillierte Studie, eine Analyse der Ziele und Inhalte ist jedoch enttäuschend. Mit sechs beschriebenen Bereichen wird der Anspruch, der Leitsatz aufgestellt, die Kompetenzen in der digitalen Welt zu umfassen. Hierzu wird in den ersten drei Bereichen das Thema gezielte Informationsbeschaffung, -verteilung, -speicherung und -darstellung in aller Breite beschrieben (1. Suchen, Verarbeiten und Aufbewahren; 2. Kommunizieren und Kooperieren; 3. Produzieren und Präsentieren). Es ist eine nicht mehr zeitgemäße, nicht begründbare Überbetonung und Überbewertung dieser Thematik. Der überdimensionierte Akzent auf eine Netzbenutzung kann allenfalls dem kostenpflichtigen Leistungsangebot eines Netzbetreibers dienlich sein.

Mit der Studie „Schulen ans Netz" wurde diese Thematik bereits ausführlich aufgegriffen und beschrieben. Dieser Schwerpunkt war der aktuellen Situation der 90er-Jahre geschuldet, als das Internet aufkam und der Siegeszug des berühmten „www" begann. Die digitale Welt hat sich in letzten Jahren jedoch radikal verändert und dieser Wandel wird sich weiterhin fortsetzen. So genügt es nicht das Verständnis zu haben, wie digitale Medien, Objekte der Informatik im Unterricht zusätzlich eingesetzt werden können. Wer eine digitale Welt aktiv gestalten will, muss über digitale Kompetenzen verfügen, die in einem Schulfach Informatik herauszubilden sind. In dem KMK-Dokument fehlt jedoch jeglicher Hinweis auf ein Schulfach Informatik, auf eine informatische Bildung. Auch in den restlichen Kapiteln wird nur über den Einsatz, den Nutzer und den Gefahren digitaler Medien reflektiert. Insgesamt werden mit diesen Zielen für eine „Bildung in der digitalen Welt" passive, nutzungsgesteuerte Konsumenten angestrebt.

Zur Nutzung sind Fähigkeiten zu erwerben. Sie als Medienkompetenz einzustufen ist jedoch abwegig. Sie hat eher den Charakter einer „Bedienungskompetenz". Die KMK-Studie liefert daher keinen Beitrag, die digitale Welt aktiv zu gestalten. Sie hat keinen zukunftsweisenden, innovativen Charakter. Die erforderliche digitale Kompetenz, setzt eine intensive, nachhaltige informatische Bildung voraus zur aktiven, konstruktiven Gestaltung einer digitalen Welt. Sie muss zündende Ideen anstoßen, digitale Anwendungen selbst zu entwickeln. Flexibilität und Kreativität sind zu fördern und zu fordern.

Fazit: Im schulischen und universitären Bereich sind auf der Grundlage einer intensiven, nachhaltigen informatischen Bildung, mit ihren Inhalten und Zielen Kreativität, Innovation, Problembewusstsein und -lösungen anzuregen und damit ein zukunftsorientiertes Bildungswesen in einer digitalisierten Welt zu etablieren.

Auf der Grundlage einer informatischen Bildung sind digitale Kompetenzen zu entwickeln. Nur über diesen Weg ist der Zugang zu einer neuen, digitalen Welt möglich.

## Literatur

BMWi. (2018). Monitoring-Report Wirtschaft DIGITAL 2018 – Wirtschaftsindex DIGITAL. https://www.bmwi.de/Redaktion/DE/Publikationen/Digitale-Welt/monitoring-report-wirtschaft-digital-2018-kurzfassung.html. Zugegriffen am 15.10.2018.
Busch, R. (2003). Lehrer an die Computer. *Die Welt.* https://www.welt.de/print-welt/article254134/Lehrer-an-die-Computer.html. Zugegriffen am 15.10.2018.
Busch, R. (2016). Industrie 4.0 – Wie wir in die digitale Zukunft hineindümpeln. http://bildungsklick.de/a/95382/industrie-40-wie-wir-in-die-digitale-zukunft-hineinduempeln/. Zugegriffen am 15.10.2018.
Busch, R et al. (1995). *Schulen an das Netz, Gesellschaft für Informatik (GI).* Berlin: LOG IN Verlag.
Friedrich, St. (2018). *Bildung in der digitalen Welt* (S. 187–188). Berlin: LOG IN Verlag.
KMK. (2016). Bildung in der digitalen Welt – Strategie der Kultusministerkonferenz, KMK 2016. https://www.kmk.org/fileadmin/Dateien/pdf/PresseUndAktuelles/2016/Bildung_digitale_Welt_Webversion.pdf. Zugegriffen am 15.10.2018.

**Prof. Dr. Rainer Busch** studierte Mathematik an der Freien Universität Berlin und Wirtschaftswissenschaften an der Rheinischen Friedrich-Wilhelms-Universität Bonn. Er war Vorsitzender des Ausschusses „Forschung und Lehre in Informatik" der Europäischen Kommission in Brüssel sowie Vizepräsident der Gesellschaft für Informatik e.V. (GI) und leitete den Bundeswettbewerb Informatik. Er ist der Initiator von „Schulen ans Netz".

# Die Cloud als Höheres Wesen? Digitale Psychologie

Manfred Schönebeck und Elke van der Meer

**Am Anfang schuf das Marketing den Markt und das Marketing sah, dass es gut war und es wuchs.**

Wer auch immer auf die Idee kam, die vielen vorgehaltenen Server in Server-Farmen als „Wolke" zu bezeichnen – es war eine fantastische Idee: Adresse: „In den Wolken" – ein technisches Etwas im Himmel – dort wo der große und gütige Gott wohnt. Ihm dürfen wir alles anvertrauen, denn er weiß ohnehin alles und beobachtet uns ständig. Eine alte Marke mit hoher Positionierung!

Nachdem „Cloud" als Begriff geboren war – im kognitiven Sinne als unscharfer Begriff ohne Begriffshierarchie (ähnlich wie der Begriff des monotheistischen Gottes) – begann er, Inhalt zu saugen und als Projektionsfläche für neue Individual- und Menschheitsfantasien seinen Reiz zu entfalten.

Heimat der neuen Algorithmen, Auswertungsinstanz für unendliche Mengen von Daten, Alter Ego der Menschheit mit Erkenntnismöglichkeiten bis ins kleinste Detail. Hier sollte das Gold der Zukunft durch Lagerung des Goldes der Massen geschürft werden, die gespiegelten Daten spielender Individuen, die an einem nie dagewesenen Feldversuch unfreiwillig teilnahmen. Vielleicht hätten sie sich zivilisierter verhalten, wenn ihnen die Tragweite ihres Verhaltens bewusster geworden wäre. Aber als Wesen hinter Pseudonymen

M. Schönebeck (✉)
Carl Benz Academy, Berlin, Deutschland
E-Mail: ms@erp-berlin.com

E. van der Meer
Humboldt Universität zu Berlin, Berlin, Deutschland
E-Mail: meerelke@cms.hu-berlin.de

benahmen sie sich selten so, wie es ihre gewachsene Kultur als soziale Wesen gefordert und ermöglicht hätte. Sie kultivierten das, was Freud noch als Unterbewusstsein bezeichnet hatte – das kulturell Nichtzugelassene – und brachten es ins Licht der Zivilisation zurück.

Trotzdem, so die Ekstase der neuen Verheißung, werde die Analyse dieser animalischen Verhaltensspuren aus dem Unbewussten unendlich viele neue Erkenntnisse und ganz neue Geschäftsmöglichkeiten bieten, denn die „Cloud" würde immer intelligenter. Eine künstliche Intelligenz – zusammengetragen aus allem, was war und gerade ist, zufällig und ohne Hypothesenarbeit der empirischen Forschung. Ein Minunculus ex Machina, der Neuronale Netze hat wie ein geistloses Gehirn. Das soll ein Gott-Baby sein, das reifer wird und lernen kann?

Ein schöner Traum. Nichts gegen schöne Gesellschaftsträume, die immer die Massen ergreifen, bis sie realisiert werden, um die Massen dann zu erschrecken.

Kognitiv ist der „Cloud-Begriff" in seiner Struktur ein „Diktatur-Begriff". Unten liefert, Oben hat die Macht der Erkenntnis und sorgt mit Brot und Spielen dafür, dass Unten unten bleibt. Wie gut, dass es noch einige Priester der alten Religionen „Kybernetik", „Steuerungs- und Regelungstechnik", „Elektronik", „EDV", „System-Wissenschaft", „Automatisierungstechnik" und „Künstliche Intelligenz" gibt, die jetzt als Architekten gerufen werden, um den wabrigen Puddingbau des Silicon Valley mit Stützen, Gerüsten und einem nachträglichen Plan in Form zu bringen. Der Kaiser war nackt!

Irgendwie ist auch die Generation der Techies, StartUpper, DotComs und Cyberspacer an eine Grenze gekommen, die zwar bekannt war, aber nicht zur Kenntnis genommen wurde. Erkenntnis ist ein individueller *und* ein Menschheitsprozess. Die Menschheit hat schon lange begonnen, sich zu reflektieren und sich und ihr Universum zu erforschen. Dazu hat sie Wissenschaft, Kunst und Kultur entwickelt, Philosophie, Methodologie, Methodik, Wahrscheinlichkeitsrechnung und Statistik, Stichproben, Validität, Reliabilität ... – die Mühen der Forschung und der wissenschaftlichen Überprüfbarkeit von Hypothesen und ihre Wahrscheinlichmachung.

Vor allem wissenschaftlicher Austausch über Veröffentlichungen, Konferenzen und Projekte, Wiederholbarkeit, These und Antithese, Verifikation und Falsifikation ... sorgten für einen allmählichen Erkenntniszuwachs der Menschheit. Wissenschaft ist in ihren einzelnen Fachdisziplinen dem Durchschnittswissen aufgeklärter Menschen immer weit voraus. Eine neue wissenschaftliche Theorie lässt sich nur sehr schwer in einer Minute so griffig darlegen, dass Investoren Geld und Ressourcen in ihre Weiterentwicklung schießen.

Ein Traum hingegen lässt sich einfacher verkaufen, weil es in der Zwischenzeit einen großen Markt für Träume gibt und Träume halt nicht „stimmen" müssen. Er ist heute größer, aber ähnlich dem Markt der Träume, der nach dem 2. Weltkrieg boomte, als die einen vom Kommunismus, die anderen von Demokratie auf der Basis einer sozialen Marktwirtschaft und andere vom freien, sich selbst regulierenden Markt oder vollständiger Technologisierung durch Atomkraft, Gravitationsgeneratoren oder Computerisierung und die Eroberung des Alls träumten. Heute scheint die ganze Welt auf den neuen Traum von Glück und Wohlstand durch Digitalisierung zu setzen. Es ist ein postmoderner Traum.

Die einen meinen, aber sagen es nicht, dass der Kommunismus als Experiment nur deshalb gescheitert sei, weil es die moderne IT-Infrastruktur und BigData-Algorithmen noch nicht gab – weil dann Planwirtschaft funktioniert hätte. Die anderen fröstelt bei dieser Idee und sie fordern freie Entwicklungsmöglichkeiten für die neuen technischen Innovationen, keine Einschränkung von DeepLearning und BigData und das Patentieren von Menschheitswissen oder dessen Verwahrung als Geschäftsgeheimnis auf Hochsicherheitsservern und realisieren trotzdem eine Art Planwirtschaft und Plangesellschaft als Vision eines intelligenten Systems.

Wenn ich weiß, wie Menschen funktionieren und individuelles Verhalten und Gruppenverhalten sogar prädiktieren kann, reizt das natürlich zur Planung von Angeboten in ökonomischer und sozialer Weise.

Die Wissenschaft schaut interessiert auf diese Phase der Ontogenese des Digitalen und vermisst sie mit bekannten Parametern in althergebrachten Dimensionen. Fast hat sie die eigentliche Sensation verschlafen: die Entstehung einer neuen Dimension, die nicht mehr eindeutig in die Betrachtungs- und Erklärungsgebiete der vorhandenen Wissenschaften einzuordnen ist: Es ist eine virtuelle Dimension; eine Dimension, die es bisher nur in unserer Fantasie gab und die „Wirklichkeit" wird, weil sich unsere Phantasie mit Digitalisierung beschäftigt und dadurch in einen Flow-Rausch von If-than-else-Spekulationen gerät und diese sichtbar für alle machen kann … Diese Fantasie kreiert technische Modelle, mit denen sie selbst wächst und alles Erkennen beschleunigt wie seit der Antike nicht mehr. Damals war es die reine Fantasie, die die Welt lediglich im Gedankenraum, durch Etablierung der Logik, einer Ethik und universeller Gesetze zur Gewinnung von Hypothesen über das Wesen des Menschen und der Raum-Zeit um ihn herum – ohne Festplatten, Arbeitsspeicher und ultraschnelle Berechnungen – abbildete und langsam zu erkennen begann. Heute geht es etwas schneller: Der Mensch erweiterte seine Lebenswelt durch Fantasien, indem er sie programmierte, ihnen Gestalt verlieh und eine Welt schuf, in der er leben könnte, möchte oder vor der er sich fürchtet. In dieser Welt erscheinen Hypothesen wie gesicherte Erkenntnisse – und das in einem Tempo, als gäbe es kein Morgen mehr. Von Glücks- bis Alpträumen – alles scheint Realität werden zu können.

Die Urfrage der Philosophie „Sein oder Bewusstsein? Was bestimmt diese Welt?" scheint nun, seit Erfindung des Smartphone, beantwortbar: Ab sofort nur noch die Träume! In den alten Wissenschaften werden sie dem kreativen Wesen des Menschen, seinem Bewusstsein zugeordnet. Seit Erfindung des Internets sind allerdings Zweifel daran geboten! Bewusstsein ist nicht mehr der Spiegel der „objektiven Realität" – es kreiert sie eindeutig in virtuellen Räumen als gegenständlichen Traum. Der Traum hat unbewusste Züge und vor allem aber einen gravierenden Mangel an Vernunft, Verantwortungsgefühl und Altruismus. Er ist zwar kreativ, aber eben auch egoistisch, kindlich, manchmal auch ganz fürchterlich – und das noch auf unterhaltsame Weise.

Wir können nun sogar neuronale Netze für uns träumen lassen – auf der Basis von vorher irgendwie Gelerntem und Gelehrtem. Kinder an die Macht? Böserweise entscheiden derartige Lern- und Traumergebnisse aber mitunter schon heute über unser Leben, unsere Kreditwürdigkeit, die Einreise in manche Staaten u.v.m.

Zwar sind diese Entscheidungsalgorithmen nie von der internationalen wissenschaftlichen Community für tauglich befunden worden und werden oft als Geschäfts- oder Betriebsgeheimnisse einer wissenschaftlichen oder öffentlichen Überprüfung entzogen – doch das nicht, weil sie so genial sind, – im Gegenteil, weil sie so dürftig sind und so unterentwickelt.

Doch wie soll Entwicklung voran schreiten, wenn alles nur als Pionier- oder Innovationsbonus in Firmenbilanzen auftauchen soll, Kooperation in Wirtschaftssystemen als Monopolbildung, als potenzielle Gefahr betrachtet und verhindert werden soll? Was wäre, wenn alle Autofirmen dieser Welt einen gemeinsamen Algorithmus für Autonomes Fahren entwickelten – nach transparenten wissenschaftlichen Standards? Zumindest würde es schneller gehen, sicherer sein und „die Menschheit" würde die Verantwortung für unfallfreies Fahren übernehmen, nicht eine einzelne Firma. Zumindest, wenn die Sache an die „Wissenschaftler der Welt" delegiert würde, käme nicht nur die erforderliche Transparenz, sondern auch die noch mehr notwendige wissenschaftliche Kritik hinzu.

Wirtschaftliche Systeme wie in China scheinen die idealen Bedingungen für den technischen Fortschritt der Digitalisierung schon vom Prinzip her in sich zu tragen. Sie betrachten sich selbst a priori als System im Sinne der Systemtheorie und haben keine ideologischen Probleme mit gesteuerter Systemoptimierung via BigData, DeepLearning, Künstlicher Intelligenz.

Wenn Lenin sagte: „Kommunismus – das ist Sowjetmacht plus Elektrifizierung des ganzen Landes!", so könnte Xi Jingping glaubhafter behaupten: „Sozialismus in den Farben Chinas – das sei chinesische Marktwirtschaft plus Digitalisierung der ganzen Welt!" Unsere latenten Schnittstellen dazu sind bereits vorauseilend entwickelt. Der Sog und die Dynamik des digitalen Marktes generieren diese Logik. Markt als sich selbst regulierendes System scheint geradezu nach Planwirtschaft zu schreien. Nicht, weil sie besser ist, sondern einfach, weil sie digital möglich wird. Keiner will im Markt auf seinen Produkten sitzen bleiben, jeder will den Renner entwickeln. Selbst Nischenprodukte und Services sollen keine Fehlinvestitionen mehr sein. Business-Pläne sind planwirtschaftliche Schätzungen ohne Sicherheit, dass der Plan aufgeht. Dass der Plan aufgeht, dafür sollen nun BigData (Bedürfniserfassung) und Künstliche Intelligenz (Bedürfnisweckung oder -lenkung) sorgen.

Doch sind in Theorien wie „Schwarmorganisation" und „Schwarmintelligenz", Multi-Agenten-Systemen und Design-Thinking nicht wunderbare selbstregulatorische Ansätze enthalten? Jedoch auch hier mit einer beabsichtigten und zunehmenden Tendenz, Fehler zu reduzieren. Die Frage nach dem Wesen des Menschen dürfte in diesem Zusammenhang neue Aktualität gewinnen. Die fehlerlose Gesellschaft? Der makellose „Homo digitalis"? Irrt der Mensch dann nicht mehr – oder strebt er dann nicht mehr?

An dieser Stelle füge ich einen Kommentar von Elke van der Meer ein, die ich um Gegenlesen dieses Textes bat, viele ihrer Hinweise dankend berücksichtigte, diesen jedoch so fundamental finde, dass ich ihn mir nicht einzuverleiben vermag:

Kommentar Elke van der Meer: „Ich sehe die Entwicklung etwas anders. Unsere „large world" (vgl. Savage 1954) ist keine Bayesianische Welt, in der Risiko der dominante

Terminus ist und die durch statistisches Denken beherrschbar wäre (das gilt nur für sog. „small worlds"), sondern durch prinzipielle Unsicherheit bzw. Ungewissheit geprägt. Statistisches Denken ist hierfür nicht zielführend. Anstelle dessen sind ökologische Heurismen effizient. Es kommt also darauf an, nicht mehr Information zu verarbeiten, sondern die Verarbeitung auf weniger, dafür aber im Durchschnitt der Anforderungsfälle relevante Information einzuschränken („ecological rationality", vgl. Goldstein und Gigerenzer 2002). Das geht zwingend mit Fehlern in Einzelfällen einher, da die Heurismen ja Abstraktionen vergangener erfolgreicher Problemlösestrategien sind. Da der Einzelfall aber nicht nur damit gemeinsame, sondern i. Allg. auch davon abweichende Charakteristika besitzt, ist die Wahrscheinlichkeit der Lösungsfindung niemals „1". Das hieße, von den Big Data im nächsten Schritt zu den Small Data zu kommen".

Auf jeden Fall ist es an der Zeit, die neue Dimension der Vergegenständlichung von Träumen durch Digitalisierung im virtuellen Raum mit seinen immer fließenderen Übergängen von Mensch und Maschine, biologischen und technischen neuronalen Netzen und einer möglichen künstlichen Intelligenz mit Synapsen zwischen Menschen und Programmen, intelligenten Sensoren und Echtzeit-Entscheidungsalgorithmen zum Gegenstand einer neuen Wissenschaft zu machen – der Digitalwissenschaft (Digital Science).

Vielleicht entstehen daraus sogar Digitalwissenschaften, denn die weitere Dimensionierung eines virtuellen Raumes ist nur ein mathematisches Problem und dort bereits gelöst. Welche Inhalte und Fragen sinnvollerweise in diesen mehrdimensionalen Raum getragen werden, ist noch offen. Sicher ist auch, dass der Begriff „digital" als Modewort genauso schlicht ist wie seinerzeit „elektrisch" oder „elektronisch". Niemand verwies nach Einführung der elektronischen Datenverarbeitung mehr darauf, dass diese selbstverständlich auf der Basis des elektrischen Stromes funktioniere. Digital wiederum baut auf elektronisch und elektrisch auf, wenigstens, was Rechenleistung angeht. Gespeichert werden kann auch ohne Dauerstrom und ohne Elektronik. Programmiert werden kann jedoch noch(!) nicht ohne menschliches Denken. Digitalwissenschaft sollte also das menschliche Denken, das menschliche Sein und das menschliche Werden als Basis des Überbaus „Elektronik – Informationstechnologie – Informatik" verstehen, um sich einen eigenen Zugang zur Wirklichkeit zu sichern, einen eigenen Betrachtungswinkel innerhalb der Weltanschauung (Rationalität).

Ergibt sich die Frage, ob Digitalwissenschaft eine nachhaltige Bezeichnung für eine Wissenschaft ist, die nicht nur ein Herkommen und eine Gegenwart, sondern auch Zukunft erforschen will? Werden die zukünftigen Digitalwissenschaftler einen Slang entwickeln, der die anderen Wissenschaften als Analog-Wissenschaften bezeichnet, um sich abzugrenzen? Nutzen die „anderen Wissenschaften" nicht bereits digitale Verarbeitungsprozesse in einem Maße, dass es den Digitalwissenschaftlern schwer fallen dürfte, hierbei einen Überblick oder gar Deutungshoheit zu gewinnen und allgemeine Gesetzmäßigkeiten zu erkennen? Und letztlich, wo wird die Triebkraft der dann erkennbaren Gesetzmäßigkeiten verortet werden – im Wesen des Menschen oder im Wesen der aus seiner Fantasie, Kreativität, Kommunikation und Bedürftigkeit entwickelten technischen Hyper-Welt? Ist Cognitive Science näher an der Beschreibung und Erklärung digitaler Phänomene oder System

Science? Oder ist Digital Science vielleicht eine moderne Richtung der Philosophie über digitale Phänomene?

Mit der Erkenntnis, dass es eine objektive Realität geben könnte, die uns nur durch ihre Widerspiegelung im menschlichen Bewusstsein modellhaft vorstellbar ist, entstand die Sucht (Suche) nach Gedankenspielen, über das Bewusstsein auf diese objektive Realität einzuwirken, sie zu verändern und diese Veränderung, wiederum von genüsslich bis schmerzvoll, über ebendieses Bewusstsein dem Menschen zugänglich zu machen.

Kommentar Elke van der Meer: „Das ist für Phänomene der modernen Physik allerdings schon lange der Fall – wie stellen wir uns multidimensionale Räume und Phänomene in ihnen vor, wo wir doch aus unserer Körperlichkeit nur Zugang zu drei Dimensionen haben. Schon Zeit als vierte Dimension ist eine Abstraktionsleistung des gesamten kognitiven Systems, die wir durch Integration unserer sensorischen Daten und unseres Vorwissens leisten – wie wir aber diese vierte Dimension konzeptualisieren und anschaulich repräsentieren, unterliegt unserer kulturellen Einbindung (d. h. unserer Auffassung über die uns umgebende Welt)".

Auch ohne technische Hilfsmittel war hier für Individuen bereits der virtuelle Raum eröffnet, in dem das Denken das Sein verändern könnte – ebenso wie das Sein das Denken. Der neue virtuelle Raum hingegen ist nur noch am Front-end ein individueller, als System aber ein komplexer kollektivistischer Raum. Qua Rückkanal teilen wir stets unser Sein dem System mit. Ob dieses System hierarchisch oder verteilt seine zunehmende Datenbasis (und erst recht seine „Erkenntnisse") ordnet, wird zu beobachten und zu beeinflussen sein. Zwischen notwendiger Neutralität und gesellschaftlicher Verantwortung von Wissenschaft wird diskutiert werden müssen, ob sich Digitalwissenschaftler auf eine politische oder weltanschauliche Seite schlagen werden oder ob dieser Prozess bereits entschieden ist und sie zu wissenschaftlichen Pionierleistungen fähig sein werden oder als nützliche Marketing-Treiber missbraucht werden – Digitalwissenschaft braucht einen Gegenstand und damit eigene Begriffe, sie beginnt in ihrer reflektierenden Methodik aber als Kognitionswissenschaft.

Noch ist der schöne neue virtuelle Raum, den sich die Menschheit gerade schafft, voller Träume. Einige davon könnten Menschheitsprobleme lösen, andere das Leben gesünder, fairer und schöner machen und einige sind schlicht Alpträume von totaler Überwachung und Fremdsteuerung. Wir haben eine Riesenprojektionsfläche geschaffen, mithilfe derer wir unser Überleben auf diesem Planeten sichern wollen. Es geht gar nicht so sehr um Künstliche Intelligenz – es scheint eher darum zu gehen, uns einen Gott zu schaffen, der uns befähigt, die richtigen Dinge zu begreifen, zu lernen und selbst ein höheres Wesen hervorzubringen. Der einzelne Kopf ist zu klein dazu geworden, beschriebenes Papier zu mühselig zu transportieren und der Erkenntnisse sind zu viele, um eine Art Überblick zu behalten. Wir hoffen auf ein Alter Ego, das wir vollladen können mit den bisherigen Menschheitserkenntnissen und das diese verbindet, schlussfolgert und weiterdenkt. Momentan empfiehlt mir aber Amazon immer noch das Buch, das ich bereits gekauft habe, und auch andere Portale haben nichts weiter im Sinn, als mir dieses Buch auf bestem

Werbeplatz vors Käuferauge zu halten. Von künstlicher Dummheit mag man dabei eher sprechen als von Künstlicher Intelligenz.

Überhaupt: Wo bleibt die Forschungsrichtung „Künstlicher Humor?" Wir sollten sie nicht den Kabarettisten und Comedy Artists überlassen. Auch Wissenschaftler brauchen Humor und eine Digitalwissenschaft ohne Humor geht überhaupt nicht! Wenn Humor Gegenstand einer Wissenschaft wird, dann muss sich die Digitalwissenschaft seiner annehmen. Nicht nur wegen Infotainment und Gamification, sondern auch wegen Personalisierung, Individualisierung und weil er mehr als alles andere zum Wesen des Menschen gehört.

Der Begriff „Cloud" erlaubt uns, einen Menschheitswunsch zu träumen: ein humorvoller, alles wissender, gerechter und kluger und vielleicht sogar empathischer Gott. Die einen wollen keinen Gott – kreieren ihn aber – die anderen müssten das als Blasphemie bezeichnen und investieren trotzdem in diese Idee und wieder andere werden sagen, dass damit dem realen Gott ein Tempel gebaut würde, damit er zu uns kommen und mit uns leben kann. Es ist Zeit, dass sich auch die Religionswissenschaft ernsthaft mit der Digitalwissenschaft in Dialog begibt. Oder umgekehrt.

Als Wissenschaftler möchte ich natürlich allen in Firmen gebundenen Kollegen, die an BigData, DeepLearning und Künstlicher Intelligenz arbeiten und auf dieser Basis ganz neue Produkte und Dienstleistungen entwickeln sollen, raten, nie den wissenschaftlichen Ansatz aufzugeben, den sie an der Universität, Hoch- oder Fachschule erlernten: Hypothesen sind noch keine Thesen! Zwischen beiden steht wissenschaftliche Methodik, Verifikation oder Falsifikation. Auch wenn aus Geheimnisschutzgründen auf Veröffentlichungen über Ergebnisse einer Konzernforschung oder eines Startup-Projektes verzichtet werden muss – fassen Sie Ihre Forschungsergebnisse (und den methodischen Weg dorthin) trotzdem mit der Sorgfalt eines Wissenschaftlers zusammen und speichern Sie sie auf dem Laufwerk „Für zukünftige digitale Archäologie"! Sollte das noch nicht existieren, wäre es schön, wenn der Staat es steuerlich fördern würde – denn was heute in Firmen an digitaler Forschung läuft, verdient dereinst vielleicht, ins Museum der Menschheitsgeschichte zu kommen. Die alten Generationen von Software und Computern sollten gleich dazu aufbewahrt werden. So wie heute Experten versuchen, alte Buchbestände vor dem Zerbröseln zu retten, werden auch digitale Spuren Gegenstand von Restaurierungen sein. Eine Digitalwissenschaft hat hier auch die Funktion der Realisation des Weltgedächtnisses.

Apropos „Hypothesen sind noch keine Thesen!": Bitte bringen Sie doch auch Ihren Neuronalen Netzen bei, nicht gleich eine Hypothese als Erkenntnis anzusehen und nur in dieser Richtung immer weiter Muster zu erkennen. Wenn Neuronale Netze keine wissenschaftlichen Arbeitsprinzipien erlernen oder in diese eingebunden werden können, dann hat die neue Digitalwissenschaft eine große, wegweisende Aufgabe: die Schaffung von Standards wissenschaftlichen Arbeitens im digitalen Bereich. Vor allem aber die Entlarvung dessen, was wissenschaftlich anmutet, aber nur den Wert von Kaffeesatzleserei hat, selbst wenn es sehr viele Kaffeekrümel sind, die hier gelesen werden.

Schon bevor die natürliche menschliche Intelligenz entstanden ist, hat die Natur die laterale und kollaterale Inhibition erfunden, damit die biologischen Vorgänger nicht vor schierer Informationslast die Orientierungsreaktion (Flucht/Angreifen, Paaren oder Fressen) verpassen. Es geht also gar nicht um so viele Daten wie möglich, sondern um die richtige Vorauswahl, die Akzentuierung und den Kontext.

Die Welt liegt mit unendlichem Big Information seit tausenden von Jahren vor unserer Wahrnehmung – sie nun genauso unüberschaubar in Bits und Bites oder auch Qbytes abzubilden, würde unsere Rätsel nicht lösen und keine einfacheren Forschungsprozesse in Gang setzen. Ein Vorteil der virtuellen Welt könnte hier die Abstraktion sein. Denken steigt vom Abstrakten zum Konkreten auf … Beginnen wir abstrakt und nicht konkret! Beginnen wir theoriegeleitet und nicht in Echoboxen von konkreten Vorurteilen. Gerade große Datenmengen bieten bei nachgereichter Hypothesenbildung jedwede Bestätigungsoption von auch noch so abstrusen Vor-Urteilen. Das gepaart mit methodologischer Unwissenheit erzeugt auch einen Flow, einen Ego-Flow: „Das habe ich immer schon heimlich gedacht, was ich durch Datenanalyse nun herausgefunden habe …".

Auch hier wird Digitalwissenschaft neue Forschungsmethoden und ein eigenes Forschungsparadigma entwickeln müssen. Wissenschaftliches Altern erscheint als eine exponentielle Funktion …

Überhaupt: Denken in exponentiellen Funktionen! Wenn Künstliche Intelligenz zu immer mehr Erkenntnissen in immer kürzerer Zeit führen sollte, wird die intelligente Maschine erkennen müssen, dass sie den Menschen mit ihrem exponentiell wachsenden Wissen überfordert und demzufolge schweigen. Wie Gott. Digitalwissenschaft sollte diesen Zeitpunkt berechnen und vorhersagen und Lösungsansätze liefern, wie wir damit umgehen können!

Ob es nun die oft diskutierte Weltformel ist oder die schiere Menge an Erkenntnissen – künstliche Intelligenz muss nutzerbasiert kommunizieren können, sich also ein Abbild ihrer Nutzer machen, um adäquat reagieren zu können, denn sie wird von ihren Nutzern sonst nicht als intelligent bezeichnet und weiter gefüttert werden. Um den Nutzer aber bei Laune (Verhaltensspuren – Datenabgabe) zu halten, muss sie sich auch einiges einfallen lassen. Ob sie uns dabei eher als tierisches System oder als durchaus mit „höherem Wesen" begabte Kommunikationspartner wahrnehmen wird, sollten wir nicht dem Zufall überlassen. Besonders dann nicht, wenn unser „höheres Wesen" erst durch digitale Kommunikation realisiert werden sollte.

Kommentar Elke van der Meer: „Der Hypothese, Künstliche Intelligenz wird nur so leistungsfähig sein, wie WIR sie machen, möchte ich aber schon aus systemtheoretischer Sicht widersprechen, weil das Ganze nun mal mehr ist als die Summe seiner Teile. Und weil sich beides gemeinsam bzw. konkurrierend in eine Richtung entwickeln könnte, wo dann ein Ergebnis entsteht, das die vermutlich existierende Beschränktheit beider Intelligenzen dialektisch aufhebt".

Ich bezweifle, dass die Menschheit sich reflexiv ihrer Ganzheit schon bewusst ist – sie (und damit hoffentlich auch ihre Individuen) könnten es aber durch die virtuelle Abbildung des Verhaltens aller dieser Individuen durch ein DeepLearning-System als Ganzheit werden. Auch hier ist es höchste Zeit, eine Wissenschaft zu entwickeln, die rechtzeitig Synapsen zwischen menschlicher und technischer Erkenntnismöglichkeit entwickelt, um wenigstens das zukünftige Auseinanderklaffen von menschlicher Erkenntnisfähigkeit und technischen Informationsbereitstellungsmöglichkeiten zu erfassen und zu beherrschen oder zu befrauen.

Eine eindeutige Begriffsdefinition und Wissenschaftssprache werden erforderlich sein, um die Vermenschlichung technischer Vorgänge in Begriffszuordnungen ab dann zu verhindern, wenn diese Sinnübertragungsmetaphern eine Weiterentwicklung eher vernebeln als beflügeln; wenn also die digitale Welt als Teil der realen Welt gesehen und verstanden wird und wir zur Orientierung keine Hilfsbegriffe aus dem menschlichen Sein mehr benötigen, sondern das technische Sein zügeln oder beflügeln lernen können.

Das kann sehr schnell gehen. Der Gestaltpsychologe und spätere Begründer moderner Soziologie, Kurt Lewin, benutzte nicht zufällig den „Feld"-Begriff (den auch Albert Einstein verwendete), um menschliches Verhalten zu berechnen. Spätestens mit der Realisierung von Quantencomputern wird das junge Zeitalter der dualen Rechenmaschinen schon wieder beendet sein. Wo ist der Vorlauf an Erkenntnissen, Modellen und Algorithmen, den heute junge Wissenschaftler entwickeln, um sie morgen auf Quantencomputern zu simulieren? Wo ist der Prinzip-Bauplan solcher Quantencomputer, der solche Programme schon jetzt sinnvoll entwickeln lässt? Quantencomputer auf Elektronenbasis und Nutzung ihrer Photoneneigenschaften, die dual und quasi-analog rechnen können – sind das noch digitale Maschinen oder eher Organe des Wesens „Menschheit"?

Überhaupt – welche Modellerweiterungen sind durch Quantencomputer-Modelle für die Kognitionswissenschaften möglich? Intelligenz auf der Ebene der Elektronen- und Photonenwirkung, also untermolekular, – ist unser Gehirn vielleicht bereits ein Quantencomputer, der einen Quantencomputer entwickelt? Ist unser ganzer Körper, der Mensch, die Menschheit, das Universum etwa ein Quantencomputer – gibt es eine verschränkte Welt? Spinoza hätte keine Probleme mit dieser Diskussion – er würde aber auch sofort eine Ethik-Diskussion anstimmen.

Auch das ist eine Forderung an die junge Digitalwissenschaft: Theorievorlauf, Hypothesenentwicklung, auch wenn es noch keine empirischen Verifikationsmöglichkeiten gibt. Mut zur Philosophie, der Urmutter aller Wissenschaft(en). Ob nun ein digitaler Raum, eine Quanten-Raum-Matrix oder ein Photonen-Feld – menschliches Denken scheint auch neue oder künstliche Dimensionen generieren, erlernen, begreifen und dann auch nutzen zu können. Es braucht dazu, wie es aussieht, aber abstrakte Krücken (Glaube an technische Möglichkeiten), um Selbst-bewusster zu werden.

Digitalwissenschaft hat einen Theorievorlauf zu stimulieren und zu systematisieren, der vor allem das Kognitive System des Menschen erweitert. Sie könnte Psychologie mit ihren Erkenntnissen um menschliche Perzeption, Kognition, Motivation und Aktion nicht nur als Modellgeber für Digitales, sondern auch als Grenzmarker für durch den Menschen Erfassbares betrachten und eng kooperieren, genau so aber den wissenschaftlichen Erkenntnisprozess als kollektiven Erkenntnisprozess soziologisch erfassen, um auch Systemparameter für dieses Feld bereit zu stellen. Sozialökonomen können aus Produktivität, Lebensstandard und Vermögensverteilung auf revolutionäre Situationen von abrupten Systemänderungen schließen (im Modell jedenfalls). Ebenso brauchen wir aber auch ein

Modell, das Erkenntnisgewinn, kulturelles Wandlungstempo durch wissenschaftlich-technischen Fortschritt und persönliches Wohlbefinden zur gesellschaftlichen Bereitschaft für abrupten Wandel beschreibt. Das wird keine statische, sondern eine dynamische Größe sein, ein Lern-Adaptationsprozess eines Systems also.

Dabei sehe ich durchaus die Gefahr, dass der Mensch vom Treiber zum Getriebenen wird. Es wäre zu diskutieren, technische und humane Systeme als klassischen Widerspruch – als Einheit und Kampf der Gegensätze –, aber eben nicht als antagonistischen Widerspruch zu betrachten. Wir haben als Menschen die Chance, von uns entwickelte Technik zu beherrschen.

Kommentar Elke van der Meer: „Zumindest jetzt noch – denn wer sagt uns denn, dass nicht aus humaner und künstlicher Intelligenz ein übergeordnetes System entstehen kann, in dem beide Komponenten dialektisch aufgehoben sind und sich gegenseitig beeinflussen und „höhere" Fähigkeiten ausbilden, aber nicht die eine die andere beherrscht".

Wie weit wir allerdings davon entfernt sind, zeigen die Verteilung der Atombomben in der Welt und ihre Ausrichtung gegeneinander. Hier bedarf es noch nicht einmal einer primitiven künstlichen Intelligenz, sondern nur der Fehlwahrnehmung lebender Akteure oder eines dummen Algorithmus, um die Frage, ob der Mensch siegt oder die Technik, zu beantworten. Schon heute heißt die Antwort: Entweder beide oder keiner von beiden.

Die Digitalwissenschaft wird versuchen, sich davor zu drücken, aber nicht umhin kommen, sich auch den Fragen von Krieg und Frieden zu stellen, nicht nur in der Version von Cyberwar im Cyberspace, sondern auch bei der Bewertung von KI in Drohnen, Raketen und manipulativen Psycho-Waffen.

Die kleine Cloud-Idee wird dabei als Erste geopfert werden. Schade! Sie war für kurze Zeit so inspirierend. Geboren aus der Idee einer friedlichen Welt nach dem Ende des ersten Kalten Krieges und vor dem Entstehen des zweiten Kalten Krieges. Die Marketingexperten verzichten mehr und mehr auf den Begriff Cloud. Nicht nur in Deutschland, weil er sich nach zahlreichen Datenskandalen einfach zu sehr nach „klaut" anhört, sondern weil plötzlich wieder nationale oder kontinentale Interessen in den globalen Cyberspace einfallen. Mit „Servern – garantiert an deutschen Standorten!" wirbt die Telekom für das virtuelle Praxisnetzwerk im Gesundheitswesen. Ist der Internetknotenpunkt Frankfurt/Main nicht auch garantiert in Deutschland oder sind manche Server einfach im virtuellen Niemandsland?

Die Cloud-Idee hätte das höhere Wesen der Menschheit beflügeln können – aber der Traum ist nur durch eine sicher kurze Wachphase unterbrochen. Wissenschaft kann sich nicht nach Tagespolitik richten, soll Vorlauf für Politik, Wirtschaft und Gesellschaft sein, aber vor allem Bewahrerin von Menschheitsträumen und Wegfinderin dorthin: Gesundheit, Frieden, Wohlergehen ..., das Verstehen, woher wir kommen und wohin wir gehen können, bis hin zur Frage, was wir machen werden, wenn die Sonne eines Tages zu einem roten Riesen wächst oder eine Klimakatastrophe doch nicht vermeidbar sein wird.

Digitalwissenschaft kann Tempsteuerung und Erkenntnisvalidität auf ihrem Gebiet, aber im abgesicherten Modus auch für andere Bereiche ermöglichen. Sie wird sich dabei der Medien und Techniken bedienen, die sie selbst erforscht, sie wird also teilnehmende

Beobachterin sein. Aber auch das ist seit der Antike nichts Neues. Was große Philosophen durch Introspektion und Denken erkannten, versucht nun eben das System Menschheit einfach mal als Ganzes mit Hilfe der Digitalwissenschaft. Das Ganze aber bleibt mehr als die Summe seiner Teile.

Ob allerdings künstliche Intelligenz und menschliche Intelligenz ein Ganzes werden, wird auch von der Entwicklung der Digitalwissenschaft abhängen.

## Literatur

Goldstein, D. G., & Gigerenzer, G. (2002). Models of ecological rationality: the recognition heuristic. *Psychological Review, 109*(1), 75–90.

Savage, L. (1954). *The foundations of statistics*. New York: Wiley.

**Manfred Schönebeck** ist seit 2011 Gründungs-Chancellor der Carl Benz Akademie Beijing und hat an der Humboldt-Universität zu Berlin Klinische Psychologie sowie an der Freien Universität Berlin Interkulturelle Bildung studiert. Er gehört zu den Pionieren der Internetentwicklung und -forschung und arbeitete mit seinen Forschungs- und Entwicklungsteams viele Jahre für die Daimler-Forschung, entwickelte Interaktions- und Kommunikationsdesigns und brachte hier Ansätze aus der Kognitionspsychologie, Künstlichen Intelligenz, Algorithmen- und Avatar-Entwicklung sowie Beiträge zur Methodologieentwicklung in digitaler Forschung ein. Sein Thema ist die Digitalisierung von Lehre und Forschung und die Entwicklung einer Global Cloud University, für die er zusammen mit Ada Pellert 2016 erste Ansätze im Buch „Von der Kutsche zur Cloud – globale Bildung sucht neue Wege" veröffentlichte. Er praktiziert seit über 20 Jahren als Psychotherapeut, Coach und Organisationsberater.

**Prof. Dr. Elke van der Meer** hatte bis **2017** den Lehrstuhl für Kognitive Psychologie an der Humboldt-Universität zu Berlin inne und bekleidet dort aktuell eine Seniorprofessur. Sie ist Gründungsmitglied der Berlin School of Mind and Brain und Admissions Committee Mitglied, fungierte u.a. als Präsidentin des **43**. Kongresses der Deutschen Gesellschaft für Psychologie, Mitglied des Beirates für Kognitionswissenschaft und von **2005** bis **2016** als stellvertretende Vorsitzende der Kommission des Berliner Senats zur Förderung von jungen Nachwuchswissenschaftlern. Ihre Forschung fokussiert auf Grundlagen und Anwendungen der Kognitions- und Neurowissenschaften.

# Alles digital, oder was?

## Digitale Technologien und Medien – so ist ihr Einsatz in der Präsenzlehre an der Universität sinnvoll

### Harald Rau

Angesichts der Frage nach digitalen Technologien und Medien an der Hochschule wäre durchaus angezeigt, die wichtigsten empirischen Erkenntnisse über Lernprozesse und erfolgreiche Methoden heranzuziehen, sich beispielsweise die in Fleißarbeit über Jahrzehnte entstandene Meta-Metastudie von John Hattie (2009) zunutze zu machen, mit ihm zu begründen, warum „peer instruction" erfolgreicher sein kann als andere Vorgehensweisen, oder warum Lehrpersonen wichtig sind, warum also das „Wer" maßgeblich auch über den Erfolg von Lehr-Lernprozessen entscheidet, oder warum der Austausch mit anderen „Lehrern" im weitesten Sinne als eine Grundhaltung auf das Lernen „einzahlt". Die hier angesprochene „collective teacher efficacy" ist neben „teacher estimates of achievment" einer der neuen Faktoren, die Hattie in seiner in den vergangenen Jahren stets erweiterten Liste zusammengestellt hat (Hattie und Masters 2015) – es ist einer jener Faktoren, die sich durch bemerkenswerte Effektstärke (in diesem Falle 1,57, ebd.) auszeichnet. Dem geneigten Leser sei im Übrigen empfohlen, auch bezogen auf die Hattie-Studie die exzellente Online-Dokumentation und -Aufbereitung unter visible-learning.org zu nutzen.

Nun gehen wir davon aus, dass nicht alle Aspekte der Meta-Metastudie, die für Schulen gelten, direkt und unmittelbar auf die Hochschullehre übertragen werden können. Dennoch finden sich in der Effektstärken-Liste unzählige Anregungen. Und auch die von Hattie daraus entwickelten „mind frames" – am besten eben mit Haltungen übersetzt – seien der Lektüre anempfohlen, zumal sich die Übersicht hier auch mit Erkenntnissen deckt, die Biggs und Tang (2011) im bemerkenswerten „Reader" „Teaching for Quality Learning at University" zusammengefasst haben – und die insbesondere einen Perspektivenwechsel einfordern, der statt Lehrzielen, beabsichtigte Lernergebnisse in den Blick nimmt und

---

H. Rau (✉)
Ostfalia Hochschule, Wolfenbüttel, Deutschland
E-Mail: h.rau@ostfalia.de

© Springer Fachmedien Wiesbaden GmbH, ein Teil von Springer Nature 2020
M. Friedrichsen, W. Wersig (Hrsg.), *Digitale Kompetenz*, Synapsen im digitalen Informations- und Kommunikationsnetzwerk,
https://doi.org/10.1007/978-3-658-22109-6_10

auffordert, alle Lerninhalte daran orientiert aufeinander aufzubauen, Biggs und Tang (ebd., 95) nennen es „constructive alignment". Das klingt bei einem oberflächlichen Blick einleuchtend – wer sich jedoch – beispielsweise als Hochschullehrer – intensiv damit auseinandersetzt, erkennt zumeist recht schnell, dass er, wenn er es ernst meint, am Ende doch weite Bereiche seiner Lehrtätigkeit neu definieren muss.

Der geneigte Leser mag diese etwas ausholende Einführung verzeihen, es soll ja hier um Digitalität gehen, um (digital verschränkte) Medien der Bildung in einer Welt, die uns in vielen Bereichen bereits „durchdigitalisiert" erscheint; vor diesem Hintergrund mag der erste Absatz dieses Beitrages befremdlich schienen. Doch dieser – vielleicht am ehesten „weich" zu nennende – Einstieg wurde deshalb gewählt, weil am Ende alle Fragen nach dem bestmöglichen Einsatz digitaler Technologien in und für Bildungskontexte – oder, um es einfacher zu gestalten und konkret zu machen: in Hörsaal und Seminarraum – oftmals eine nach ganz anderen Dingen ist: nach dem Lernverständnis, nach der eigenen Haltung, nach den Grundüberzeugungen, den Auffassungen auch, wie Lernen funktioniert, und selbst eine danach, welche Lerntheorien für bedeutsam gehalten werden.

„Die Form folgt der Funktion", sagen Architektur und Design – „Form follows function". Das muss schließlich, und dies wäre die Überzeugung des Autors, auch die Devise in hochschulgebundenen Bildungsprozessen sein. Hierbei kommt es wenig darauf an, ob es sich um Angebote der Präsenz- oder solche der Fern- und Onlinelehre handelt.

Es gilt also – erst dann,

- wenn wir ausreichend reflektiert haben,
- wenn wir vielleicht als Lehrende uns auch empirischen Erkenntnissen der (Fach-)Didaktik geöffnet,
- wenn wir auf hohem oder vielleicht sogar höchstem Reflexionsniveau auch den Erkenntnissen von Kollegen Raum geschaffen und
- wenn wir – vielleicht im Sinne des „Scholarship of Teaching and Learning" (zu Konzept, Geschichte, diversen Formen und Anwendungen sowie zur generellen Sinnhaftigkeit des Ansatzes vgl. (Huber 2014, S. 19–36) – eigene empirische Erkenntnisse gewonnen haben (siehe oben),
- werden wir die Segnisse digitaler Technologien wahrhaftig, zukunftsorientiert und sinnvoll zu nutzen wissen.

Dies wäre im Grunde eine nicht nur mehrgliedrige sondern eben auch zentrale These, die hier selbstbewusst vertreten wird.

Es sei darüber hinausgehend gestattet, nicht nur diese eine, sondern gleich eine größere Zahl von mit der vertretenen Haltung verbundener Thesen zu formulieren, die im weiteren Verlauf des Beitrages näher ausgeführt und begründet werden:

1. Sinnreicher Einsatz digitaler (Medien-)Technik braucht in der hochschulgebundenen Bildung Sachverstand und muss von weitestgehend gesicherten Erkenntnissen über Lehr-Lernprozesse ausgehen.

2. Lehre ist wie Lernen mit dem Einzelnen verbunden, mit seinen Überzeugungen und Werten, deshalb sind individuelle Lehrphilosophien im Sinne von „Gebrauchsanweisungen für Hochschullehrer" der Schlüssel zu einem offenen Umgang mit Diversität (Gedeon 2013), und in diesen Gebrauchsanweisungen darf auch die Verwendung digitalbasierter Hilfsmittel individualisiert dargestellt werden.
3. Wer digitale Bildungsmedien einsetzt und verwendet, muss sie ebenso verstehen, wie er sie beherrschen muss.
4. Digitales muss (Bildungs- oder Lehr-)Prozesse „besser" machen oder sollte diese zumindest erleichtern.
5. Selbstorganisationskompetenz ist der Schlüssel zu allem (Herold und Herold 2013).

**ad 1.) Sinnreicher Einsatz digitaler (Medien-)Technik braucht in der hochschulgebundenen Bildung Sachverstand und muss von weitestgehend gesicherten Erkenntnissen über Lehr-Lernprozesse ausgehen.**
Zu dieser These sei schlicht angemerkt: Nicht alles, was möglich ist, hat auch einen messbaren Effekt, weniger kann mehr sein. Die Hochschule als Teil des Bildungssystems, das durch die Nähe zur Wissenschaft, durch die Kombination aus Forschung und Lehre in evidenzbasierten Verfahrensweisen geübt ist, sollte sich diese auch zunutze machen. Sinnfreier Einsatz von digitalbasierter Technik dient niemandem. Sowenig der flächendeckende Einsatz von Tabletcomputern in Schulen eine messbare Steigerung im Lernergebnis erreichen kann und damit sinnvoll erscheint, so wenig ist dies auch für ein durchgängiges Seminarangebot in Computerpools oder für eine Komplettausstattung mit Smartboards in Hörsälen der Fall.

Eine Lösung kann hierbei sein, sich in punkto Technikeinsatz stets die Frage zu stellen, ob die umgesetzte Lösung den Prozess optimiert (vgl. auch These Nummer 4). Ein Beispiel aus dem Bereich des Kooperativen Lernens, wobei anzumerken bleibt, dass auch dieser Begriff keinesfalls einheitlich verwendet wird und nicht grundsätzlich mit „Gruppenarbeit" gleichzusetzen ist (Konrad 2014, S. 79): Die Methode, die hier herangezogen werden soll, ist unter dem englischsprachigen Stichwort „Think, Pair, Share" bekannt, und sie bezeichnet einen mehrstufigen Phasenablauf. In der ersten Phase denken die Beteiligten bezogen auf eine Fragestellung zuerst für sich selbst nach, um eine Antwort zu finden. Insbesondere eigenen sich „wahr/falsch"-Aussagen oder „Multiple Choice"-Fragestellungen für die Arbeitstechnik. In einer zweiten Phase wird die Frage mit einem Partner diskutiert, der beim Nachdenken idealerweise zu einer anderen Antwort gekommen ist. Anschließend wird der Kreis der Diskutanten auf bis zu sechs Teilnehmer erweitert – Ziel muss auch hier sein, zu einer Lösung zu finden, die dann von einem Gruppensprecher im Plenum vorgestellt und begründet wird. Am Ende wird die Frage in gemeinsamer Diskussion aufgelöst und vertiefende Aspekte besprochen. Erfahrungsgemäß benötigt man für einen solchen Durchgang bei gut geeigneten „wahr/falsch"- Aussagen beispielsweise rund 20 bis 25 Minuten pro Frage. Wichtig – so die Erfahrung des Autors – ist dabei das Einhalten der Prozessroutine. „Think, Pair, Share" ist einfach umzusetzen – auch ohne technische Hilfsmittel: Man kann einfache, farbige Kärtchen verwenden, für die technische Unterstützung sind so genannte Klickersysteme gut geeignet. Der Prozess wird damit optimiert, da die Antwortverteilung unmittelbar grafisch umgesetzt wird und sich die Antwortenden direkt am Ergebnis orientieren können. Der Autor hat die Prozessroutine entsprechend erweitert, wenn technische Hilfsmittel zur Verfügung stehen. Er setzt bei Gruppen bis 40 Teilnehmer zwischenzeitlich ein Online-Voting-System ein (PollEv), das für diese Maximalzahl an abstimmenden Teilnehmern kostenfrei mit Smartphone-Einwahl funktioniert und unterschiedlichste Abfragemodi bereithält. Abgefragt wird nach der „Think"-Phase, die Umfrage wird erst nach Ablauf der Zeit freigegeben. Dann dürfen sich die Teilnehmer das Ergebnis betrachten – und sich noch einmal umentscheiden. Es erfolgt ein zweiter Voting-Schritt, dann werden Teilnehmer mit anderer Antwortangabe selbstständig im Raum gesucht. Mit diesen wird das Ergebnis und die eigene Begründung diskutiert. Zumeist überzeugen in der „Pair"-Phase die besseren Argumente und die anschließende Abstimmung zeigt eine Wanderungstendenz hin zur korrekten oder eher wahrscheinlichen Antwort. Der Effekt verstärkt sich im Zuge der vierten Abfrage, die dann nach der „Sharing"-Phase online geschaltet wird. Der Autor hat in vielen hundert „Think, Pair, Share"-Runden mit Bachelorstudenten, die bei der ersten Abstimmung jeweils ausgeglichene, das heißt nicht eindeutige Stimm-Ergebnisse erbracht haben, nur einige wenige Male erlebt, dass die „Wanderungsbewegung" in den Folgephasen nicht hin zum passenderen Pol erfolgt. Ein Warnhinweis sei hier für alle gegeben, die die Methode bislang noch nicht durchgeführt haben – und sie anwenden wollen:

- Der benötigte Zeitrahmen ist für jede einzelne Runde in der Methodenanwendung durchaus beträchtlich. Dafür werden die zugrunde liegenden Konzepte nachhaltig gelernt und sind oft Wochen später noch bei Wissenstests sehr erfolgreich abzuprüfen.
- Die Entwicklung von passenden, „funktionierenden" und tatsächlich das Lernen unterstützenden Fragen erfordert die intensive Beschäftigung mit dem Themenfeld und den zu erfragenden Konstrukten, alle Fragen werden idealerweise einem Pretest unterzogen.
- Entscheidend ist es, nicht schon in der ersten Phase eine besondere Häufung auf der gewünschten Antwort zu generieren. Ist solches der Fall, kann man schnell zur Begründung übergehen und die weiteren Phasen überspringen. Auch dieser Aspekt macht die Methode im Praxiseinsatz so ungeheuer flexibel.

Warum wird dieses Beispiel so ausführlich dargestellt? Ganz einfach: Es zeigt idealtypisch, wie Bildungsprozesse mit digitalen Anwendungen unterstützt werden können – hier mit einer schnellen und flexible Abfragemöglichkeit, die eine unmittelbare Rückkopplung in auch großen bis sehr großen Gruppen erlaubt (eventuell müssen für diese Software-Lizenzen erworben werden, da die meisten Anbieter die Zahl möglicher Abstimmungen begrenzt haben). Zwischenzeitlich sind Abfragemöglichkeiten auch in gängige Lernplattformen wie StudIP oder Moodle integrierbar, wobei diese unter Gesichtspunkten der „User Experience" in der Erfahrung des Autors oft nicht ganz optimal sind.

ad 2.) **Lehre ist wie Lernen mit dem Einzelnen verbunden, seinen Überzeugungen und Werten, deshalb sind individuelle Lehrphilosophien im Sinne von „Gebrauchsanweisungen für Hochschullehrer" der Schlüssel zu einem offenen Umgang mit Diversität (Gedeon 2013), und in diesen Gebrauchsanweisungen darf auch die Verwendung digitalbasierter Hilfsmittel individualisiert dargestellt werden.**

Für die moderne Hochschule ist Diversität eine Selbstverständlichkeit:

- Individuelle Lernbiografien,
- Lebenslanges Lernen,
- Förderung von Talent und Talenten unabhängig von der jeweiligen Herkunft,
- Gleichberechtigung bezogen auf Herkunft, Geschlecht, soziales Milieu.

Dies sind eingängige Stichworte, die es erforderlich machen, das lernende Individuum in den Blick zu nehmen.

Wer jedoch unter „Bologna-Bedingungen" auf Bildungsprozesse schaut, erkennt ein Höchstmaß an

- Standardisierung (Module),
- Festschreibung (Curricula),
- Inflexibilität (Studiengangsbezeichnungen) und
- Immobilität.

Schließlich ist selbst die angestrebte internationale Anerkennung von Leistungen und die Austauschbarkeit weil Bewertbarkeit aller Studieninhalte über das ECTS-System zwischen Studienorten und Studiengängen Wunschbild geblieben. Fragmentierung – die trotz Steigerung der Kleinteiligkeit von Bildungsangeboten ebenfalls einer Individualisierung abträglich erscheint – ist die Folge von inflationär detaillierenden Studiengängen im Bologna-Raum. Wer mit einem konstruktivistischen Weltbild (hier basierend auf von Foerster 1993) auf den Wald der Studienangebote allein an deutschen Hochschulen schaut, erkennt auch für Studienfelder, die mit nichtdogmatischem Anspruch enttrivialisieren sollten, zunehmende Verschulung, ja beinahe eine Verlängerung der Schulbank ins Studium hinein. Trivialisierung aber, die Festschreibung auch über Klausuren abprüfbarer Input-Output-Relationen ist der Feind individueller Bildungsbereitschaft, Bildungsansprüche und – wie eingangs bereits genannt – Bildungsbiografien.

Dispersität der Studierendenschaft repräsentiert jedoch nur die eine Seite der Medaille. So verschiedenartig die Gründe sind, ein Studium aufzunehmen, ein Fach auszuwählen, so unterschiedlich kognitive Fähigkeiten, Lernbereitschaft und Motivation sind, so dispers ist eben auch das Lehrpersonal.

Jeder einzelne Hochschullehrer „tickt" auf eine andere Art und Weise. Das bietet beste Voraussetzungen für Anpassungstraining beim Studenten. Es gibt ein hervorragendes Werkzeug, das diese Anpassung erleichtert und unterstützt: individuell verfasste

Lehrphilosophien, die das eigene Verständnis der Lehrperson zusammenfasst und erläutert, die zeigt, welchen Blick der jeweils Lehrende auf Lernen und Lernende hat, welche Affirmationen ihn bestimmen, welche Überzeugungen sozusagen festgeschrieben sind. Genau in diesen individuell gestalteten und gestaltbaren Lehrphilosophien kann auch die eigene Überzeugung niedergelegt werden, wie digitale Bildungsmedien verstanden werden. Wer es darüber hinaus versteht, diese Art von innerer Gebrauchsanweisung als lebendiges Dokument anzulegen, das Kommentare, Hinweise und Reflektionen durch Leser erlaubt, hat die neue Interaktivität, die funktionsfähige und schnelle Digitalangebote direkt integriert.

Denn wer sich regelmäßig mit seiner eigenen Lehre auseinandersetzt, wird erkennen, dass es sich bei dieser individuellen Lehrphilosophie um ein lebendiges Arbeitsdokument handeln muss, das immer wieder Veränderungen und Anpassungen erfahren darf. Der Autor schlägt auch regelmäßig vor, dass auf Basis einer Vielzahl solcher individueller Zugänge und über einen kollaborativen Prozess „in der Cloud", stabile Leitbilder der Lehre für ganze Hochschulen entwickelt werden können – insbesondere dann, wenn man im hochgradig deliberativen Prozess eines „lebenden Dokumentes" neue Ideen schnell und nachhaltig aufnimmt und integriert.

**ad 3.) Wer digitale Bildungsmedien einsetzt und verwendet, muss sie ebenso verstehen, wie er sie beherrschen muss.**
Die Diskussion der vorangegangenen These hat Diversität und damit die Vielzahl individueller Überzeugungen, Konzepte und Einstellungen bei Hochschullehrern wie bei Studenten aufgegriffen. Dabei ist es im Grunde die Digitalisierung, die wie nie zuvor all die gesellschaftlich wünschenswerten Effekte ermöglichen, die dieser Individualität von allen Seiten her betrachtet Rechnung tragen könnte:

- Ein individuelles Studientempo,
- keine Anwesenheitspflicht,
- Fernlehre,
- Studieren im virtuellen Raum,
- begeistertes und spielerisches Aneignen von Inhalten …
- … die jeweils im besten aller Kanäle transportiert werden …
- … als Texte, Audiodateien, Grafiken, Bilder, Animationen und Filmbeiträge.

Das bedeutet aber zwingend: Lehrpersonen müssen sicher „Kanalentscheidungen" treffen können, müssen wissen, welcher Kanal sich für welchen Inhalt am besten eignet. Diese Entscheidung hängt vielfach von der Rezeptionssituation ab – und dieses Wissen verbindet praktisches Medienhandeln mit pädagogischen oder didaktischen Konzepten. Nun ist sich ja auch die Pädagogik angesichts der Qualifikation von Hochschullehrern nicht immer einig, da schon schwer zu definieren bleibt, was denn nun „gute Hochschullehre" ist (Berendt 2000, S. 247), und auch der Weiterbildungsbedarf auf Seiten der Hochschullehrer ist schließlich schwer zu fassen (Webler 2000, S. 225 ff.): „Gesellschaftliche Erwartungen an die Hochschulen und deren Leistungen sind nicht gleichzusetzen mit den Qualifikationen, die Hochschullehrer aufweisen oder durch Weiterbildung erwerben müssen, um diese Leistungen erbringen zu können". Sie markieren allenfalls die Wissensgebiete, geben also so etwas wie „Richtziele" ab. (ebd. 227). Möglicherweise muss man ja den in den 1990er-Jahren gewonnenen Bereich der Übereinstimmung, wie Hochschullehrer auf ihre Aufgaben vorbereitet werden (sollen) angesichts fortschreitender Digitalisierung deutlich ausdehnen (Baume und Baume 1997, S. 30–35).

Wenn Lehrangebote weiter und stärker mit dann über digitale Anwendungen verbreiteter Medienkommunikation verschränkt werden sollen, dann verlangt dies:

- die Bereitschaft der Hochschullehrer, sich mit digitalen Medienangeboten, ihren Rezeptionsroutinen und mit Nutzungsgewohnheiten ihrer Klientel auseinanderzusetzen, man könnte es auch Lern- oder Veränderungsbereitschaft nennen;
- die intelligente Konzeption von Lehrangeboten, die Präsenz- und Onlinelehre geschickt verknüpfen, denn die Arbeit von Angesicht zu Angesicht, in einer Gruppe, die sich jeweils gegenseitig auf den aktuellen Stand bringt, soll ja auch bei unterschiedlichen Studiergeschwindigkeiten möglich bleiben;
- lebendig gestaltete Lernplattformen, genauer: ein Lehr-Lern-Management, das verschiedene Medieninhalte barrierefrei und modern miteinander verbindet, das zudem durchgängig Lehr- und Lerninteressen miteinander abgleicht;
- das Verlangen, Lernprozesse zu moderieren, das heißt zu begleiten, zu unterstützen – und dies eben auch individuell auf den Einzelnen bezogen.

Dies lässt sich recht einfach mit einer eigenen Chat-Funktion auf Websites lösen, die stets dann „live" geschaltet ist, wenn man am Rechner oder Smartphone verfügbar ist, so werden Kommunikations-Barrieren abgebaut und eine eigene Kommunikationskultur entwickelt, die individuelle Lernfortschritte ermöglicht.

Nicht jeder Hochschullehrer ist gleichermaßen ein perfekter „Kanalentscheider", ein TV-Profi oder ein exzellenter Podcaster. Wenn solche Fähigkeiten zukünftig im Bildungswesen stärker gefordert werden, und davon geht der Autor aus, muss sich

- erstens das Berufungsmanagement von Universitäten und Hochschulen darauf einstellen (so ist es in den Vereinigten Staaten beispielsweise in Berufungsverfahren völlig üblich, Lehrproben auch danach zu beurteilen, inwiefern beispielsweise strukturierende Methoden zum kollaborativen Lernen angewandt werden);
- zweitens die Weiterbildung von Hochschullehrern auch an diesem Bedarf orientieren – hier könnte es insbesondere um eine Erweiterung des Qualitätspaktes Lehre in Richtung „Lehrmedienkompetenz" gehen;
- drittens eine breite Unterstützung durch Medien(produktions)profis direkt an den Hochschulen ermöglichen lassen, dies ist aktuell kaum gegeben.

**ad 4.) Digitales muss Prozesse „besser" machen oder zumindest erleichtern.**
Mit dieser These darf im Bildungsprozess auch die Frage nach wachsender Effizienz und Effektivität und damit nach ökonomischen Zusammenhängen gestellt werden, wenn es um den Einsatz digitaler Technologien und Anwendungen geht, wobei sich je nach Perspektive auch die Bewertung ändern dürfte – das heißt man muss zwingend die Frage beantworten, wer ein „Besser" definiert – man muss also weniger nach dem „Wie" als eher nach dem „Wer" fragen (vgl. dazu analog die Diskussion um publizistische Qualität, Rau 2007, Kap. 2). Damit lässt man die Kulturkritik-Debatte nicht grundsätzlich außen vor, nimmt aber jeden, der ein „Besser" für sich in Anspruch nimmt, in die definitorische Pflicht. Dies schafft Transparenz, die eben auch ganz individuelle Bildungskarrieren ermöglichen hilft.

Es dürfte dabei in der Tat nicht ganz einfach sein, nein, es wird sogar unmöglich sein, ein allgemeingültiges „Besser" zu definieren. Doch die Ausführungen zur Arbeitstechnik „Think, Pair, Share" zeigen, dass ein „Anders" geht und vielfach nur Beharrungsvermögen und ein Das-Haben-Wir-Schon-Immer-so-Gemacht dagegenstehen. Man darf dabei nicht vergessen: Die Wissensvermittlung wird nicht automatisch leistungsfähiger, wenn sie sich bemüht, mehr Inhalte zu transportieren, sie wird nicht besser, wenn sie bequemer erscheint. Lernen ist ohne einen gewissen Schmerz, ohne den bewusst einkalkulierten Verlust der „Komfortzone" nicht denkbar. Wir wissen um die Wichtigkeit emotionalen Verknüpfung – seit spätestens 2007 auch aus beziehungstheoretischer Perspektive für das lebenslange Lernen (Gieseke 2007). Vieles davon gilt ganz generell für Lernprozesse, und wir wissen um die Bezogenheit auf Sinnerfahrungen und Erleben (vgl. zu Emotionen und Lernen auch den exzellenten Herausgeberband Arnold und Holzapfel 2008). Insbesondere sei hier auch ausdrücklich auf Becker (2008, S. 73–89) verwiesen, die mit so genannten Neuromythen aufräumt, die Lesern in der zwischenzeitlich weithin präsenten Ratgeberliteratur in Verkennung der Komplexität der Hirnforschung suggeriert würden (von Felden 2008, S. 83). Es werden dort insbesondere Zusammenhänge zwischen Wunschdenken und zweifelhaften Begründungen aufgegriffen, und es wird auf die Notwendigkeit weiterer Forschungen verwiesen, um Handlungsorientierungen wirklich ableiten zu können. Selbst zehn Jahre später und einige neurowissenschaftliche Erkenntnisse weiter kann man dies noch immer so stehen lassen – Lernen ist eine komplexe und nicht trivialisierbare Angelegenheit. Deshalb kann man eben auch ein „Besser", ein „Effektiver" nur am jeweiligen Ziel festmachen, das erreicht werden soll: in der Sprache dieses Beitrages heißt das, am beabsichtigten Lernergebnis (Biggs und Tang 2011, „intended learning outcome", S. 127 ff.).

Hier kann digitale Bildung ansetzen – und Vermittlungsleistungen tatsächlich erfolgreicher machen. Dies gilt genau dann, wenn wir empirische Belege dafür haben, welche Medien und welche Kanäle sich für welche Inhalte am besten eignen (vgl. die Ausarbeitungen zu These 3).

Die Auswertung von Big Data beispielsweise kann dabei helfen, empirische Belege zu finden. Statt immer neuer unsinniger Lehrveranstaltungsevaluationen – dies wäre ein Kapitel für sich – die am Ende vielfach Wohlfühlfaktoren abfragen, benötigen wir sinnreiche ‚Analytics'. Das bedingt im gleichen Augenblick aber auch, dass wir tatsächlich ‚Big

Data'-Anwendungen benötigen, die auf intelligente Weise Input und Output vergleichen und gegenüberstellen. Da wir hierfür (Was ist der richtige In-, was der richtige Output) keinen gesellschaftlich tragfähigen Konsens werden erreichen können, dürfen wir, um dies zu definieren, den Einzelnen bemühen. Die Zukunft liegt nicht länger im Fremd-, sie liegt im Selbst-Assessment, ein Prozess der damit beginnen kann, dass Studenten und Studentinnen ihre Klausuren selbst zusammenstellen. Zur Stärke eines solchen Verfahrens und zur Frage, wie der Weg zu einem „User Generated Exam" funktionieren kann, liegen bereits tragfähige Daten und Analysen vor (Rau und Munt 2017, S. 115–146).

Natürlich könnte man – wie hierzulande üblich – nun auch reflexartig fragen, welche Risiken darin liegen, dass Daten Bildungsprozesse transparenter machen, und wie wir auch aus Sicht der Gesellschaft absichern, dass am Ende nicht ein neuer, nachgerade als tayloristisch zu bezeichnender Trivialisierungsschub herauskommt. Die Antwort liegt darin, dass im Sinne einer größtmöglichen Diversität der Einzelne Verantwortung trägt – und nur dieser. Wie wäre es, wenn wir alternative Lösungswege angeboten bekämen, hilfreiche Literaturhinweise, neue Ideen zur Bearbeitung von Aufgaben, wenn wir den Bildungsprozess konsequenter digital unterstützen.

Einige Beispiele:

- „25 Bearbeiter dieser Aufgabe haben einen anderen Lösungsweg gewählt – willst Du ihn Dir anschauen?";
- „Für 80 User war folgender Text zur Bearbeitung dieser Aufgabe hilfreich!";
- „Für 120 Studierende die in der Vergangenheit diesen Kurs besucht haben, haben bei der Bearbeitung dieser Fragen auf diese Quelle verwiesen!",
- „Eine Projektarbeit wurde von 80 anderen als besonders kreativ gekennzeichnet."

Dies muss hier nicht weiter ausgeführt werden. Ja, man kann, so ist sich der Autor sicher, viele Dinge zurückdelegieren – an jene intelligenten, zielstrebigen jungen Menschen, die sehr genau wissen, was sie lernen wollen, die mit Bedacht Studiengebiete, Fächer und Curricula auswählen, und die dennoch die Bereitschaft mitbringen, sich überraschen lassen zu wollen.

**ad 5.) Selbstorganisationskompetenz ist der Schlüssel zu allem (Herold und Herold 2013).**
Hier muss vermutlich noch vorab geklärt werden, was eigentlich kompetenzorientiertes, von an den Inhalten, am „zu bewältigenden" Stoff orientierten Konzepten der Lehre unterscheidet. Zahlreiche Mythen begleiten den Aspekt „Kompetenz" in der aktuellen Bildungsdebatte, zumindest aus Sicht des Autors. Dabei kann man die Frage nach Kompetenz vergleichsweise gut mit Rückgriff auf die Linguistik (er-)klären. Wenn man die Überlegungen zur Universalgrammatik nach Chomsky heranzieht, und dessen Unterscheidung von *Kompetenz* und damit einer quasi allgemeinen Sprachfähigkeit, eines Sprachwissens und *Performanz* als Sprachverwendung, aktives Sprechen berücksichtigt, dann steht Kompetenz dort einerseits für die Fähigkeit, mit einem gegebenen Satz von Bausteinen eine

nahezu unendliche Zahl von Sprechergebnissen zu generieren, andererseits dafür, Inhalte zu verstehen, die zuvor noch nie gehört wurden. Gleichzeitig sorgt Kompetenz in diesem Sinne für die Fähigkeit, auf einer Metaebene zu beurteilen, wie Sprache, wie Inhalte in ihrer Bedeutung zu bewerten sind. (zu Kompetenz und Sprache vgl. Bußmann 1990; Grewendorf et al. 1998; Pelz 1996)

Da die Überzeugungen des Autors eher einem konstruktivistischen Lernbegriff zugeneigt sind, mag er hier kritisiert werden für die dem konstruktivistischen Denken jeder Art fern stehende Integration linguistischen Gedankengutes, das sich einem Behaviorismus radikal entgegenstellt. Dennoch ist dies von Gewinn und unterstreicht einmal mehr die Erfordernis, endlich nichtdogmatische Zugänge zu wählen, wenn es um die Erklärung von Lernprozessen geht (vgl. Anderson 2016, S. 35 ff.).

Aus der längst nicht beendeten Debatte sollen hier, ganz subjektiv, ein paar Eckpunkte gesetzt werden:

I. Kompetenz im Bereich von Lehre und Lernen muss verstanden werden als eine verknüpfende Zusammenführung einzelner (Wissens-)Elemente in ein gegebenes aber fluide veränderbares, strukturelles Ganzes. Dabei werden Vorwissen, Lernvoraussetzung, Erfahrungshorizonte und gegebene Rahmenbedingungen grundsätzlich nicht ausgeblendet – sondern vielmehr systematisch integriert.
II. Kompetenzorientierung in der Lehre erlaubt eine neue Strukturierung von Inhalten und betrachtet alles didaktische Bemühen dynamisch und mit einem klaren Bezug zum Individuum; damit rücken Lehrziele aus dem Blickfeld, und an Taxonomien orientierte Ausrichtungen gewinnen an Bedeutung. Die berühmteste dieser Taxonomien hat Benjamin Bloom (vgl. 1976, erstaunlicherweise stehen „Lernziele" hier noch im Titel der deutschen Ausgabe) beigesteuert, wobei mittlerweile die durchaus sinnreiche, in der ursprünglichen Veröffentlichung betonte Dreiteilung in kognitive, affektive und psychomotorische Zielsetzungen etwas in den Hintergrund geraten ist. Kompetenzorientierung findet also Ausdruck in den taxonomisch wählbaren Dimensionen Wissen, Verstehen, Anwenden, Analysieren, Synthetisieren, Evaluieren – wobei in der Praxis zumeist mit den ersten vier Ebenen gearbeitet wird (vgl. ebd.).

Folgende Aspekte spielen aus Sicht der Hochschullehre – zumindest im subjektiven Blick des Autors – eine zentrale Rolle, zunehmend …

- wachsende Heterogenität von Studentengruppen
- individuelle Lebenskonzepte – und damit Lerngewohnheiten
- disperse Zugangswege zur Hochschulbildung
- unabhängige Gestaltung von Lernorten
- freie Wahl des Studienverlaufs.

All diese Aspekte können an und mit digitalen Technologien gespiegelt und von ihnen adressiert werden. Allerdings ist die hochschulpolitische Realität weit entfernt davon, diese gesellschaftlichen Anforderungen adäquat zu stützen.

Alle diese Aspekte eignen sich deshalb so gut für die digitalisierte Lehre, weil sie für eine wachsende Anforderung an Individualität im Bildungsprozess stehen. Als Bildungsarbeiter benötigen wir zunehmend eine Orientierung an Kompetenzen, die zur Selbststeuerung der ganz individuellen Lernbiografie befähigen. Das ist Selbstorganisationskompetenz.

In der Tradition dieses Beitrages soll abschließend auch in diesem Punkt sehr praxisorientiert argumentiert werden. Der Autor hat beste Erfahrungen mit so genannten „Kann-Listen" gemacht. Hierunter verbirgt sich ein Konzept, das von konstruktivistisch motivierter Pädagogik befeuert wird (Herold und Herold 2013, S. 113 ff.). Herold und Herold entwickeln das Werkzeug zielgerichtet aus ihrem Konzept der Selbstorganisationskompetenz und geben damit Lehrenden ein Werkzeug an die Hand. Die Kann-Liste delegiert die Verantwortung an den Lernenden und gibt ihm offen und an den individuellen Möglichkeiten orientiert, einen Leitfaden für Inhalte, Lernaspekte und an einer Taxonomie orientierte Kompetenzen.

Die diesem Beitrag angefügte beispielhaft gewählte Kann-Liste eines Moduls (Tab. 1) aus einem Masterstudiengang (Kommunikationsmanagement) zeigt idealtypisch die Umsetzung eines komplexen Moduls, das Praxiserfahrungen und abschließende Prüfungsleistung mit taxonomischer Einordnung versieht. Diese Liste macht deutlich, wo eine Digitalisierung von Bildung ansetzen kann – und in der Überzeugung des Autor auch ansetzen muss – in der Individualisierung von Kann-Listen, deren Inhalte nun durchgängig Optionalitäten sind, die in ihrem Ganzen als Möglichkeitenraum zu verstehen ist.

So gesehen wird „digitale Bildung" eine Frage der Ermöglichung, der Kanalentscheidungen und der Flexibilisierung von Zeit und Raum einer individuellen Bildungsbiografie.

**Tab. 1** Beispiel einer Kann-Liste. Hier zum Modul Publizistik II, Masterstudiengang Kommunikationsmanagement – Stand, Sommersemester 2018

| Nr. | Ich kann … | Tax | Tätigkeitsnachweis | Quellen/Lösungen | ✓* |
|---|---|---|---|---|---|
| 1 | definieren, was Journalismus und Lokaljournalismus ist. | x | Schriftliche Definition | Quellen: Literatur – z. B. Haller, Weischenberg, Behmer, Pürer | |
| 2 | beschreiben, unter welchem ökonomischen Druck Journalismus steht. | x | Erklärung für Kommilitonen | Quellen: Vorlesung Rau „Ökonomie der Publizistik" | |
| 3 | den Zusammenhang zwischen publizistischem Wettbewerb, publizistischer Vielfalt und publizistischer Konzentration im Bezug zum aktuellen Journalismus erklären. | xxx | Mindmap | Quellen: Vorlesung Rau „Ökonomie der Publizistik" Literatur: Rau (2007) | |

(Fortsetzung)

**Tab. 1** (Fortsetzung)

| Nr. | Ich kann … | Tax | Tätigkeitsnachweis | Quellen/Lösungen | ✓* |
|---|---|---|---|---|---|
| 4 | über Pressefusionsgesetzgebung, die Rolle der KEK und der Monopolkommission frei sprechen und argumentieren. | xx | Kurzer Text oder Stichwortliste | Quellen: Lehrbucheinträge aus Modul P1 Vorlesung Rau „Ökonomie der Publizistik" | |
| 5 | erklären, welche Rolle eine Presseagentur im Mediensystem besitzt und welche Aufgaben Korrespondenten in Presseagenturen übernehmen | xx | Stichwortliste | Vortrag Corinna Buschow | |
| 6 | reflektieren, wie strategische und publizistische Kommunikation in Portalen zusammenfinden können | xxx | essayistischer Text | Vortrag Hanno Terbuyken | |
| 7 | moderne Finanzierungsangebote beschreiben und insbesondere die Organisation von Crowdfunding-Kampagnen erläutern | xx | Stichwortliste | Vortrag Dennis Brüntje | |
| 8 | die redaktionelle Organisation einer Tageszeitung erläutern, Ressortstrukturen definieren und ihre Veränderung angesichts ökonomischen Druckes | xxx | Selbsterstellte Grafik (oder Mindmap) | Vortrag Armin Maus | |
| 9 | die Herausforderungen einer „Bürgerzeitung" im Verständnis des Braunschweiger Zeitungsverlag erläutern und Maßnahmen zu ihrer Umsetzung erklären | xxx | Erklärung für Kommilitonen | Vortrag Armin Maus | |
| 10 | die Umsetzung von lokalen Onlineportalen (wie z. B. alarm38.de reflektieren und auf das eigene Projekt anwenden | xxx | Erklärung für Kommilitonen | Vortrag Armin Maus | |

(Fortsetzung)

**Tab. 1** (Fortsetzung)

| Nr. | Ich kann … | Tax | Tätigkeitsnachweis | Quellen/Lösungen | ✓* |
|---|---|---|---|---|---|
| 11 | Investigativjournalismus definieren, seine Ausprägungen im Printjournalismus erklären sowie Arbeitsroutinen der Recherche in einem Investigativressort beschreiben | xx | Kurzer Definitionstext, Stichwortliste | Vortrag Christian Fuchs | |
| 12 | Strategeme der Investigativrecherche mit den Erkenntnissen zur Kommunikationswissenschaft sowie den Anforderungen an Lokaljournalismus verknüpfen | xxx | Liste aus vollständigen Sätzen | Veranstaltungsunterlagen Modul P 1 (Prof. Dr. Denise Sommer), Vortragsmitschrift – Christian Fuchs, Online verfügbare Weiterbildungsunterlagen des Netzwerk Recherche e.V. | |
| 13 | das Konzept methodischen Recherchierens nach dem Grad der Beteiligung (von außen nach innen) beschreiben und für lokaljournalistische Arbeitsumgebungen anwenden | xx | Grafik zeichnen (konzentrische Kreise, Pendeln im Zentrum) | Vortrag Christian Fuchs, Skript „Methodisches Recherchieren" (aus BA, Prof. Dr. Harald Rau) | |
| 14 | die redaktionellen Routinen (Blattkritik, Konferenzen, Planungszeiträume, Drucklegung) für eine Wochenzeitung (am Beispiel „Die Zeit") erläutern | x | Erklärung für Kommilitonen | Vortrag Christian Fuchs | |
| 15 | die Arbeitsweise eines Auslandskorrespondenten und seine Aufgaben beschreiben | | Erklärung für Kommilitonen | Vortrag Christoph Giesen | |
| 16 | die Planungsabläufe einer nationalen Tageszeitung beschreiben und erklären können (Konferenzen, Texterstellung, Themenverteilung, Themenangebote (am Beispiel Süddeutsche Zeitung), internationale Planung (z. B. Guardian, Times) | | Layoutskizze von Tageszeitungsseiten (z. B. Süddeutsche Zeitung) | Vortrag Christoph Giesen | |

(Fortsetzung)

**Tab. 1** (Fortsetzung)

| Nr. | Ich kann … | Tax | Tätigkeitsnachweis | Quellen/Lösungen | ✓* |
|---|---|---|---|---|---|
| 17 | die Trennung von Meinung und Tatsachenberichterstattung im klassischen Mediensystem begründen und an Beispielen von Massenmedien erklären | xx | kurzer Erläuterungstext | Vorträge Christoph Giesen, Christian Fuchs, Dr. Martin Achter | |
| 18 | die Möglichkeiten des Mikromarketing im Lokaljournalismus aufreihen und kritisch diskutieren | xxx | essayistischer Text mit methodischem und theoretischem Bezug | Vortrag Dr. Martin Achter | |
| 19 | das Canvas-Konzept auf ein Medienunternehmen anwenden | xxx | selbsterstellte Canvas orientiert an den Folien zum Vortrag | Vortrag und Folien Dennis Brüntje | |
| 20 | eine Crowdfunding-Kampagne selbstständig planen, entwickeln und durchführen | xxxx | selbsterstellte Canvas | Vortrag und Folien Dennis Brüntje | |
| 21 | Geschäfts- und Erlösmodelle voneinander unterscheiden und Beispiele benennen | xxx | Definition schreiben | Vortrag und Folien Dennis Brüntje | |
| 22 | das Konzept zweiseitiger Märkte sowie den Zusammenhang in der dualen Ökonomie beschreiben, die Bedeutung von Rezipienten-, Werbe- und Inhaltebeschaffungsmarkt erklären. | xx | Ausfüllen aller Pfeile und Bestandteile des Wirtz'schen Dreiecks | Quelle: Wirtz (Medienmanagement), Vorlesungsfolien Medienwirtschaft (Rau) | |
| 23 | Geschäftsmodelle im Abgleich von Werbe- und Rezipientenmarkt benennen, reine werbe- oder reine rezipientenmarktfinanzierte sowie Mischmodelle mit Hilfe von Beispielen beschreiben | xxx | Aufzeichnen der Grafik von Rezipienten- oder Werbemarktorientierung mit den unterschiedlichen Modellen, Einfügen von Beispielen in die Zeichnung | Vorlesungsfolien Medienwirtschaft (Rau) | |
| 24 | Digitale Plattformökonomie in Bezug auf ihre publizistischen Leistungen beurteilen können | xxxx | Essayistischer Text zur Rolle digitaler Plattformen | Vorlesung zu Medienmärkten (Rau) | |

(Fortsetzung)

**Tab. 1** (Fortsetzung)

| Nr. | Ich kann … | Tax | Tätigkeitsnachweis | Quellen/Lösungen | ✓* |
|---|---|---|---|---|---|
| 25 | Mobile Reporting als Instrument für den Lokaljournalismus der Zukunft diskutieren | xxx | Diskussion mit Kommilitonen | Vortrag Christiane Wittenbecher | |
| 26 | Instrumente für das Mobile Reporting als Applikationen auf dem Smartphone anwenden nutzen (Standardausstattung Kamera, FilmicPro, u. a.) | xxx | Aufnahme, Schnitt, Mischung einer Filmhandlung | Vortrag Christiane Wittenbecher | |
| 27 | Aufbereitung und Wirkung von journalistischem Bewegtbild in Social Media diskutieren | xxx | Erklärung für Kommilitonen, alternativ essayistischer Text | Vortrag Christiane Wittenbecher | |
| 28 | unterschiedliche (Kamera-)Einstellungen kennen und die „5 Shot-Regel" in der Umsetzung filmischer Inhalte bezogen auf Handlungen anwenden | xxx | Selbst mit dem Smartphone produzierte Filmszenen | Vortrag Christiane Wittenbecher | |
| 29 | Immersives Storytelling als Begriff definieren | x | Kurze Definition schreiben | Vortrag Christiane Wittenbecher | |
| 30 | 360-Grad-Video von Virtueller Realität unterscheiden | x | Kurze Definition schreiben | Vortrag Christiane Wittenbecher | |
| 31 | die Herausforderungen für die Produktion von 360-Grad-Videos diskutieren | xxx | Diskussion mit Kommilitonen | Vortrag Christiane Wittenbecher | |
| 32 | die Möglichkeiten von VR und 360-Grad auf die Projektaufgabe „Lokaljournalismus X.0" anwenden | xxxx | Diskussion in der Projektgruppe | Vortrag Christiane Wittenbecher | |
| 33 | zwischen Medienkrise, Journalismuskrise und Managementkrise unterscheiden – und die unterschiedlichen Krisenszenarien argumentativ vertreten | xxxx | Stichwortliste zu den einzelnen Krisenaspekten | Vorlesung H. Rau (Ökonomie der Publizistik) | |

(Fortsetzung)

**Tab. 1** (Fortsetzung)

| Nr. | Ich kann … | Tax | Tätigkeitsnachweis | Quellen/Lösungen | ✓* |
|---|---|---|---|---|---|
| 34 | erklären, warum auch unter nicht-gewinnmaximierend-ökonomischen Bedingungen in einem Medienbezug – unabhängig vom Absender – aufmerksamkeitsökonomische Aspekte stets von Bedeutung bleiben | xxxx | Erklärung für Kommilitonen | Vorlesung H. Rau (Ökonomie der Publizistik) | |
| 35 | Krisenszenarien im Bereich der Medienökonomie bezogen auf die jüngere Geschichte erklären | xx | Erklärung für Kommilitonen | Vorlesung H. Rau (Ökonomie der Publizistik) | |
| 36 | die beiden möglichen Strategien im inhaltebezogenen Medienmanagement (mit massenmedialem Bezug) beschreiben und an Praxisbeispielen beschreiben (sozioökonomische Vereinzelung, soziokulturelle Kollektivierung). | xxx | Stichwortliste mit Praxisbeispielen zu den Strategiealternativen | Vorlesung H. Rau (Ökonomie der Publizistik) | |
| 37 | eigenständig (alleine oder im Team) eine Lösung für lokale publizistische Kommunikation kreieren (freies Projekt) | xxxx | Abgabe der Projektarbeit; Freier Nachweis aus Folie 5 (Foliensatz „Freies Projekt"); alleine oder im Team | Quellen zu Inhalten: Praxisvorträge zu den Themen: Ökonomie der Publizistik „Newsroom-Management" Redaktionsmarketing Redaktionsorganisation Journalismus Recherchieren (investigativ) Digitale Newsportale (mit strategischer Ausrichtung) Presseagenturen Aus diesen Quellen gibt es Informationen zu: Lösungswegen, Organisationsformen, Erklärmustern Quellen zur wissenschaftlichen Absicherung: | |

(Fortsetzung)

**Tab. 1** (Fortsetzung)

| Nr. | Ich kann … | Tax | Tätigkeitsnachweis | Quellen/Lösungen | ✓* |
|---|---|---|---|---|---|
| | | | | Methodenkompetenz aus den Bachelor-Studiengängen. Literatur: z. B. Schnell/Hill/Esser, Lamnek, Früh, Brosius et. al Inhalte: Foliensatz „Freies Projekt" Bewertungskriterien: Siehe: Bewertung/Gutachten Projekt Hinweis: bei Teamarbeit muss gemäß Prüfungsordnung die Einzelleistung erkennbar sein | |

Legende:
Tax(onomie): x = wiedergeben; xx = verstehen; xxx = anwenden; xxxx = kreieren
: Bearbeitungsstand:
○ = noch fehlerhaft oder nur mit nachschauen gelöst/Hilfe benötigt
⊘ = noch unsicher, aber selbstständig lös- oder erreichbar
⊠ = Fehler korrigiert und verstanden. Jetzt kann ich es!
⊘ = Tätigkeitsnachweis beim ersten Mal richtig, kann ich!

## Literatur

Anderson, T. (2016). Theories for learning with emerging technologies. In G. Veletsianos (Hrsg.), *Emergence and innovation in digital learning* (S. 35–50). Edmonton: AU Press.

Arnold, R., & Holzapfel, G. (Hrsg.). (2008). *Emotionen und Lernen. Die vergessenen Gefühle in der (Erwachsenen-)Pädagogik*. Hohengehren Baltmannsweiler: Schneider.

Baume, C., & Baume, D. (1997). A national scheme to develop and accredit university teachers In Preparing University Teachers. *Das Hochschulwesen, (Themenheft), 45*(1), 30–35.

Berendt, B. (2000). Was ist gute Hochschullehre? In A. Helmke, W. Hornstein & W. Terhart (Hrsg.), *Qualität und Qualitätssicherung im Bildungsbereich. Schule, Sozialpädagogik, Hochschule* (Zeitschrift für Pädagogik, 41. Beiheft). Weinheim: Beltz.

Biggs, J., & Tang, C. (2011). *Teaching for quality learning at university* (4. Aufl.). New York: McGraw Hill, Society for Research into Higher Education & Open University Press.

Bloom, B. (1976). *Taxonomie von Lernzielen im kognitiven Bereich* (Deutsche Ausgabe von „Taxonomy of educational objectives", 1974, 5. Aufl.). Weinheim: Beltz.

Bußmann, H. (1990). *Lexikon der Sprachwissenschaft* (2. Aufl.). Stuttgart: Kröner.

von Felden, H. (2008). Rezension zu Arnold, Rolf; Holzapfel, Günther (Hrsg.), Emotionen und Lernen Arnold, *REPORT, 4*, 31. Jg., S. 83–84.

von Foerster, H. (1993). In V. S. J. Schmitt (Hrsg.), *Wissen und Gewissen*. Frankfurt: Suhrkamp.
Gedeon, St. (2013). Teaching philosophy. Unpublished Workshop Contribution, Wötingerode.
Gieseke, W. (2007). *Lebenslanges Lernen und Emotionen. Wirkungen von Emotionen auf Bildungsprozesse aus beziehungstheoretischer Perspektive.* Bielefeld: W. Bertelsmann.
Grewendorf, G., Hamm, F., & Sternefeld, W. (1998). *Sprachliches Wissen. Eine Einführung in moderne Theorien der grammatischen Beschreibung* (10. Aufl.). Frankfurt a. M.: Suhrkamp.
Hattie, J. (2009). *Visible learning: A synthesis of over 800 meta-analyses relating to achievement.* London: Routledge.
Hattie, J., & Masters, D. (2015). *Visible learning into action.* London: Routledge.
Herold, C., & Herold, M. (2013). *Selbstorganisiertes Lernen in Schule und Beruf* (2., überarb. Aufl.). Weinheim: Beltz.
Huber, L. (2014). Scholarship of Teaching and Learning: Konzept, Geschichte, Formen, Entwicklungsaufgaben. In L. Huber, A. Pilniok, R. Sethe, B. Szczyrba & M. Vogel (Hrsg.), *Forschendes Lehren im eigenen Fach. Scholarship of Teaching and Learning in Beispielen* (S. 19–36). Bielefeld: Bertelsmann, (Blickpunkt Hochschuldidaktik; 125).
Konrad, K. (2014). Kooperatives Lernen. In K. Konrad (Hrsg.), *Lernen lernen – allein und mit anderen* (S. 79–87). Wiesbaden: Springer VS.
Pelz, H. (1996). *Linguistik. Eine Einführung.* Hamburg: Hoffmann und Campe.
Rau, H. (2007). *Qualität in einer Ökonomie der Publizistik.* Wiesbaden: Springer VS.
Rau, H., & Munt, K. (2017). Der Weg zum „User Generated Exam" – eine Sackgasse? Erfahrungswerte aus dem Lehrforschungsprojekt „Fragengeleitete Didaktik". In A. Weich, J. Othmer & K. Zickwolf (Hrsg.), *Medien, Bildung und Wissen in der Hochschule* (S. 115–146). Wiesbaden: Springer VS.
Webler, W.-D. (2000). Weiterbildung der Hochschullehrer als Mittel der Qualitätssicherung. In A. Helmke, W. Hornstein & W. Terhart (Hrsg.), *Qualität und Qualitätssicherung im Bildungsbereich. Schule, Sozialpädagogik, Hochschule* (Zeitschrift für Pädagogik, 41. Beiheft). Weinheim: Beltz.

**Harald Rau** ist Professor für Kommunikationsmanagement an der Ostfalia Hochschule für angewandte Wissenschaften. Er studierte Wirtschaftswissenschaften in Hagen (Dipl.-Kfm.), Journalistik in Dortmund (Dr. phil.) und habilitierte sich an der Universität Leipzig in den Kommunikations- und Medienwissenschaften. Über 25 Jahre hinweg arbeitete er als Journalist, Autor, Berater und Projektmanager in der Medien- und Kommunikationspraxis, er formatierte und präsentierte TV-Sendungen, arbeitete als Redakteur an Tageszeitungen, als Reporter und Moderator für den öffentlich-rechtlichen Rundfunk und das private Fernsehen, war an der Leitung von Radio- und TV-Projekten der FAZ beteiligt, baute ein Redaktionsnetzwerk für die Erstellung von Immobilienführern in Deutschland auf und produzierte Wirtschaftsfilme mit internationalem Fokus für DAX- und NYSE-gelistete Unternehmen. Schwerpunkte in Lehre und Forschung liegen an der Schnittstelle zwischen Publizistik und Medienökonomie und Management, er publizierte neben vielen Journal- und Buchbeiträgen auch Monografien, zwei davon in Koautorenschaft sowie zwei Herausgeberbände. Er ist Fellow im Netzwerk Lehre-hoch-n und verantwortlicher Koordinator des Studienganges

Kommunikationsmanagement (M.A.) an der Ostfalia in Salzgitter. Bezogen auf die Digitalisierung der Hochschullehre arbeitet er aktuell im Programm „Innovation Plus" an einem Konzept, das die Lehre im Bereich „wissenschaftliches Arbeiten" digital aufbereitet und webbasiert unterstützt, gefördert über den Europäischen Sozialfonds entwickelt sein Team unter dem Titel „Audio-Uni, Hochschule ohne Hemmungen" ein niedrigschwelliges Angebot für Studieninteressierte, die über den so genannten „zweiten Bildungsweg" an die Hochschule finden.

# Fünf Thesen zur digitalen Bildung

Thomas Riecke-Baulecke

**These 1 Die digitale Revolution führt zu dramatischen Veränderungen in allen Bereichen der Gesellschaft mit weitgehenden Folgen auch für Schule und Unterricht. Die Polemik über den „Digitalhype" verkennt die Herausforderungen für Wohlstand, Demokratie und Bildung.**

Digital Natives und Immigrants, Offliner. Es sind nicht allein solche Anglizismen, die Unbehagen in der Lehrerschaft auslösen. Die Verunsicherungen entstammen weniger aus Begrifflichkeiten als aus einer tief greifenden und letztlich alle gesellschaftlichen Akteure berührenden Veränderung im digitalen Zeitalter. Es gibt nur wenige Erfindungen, die weltweit Blickrichtungen, Fingerbewegungen und Verhaltensweisen von Menschen so beeinflusst haben, wie die Kombination von Web und Smartphone. Aus der Einbahnstraße Internet ist eine Kommunikationsplattform geworden mit neuartigen Möglichkeiten und Gefahren zur Gestaltung sozialer Interaktionen sowohl in der Privatsphäre als auch in Schule und Unterricht.

Dabei erfahren die wissenschaftlich-technischen Entwicklungen eine Beschleunigung, die atemberaubend erscheint. So erhält beispielsweise die künstliche Intelligenz rasanten Einzug in unterschiedliche Arbeits- und Lebensbereiche mit unabsehbaren Folgen. Um nur ein Beispiel zu bemühen: Intelligente „Diener" wie Bots können inzwischen für

---

Zuerst veröffentlicht in: Scheiter, K. & Riecke-Baulecke, T. (Hrsg.) (2017). Schule 4.0. Befunde, Trends, Medienkonzepte. Schulmanagement-Handbuch 164. München: Cornelsen Verlag

T. Riecke-Baulecke (✉)
Präsident des Zentrums für Lehrerbildung Baden-Württemberg (ZSL),
Leinfelden-Echterdingen, Deutschland
E-Mail: dr.riecke@wtnet.de

© Springer Fachmedien Wiesbaden GmbH, ein Teil von Springer Nature 2020
M. Friedrichsen, W. Wersig (Hrsg.), *Digitale Kompetenz*, Synapsen im digitalen Informations- und Kommunikationsnetzwerk,
https://doi.org/10.1007/978-3-658-22109-6_11

Personen, Institutionen und Systeme zahlreiche Aufgaben erledigen, Prozesse und Wissen organisieren, Bedürfnisse erkunden und entsprechende Lösungsvorschläge machen oder eigenständig Initiativen unternehmen. Da sind Hausaufgabendiener die harmlose Variante: „Liebes Botsi, formuliere in einem Text die Lösung zur Frage, ‚wieviel Liter Sauerstoff sind zur Synthese von einem Liter Wasser notwendig?' bis morgenfrüh!".

Jede technologische Revolution stellt gesellschaftliche Verhältnisse, tradierte Formen des Arbeitens, Lebens, Lehrens und Lernen infrage, provoziert Ignoranz und Relativierung des Neuen auf der einen Seite sowie Utopismus und Apologetik auf der anderen. Wößmann (2010) hat eine interessante These formuliert: Der Aufstieg von Individuen und Nationen bei der Entwicklung des Kapitalismus sei weniger auf eine harte, protestantische Arbeitsethik zurückzuführen, wie es Max Weber behauptete, sondern vielmehr auf die Bildungsorientierung. Die Wirkungen der Reformation, insbesondere die Aufforderung Luthers, die Bibel selbst zu lesen, führten zur Alphabetisierung breiter Bevölkerungsschichten, die vorteilhaft für protestantischen Regionen war. Aktuelle Forschungsbefunde unterstreichen den Zusammenhang zwischen Bildungsorientierung und Wohlstand, allerdings mit einem besonderen Akzent: ein starker, wenn nicht gar der wichtigste Prädiktor für Wohlstand in der Moderne ist das mathematisch-naturwissenschaftliche und informationstechnologische Kompetenzniveau der Bevölkerung, so Wößmann. Deutschland hat hier erheblichen Nachholbedarf. Auch wenn der Unterricht nicht gleich besser wird: Schule hat stets die Aufgabe, auf Zukunft vorzubereiten, was Kritikfähigkeit einschließt. Die Nutzung digitaler Medien in Schule und Unterricht sollte (endlich) zur Selbstverständlichkeit werden.

## These 2 Wider den Abgesang auf Schule und Unterricht: Im digitalen Zeitalter wächst die Bedeutung allgemeiner Bildung, von Schule und Unterricht als zentrale Lernorte zur Kultivierung von Lernfähigkeit und Mündigkeit.

Es hat eine Logik, dass im Zuge der Neubestimmung von Schule und Unterricht zum wiederholten Male der Abschied vom klassischen Modell der Schule als Ort der Vermittlungsarbeit prophezeit wird. Da Wissen stets und überall verfügbar sei, käme es nicht länger auf Wissensvermittlung an, sondern auf die Fähigkeit, Wissen zu „managen".

Zu diskutieren wäre in der Tat die Frage, worin der unverwechselbare und besondere Auftrag schulischer Bildung und Erziehung besteht. Schule und Unterricht sollten weniger das bieten, was Schüler sich ohnehin außerhalb der Schule aneignen, sondern das, was sie nur oder vor allem in der Schule lernen können. Schule ist der Ort, an dem alle Schüler gemeinsame und gemeinschaftliche Erfahrungen in Realsituationen, also „Face-to-Face", sammeln und lernen sich der eigenen Vernunft zu bedienen, Urteilsfähigkeit und Verantwortungsübernahme zu entwickeln. Es geht darum den Segen neuer Möglichkeiten z. B. der Simulation und Variation von Titrationskurven mit Hilfe von Anwendungen im Web ebenso zu nutzen wie die Kontrastierung zum Realexperiment. Schüler könnten die fundamentalen Unterschiede zwischen realer und digitaler Welt und damit auch den möglichen Fluch einer künstlichen Welt – sei es im Bereich der Dinge oder der sozialen Beziehungen – verstehen lernen.

So gesehen wäre die These zu begründen, dass die technologischen Veränderungen vor allem dazu herausfordern, den allgemeinbildenden Charakter von Schule auszuprägen:

Allgemeine Bildung zielt zunächst auf „Bildung für alle" als Voraussetzung für Teilhabe an Wohlstand und aktiver Mitgestaltung von Demokratie. Die enge Koppelung sozialer Herkunft und Kompetenzen wie auch der Medienkompetenz, Tendenzen der „digitalen Spaltung" bleiben Herausforderungen auch für Schule, möglichst gute Chancen für alle öffnen.

Bildung in allen Grunddimensionen menschlicher Welterkenntnis ist die Grundlage für zukünftige und revidierbare Entscheidungen der Spezialisierung. Spätere Spezialisierung wird ermöglicht, vorbereitet und eingebunden durch ästhetisch-expressives, historisch-gesellschaftliches, religiös-konstitutives und mathematisch-naturwissenschaftlich-technisches Orientierungswissen. Die in neuer Schärfe aufgeworfenen Menschheitsfragen beispielsweise über die Beherrschbarkeit der künstlichen Intelligenz verlangen nach einem breiten und vernetzten Grundlagenwissen.

Bildung im Sinne der Beherrschung elementarer Kulturtechniken bleibt eine entscheidende Voraussetzung für die Teilhabe am gesellschaftlichen Prozess und für weitere Lernprozesse. Kumulative Lernprozesse werden dann wirkungsvoll gefördert, wenn die unterschiedlichen Möglichkeiten des Weltaufschlusses nicht nur sporadisch, sondern kontinuierlich erweitert werden. Die Erweiterung personaler Handlungsfähigkeit ist wesentliche Voraussetzung, Lernfähigkeit zu kultivieren, Lernen als ertragreich und bereichernd zu erfahren.

**These 3 Jeder Werkzeuggebrauch ist ambivalent. Der unreflektierte Einsatz von Medien jeder Art macht den Fachunterricht nicht besser, möglicherweise wird er sogar schlechter.**

Es ist nicht davon auszugehen, dass die verstärkte Nutzung digitaler Medien automatisch zu gutem Unterricht und besseren Schülerleistungen führt. Es ist wie bei jedem Einsatz von Werkzeugen, mit ihnen kann Sinnvolles und weniger Sinnvolles vollbracht oder sogar Schaden angerichtet werden. Nach Hattie (2012) bleiben die Effektstärken der Computer-assisted Instruction ($d = 0{,}37$) und des Web-based Learning ($d = 0{,}18$) zwar im positiven, jedoch im eher schwachen Bereich von unter $d = 0{,}40$. In einer Hamburger Studie mit über 1300 Schülern, die ihr eigenes Endgerät im Unterricht einsetzen konnten, gab es keine messbaren positiven Effekte auf die Leistungsmotivation und die Identifikation mit der Schule; verbessert wurde der Umgang mit Quellen und die Informationskompetenz (Kammerl et al. 2016).

Entscheidend bleibt, dass die Nutzung digitaler Medien – wie jeder Medieneinsatz – vor dem Hintergrund bestimmten didaktischer Entscheidungen zu bestimmen und zu reflektieren ist. Digitale Medien können für wirksames Lernen ebenso wie für oberflächliche Beschäftigung oder Fehlvorstellungen genutzt werden. Es kommt weiterhin maßgeblich auf die Expertise der Lehrkräfte an, ob kognitive Aktivierung durch herausfordernde Aufgaben und konstruktive Unterstützung durch passgenaues Feedback gelingen. Zu fragen ist also wie digitale Medien im Fachunterricht gewinnbringend eingesetzt werden können: Wie können sie den Erwerb fachspezifischer Kompetenzen erleichtern und in bestimmten Fällen gar erst möglich machen, wenn analoge Medien dieses so nicht leisten können. Und: Wie können digitale Medien für Schüler so genutzt werden, dass Wissen, das sie traditionell im Langzeitspeicher abgespeichert hatten, zukünftig in digitalen Medien ausgelagert wird? Wie kann ihr Zugriff auf dieses Wissen hergestellt und gesichert werden?

## These 4 Digitale Kompetenz ist als basale Kulturtechnik aufzuwerten und als Längs- sowie Querschnittsaufgabe für alle Fächer zu verankern.

Ein Streit darüber, ob digitale Kompetenz neben Lesen, Schreiben und Rechnen die vierte basale Kulturtechnik der Moderne ist oder neben der naturwissenschaftlichen Kompetenz als fünfte anzusehen oder eher gar nicht in diesen Rang einzuordnen ist, lenkt davon ab, dass die Teilhabe am gesellschaftlichen Leben in der heutigen und zukünftigen Welt wesentlich davon abhängig ist, digitale Medien verstehen, gestalten und nutzen zu können. Neu ist diese Erkenntnis nicht. Vor über zwanzig Jahren formulierte die Bildungskommission NRW „Zukunft der Bildung – Schule der Zukunft" (1995), dass „die Beherrschung moderner Informations- und Kommunikationstechnologien zu einer basalen (grundlegenden) Kulturtechnik wird, deren Stellenwert dem Lesen und Schreiben gleichkommt."

Ein Blick in die Ergebnisse internationaler Vergleichsstudien zeigt jedoch eklatante Schwächen in Deutschland auf: Beim PISA-Test 2015, der computergestützt durchgeführt wurde, mussten die Testleiter der OECD PCs in deutsche Schulen bringen, damit Schüler die Aufgaben bearbeiten konnten. Hier zeigte sich, dass es für deutsche Schüler relativ ungewohnt war, mit Hilfe des Computers Aufgaben zu lösen, wodurch negative Verzerrungen bei den PISA Ergebnissen auftraten (Robitzsch et al. 2017). Die PISA-Ergebnisse widerspiegeln, dass die Nutzung von Computer/Tablet/Smartphone für schulisches Lernen in Deutschland deutlich unterhalb des OECD-Durchschnitts liegt.

Die ICILS-Studie 2013 verweist darauf, dass gerade einmal rund 30 % der Achtklässler über Wissensbestände und Fertigkeiten hinsichtlich der Identifikation von Informationen und der Bearbeitung von Dokumenten verfügen; 45 % können angeleitet Informationen ermitteln und Dokumente bearbeiten; nur 25 % können eigenständig Informationen ermitteln und selbstständig Dokumente und Informationsprodukte erzeugen. Und wie so oft zeigt sich auch bei den IT-Kompetenzen eine enge Koppelung zum sozialen Status und zum Migrationshintergrund. Die Annahme, wonach Kinder und Jugendliche durch das Aufwachsen in einer von digitalen Medien geprägten Welt automatisch zu kompetenten

Nutzern werden, kann nicht bestätigt werden: Deutschland werde ohne eine konzeptionelle Verankerung digitaler Medien in schulische Lehr- und Lernprozesse unter Berücksichtigung des kompetenten Umgangs mit neuen Technologien im internationalen Vergleich auch zukünftig nicht über ein mittleres Leistungsniveau hinauskommen (Bos et al. 2014).

Was für ein hohes Niveau bei den Kulturtechniken Lesen, Schreiben und Rechnen gilt, sollte ebenso für IT-Kompetenzen beachtet werden: Systematische Vermittlung dieser Kompetenzen von Beginn der Schulzeit an. Das bedeutet, Verankerung entsprechender Inhalte in den Curricula aller Jahrgänge und Integration in alle Fächer. Vor allem aber sind Lehrkräfte, Lehrerbildung und Bildungsverwaltungen gefordert, ihre Komfortzonen zu verlassen. Welcher Lehrer, Fortbildner oder Ministerialbeamter wird von Schülern und Eltern ernst genommen, wenn er nicht gut oder sehr gut Lesen, Schreiben und Rechnen könnte? Der kritische Umgang mit einer Sache setzt das Verständnis dieser voraus.

Sachkenntnis über die neuen Möglichkeiten und Gefahren sowie der alltagspraktische kompetente Umgang mit digitalen Medien sind zum einen Voraussetzung dafür, dass Schüler in ihren Lehrkräften ernst zu nehmende Erzieher auf diesem Feld sehen, die mit ihnen gemeinsam verbindliche Standards zur Nutzung und Begrenzung der Medien im schulischen Raum festlegen und durchsetzen. Zum anderen kann erst auf der Grundlage fundierter Kenntnis der Diskurs darüber stattfinden, an welcher Stelle und in welcher Weise die digitalen Medien tatsächlich eine Bereicherung für das schulische Lehren und Lernen darstellen und wo sie möglicherweise kontraproduktiv wirken.

Alle pädagogischen Führungskräfte sind gefordert, selbst die vierte Kulturtechnik nicht nur ein wenig, sondern möglichst gut zu beherrschen. Alle sollten vom Reden über digitale Medien verstärkt zur praktischen Nutzung in Schule, Unterricht, Lehrerbildung und Bildungsverwaltung übergehen.

## These 5 Nicht die Lehrer sind das Problem: Politik ist gefordert die Infrastruktur und Fortbildung sicherzustellen.
## Bildungsverwaltungen, Landesinstitute und Hochschulen sollten Vorbilder für Schulen sein – auch bei der Nutzung „künstlicher Intelligenz".

Bis kurzem wurden wie so häufig die Einstellungen von Lehrkräften und Schulleitungen als hemmende Faktoren moniert. Die Praxis und neue Erhebungen machen das eigentliche Problem deutlich. Aktuelle Studien verweisen darauf, dass Schulleiter den digitalen Wandel für unaufhaltsam halten: Rund 90 Prozent erwarten, dass Digitalisierung fester Bestandteil der Lehrerausbildung wird, der IT-Support professioneller wird und die Lehrer mehr pädagogische Unterstützung im Umgang mit neuen Lernmaterialien erhalten. Etwa 70 Prozent der Schulleiter und Lehrer sind davon überzeugt, dass digitale Medien die Attraktivität ihrer Schule steigern werden. Beim pädagogischen Nutzen ist die Skepsis aber noch groß: Nicht einmal jeder vierte Lehrer glaubt, dass digitale Medien dazu beitragen, die Lernergebnisse seiner Schüler zu verbessern ... 80 Prozent der Schülerinnen und Schüler bestätigen, dass sie durch Lernvideos, Internetrecherche oder moderne Präsentationsprogramme aktiver und aufmerksamer seien und wünschen sich einen vielseitigeren Einsatz „digitaler Medien" (Schmid et al. 2017).

Die Beschlüsse der Kultusministerkonferenz über verbindliche Standards für die Medienbildung sowie der DigitalPakt von Bund und Ländern widerspiegeln wichtige Weichenstellungen auf Bundesebene. Vor allem aber ist viel an den Schulen in Deutschland passiert. De facto haben sich in den letzten Jahren alle Schulen intensiv mit den Möglichkeiten, Chancen und Risiken bei der Nutzung digitaler Medien befasst. Auch in der Lehrerbildung gibt es einige Erfahrungen, insbesondere mit Konzepten des Blended-Learnings. Die vorhandenen Ansätze sollten weiterentwickelt und ausgebaut werden mit dem Ziel, die Wirksamkeit der Lehrerbildung zu erhöhen. Das zentrale Problem sind nicht oder weniger die Haltungen und Kompetenzen der Lehrkräfte und Schulleitungen, sondern erhebliche Technologiedefizite. Worauf es ankommt:

1. Vorbildfunktion. Verantwortliche in Bildungsverwaltungen, Landesinstituten, Lehrer und Schulleiter sollten selbst moderne digitale Medien nutzen, mit ihnen vertraut sein und beispielhaft zeigen, wo Nutzen, aber auch Risiken liegen.
2. BYOD. Vertrautheit mit Werkzeugen ist die Basis für Effizienz. Alle Akteure sollten mir ihren digitalen Endgeräten an jedem Ort arbeiten, lernen und lehren können.
3. Endgeräterevolution. Überdimensionierte Notebooks mit lauten Tastaturen sind schwer in Unterricht und Teammeetings zu ertragen. Notwendig sind smarte Devices, leicht, multifunktional, die Handschrift und Sprache erkennend und in Druckschrift umwandelnd.
4. Clouds. Gemeinsames Arbeiten in realen und virtuellen Klassenzimmern, Document Sharing, webbasierte Teamkommunikation, Zugang zu digitalen Lehr- und Lernmaterialen, papierlose Verwaltung bei höchster Datensicherheit braucht professionelle Cloudlösungen mit großen, ja riesigen Speicherkapazitäten.
5. Ultraschnelle Internetverbindungen und funktionsfähige WLAN Strukturen in jedem Klassenraum und Büro. Wann sich der Einsatz digitaler Medien flächendeckend durchsetzen wird, hängt maßgeblich davon ab, ob der Zeitaufwand sinkt oder steigt. Notwendig sind kabellose WLAN- oder Bluetooth-Projektoren in jedem Raum, die teure Smartboards ersetzen könnten.
6. Künstliche Intelligenz. Adaptive Lehr-Lern-Systeme entwickeln und konsequent als ergänzende Maßnahme zur individuellen Förderung einsetzen; Big Data auf Landes- Schul-, Klassen- und Individualebene für Entwicklungsdiagnosen und Interventionsideen nutzen.

## Literatur

Bildungskommission NRW. (1995). *Zukunft der Bildung – Schule der Zukunft.* Neuwied/Kriftel/Berlin: Luchterhand.
Bos, W., Eickelmann, B., & Gerick, J. (2014). ICILS 2013. International computer and information literacy study. http://www.ifs.tu-dortmund.de/cms/Medienpool/Projekte/ICILS-2013/ICILS_2013_Presseinformation.pdf. Zugegriffen am 27.09.2017.
Hattie, J. (2012). *Visible learning for teachers.* London/New York: Routledge.
Kammerl, R., Unger, A., Günther, S., & Schwedler, A. (2016). *BYOD. Start in die nächste Generation. Abschlussbericht der wissenschaftlichen Evaluation des Pilotprojekts.* Hamburg: Universität Hamburg.
Robitzsch, A., Lüdtke, O., Köller, O., Kröhne, U., Goldhammer, F., & Heine, J. H. (2017). Herausforderungen bei der Schätzung von Trends in Schulleistungsstudien. *Diagnostica, 63,* 148–165.
Schmid, U., Goertz, L., & Behrens, J. (2017). Monitor Digitale Bildung. Die Schulen im digitalen Zeitalter. *Bertelsmann-Stiftung.* https://www.bertelsmann-stiftung.de/fileadmin/files/BSt/Publikationen/GrauePublikationen/BSt_MDB3_Schulen_web.pdf. Zugegriffen am 27.09.2017.
Wößmann, L. (2010). *Institutional Determinants of School Efficiency and Equity: German States as a Microcosm for OECD Countries. Jahrbücher für Nationalökonomie und Statistik* (S. 230, 234–270). München: Verlag Dokumentation.

**Dr. habil. Thomas Riecke-Baulecke** war bis Anfang 2019 Direktor des Instituts für Qualitätsentwicklung an Schulen Schleswig-Holstein sowie Leiter der weiterbildenden Masterstudiengänge Schulmanagement und Qualitätsentwicklung und Leitung frühkindlicher Bildungseinrichtungen. Er ist ab März 2019 Präsident des Zentrums für Lehrerbildung (ZSL) in Baden-Württemberg sowie Herausgeber der Zeitschriften schulmanagement und Schulmanagement-Handbuch und der Buchreihe Basiswissen Lehrerbildung.

# Blended Learning als Spielfeld für Learning Analytics und Educational Data Mining

Malte Persike

## Einführung

Vieles von dem, was vor einigen Jahren noch eher diffus als Digitalisierung der Hochschullehre bezeichnet wurde, hat sich inzwischen im Begriff des Blended Learning konkretisiert. Mit Blended Learning meint man die Verknüpfung von digital aufbereiteten Lerninhalten mit präsenzgebundenen Formen der Lehre. Hochschulen sehen im Blended Learning eine aussichtsreiche Kombination von virtueller Kompetenzvermittlung mit den konventionelleren Geschmacksrichtungen akademischer Lehre. Dies gilt nicht nur für die klassischen Präsenzhochschulen, sondern auch für die meisten Fernhochschulen und solche Bildungsinstitutionen, die nicht allein auf das Online-Studium setzen. Studierende in Blended-Learning-Veranstaltungen lernen weder ausschließlich mit Online-Medien noch allein mit analogen Materialien, sondern innerhalb derselben Lehrveranstaltung mit beiden Varianten – entweder gleichzeitig oder abwechselnd in verschiedenen Phasen des Lernens. Typischerweise werden im Blended Learning die Selbststudiumsphasen mit virtuellen Elementen angereichert, während die Präsenzphasen oft noch ohne digitale Elemente auskommen. Aber auch die Integration von digitalen Tools in einer Präsenzveranstaltung lässt sich unter den Begriff Blended Learning subsumieren.

Der Ruf nach der Umstellung von Lehrveranstaltungen auf Blended Learning hat in den vergangenen Jahren erheblichen Innovationsdruck aufgebaut, Es ersetzt immer häufiger die traditionellen Lehrformate, insbesondere die Vorlesung und das klassische Seminar (Kumar et al. 2001). Die Erwartungen sind dabei hoch gesteckt. Blended Learning soll studentisches Lernen effektiver und effizienter machen (Garrison und Kanuka 2004), den

---

M. Persike (✉)
Johannes Gutenberg-Universität, Mainz, Deutschland
E-Mail: persike@uni-mainz.de

Lernort und die Lernzeit flexibler gestalten (Appana 2008), eine stärkere Personalisierung und Individualisierung erreichen (Horn und Staker 2014), höhere Motivation bei Studierenden wecken (Dringus und Seagull 2013), den Anteil kollaborativen Arbeitens zwischen den Studierenden erhöhen (So und Brush 2008), kurzum: Lernprozesse in vielfältiger Weise optimieren (Kim 2007).

Solchermaßen ambitionierte Erwartungen machen eine wissenschaftliche Begleitung unabdingbar, in deren Verlauf geprüft wird, welche der Erwartungen in welchem Maße eingelöst werden. Wirkungsforschung zum Blended Learning ist entsprechend breit gefächert und hat in den letzten Jahren einen immensen Korpus an Forschungsdaten generiert, wobei die Forschung zum Blended Learning überwiegend empirisch und datengeleitet geschieht (Bliuc et al. 2007). Üblicherweise werden in quantitativ geprägten Forschungsdesigns moderne Blended-Learning-Formate mit etablierten analogen Lernsettings verglichen und aus der erhobenen Datenmenge statistische Schlüsse über die Wirksamkeit von Blended Learning abgeleitet. Diese Perspektive auf explizit zum Zwecke der Begleitforschung erhobene Daten ist aber nur eine von zwei prinzipiellen Varianten, sich dem Blended Learning datenanalytisch zu nähern.

Die zweite Variante ist direkte Folge der zunehmenden Digitalisierung von Lernangeboten. In Blended-Learning-Szenarien hinterlassen Studierende einen immer größeren Digitalen Schatten im Netz. Dieser Digitale Schatten setzt sich aus allen verschiedenen gespeicherten Aktivitäten zusammen, darunter Logins, Klickraten, Verweildauern, Diskussionen und Forenbeiträge in bestehenden Lernmanagementsystemen, aber auch digital gesicherte Daten aus anderen Kontexten, auf die eine Hochschule prinzipiell Zugriff hat, z. B. Informationen in einem Campusmanagementsystem oder solche Social-Media-Aktivitäten, bei denen die Studierenden den direkten Kontakt mit ihrer Hochschule aufnehmen. Basierend auf dem Digitalen Schatten soll mithilfe von Learning Analytics (LA) und Educational Data Mining (EDM) versucht werden, das individuelle Lernverhalten und die Wirksamkeit von Lernbedingungen zu analysieren (Schön und Ebner 2013). Sowohl LA als auch EDM basieren auf dem Prozess der Erhebung, Aggregation, Analyse und Interpretation von großen Datenmengen im Kontext von Lehren und Lernen, um daraus relevante Informationen und im besten Fall geeignete Interventionen abzuleiten. Primäres Ziel von LA und EDM ist es, große Datenmengen aus digitalen Plattformen im Hochschulkontext so zu verdichten, dass mit den gewonnenen Erkenntnissen studentischer Lernerfolg vorhergesagt und die Qualität von Lehr-/Lernprozessen erhöht werden kann (Siemens und Baker 2012). Das übergeordnete Ziel ist hier die Transformation der Lehre in digitalen Lernräumen. Anders als die klassische Wirkungsforschung greifen LA und EDM nicht primär auf explizit zum Zwecke der Wissenschaft erhobene Daten zurück, sondern auf beliebige Formen von „Anfallsdaten", also solchen Daten, die an einer Hochschule während der verschiedenen Lernprozesse anfallen und gespeichert werden – oft ohne oder mit gänzlich anderem Verwertungszweck. Sich solche Daten als eine Form von „Big Data" vorzustellen, trifft den Kern von LA und EDM oftmals recht gut

Diese beiden Welten, klassische Wirkungsforschung auf der einen Seite und Big Data-gestützte Methoden auf der anderen, überlappen sich bislang nur selten. Die

Wirkungsforschung nimmt gerade jenen Datenberg kaum in den Blick, auf den sich LA und EDM stützen. LA und EDM wiederum dienen nur selten dazu, die Wirksamkeit digitaler Lernformate zu untersuchen und ignorieren typischerweise die Daten aus klassischer empirischer Wirkungsforschung. Dabei gibt es sehr gute Gründe, diese Trennung aufzubrechen, um zur empirischen Untersuchung der verschiedenen Spielarten des Blended Learning alle Arten von Daten und alle verfügbaren Analysemethoden aufzubieten. Genau diesen Gründen sowie dem Mehrwert aus einer solchen Synthese widmen sich die nächsten Abschnitte.

## Wirksamkeit von Blended-Learning-Formaten

### Lernvideos

**Begriffsbestimmung**
Nicht zuletzt mit der Verbreitung von Blended-Learning-Szenarien an Hochschulen ist die Bedeutung digitaler Videos zur Vermittlung von Lerninhalten erheblich gewachsen. Lernvideos sind für Dozierende gleich aus mehreren Gründen attraktiv. Ihre Erstellung erfordert wenig technische Fertigkeiten, ist mit überschaubarem Zeitaufwand zu leisten und die Anforderungen an die vorhandene IT-Infrastruktur sind niedrig genug, um die Produktion eines Lernvideos mit nahezu jedem modernen Rechner und sogar Mobilgerät möglich zu machen (Ebner und Schön 2011).

Lernvideos für die Hochschullehre vermitteln audiovisuell aufbereitete Lerninhalte und lassen sich nach der Art ihres pädagogischen Ansatzes in zwei übergreifende Kategorien einteilen, die nicht notwendigerweise wechselseitig ausschließend sind, wohl aber eine nützliche erste Einordnung leisten: Erklärvideos und Demonstrationsvideos. Digitale Erklärvideos, im Englischen meist als Digital Lectures bezeichnet, haben die primäre und explizite didaktische Aufgabe, Fachinhalte zu transportieren. Unter den Begriff der Digital Lecture fallen eine Reihe von Varianten, die in Abb. 12.1 beschrieben sind. Sie unterscheiden sich vor allem in ihrer Produktionssituation sowie der Darstellungsweise ihrer Inhalte. Vom Erklärvideo abzugrenzen ist das Demonstrationsvideo. Hier handelt es sich um Lernvideos ohne primären Erklärcharakter, z. B. Aufnahmen von Unterrichtssituationen in den Erziehungswissenschaften (Sonnleitner et al. 2018) oder Videographien in der Soziologie (Knoblauch und Schnettler 2012). Lerninhalte sind im Demonstrationsvideo zumeist nicht explizit formuliert, sondern werden a posteriori durch Analyse und Reflektion von den Lernenden konstruiert. Das Lernmaterial kann also erst durch eine ergänzende didaktische Rahmung seinen instruktionalen Wert entfalten (Berk 2009).

**Empirische Bewertung**
Die Forschungslage zur didaktischen Wirksamkeit von Lernvideos ist durchwachsen. Lernförderliche Effekte durch den Einsatz von Video im Vergleich zu klassischen Lernmedien stellen sich in den meisten empirischen Studien erst bei Einhaltung bestimmter

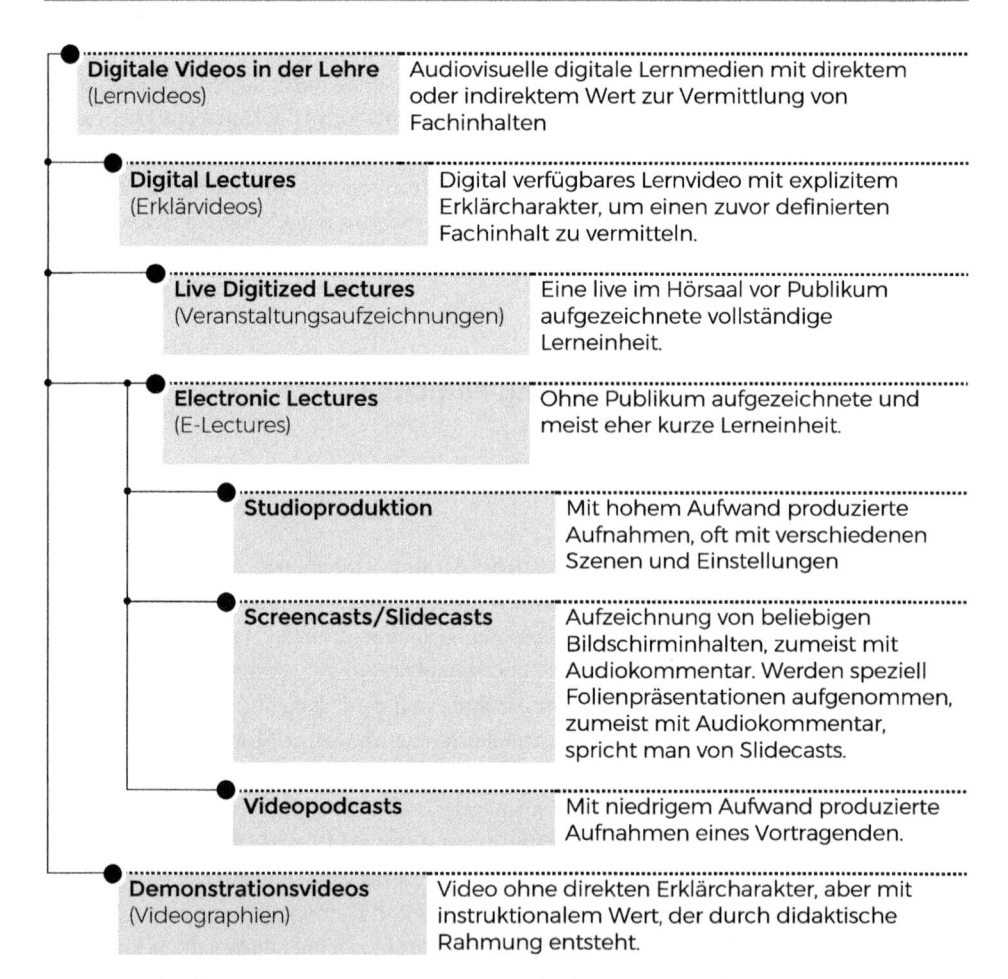

| | | |
|---|---|---|
| **Digitale Videos in der Lehre** (Lernvideos) | | Audiovisuelle digitale Lernmedien mit direktem oder indirektem Wert zur Vermittlung von Fachinhalten |
| | **Digital Lectures** (Erklärvideos) | Digital verfügbares Lernvideo mit explizitem Erklärcharakter, um einen zuvor definierten Fachinhalt zu vermitteln. |
| | Live Digitized Lectures (Veranstaltungsaufzeichnungen) | Eine live im Hörsaal vor Publikum aufgezeichnete vollständige Lerneinheit. |
| | Electronic Lectures (E-Lectures) | Ohne Publikum aufgezeichnete und meist eher kurze Lerneinheit. |
| | Studioproduktion | Mit hohem Aufwand produzierte Aufnahmen, oft mit verschiedenen Szenen und Einstellungen |
| | Screencasts/Slidecasts | Aufzeichnung von beliebigen Bildschirminhalten, zumeist mit Audiokommentar. Werden speziell Folienpräsentationen aufgenommen, zumeist mit Audiokommentar, spricht man von Slidecasts. |
| | Videopodcasts | Mit niedrigem Aufwand produzierte Aufnahmen eines Vortragenden. |
| **Demonstrationsvideos** (Videographien) | | Video ohne direkten Erklärcharakter, aber mit instruktionalem Wert, der durch didaktische Rahmung entsteht. |

**Abb. 1** Videoformate

Bedingungen ein. Eine Überlegenheit in den Lerneffekten von videobasiertem gegenüber textlichem Material ist manchmal schwach messbar (Brecht 2012), manchmal gar nicht (Hill und Nelson 2011; Chen 2012), betrifft je nach Kursdesign nur die Gruppe der leistungsstarken (Sage 2014) oder leistungsschwachen Studierenden (Owston et al. 2011) oder zeigt sich nur unter bestimmten Zusatzbedingungen wie z. B. der Einbindung weiterer interaktiver Elemente (Zhang et al. 2006).

Vereinzelt werden sogar lernhinderliche Effekte beim Einsatz von Lernvideos beobachtet. So kann es zu einer Verflachung der Lerntiefe infolge der Substitution klassischer Texte durch Videomaterial kommen (Basu Roy und McMahon 2012), möglicherweise ausgelöst durch die Tatsache, dass Video aufgrund seiner multimodalen Natur die kognitive Belastung beim Konsumenten signifikant erhöhen kann (Homer et al. 2008). Zudem kann eine fehlende oder nur eingeschränkte Regelbarkeit der Abspielgeschwindigkeit zur Überforderung der Lernenden führen (Ronchetti 2010), insbesondere bei schwierigeren oder komplexen

Inhalten (Li et al. 2015). Vorlesungsaufzeichnungen können ferner dazu beitragen, Lernprozesse örtlich und und zeitlich zu flexibilisieren (Traphagan et al. 2010). Verpasste oder beim ersten Hören als überfordernd erlebte Vorlesungen können nachgearbeitet und zur Prüfungsvorbereitung wiederholt werden (Cardall et al. 2008). Gleichwohl drückt sich diese Flexibilisierung nicht systematisch in besserer Lernleistung aus. Eine umfassende Meta-Analyse kommt zu dem eindeutigen Schluss, dass in der Breite praktisch keine höhere Lernwirksamkeit von Vorlesungsaufzeichnungen gegenüber klassischen Präsenzvorlesungen gefunden wird (Bos 2016). Und das, obwohl Lernvideos die von Studierenden für das Eigenstudium aufgewendete Zeit deutlich erhöhen können (Kukulska-Hulme et al. 2004). Sie sind deshalb übrigens nicht verantwortlich für eine wachsende soziale Isolation von Studierenden. Im Gegenteil unterstützen Lernvideos die selbstverantwortliche Bildung studentischer Lerngruppen (Li et al. 2014). Die darin stattfindende gemeinsame Wissenskonstruktion kann einen förderlichen Effekt auf den Lernerwerb haben.

Bemerkenswerterweise widmen sich nur wenige Studien den möglichen Unterschieden in der Wirksamkeit verschiedener Videoformate, wie der einfachen Hörsaalaufzeichnung, der professionellen Studioproduktion, dem Sprechervideo oder dem Screencast (Meisel 1998). Eine Arbeit aus Taiwan kommt zu dem Schluss, dass es signifikante Unterschiede bei Aufmerksamkeit, Motivation und Lernbehalt zwischen reinen Slidecasts, reinen Sprechervideos und einer Mischung zwischen beiden gibt (Chen und Wu 2015). Gerade bei komplexen Inhalten erzielen reine Slidecasts sowie die Mischform bessere Lerneffekte als reine Sprechervideos ohne weitere textuelle Einblendungen (Sahasrabudhe und Kanungo 2014). Je höher überdies die Redundanz zwischen bildlicher Darstellung und dem Sprechton in Lernvideos, desto stärkere Lerneffekte sind messbar (Schmidt-Weigand et al. 2010), wobei die Kombination von grafischen Visualisierungen mit der gesprochenen Erklärung noch lernwirksamer zu sein scheint als die Verknüpfung rein textlicher Darstellung mit dem Sprecherton (Clark et al. 2011).

Während sich die Befunde zur Lernwirksamkeit insgesamt als eher uneindeutig erweisen, sind die Effekte des Einsatzes von Lernvideos auf anderen Dimensionen studentischen Lernens günstiger. Studierende sind höher motiviert als beim Lernen mit dem klassischen Textbuch (Bolliger et al. 2010), insbesondere wenn das Lernvideo als Teil eines durchgreifenden Blended-Learning-Szenarios eingesetzt wird (Abeysekera und Dawson 2015). Studierende berichten darüber hinaus von positiveren Lernerfahrungen durch den Einsatz von Videomedien in der Hochschullehre (Choi et al. 2008), einer Intensivierung eigenen Engagements (Sherer und Shea 2011) und höherer Zufriedenheit mit den Lernangebot (Copley 2007).

## Studentisch hergestellte Lernvideos

### Begriffsbestimmung
Seit einiger Zeit sind studentisch hergestellte Lernvideos zu den prominenteren Formaten in Blended-Learning-Szenarien aufgerückt. Studentisch hergestellte Lernvideos fallen

unter den im Englischen meist als „Student Generated Content" bezeichneten Bereich von Lernformaten, bei denen Studierende ihre Rolle von Lernenden aufgeben und zu Lehrenden werden. Beim studentisch generierten Lernvideo wird der Prozess der Produktion von Lernvideos an Studierende übertragen, beginnend bei der Konzeption über die Aufnahme bis hin zur digitalen Nachbearbeitung des Videos, der so genannten Postproduktion. Das Ergebnis ist im besten Fall von einem durch Lehrende erstellten Lernvideo nicht zu unterscheiden und soll einen Fachinhalt auf didaktisch möglichst günstige Weise transportieren.

**Empirische Bewertung**
Die Forschungslage zu studentisch generierten Lernvideos ist diffus. Zunächst investieren Studierende erheblichen Workload in die Produktion von Lernvideos (Kearney und Schuck 2006), insbesondere dann, wenn die produzierten Videos später einer breiteren Gruppe von Zuschauern gezeigt werden sollen. Dabei berichten die Studierenden von sehr hoher Motivation und positivem Engagement (Ryan 2013) und haben zudem das Gefühl, ihre Fachkompetenzen in erheblicher Weise gesteigert zu haben (Orús et al. 2016). Dieses Gefühl ist jedoch oft nicht objektivierbar, denn der empirisch messbare Lern- und Fertigkeitenerwerb ist zwar messbar, aber nur gering (Jordan et al. 2015). Einer der Gründe für die niedrige Lernwirksamkeit auf Seiten der Produzenten von studentisch generierten Videos ist die Entwicklung eines „Ästhetikfokus" durch die Studierenden. Sobald Studierende das Gefühl haben, den zu vermittelnden Fachinhalt durchdrungen zu haben, verschiebt sich das Hauptgewicht der Aktivitäten häufig hin zur Optimierung nicht-fachlicher Eigenschaften des Videos, z. B. der visuellen Qualität (Schuck und Kearney 2006). Bei fehlender Einarbeitung in technische Aspekte und Grundlagen filmischen Arbeitens kann es in dieser Phase zu erheblicher Frustration kommen, die die Lernerfahrung der Studierenden negativ beeinflusst (Kearney 2011).

## Abstimmungssysteme und Live-Feedback

**Begriffsbestimmung**
Digitale Abstimmungssysteme, oft auch als Audience-Response-Systeme (ARS) oder Clicker-Systeme bezeichnet, sind elektronische Umfragewerkzeuge, die das gleichzeitige und meist anonyme Einholen individueller Rückmeldungen in beliebig großen Auditorien ermöglichen. Damit können Audience-Response-Systeme für nahezu beliebige Veranstaltungsgrößen und -typen sinnvoll eingesetzt werden. Der wesentliche Zweck des Einsatzes von ARS in der Hochschullehre ist dabei stets die Steigerung – oder überhaupt erst die Ermöglichung – der Interaktion zwischen Vortragenden und dem Publikum (Banks 2006).

Es gibt verschiedene Spielarten von Audience-Response-Systemen. Der Großteil an ARS Systemen dient der Wissensüberprüfung und bietet dafür eine Vielzahl von Assessment-Formaten an. Die Spannbreite reicht von Single- oder Multiple-Choice-Fragen, Freitextfeldern, Zuordnungsaufgaben, offenen oder geschlossenen Lückentexten, dem Hochladen von Bildern bis hin zu fachspezifischen Aufgaben, z. B. mathematische oder physikalische Aufgaben. Das Ergebnis einer Aufgabe kann dem Auditorium unmittelbar angezeigt und anschließend diskutiert werden. Die Verwendung dieser Form von ARS zerfällt in drei prinzipielle Einsatzfelder. Das Ziel ist entweder das Stellen von Fachfragen zur Überprüfung des Leistungsstandes, die Gewinnung nichtinhaltlichen Feedbacks oder die Ablaufsteuerung der Veranstaltung.

Mit dem Stellen von Fachfragen kann am Anfang einer Veranstaltung der Vorbereitungsgrad der Studierenden überprüft werden oder eine Lernstandskontrolle im Veranstaltungsverlauf stattfinden. Studierende werden so kontinuierlich zur inhaltlichen Mitarbeit motiviert, Lehrende erhalten einen präzisen Eindruck vom Leistungsstand eines großen Teils der Zuhörerschaft. Nichtinhaltliches Feedback dient vor allem der Strukturierung der Veranstaltung. Dabei wird kontinuierlich Feedback über den Grad studentischen Engagements eingeholt, z. B. über Skalen wie „bitte schneller – genau richtig – zu schnell – abgehängt". Lehrende erhalten in Echtzeit einen Eindruck über die Passung ihres Vortrags mit dem Leistungsniveau des Auditoriums und können gegebenenfalls Anpassungen vornehmen. Unter einer Ablaufsteuerung, im Englischen als „Forking" bezeichnet, versteht man Verzweigungspunkte im Veranstaltungsverlauf, an denen die Wahl des nächsten Inhaltes per ARS durch die Studierenden bestimmt wird. Ist z. B. gegen Ende einer Veranstaltung zu wenig Zeit für das Durcharbeiten aller verbleibenden Inhalte, können die Studierenden per Forking bestimmen, mit welchem Thema die Veranstaltung fortgesetzt werden soll.

Ein neueres Format bei den Abstimmungssystemen ist das so genannte „Q&A", englisch für „Questions and Answers". Digitale Q&A-Formate erlauben allen Teilnehmenden im Auditorium, zu jeder beliebigen Zeit im Veranstaltungsablauf eine Frage an den Dozierenden zu stellen. Sie haben mit der Entwicklung der Web-Anwendung Pigeonhole rasch Einzug in die Hochschullehre gehalten. Studierende können mithilfe ihrer mobilen Endgeräte während der gesamten Lehrveranstaltung anonym Fragen stellen, die unmittelbar auf dem Bildschirm des Dozierenden erscheinen. Meist können dann auch noch die übrigen Studierenden darüber abstimmen, für wie wichtig sie die von anderen jeweils gestellten Fragen halten. Digitales Q&A hat sich besonders in größeren Veranstaltungen bewährt, da es aufgrund der Anonymität zu deutlich erhöhter aktiver Beteiligung der Studierenden kommt, mehr Fragen aus dem Auditorium gestellt werden und der Lehrende auf populäre Fragen noch während der Veranstaltung eingehen kann.

**Empirische Bewertung**
Elektronische Abstimmungssysteme zählen zu den am intensivsten beforschten Techniken des Blended Learning. Anders als bei vielen anderen Methoden des Blended Learning sind die Forschungsergebnisse bei ARS eindeutig positiv. Audience-Response-Systeme führen zu besserer Lernleistung und höherem Wissensbehalt (Kay und LeSage 2009). Gleichzeitig wächst die fachbezogene Selbstwirksamkeitserwartung der Studierenden (Nelson et al. 2012). Zudem erhöhen sich die studentische Beteiligung und Motivation (Caldwell 2007), nicht selten bei steigenden Anwesenheitszahlen (Homme et al. 2004). Die positiven Effekte zeigen sich bei aktiven und passiven Studierenden gleichermaßen, allerdings nur

dann, wenn deren Einsatz freiwillig, anonym und ohne Benotung stattfindet (Graham et al. 2007). Diese durchweg positiven Effekte bei der Benutzung von Abstimmungssystemen zeigen sich übrigens nicht nur im Live-Setting während einer Lehrveranstaltung, sondern auch bei reinen Online-Quizzes, die oft zur Wissensprüfung in digitalen Lernumgebungen eingesetzt werden. Praktisch sämtliche Ergebnisse aus der Wirkungsforschung zu ARS sind direkt übertragbar.

## Wikis und andere studentisch kuratierte Inhaltesammlungen

**Begriffsbestimmung**
Wikipedia ist nicht nur die weithin bekannte, offen zugängliche und nahezu unerschöpfliche Wissensdatenbank. Hinter dem Webangebot steckt ein elaboriertes Konzept für eine Online-Plattform, auf der Menschen virtuell zusammenarbeiten können, um Wissensinhalte zu sammeln, zu generieren und zu kuratieren. Deshalb hat auch die Hochschullehre sehr schnell den Wert der sogenannten Wikis als Lernformat erkannt. In einem Wiki arbeiten Studierende und Lehrende gemeinsam daran, Wissensinhalte zu organisieren, miteinander zu verknüpfen und über einen diskursiven Prozess qualitätsgesichert dauerhaft verfügbar zu machen. Wikis erlauben das Einstellen und Verlinken nahezu beliebiger Medienformen wie Texte, Bilder oder Videos durch die Nutzenden. Neben der Unterstützung der kollaborativen Wissenskonstruktion bieten Wikis Werkzeuge zur digitalen Kommunikation zwischen den Nutzenden an, darunter Diskussionsforen und Chats, Bewertungsfunktionen für die Qualität von Inhalten oder persönliche Nutzerbereiche, die unter anderem ein Portfolio der von ihnen beigetragenen Lerninhalte bereitstellen. Insofern integrieren Wikis im Sinne eines komplexen Lernszenarios viele der in der digitalen Hochschullehre eingesetzten granulareren Lernformate zu einer funktionsmächtigen Plattform. Im Kern aber geht es bei Wikis immer um das kollaborative Konstruieren von Wissen durch die Beitragenden, die durch die gemeinsame Arbeit ein geteiltes mentales Modell der Fachinhalte entwickeln sollen.

**Empirische Bewertung**
Die Ergebnisse der Wirkungsforschung zu Wikis sind ebenso vielfältig wie heterogen. Zwar fördern Wikis Prozesse des Entwickelns und Produzierens von Wissen, allerdings weit weniger die höher angesiedelten Kompetenzen des Schlussfolgerns, Evaluierens, Reflektierens und Organisierens (Biasutti 2017). Insbesondere zeigen sich keine systematischen Effekte auf die Lernleistung von Studierenden durch die Arbeit an Wikis (Cole 2009), obwohl der studentische Workload durch die Befüllung eines Wikis erheblich steigt (Mödritscher 2006) und die Studierenden der festen Überzeugung sind, eine Menge gelernt zu haben (Lai et al. 2016). Wirkungen des Einsatzes von Wikis auf Motivation, studentische Zufriedenheit und die Neigung zur Zusammenarbeit sind ebenfalls sehr durchwachsen (Karasavvidis 2010). Typische Probleme sind ein unklares Aufgabenverständnis, Plagiarismus, mangelnde Zusammenarbeit und Kommunikation zwischen den Lernenden,

die Neigung zur reinen Sammlung von Textelementen ohne Reflektion sowie die Zögerlichkeit beim Editieren von Texten anderer. Die Probleme lassen sich durch das Einführen und Einhalten eines Katalogs von Spielregeln sowie ein ständiges Monitoring durch den Lehrenden in den Griff kriegen. Dieses aktive „+Community Management" ist allerdings mit ungleich höherem Ressourcenaufwand auf Seiten der Lehrenden verbunden.

## Die Crux hochschuldidaktischer Wirkungsforschung

Sämtliche der zuvor zitierten Forschungsergebnisse sind das Resultat klassischer empirischer Wirkungsforschung. Ihre fehlende Eindeutigkeit reflektiert ein wohlbekanntes Dilemma hochschuldidaktischer Forschung, nämlich das Ausbleiben signifikanter und replizierbarer Ergebnisse, mit denen sich eine Überlegenheit moderner, digital gestützter Lernszenarien untermauern ließe. Das Ausbleiben einheitlicher Ergebnisse wird nicht selten als ein dem Forschungsgegenstand immanentes Phänomen hingenommen und daraus abgeleitet, dass traditionelle Qualitätsmaße für die Messung der Effektivität von Lehre und Studium ungeeignet seien (Kuh 2001). Hier bieten sich LA und EDM als vielversprechende Möglichkeiten an, neuartige Maße zu entwickeln, um den empirischen Nebel zu lichten. Es ist ein glückliches Zusammentreffen, dass die meisten der im Blended Learning eingesetzten digitalen Lernformate genau den richtigen Nährstoff für einen produktiven Einsatz von LA und EDM liefern: Daten.

So generieren Studierende beim Einsatz von Videos als Lernmedium mit jedem Klick auf einen Videolink Unmengen von Datenspuren. Der Zeitpunkt des Klicks, der Ort des Abrufs, die Art des abspielenden Geräts, die Dauer der Wiedergabe, Veränderungen der Abspielgeschwindigkeit, Unterbrechungen und Wiederholungen der Wiedergabe, die Zahl der am Stück abgerufenen Videos, die Summe der angesehenen Videominuten pro Sitzung, die Reihenfolge der Abrufe und viele weitere Informationen werden praktisch nebenbei generiert und gespeichert, wenn Studierende ein Lernvideo ansehen. Dasselbe gilt für den Einsatz von digitalen Assessments. Auch hier entstehen in schneller Abfolge Aufzeichnungen, wie die Art der abgerufenen Aufgaben, die Korrektheit von Antworten, die Anzahl der Versuche, die Uhrzeit und Dauer der Bearbeitung, die Anzahl am Stück erledigter Aufgaben oder die Häufigkeit des Abrufs von Lösungshilfen. Bei Wikis sind die generierten Datenmodalitäten sogar noch weitaus komplexer, geht es hier doch um textliche Eingaben sowie Chats und Diskussionen zwischen Studierenden, aus denen Unmengen nutzbarer Daten extrahiert werden können.

All diese Daten bleiben im Rahmen klassischer empirischer Wirkungsforschung ungenutzt. Dabei braucht es nicht viel Fantasie, um zu vermuten, dass wertvolle Informationen in solchen Daten stecken, die uns mehr darüber verraten könnten, wann, wie und weshalb bestimmte digitale Lernformate wirken oder auch versagen. Genau an dieser Stelle liegt die Schnittmenge von LA und EDM mit den etablierten Methoden empirischer Wirkungsforschung.

## Learning Analytics und Educational Data Mining in Blended-Learning-Szenarien

Primäres Ziel von LA und EDM in der Hochschulbildung ist es, Lernvorgänge zu erfassen, quantitativ zu modellieren und Verbesserungen im Lehr-/Lernprozess anzustoßen. Durch die Analyse großer Datensätze und maschinelles Lernen soll eine beliebig skalierbare studierendenzentrierte Individualisierung und Unterstützung von fachspezifischen Lernprozessen bei gleichzeitiger Verringerung der Ressourcenlast auf Lehrendenseite erreicht werden.

Seit 2010 werden LA und EDM in einzelnen Großprojekten vor allem in den USA und zum Teil auch in Europa eingesetzt. Prominente Beispiele sind das SIGNALS System der Purdue University (Arnold 2010), das SHERPA System des Orange County Community College (Bramucci und Gaston 2012) oder das Student Activity Meter der KU Leuven (Govaerts et al. 2012). Daneben existiert eine Vielzahl von enger umgrenzten Forschungsvorhaben, die sich beispielsweise auf die Klassifikation von Studierenden, Inhalten und Interaktionen (Scheffel et al. 2012), die Analyse von Lernstrategien (Pardo et al. 2015), die Analyse sozialer Lernnetzwerke (Fournier et al. 2011) oder die Lernermodellierung (Li et al. 2011) fokussieren.

Viele der skizzierten Forschungsvorhaben sind mit ihrem jeweiligen Fokus im Bereich der primär technologischen Grundlagenforschung zu verorten. Die grundlagenbezogenen Forschungsfelder zu LA und EDM sind in den letzten Jahren stark gewachsen und haben gerade in Hochschulkontexten international ihr Unterstützungspotenzial gezeigt (Romero et al. 2010; Lang et al. 2017). So existiert mittlerweile wachsende Forschung zu „Student Dashboards", welche es Studierenden erlauben, einen Überblick über die für sie relevanten Daten zu erhalten (Bodily und Verbert 2017). Ein Großteil der Arbeiten nimmt eine defizitäre Perspektive ein. Die Forschungsvorhaben konzentrieren sich auf Bereiche wie die Vorhersage von Studienabbrüchen (Cambruzzi et al. 2015), die Identifikation von Risikostudierenden (Manso-Vázquez und Llamas-Nistal 2015), Fragen des Drop-Out-Managements und der Retentionsquoten (Wolff et al. 2013). Nur selten werden stärker konstruktive Interventionsszenarien bereitgestellt, z. B. automatische Empfehlungssysteme für Lernressourcen (Khribi et al. 2008), Lernermodellierung in Mastery Levels (Reamer et al. 2015) und diversitätsorientierte adaptive Verfahren bei der Aufgabengestaltung (Burnett et al. 2011).

Ungeachtet der angeführten Projektaktivitäten kommen in der deutschen Hochschullehrpraxis LA und EDM noch nicht flächendeckend zum Einsatz (Ifenthaler 2017a). Zwar existieren Initiativen wie der Arbeitskreis Learning Analytics der Gesellschaft für Informatik sowie Projekte wie LISA (Fortenbacher et al. 2017), STELA (Ifenthaler 2017b) oder das Lernerfolgsrückmeldesystem (LerSys) der HTWK Leipzig, diese bilden aber Ausnahmen und haben noch kaum beispielgebend in die Fläche gewirkt.

**Learning Analytics und Educational Data Mining an ausgewählten Beispielen**
Die Verknüpfung von klassischer Wirkungsforschung mit Methoden von LA und EDM geschieht derzeit noch selten. Gleichwohl lassen sich besonders international einige vielversprechende Pilotprojekte finden.

So wurde versucht, Online-Diskussionen zwischen Studierenden, wie sie z. B. bei der Bearbeitung von Wikis erfolgen, möglichst gewinnbringend für alle Studierenden zu modifizieren, um dem Phänomen der Nicht-Beteiligung vieler Studierender an virtuellen Diskussionen entgegenzuwirken. Mithilfe der Sozialen Netzwerkanalyse (Social Network Analysis; Scott 2017) wurden Studierende identifiziert, die nur selten zu Diskussionen beitrugen, sondern sich weitgehend passiv verhielten (Rabbany et al. 2011). Zudem wurden sowohl andere Studierende wie auch inhaltliche Themen ermittelt, denen die isolierten Studierenden personell bzw. inhaltlich nahe waren. Informiert durch die Ergebnisse der Netzwerkanalyse wurden dann durch die Lehrenden Interventionen gestartet, um die passiven Studierenden zur aktiven Mitarbeit und Diskussion anzuregen. Das Ergebnis der Interventionen wurde dann mit einer erneuten Iteration der Netzwerkanalyse überprüft. Es zeigte sich eine deutlich erhöhte Integration der zuvor eher isolierten Studierenden in den Verbund der übrigen Veranstaltungsteilnehmenden (de Laat et al. 2007). Die eher durchwachsene Lernwirksamkeit bei Student Generated Content und die schwachen Ergebnisse bei der kollaborativen Wissenskonstruktion beispielsweise im Rahmen von Wikis können durch den Einsatz datenanalytischer Verfahren also effektiv verbessert werden.

Eine Hauptforderung im Blended Learning ist die Integration digitaler Werkzeuge in Lehrveranstaltungen. Im Informatikstudium wird dies häufig über den Einsatz realer Programmierumgebungen sowohl in Lehre als auch in den zugehörigen Prüfungen realisiert. Studierende lösen Programmieraufgaben nicht mehr theoretisch auf einem Blatt Papier, sondern unter Realbedingungen mit echten Programmierwerkzeugen. Dabei stellt man fest, dass sich Studierende in der Art ihrer Nutzung solcher Werkzeuge deutlich unterscheiden. Eine der etabliertesten Typisierungen ist diejenige in Denker („Thinker") und Tüftler („Tinkerer"). Während Mitglieder der ersten Gruppe dazu neigen, ein Programmierprojekt zunächst konzeptuell vollständig zu entwickeln, und erst dann die Aufgabe in einer langen Programmierphase lösen, zeichnen sich die Tinkerer durch sehr rasches und häufig wiederholtes Eingeben und Testen nur kurzer Programmteile aus (Sharma et al. 2018). Insbesondere die extremeren Fälle in beiden Gruppen haben Nachteile durch ihr Programmierverhalten. Während Thinker Gefahr laufen, sich in der Konzeption zu verlieren und kein lauffähiges Programm erstellen zu können, erzeugen Tinkerer Programmcode, der zwar lauffähig ist, unter Optimierungsgesichtspunkten aber oft erhebliche Schwächen hat (Beckwith et al. 2006). Mithilfe von Klassifikationsverfahren aus dem Machine-Learning-Bereich lässt sich nun, ausgehend von der Flut an Nutzungsdaten, die aus der Programmierumgebung gewonnenen werden, eine Typisierung jedes einzelnen Lernenden vornehmen. Die Programmierumgebung kann daraufhin eine automatische Anpassung ihres Interface vornehmen. Beispielsweise können den Thinkern Anreize zum Ausprobieren eingeblendet werden, während den Tinkerern genau diese genommen werden, so dass ein möglichst günstiger Mittelweg zwischen Denken und Tüfteln evoziert wird. Im Ergebnis kommt es dadurch sowohl zu einer Verbesserung der Programmierleistung als auch zu günstigen Entwicklungen auf Dimensionen wie der Selbstwirksamkeitserwartung sowie des Selbstvertrauens (Burnett et al. 2011). Klassische empirische Forschung zu Wirksamkeitsunterschieden von papiergebundenen versus digitalen Programmierübungen findet hier eine erhellende Ergänzung durch LA und EDM.

Auch der Einsatz von elektronischen Befragungen wie bei elektronischen Abstimmungssystemen oder Online-Quizzes lässt sich durch LA und EDM noch weiter optimieren. So können aus Zwischenergebnissen bei Wissenstests im Verbund mit anderen über die Lernenden angefallenen Daten zuverlässige Vorhersagen über deren Leistungen in einer Abschlussprüfung getroffen werden (Tempelaar et al. 2015). Je mehr leistungsrelevante Daten in die Vorhersage einfließen, desto besser ist die Vorhersagegüte, die das Computermodell der Lernenden liefern kann. Mithilfe dieser Vorhersagen können Studierende dann leistungsgerecht auf die Prüfungen vorbereitet werden (Kotsiantis et al. 2003). Automatische Vorhersagesysteme werden auch dazu eingesetzt, bei elektronischen Quizzes einen möglichst optimalen Lernweg durch die verschiedenen Aufgaben- und Inhaltstypen zu ermöglichen (Ivančević et al. 2014). Es kann so gewährleistet werden, dass für jeden Lernenden individuell ein optimaler Schwierigkeitsgradient eingehalten wird und dabei vermehrt gerade solche Aufgabentypen gestellt werden, bei denen es in der Vergangenheit Probleme gegeben hat (Ravi und Sosnovsky 2013). Die ohnehin bereits positive Lernwirksamkeit von digitalen Assessments kann durch den Einsatz solcher Computermodelle noch weiter erhöht werden.

Auch bei den sekundären Lernzieldimensionen wie Motivation oder Studienzufriedenheit kann der Einsatz von LA und EDM helfen, die Ergebnisse klassischer empirischer Wirkungsforschung zu differenzieren. So hat sich die Analyse großer Datenmengen als hilfreich bei der Aufklärung der Einflussfaktoren von Studienzufriedenheit (Thomas und Galambos 2004) oder der gezielteren Ansprache der Selbstregulationsfähigkeit beim Lernen erwiesen (Nussbaumer et al. 2015).

## Zusammenfassung

Der Einsatz digitaler Lernformate im Blended Learning bietet demnach Chancen in mindestens zwei Bereichen. Zum einen können digitale Lernformate direkt die Lernprozesse von Studierenden günstig beeinflussen, ihre Leistungen verbessern und zudem positive Effekte auf vielen weiteren Ebenen wie der Motivation oder des Selbstkonzeptes bewirken. Zum anderen generieren digitale Lernformate eine Fülle von Daten in vielfältiger Gestalt. Studierende erzeugen bei der Arbeit mit digitalen Werkzeugen Nutzungsdaten, wie Verweildauern und Aktivitätsprofile, sie produzieren Leistungsdaten aus digitalen Aufgaben, sie hinterlassen Textbeiträge in Foren und Chats. All diese Daten können genutzt werden, um mit Methoden von Learning Analytics (LA) und Educational Data Mining (EDM) zu analysieren, Schlüsse und Vorhersagen über studentisches Lernverhalten zu ziehen und die Lernangebote entsprechend zu optimieren.

Gelingt diese Verknüpfung des Einsatzes moderner digitaler Lernmethoden mit der Verwendung datenanalytischer Methoden, können LA und EDM der fehlende Hebel sein, um die durchwachsene Forschungslage zu Blended-Learning-Formaten zu disambiguieren. Daten aus Lernprozessen können Aufschluss darüber geben, an welchen Stellen ein neues Lernformat scheitert. Sie können aufweisen, an welchen Stellen und zu welchen Zeitpunkten Lernprozesse abbrechen oder in eine schädliche Richtung führen, welche gemeinsamen Probleme von vielen Studierenden geäußert werden, welche Komponenten eines digitalen Lernformats tatsächlich genutzt werden und welche vom Lehrenden zwar gut gemeint, aber nicht zielführend sind. Der Wert von LA und EDM liegt also in ihrer Rolle als Werkzeug, um die in einem Transformationsprozess hin zur Digitalität befindliche Hochschullehre datenanalytisch zu fundieren und auf Basis der Ergebnisse die richtigen Stellschrauben für einen zielführenden Einsatz moderner Lernformate zu finden. Dass diese keine reine Option, sondern nachgerade eine Verpflichtung für die Hochschulen bedeutet, lässt sich pointiert mit einem Satz fassen: „Higher Education Cannot Afford to Not Use Data" (Slade und Prinsloo 2013). Die Sorge vieler Hochschullehrender, dass LA und EDM als komplexe datenanalytische Verfahren nur von ausgewiesenen Experten der Informatik beherrscht werden könnten, ist übrigens unbegründet. Selbst mit einfachsten Werkzeugen wie Excel lassen sich sehr einfach viele der Analysen durchführen (Dierenfeld und Merceron 2012) und selbst für komplexere Verfahren wie die soziale Netzwerkanalyse werden einfach zu bedienende Online-Tools (z. B. Gephi; https://gephi.org) kostenlos angeboten. Dem Ausprobieren steht also nichts mehr im Wege.

## Literatur

Abeysekera, L., & Dawson, P. (2015). Motivation and cognitive load in the flipped classroom: Definition, rationale and a call for research. *Higher Education Research & Development, 34*(1), 1–14.
Appana, S. (2008). A review of benefits and limitations of online learning in the context of the student, the instructor, and the tenured faculty. *International Journal on E-Learning, 7*(1), 5.
Arnold, K. (2010). Signals: Applying academic analytics. *EDUCAUSE Quarterly, 33*(1), 11–18.
Banks, D. (Hrsg.). (2006). *Audience response systems in higher education: Applications and cases.* Pennsylvania: IGI Global.
Basu Roy, R., & McMahon, G. T. (2012). Video-based cases disrupt deep critical thinking in problem-based learning. *Medical Education, 46*(4), 426–435.
Beckwith, L., Kissinger, C., Burnett, M., Wiedenbeck, S., Lawrance, J., Blackwell, A., & Cook, C. (2006). Tinkering and gender in end-user programmers' debugging. In *Proceedings of the SIGCHI conference on human factors in computing systems* (S. 231–240). New York: ACM.
Berk, R. A. (2009). Multimedia teaching with video clips: TV, movies, YouTube, and mtvU in the college classroom. *International Journal of Technology in Teaching and Learning, 5*(1), 1.
Biasutti, M. (2017). A comparative analysis of forums and wikis as tools for online collaborative learning. *Computers & Education, 111*, 158–171.
Bliuc, A. M., Goodyear, P., & Ellis, R. A. (2007). Research focus and methodological choices in studies into students' experiences of blended learning in higher education. *The Internet and Higher Education, 10*(4), 231–244.
Bodily, R., & Verbert, K. (2017). Trends and issues in student-facing learning analytics reporting systems research. In: *Proceedings of the seventh international learning analytics & knowledge conference* (S. 309–318). New York: ACM.
Bolliger, D. U., Supanakorn, S., & Boggs, C. (2010). Impact of podcasting on student motivation in the online learning environment. *Computers & Education, 55*(2), 714–722.

Bos, N. R. (2016). Effectiveness of blended learning: Factors facilitating effective behavior in a blended learning environment. Maastricht: Doctoral Dissertation.

Bramucci, R., & Gaston, J. (2012). Sherpa: Increasing student success with a recommendation engine. In *Proceedings of the 2nd international conference on learning analytics and knowledge* (S. 82–83) (April 2012). New York: ACM.

Brecht, H. D. (2012). Learning from online video lectures. *Journal of Information Technology Education, 11*, 227–250.

Burnett, M. M., Beckwith, L., Wiedenbeck, S., Fleming, S. D., Cao, J., Park, T. H., ... & Rector, K. (2011). Gender pluralism in problem-solving software☆. *Interacting with Computers, 23*(5), 450–460.

Caldwell, J. E. (2007). Clickers in the large classroom: Current research and best-practice tips. *CBE-Life sciences education, 6*(1), 9–20.

Cambruzzi, W. L., Rigo, S. J., & Barbosa, J. L. (2015). Dropout prediction and reduction in distance education courses with the learning analytics multitrail approach. *Journal of Universal Computer Science, 21*(1), 23–47.

Cardall, S., Krupat, E., & Ulrich, M. (2008). Live lecture versus video-recorded lecture: Are students voting with their feet? *Academic Medicine, 83*(12), 1174–1178.

Chen, C. M., & Wu, C. H. (2015). Effects of different video lecture types on sustained attention, emotion, cognitive load, and learning performance. *Computers & Education, 80*, 108–121.

Chen, Y. T. (2012). The effect of thematic video-based instruction on learning and motivation in e-learning. *International Journal of Physical Sciences, 7*(6), 957–965.

Choi, I., Lee, S. J., & Jung, J. W. (2008). Designing multimedia case-based instruction accommodating students' diverse learning styles. *Journal of Educational Multimedia and Hypermedia, 17*(1), 5.

Clark, R. C., Nguyen, F., & Sweller, J. (2011). *Efficiency in learning: Evidence-based guidelines to manage cognitive load*. San Francisco: Wiley.

Cole, M. (2009). Using Wiki technology to support student engagement: Lessons from the trenches. *Computers & Education, 52*(1), 141–146.

Copley, J. (2007). Audio and video podcasts of lectures for campus-based students: Production and evaluation of student use. *Innovations in Education and Teaching International, 44*(4), 387–399.

Dierenfeld, H., & Merceron, A. (2012). Learning analytics with excel pivot tables. https://research.moodle.net/56/1/15%20-%20Dierenfeld%20-%20Learning%20Analytics%20with%20Excel%20Pivot%20Tables.pdf. Zugegriffen am 22.05.2018.

Dringus, L. P., & Seagull, A. B. (2013). A five-year study of sustaining blended learning initiatives to enhance academic engagement in computer and information sciences campus courses. In *Blended learning research perspectives* (Bd. 2). New York: Taylor & Francis.

Ebner, M., & Schön, S. (2011). Lern-und Lehrvideos: Gestaltung, Produktion, Einsatz. In *Handbuch E-Learning* (Bd. 71). Erg. Lfg. Köln: Deutscher Wirtschaftsdienst (Wolters Kluwer Deutschland).

Fortenbacher, A., Pinkwart, N., & Yun, H. (2017). [LISA] Learning analytics for sensor-based adaptive learning. In *LAK '17 – Proceedings of the seventh international learning analytics & knowledge conference* (S. 592–593). New York: ACM.

Fournier, H., Kop, R., & Sitlia, H. (2011). The value of learning analytics to networked learning on a personal learning environment. In *Proceedings of the 1st international conference on learning analytics and knowledge* (S. 104–109). New York: ACM.

Garrison, D. R., & Kanuka, H. (2004). Blended learning: Uncovering its transformative potential in higher education. *The Internet and Higher Education, 7*(2), 95–105.

Govaerts, S., Verbert, K., Duval, E., & Pardo, A. (2012). The student activity meter for awareness and self-reflection. In *CHI'12 on human factors in computing systems* (S. 869–884). New York: Association for Computing Machinery.

Graham, C. R., Tripp, T. R., Seawright, L., & Joeckel, G. (2007). Empowering or compelling reluctant participators using audience response systems. *Active Learning in Higher Education, 8*(3), 233–258.

Hill, J. L., & Nelson, A. (2011). New technology, new pedagogy? Employing video podcasts in learning and teaching about exotic ecosystems. *Environmental Education Research, 17*(3), 393–408.

Homer, B. D., Plass, J. L., & Blake, L. (2008). The effects of video on cognitive load and social presence in multimedia-learning. *Computers in Human Behavior, 24*(3), 786–797.

Homme, J., Asay, G., & Morgenstern, B. (2004). Utilisation of an audience response system. *Medical Education, 38*(5), 575–575.

Horn, M. B., & Staker, H. (2014). *Blended: Using disruptive innovation to improve schools.* New York: Wiley.

Ifenthaler, D. (2017a). Are higher education institutions prepared for learning analytics? *TechTrends, 61*(4), 366–371.

Ifenthaler, D. (2017b). Studienerfolg mittels Learning Analytics – Handlungsempfehlungen für deutsche Hochschulen. https://www.wihoforschung.de/de/stela-1328. Zugegriffen am 18.02.2018.

Ivančević, V., Knežević, M., Pušić, B., & Luković, I. (2014). Adaptive testing in programming courses based on educational data mining techniques. In *Educational data mining* (S. 257–287). Cham: Springer.

Jordan, J. T., Box, M. C., Eguren, K. E., Parker, T. A., Saraldi-Gallardo, V. M., Wolfe, M. I., & Gallardo-Williams, M. T. (2015). Effectiveness of student-generated video as a teaching tool for an instrumental technique in the organic chemistry laboratory. *Journal of Chemical Education, 93*(1), 141–145.

Karasavvidis, I. (2010). Wiki uses in higher education: Exploring barriers to successful implementation. *Interactive Learning Environments, 18*(3), 219–231.

Kay, R. H., & LeSage, A. (2009). Examining the benefits and challenges of using audience response systems: A review of the literature. *Computers & Education, 53*(3), 819–827.

Kearney, M. (2011). A learning design for student-generated digital storytelling. *Learning, Media and Technology, 36*(2), 169–188.

Kearney, M., & Schuck, S. (2006). Spotlight on authentic learning: Student developed digital video projects. *Australasian Journal of Educational Technology, 22*(2), 189–208.

Khribi, M. K., Jemni, M., & Nasraoui, O. (2008). Automatic recommendations for e-learning personalization based on web usage mining techniques and information retrieval. In *Advanced learning technologies, 2008. ICALT'08. Eighth IEEE international conference* (S. 241–245). Chicago.

Kim, W. (2007). Towards a definition and methodology for blended learning. In *The proceedings of workshop on blended learning* (S. 1–8). Edinburgh: Pearson.

Knoblauch, H., & Schnettler, B. (2012). Videography: Analysing video data as a ‚focused' ethnographic and hermeneutical exercise. *Qualitative Research, 12*(3), 334–356.

Kotsiantis, S. B., Pierrakeas, C. J., & Pintelas, P. E. (2003). Preventing student dropout in distance learning using machine learning techniques. In *International conference on knowledge-based and intelligent information and engineering systems* (S. 267–274). Berlin: Springer.

Kuh, G. D. (2001). Assessing what really matters to student learning inside the national survey of student engagement. *Change: The Magazine of Higher Learning, 33*(3), 10–17.

Kukulska-Hulme, A., Foster-Jones, J., Jelfs, A., Mallett, E., & Holland, D. (2004). Investigating digital video applications in distance learning. *Journal of Educational Media, 29*(2), 125–137.

Kumar, A., Kumar, P., & Basu, S. C. (2001). Student perceptions of virtual education: An exploratory study. In: *Proceedings of 2001 information resources management association international conference* (S. 400–403). Toronto.

de Laat, M., Lally, V., Lipponen, L., & Simons, R. J. (2007). Investigating patterns of interaction in networked learning and computer-supported collaborative learning: A role for social network analysis. *International Journal of Computer-Supported Collaborative Learning, 2*(1), 87–103.

Lai, C., Lei, C., & Liu, Y. (2016). The nature of collaboration and perceived learning in wiki-based collaborative writing. *Australasian Journal of Educational Technology, 32*(3), 80–96.

Lang, C., Siemens, G., Wise, A., & Grasevic, D. (2017). *The handbook of learning analytics*. Society for Learning Analytics Research. https://doi.org/10.18608/hla17.

Li, N., Cohen, W., Koedinger, K. R., & Matsuda, N. (2011). A machine learning approach for automatic student model discovery. In *Proceedings of the 4th international conf on educational data mining* (S. 31–40). Eindhoven: EDM.

Li, N., Verma, H., Skevi, A., Zufferey, G., & Dillenbourg, P. (2014). MOOC learning in spontaneous study groups: Does synchronously watching videos make a difference? In *Proceedings of the European MOOC Stakeholder Summit 2014 (No. EPFL-CONF-196608)* (S. 88–94). Barcelona: PAU Education.

Li, N., Kidziński, Ł., Jermann, P., & Dillenbourg, P. (2015). MOOC video interaction patterns: What do they tell us? In *Design for teaching and learning in a networked world* (S. 197–210). Switzerland: Springer International Publishing.

Manso-Vázquez, M., & Llamas-Nistal, M. (2015). A monitoring system to ease self-regulated learning processes. *IEEE Revista Iberoamericana de Tecnologias del Aprendizaje, 10*(2), 52–59.

Meisel, S. (1998). Videotypes: Considerations for effective use of video in teaching and training. *Journal of Management Development, 17*(4), 251–258.

Mödritscher, F. (2006). E-learning theories in practice: A comparison of three methods. *Journal of Universal Science and Technology of Learning, 28*, 3–18.

Nelson, C., Hartling, L., Campbell, S., & Oswald, A. E. (2012). The effects of audience response systems on learning outcomes in health professions education. A BEME systematic review: BEME Guide No. 21. *Medical Teacher, 34*(6), e386–e405.

Nussbaumer, A., Hillemann, E. C., Gütl, C., & Albert, D. (2015). A competence-based service for supporting self-regulated learning in virtual environments. *Journal of Learning Analytics, 2*(1), 101–133.

Orús, C., Barlés, M. J., Belanche, D., Casaló, L., Fraj, E., & Gurrea, R. (2016). The effects of learner-generated videos for YouTube on learning outcomes and satisfaction. *Computers & Education, 95*, 254–269.

Owston, R., Lupshenyuk, D., & Wideman, H. (2011). Lecture capture in large undergraduate classes: Student perceptions and academic performance. *The Internet and Higher Education, 14*(4), 262–268.

Pardo, A., Mirriahi, N., Dawson, S., Zhao, Y., Zhao, A., & Gašević, D. (2015). Identifying learning strategies associated with active use of video annotation software. In *Proceedings of the fifth international conference on learning analytics and knowledge* (S. 255–259). New York: ACM.

Rabbany, R., Takaffoli, M., & Zaïane, O. R. (2011). Analyzing participation of students in online courses using social network analysis techniques. In *Proceedings of the 4th international conference on educational data mining* (S. 21–30). Eindhoven.

Ravi, G. A., & Sosnovsky, S. (2013). Exercise difficulty calibration based on student log mining. In *Proceedings of DAILE*, 13. Leon.

Reamer, A. C., Ivy, J. S., Vila-Parrish, A. R., & Young, R. E. (2015). Understanding the evolution of mathematics performance in primary education and the implications for STEM learning: A Markovian approach. *Computers in Human Behavior, 47*, 4–17.

Romero, C., Ventura, S., Pechenizkiy, M., & Baker, R. S. (Hrsg.). (2010). *Handbook of educational data mining*. Boca Raton: CRC press.

Ronchetti, M. (2010). Perspectives of the application of video streaming to education. In *Streaming media architectures, techniques, and applications: Recent advances* (S. 411). Toronto: ED-MEDIA.

Ryan, B. (2013). A walk down the red carpet: Students as producers of digital video-based knowledge. *International Journal of Technology Enhanced Learning, 5*, 24–41. Geneva: Inderscience Publishers.

Sage, K. (2014). What pace is best? Assessing adults' learning from slideshows and video. *Journal of Educational Multimedia and Hypermedia, 23*(1), 91–108.

Sahasrabudhe, V., & Kanungo, S. (2014). Appropriate media choice for e-learning effectiveness: Role of learning domain and learning style. *Computers & Education, 76*, 237–249.

Scheffel, M., Niemann, K., Leony, D., ..., & Kloos, C. D. (2012). Key action extraction for learning analytics. In *Conference on technology enhanced learning* (S. 320–333). Berlin: Springer.

Schmidt-Weigand, F., Kohnert, A., & Glowalla, U. (2010). A closer look at split visual attention in system-and self-paced instruction in multimedia learning. *Learning and Instruction, 20*(2), 100–110.

Schön, S., & Ebner, M. (Hrsg.). (2013). *Lehrbuch für Lernen und Lehren mit Technologien* (2. Aufl).

Schuck, S., & Kearney, M. (2006). Capturing learning through student-generated digital video. *Australian Educational Computing, 21*(1), 15–20.

Scott, J. (2017). *Social network analysis*. Thousand Oaks: Sage.

Sharma, K., Mangaroska, K., Trætteberg, H., Lee-Cultura, S., & Giannakos, M. (2018). Evidence for programming strategies in university coding exercises. In *European Conference on Technology Enhanced Learning* (S. 326–339). Cham: Springer.

Sherer, P., & Shea, T. (2011). Using online video to support student learning and engagement. *College Teaching, 59*(2), 56–59.

Siemens, G., & d Baker, R. S. (2012). Learning analytics and educational data mining: Towards communication and collaboration. In *Proceedings of the 2nd international conference on learning analytics and knowledge* (S. 252–254). New York: ACM.

Slade, S., & Prinsloo, P. (2013). Learning analytics: Ethical issues and dilemmas. *American Behavioral Scientist, 57*(10), 1510–1529.

So, H.-J., & Brush, T. A. (2008). Student perceptions of collaborative learning, social presence and satisfaction in a blended learning environment: Relationships and critical factors. *Computers & Education, 51*(1), 318–336.

Sonnleitner, M., Prock, S., Kirchhoff, P., & Rank, A. (Hrsg.). (2018). *Video-und Audiografie von Unterricht in der LehrerInnenbildung: Planung und Durchführung aus methodologischer, technisch-organisatorischer, ethisch-datenschutzrechtlicher und inhaltlicher Perspektive*. Stuttgart: UTB GmbH.

Tempelaar, D. T., Rienties, B., & Giesbers, B. (2015). In search for the most informative data for feedback generation: Learning Analytics in a data-rich context. *Computers in Human Behavior, 47*, 157–167.

Thomas, E. H., & Galambos, N. (2004). What satisfies students? Mining student-opinion data with regression and decision tree analysis. *Research in Higher Education, 45*(3), 251–269.

Traphagan, T., Kucsera, J. V., & Kishi, K. (2010). Impact of class lecture webcasting on attendance and learning. *Educational Technology Research and Development, 58*(1), 19–37.

Wolff, A., Zdrahal, Z., Nikolov, A., & Pantucek, M. (2013). Improving retention: Predicting at-risk students by analysing clicking behaviour in a virtual learning environment. In *Proceedings of the third international conference on learning analytics and knowledge* (S. 145–149). New York: ACM.

Zhang, D., Zhou, L., Briggs, R. O., & Nunamaker, J. F. (2006). Instructional video in e-learning: Assessing the impact of interactive video on learning effectiveness. *Information & Management, 43*(1), 15–27.

**Dr. Malte Persike** ist pomovierter Diplom-Psychologe und habilitierte sich 2016 an der Johannes Gutenberg-Universität Mainz. Derzeit ist er wissenschaftlicher Leiter des Center für Lehr- und Lernservices an der RWTH Aachen. Zuvor war er als Wissenschaftler an der Johannes Gutenberg-Universität Mainz und widmete sich dort der Lehre von Statistik und empirischen Methoden. Im Jahr 2012 erhielt Malte Persike den Ars legendi-Preis für exzellente Hochschullehre für seine innovativen Lehr- und Prüfungskonzepte, 2014 wurde ihm der Landeslehrpreis des Landes Rheinland-Pfalz verliehen.

# Der Inverted Classroom – eine Königsdisziplin der digitalen Hochschullehre?

Bertram Bühner und Julia Sommer

Wenn man die Verbreitung der *Inverted* oder *Flipped Classroom*-Methode an deutschen Universitäten heute betrachtet, trifft man auf ein sehr heterogenes Bild: an vielen Hochschulen handelt es sich bereits um ein etabliertes Lehrformat, das nicht mehr als große Besonderheit angesehen wird. Ebenso gibt es aber auch Standorte, an denen das Format neugierig bis kritisch beäugt wird und einzelne Fächer, in die es noch gar keinen Eingang gefunden hat.

Das Konzept an sich ist so alt wie eigentlich unspektakulär: Inhalte werden nicht in einer Vorlesung (einer Praktikumseinführung, einem Input im Seminar etc.) vermittelt, sondern müssen zuhause erarbeitet werden. Die Studierenden müssen sich also auf die Präsenzveranstaltung vorbereiten, in der die Inhalte dann in interaktiver Form aufgegriffen und vertieft werden.

Lässt man digitale Aspekte außer Acht, dann funktionieren die Geisteswissenschaften im Wesentlichen schon immer nach diesem Prinzip: Literatur wird vorbereitend gelesen und im Seminar diskutiert. Das selbstständige und vorbereitende Erarbeiten von Inhalten kennen wir alle aus Schule oder Hochschule – denn wer kann schon einer Mathestunde oder -vorlesung lauschen und hat dann allen Stoff verinnerlicht?

Mit der Etablierung von Semesterausleihen in den Universitätsbibliotheken ist die Notwendigkeit einer Vorlesung zur reinen Inhaltsvermittlung für die meisten Fächer nicht mehr gegeben und spätestens, seit es einen Großteil der Lehrbücher auch als Online-Ressource gibt, fragwürdig. Dies wurde von vielen Lehrenden bereits verstanden und daraus abgeleitet, dass die Vorlesung gegenüber dem (Vor-)lesen von Büchern einen Mehrwert bieten muss.

---

B. Bühner · J. Sommer (✉)
Zentrum Naturwissenschaften, Goethe-Universität Frankfurt, Frankfurt am Main, Deutschland
E-Mail: buehner@iau.uni-frankfurt.de; sommer@bpc.uni-frankfurt.de

© Springer Fachmedien Wiesbaden GmbH, ein Teil von Springer Nature 2020
M. Friedrichsen, W. Wersig (Hrsg.), *Digitale Kompetenz*, Synapsen im digitalen Informations- und Kommunikationsnetzwerk,
https://doi.org/10.1007/978-3-658-22109-6_13

Im Kontext der Digitalisierung im Hochschulkontext setzt der Inverted Classroom insbesondere auf digitale oder virtuelle Inhalte, die den Studierenden online zugänglich gemacht werden.

Die zwei kritischen Punkte, die es zu adressieren gilt, sind daher

- die Erstellung bzw. Nutzung von didaktisch sinnvollem Material und
- die Ausgestaltung der Präsenzzeit.

### Was wird für das Selbststudium benötigt?

Die meisten Dozentinnen und Dozenten erstellen ihr Lehrmaterial selbst, nicht selten in Form von Erklärvideos – obwohl es bereits zu fast allen Themen eine große Zahl frei verfügbarer Materialien und Videos gibt. Ein Grund dafür ist, dass Auswahl und Präsentation von Inhalten immer persönlicher Ausdruck der Lehrperson ist und überdies jeder Studiengang seine eigene Schwerpunktsetzung hat. Darüber hinaus herrscht bei vielen Lehrenden Unsicherheit hinsichtlich der rechtlichen Rahmenbedingungen und der Frage, ob und in welcher Form bereits vorhandenes und ggf. urheberrechtlich geschütztes Material verwendet werden darf.

Eine besondere Bedeutung kommt der Aufgabe zu, Inhalte zu identifizieren, die sich am besten zum selbstgesteuerten, individuellen Lernen eigenen. Dies gilt nicht zwingend für jeden Aspekt des eigentlichen Lernstoffs.

Die ausgewählten Inhalte müssen im Folgenden didaktisch sinnvoll und entsprechend technologieunterstützt aufbereitet werden. Die Erstellung von eigenen Lehrvideos ist meist mit großem zeitlichem Aufwand und auch mit Kosten verbunden. Viele Universitäten verfügen mittlerweile jedoch über zentrale Service-Einrichtungen, die die Erstellung von Videos oder anderem Online-Material unterstützen und Technik, entsprechende Räume und auch Fortbildungen anbieten. Spezielle Förderfonds sollen die Motivation der Lehrenden steigern, digitale Lehrformate einzuführen.

Einmal entwickeltes Lehrmaterial kann mit leichten Anpassungen immer wieder verwendet werden, womit der Aufwand auch wirtschaftlich lohnend ist: für die meisten Lehrenden ist ein wichtiges Kriterium, um den Inverted Classroom einzuführen.

### Was wird aus der Präsenzzeit?

Bereits gut etablierte Lehrende des Inverted Classrooms nutzen die Vorlesungszeit für die Bearbeitung und Diskussion von Mathematikaufgaben (Prof. Dr. Christian Spannagel, PH Heidelberg) oder setzen humanoide Lehrroboter ein (Prof. Dr. Jürgen Handke, Philipps-Universität Marburg).

Eine Möglichkeit, den Inverted Classroom zu gestalten, bietet die Methode der *Peer-Instruction*. Sie wurde ursprünglich in der Physik-Lehre entwickelt, wo das Verinnerlichen grundlegender Konzepte physikalischer Vorgänge besonders wichtig ist (Mazur 1997). Hier lässt der Dozent oder die Dozentin die Studierenden über Single-Choice-Fragen abstimmen (dazu werden meist Audience-Response-Systeme genutzt). Je nach Anteil korrekter Antworten schließen sich daran Gruppendiskussionen und erneute Abstimmungen an. Diese Methode verfolgt das Ziel, dass sich das korrekte Verständnis in den Diskussionen der Studierenden durchsetzt. Nur falls notwendig werden die Inhalte noch einmal erklärt.

Die Lehrveranstaltung wird so auch für die Lehrenden bereichernd, da sie mit den Studierenden in Interaktion sind und sich ihre Aufgabe nicht darauf beschränkt, die (immer gleichen) grundlegenden Inhalte vorzutragen. Außerdem bekommen sie so einen deutlich besseren Eindruck vom Lernstand der Studierenden und können dies als Feedback für die weitere Anpassung ihrer Lehre nutzen.

Da das selbstgesteuerte, vorbereitende Lernen nicht selbstverständlich gut funktioniert, ist es ratsam, hier zusätzliche Hilfestellungen zu geben, wie z. B. die zeitliche Strukturierung der Aufgaben oder die Nutzung von Anreizsystemen.

Die Methode des *Just in Time Teaching* ist eine Form des Inverted Classrooms, die noch einen Schritt weitergeht: Die Studierenden müssen bis kurz vor der Präsenzveranstaltung Aufgaben bearbeiten, die sicherstellen sollen, dass sie sich tatsächlich mit den Inhalten auseinandersetzen. Außerdem müssen sie der Dozentin oder dem Dozenten Feedback geben (z. B. anhand kurzer Online-Tests) oder Fragen stellen. Anhand dieser Rückmeldungen bereitet die Lehrperson die Präsenzzeit vor, in der Fragen beantwortet oder wichtige Punkte erläutert werden. Diese kann auch interaktiv gestaltet werden, wie z. B. durch *Peer-Instruction* oder die Arbeit in Kleingruppen. So wird auch das soziale Lernen gefördert und die häufig vorgebrachte Kritik, dass e-Learning zu einer Entfremdung und sozialen Distanz zwischen den Studierenden und vom Lehrenden führt, widerlegt.

## Was kann der Inverted Classroom für die Hochschule tun?

Die Vorteile des Inverted Classrooms liegen auf der Hand, insbesondere für große Grundlagenveranstaltungen, in denen semesterweise das mehr oder weniger „Gleiche" gelehrt wird.

Dennoch wird die Frage nach dem Mehrwert oder Sinn dieser Lehrmethode häufig gestellt und Lehrende, die das Konzept des Inverted Classrooms anwenden, stehen gegenüber Kolleginnen und Kollegen stets unter Rechtfertigungsdruck.

Hochschulen haben sich seit einigen Jahren auf die zunehmende Heterogenität und Diversität von Studierenden eingestellt und Maßnahmen und Konzepte eingeführt, die dieser Vielfalt Rechnung tragen sollen. Diese Vielfalt äußert sich einerseits in sehr unterschiedlichen Vorkenntnissen der StudienanfängerInnen, die mit zunehmend diversen Bildungsbiografien an die Universität kommen. Andererseits müssen viele Studierende Aufgaben in der Familie übernehmen oder sich neben dem Studium ihren Lebensunterhalt verdienen. E-Learning wird oft als eine Art Wunderwaffe angesehen, da es das Lernen flexibel macht und sich der Lebenswirklichkeit der Studierenden anpasst. Damit dies gelingen kann, muss jedoch die notwendige Infrastruktur seitens der Universität vorhanden sein. Ebenso wird ein hohes Maß an Motivation und Eigenverantwortung seitens der Lernenden verlangt.

Der Inverted Classroom und insbesondere Formen wie das *Just in Time Teaching* bieten eine gute Möglichkeit, den (Selbst-)Lernprozess zu strukturieren und mit den Präsenzzeiten zu verknüpfen, wodurch die Studierenden nicht völlig alleine und frei, sondern weiterhin sozial eingebunden und getaktet arbeiten können. Anreicherungskonzepte mit freiwilligen Zusatzaufgaben in Form von online bereitgestelltem Material oder auch von Online-Kursen werden ohne eine Rückbindung an eine Lehrveranstaltung oder eine Leistungskontrolle von Studierenden kaum angenommen (Persike und Friedrich 2016).

Für den oder die Lehrende sind eher individuelle Gründe ausschlaggebend, auf digitale Lehre umzusteigen. Laut Graham et al. (2005) haben Lehrende bei einer Befragung die folgenden drei Hauptgründe angegeben:

- Didaktische Bereicherung
- Bessere Verfügbarkeit und Flexibilität
- Kostenersparnis/Ökonomische Gründe

Als didaktische Bereicherung wird dabei die Förderung von aktivem und selbstgesteuertem Lernen genannt. Dass sich die Lernkompetenzen der Studierenden ihrer eigenen Einschätzung nach tatsächlich verbessern, konnte Sommer (2018) in einem Lehrforschungsprojekt zum Inverted Classroom bestätige.

Der ressourcenorientierte Blick auf den Inverted Classroom ist – ebenso wie auf andere Formate der digitalen Lehre – legitim und häufig ein Türöffner, um Lehrende für dieses Lehrformat zu gewinnen. Er sollte jedoch nicht der Hauptgrund sein, um auf den Inverted Classroom zu setzen. Ebenso ist dieser auch kein garantiertes Allheilmittel für Schwierigkeiten in Lehrveranstaltungen (schwindende Anwesenheit, zunehmende Diversität, schlechte Bestehensquoten, …), sondern kann nur wirksam werden, wenn er entsprechend durchdacht und auf Lehrformat und Inhalte angepasst ist.

Digitale Lehre kann in Einzelfällen durchaus als Problemlösungsstrategie eingesetzt werden. Wir möchten aber dafür plädieren, auch in gut funktionierenden Lehrveranstaltungen digitale Inhalte schon deshalb einzusetzen, *weil es möglich ist.*

## Mehr digitale Kompetenz!

Die Vielzahl digitaler Medien, die heute insbesondere über das Internet genutzt werden, sind heute weit mehr Teil der Lebenswirklichkeit (junger) Menschen, als es gedruckte Bücher sind: Das Nutzungsverhalten hat sich verändert; das Anschauen von Videos und die Suche nach Informationen im Internet sind bereits etablierte Gewohnheiten der Studierenden, was auf das Mitschreiben und Aufarbeiten von Vorlesungsinhalten nicht zutrifft.

Sicherlich sind letzteres Kompetenzen, die zur Studierfähigkeit zählen und von denen man erwarten kann, dass sich Studierende diese aneignen. Ebenso müssen aber auch die digitalen Kompetenzen weiter gefördert werden. Eine dem jeweiligen Ziel angepasste Nutzung sowohl der digitalen als auch der analogen Medienwelt bereichert die Hochschullehre und nähert sie den Gewohnheiten der Studierenden an. Beide Medienwelten können gerade durch ihre Verzahnung ihre Potenziale in Lehre und Studium voll entfalten. Tatsächlich ergibt sich daraus ein starker Vorteil für die traditionellen Präsenzuniversitäten, denn hier können beide Formen neben- und miteinander eingesetzt werden.

Hochschulen, die sich alleine auf die tradierten Formen des analogen Lernens zurückziehen, laufen zudem Gefahr, den Anschluss zu verlieren – und damit auch den Einfluss auf die Gestaltung und Deutungshoheit digitaler Wissens- und Kompetenzvermittlung.

Eine Herausforderung stellen hier allerdings die erforderlichen digitalen Kompetenzen dar – und zwar sowohl auf Seiten der Lehrenden als auch auf Seiten der Studierenden.

Der Stifterverband hat in einem Diskussionspapier zu den „Future Skills" festgestellt, dass 18 Kompetenzen für die Zukunft besonders wichtig sind: davon gehören 13 zu dem Bereich technologische Fähigkeiten und digitale Grundkompetenzen und 5 sind allgemeiner, nicht digitaler Natur (Kirchherr et al. o. J., Stifterverband). Es ist also Aufgabe der Hochschulen, Studierenden Kompetenzen zu vermitteln, die sie auf eine digitale Zukunft vorbereiten. Der kritische Umgang mit virtuellen Medien und Inhalten sowie die selbstverständliche Nutzung digitaler Formen von Kommunikation und Kooperation kann und muss an der Universität vermittelt und geübt werden.

Dies gelingt allerdings nur mit überzeugten und entsprechend (medien-)kompetenten Lehrenden. Leitbilder und offizielle Digitalisierungsstrategien von Universitäten sind zwar ein erster Schritt; häufig aber *top-down* formuliert und nicht Ausdruck der Meinung einer Mehrheit von Lehrenden. Der Universität fällt die Aufgabe zu, die optimalen Gelingensbedingungen für gute Lehre zu schaffen. Dazu gehört neben der nötigen technischen Infrastruktur auch die Personalentwicklung und die Qualifizierung der Lehrenden. Förderlinien, Fortbildungen und Anreizprogramme können die Sichtbarkeit innovativer und guter Lehre erhöhen und die Hochschulen zukunfts- und konkurrenzfähiger machen.

Das individuell passende Lehrformat auszuwählen und umzusetzen bleibt jedoch Sache jedes einzelnen Lehrenden – und das ist auch gut so.

## Literatur

Graham, C. R., Allen, S., & Ure, D. (2005). Benefits and challenges of blended learning environments. In M. Khosrow-Pour (Hrsg.), *Encyclopedia of information science and technology* (S. 253–259). Hershey: Idea Group.

Kirchherr, J., Klier, J., Lehmann-Brauns, C., & Winde, M.. (o. J.). *Future Skills: Welche Kompetenzen in Deutschland fehlen*. Diskussionspapier 1. Essen: Stifterverband für die Deutsche Wissenschaft e.V. https://www.stifterverband.org/download/file/fid/6360. Zugegriffen am 08.01.2018.

Mazur, E. (1997). *Peer instruction: A user's manual* (Series in educational innovation). Saddle River: Prentice Hall. Archived 2011-10-09 at the Wayback Machine.

Persike, M., & Friedrich, J.-D. (2016). *Lernen mit digitalen Medien aus Studierendenperspektive* (Arbeitspapier Nr. 17). Berlin: Hochschulforum Digitalisierung.

Sommer, J. (2018). Bessere Kursvorbereitung durch das Inverted Classroom Konzept. In *Neues Handbuch Hochschullehre*. Berlin: DUZ Verlags- und Medienhaus GmbH (angenommen).

**Bertram Bühner** ist Diplom-Meteorologe und seit 2011 für E-Learning-Koordination am Zentrum Naturwissenschaften an der Goethe-Universität in Frankfurt zuständig. Er berät Lehrende zur Implementierung von E-Learning-Maßnahmen und begleitet verschiedene Projekte zur Digitalisierung der Lehre in den verschiedenen naturwissenschaftlichen Fächern, von der Contenterstellung bis hin zur Entwicklung von Lernanwendungen.

**Dr. Julia Sommer** leitet seit 2011 das Zentrum Naturwissenschaften an der Goethe-Universität in Frankfurt. Nach dem Studium der Biologie und Promotion an der Philipps-Universität in Marburg hat sie sich auf Lehr- und Unterstützungsangebote im Grundlagenstudium der Naturwissenschaften fokussiert und das Just-in-Time Teaching für Praktika in den Biowissenschaften eingeführt. 2018 war Julia Sommer Themenpatin im Qualifizierungsspecial für Lehrende von e-teaching.org, dem HFD und der GMW für Blended Learning für Großgruppen.

# Hochschul(aus)bildung im Zeitalter der Digitalisierung – Ziele und Kompetenzanforderungen

Tobias Seidl

Die Digitalisierung – in Form von neuen Technologien, intelligenten Systemen, neuen Medienlandschaften und einer Zunahme verfügbarer Daten – hat das Potenzial Arbeit und Gesellschaft tief greifend zu verändern. Das Bildungssystem sieht sich durch die Digitalisierung an verschiedensten Stellen herausgefordert:

1. Das Bildungssystem ist zum einen Getriebener der Entwicklung, sowohl im Hinblick auf die Lehr-/Lernrealität als auch im Hinblick auf die Anforderungen, die an Bildungseinrichtungen formuliert werden. Man denke beispielsweise an die Allgegenwärtigkeit von Smartphones in Hörsälen und Klassenzimmern oder die Klagen der Lehrenden über die geringer werdende Aufmerksamkeitsspanne der Lernenden. Zum zweiten Punkt fallen einem die unterschiedlichsten regelmäßig auftauchenden Forderungen aus Politik und Wirtschaft ein, welche Kompetenzen auf dem Arbeitsmarkt im Moment dringend benötigt werden und dass „das Bildungssystem" diese doch bitte kurzfristig bereitzustellen habe.
2. Zum anderen kann und sollte das Bildungssystem jedoch Innovator und Treiber der Entwicklung sein. Um diese Rolle erfüllen zu können, müssen zwei grundsätzliche Fragen beantwortet werden: Was sind die Ziele von (Aus-)Bildung im digitalen Zeitalter? Mit welchen Kompetenzen sollen die Lernenden einen (bestimmten) Teil des Bildungssystems wieder verlassen? Für den Bereich der Hochschulen will ich an dieser Stelle mögliche Antworten auf diese Fragen skizzieren.

---

T. Seidl (✉)
Stuttgart Media University, Stuttgart, Deutschland
E-Mail: seidl@hdm-stuttgart.de

© Springer Fachmedien Wiesbaden GmbH, ein Teil von Springer Nature 2020
M. Friedrichsen, W. Wersig (Hrsg.), *Digitale Kompetenz*, Synapsen im digitalen Informations- und Kommunikationsnetzwerk,
https://doi.org/10.1007/978-3-658-22109-6_14

## Ziele von Hochschul(aus)bildung im digitalen Zeitalter

Die Digitalisierung stellt den Einzelnen in den verschiedenen Lebensbereichen, egal ob Beruf oder Privatleben, sowie die Gesellschaft insgesamt vor neue Herausforderungen. Beispielsweise werden wir das ganz oder teilweise Wegfallen vieler, auch akademischer, Berufsbilder erleben. Dolmetscher, wie wir sie heute kennen, wird es vermutlich in 10 Jahren nicht mehr geben. Gleichzeitig entstehen aber auch neue Berufsbilder mit einem veränderten Anforderungsprofil – z. B. ein Big Data Mediziner. Für die Hochschulen stellt sich damit eine große Herausforderung: Wir bilden unsere Studenten/innen dafür aus, Berufsfelder zu besetzen, die es heute noch nicht gibt, Probleme zu lösen, die wir heute noch nicht kennen und dabei Technologien zu nutzen, die wir uns noch nicht vorstellen können. Zudem müssen wir die Studierenden befähigen, sich in einer sich schnell wandelnden Gesellschaft einbringen und diese mitgestalten zu können.

Aus den skizzierten Überlegungen lassen sich Ziele für Hochschul(aus)bildung ableiten, die auch ohne weiteres an die heute bestehenden Vorgaben des Akkreditierungsrates (2013) anschlussfähig sind. Unstrittig sind wohl die beiden – im Rahmen der Umsetzung der Bolognareform – umfassend diskutierten Ziele wissenschaftliche oder künstlerische Befähigung und die Befähigung eine qualifizierte Erwerbstätigkeit aufzunehmen. Im Hinblick auf den schnellen Wandel ist es jedoch von großer Bedeutung nicht nur ein festes Set an instrumentellen Fähigkeiten oder deklaratives Wissen zu erwerben, sondern die Befähigung, sich in Berufs- und Tätigkeitsfeldern bewähren zu können, die durch eine offene Gestaltung, sich wandelnde Anforderungen sowie ein breites Aufgabenspektrum gekennzeichnet sind. Diese Tätigkeitsfelder verlangen in hohem Maße Selbstständigkeit und Verantwortungsübernahme in der Problemdefinition und -lösung. Kurz gesagt: Ausbildung für das reflektierte und aktive Handeln und Entscheiden. Im Hinblick auf die Halbwertszeit von deklarativem Wissen und das oben angesprochene Verschwinden und Neuentstehen von Berufsbildern ist hier insbesondere die Vorbereitung auf lebenslanges Lernen und die Entwicklung einer hohen Ambiguitätstoleranz von großer Bedeutung.

Damit sind wir schon bei der nächsten Zielebene des Akkreditierungsrates angelangt, der Persönlichkeitsentwicklung. Dieses (Bologna) Schlagwort wird leider an den meisten Hochschulen weder klar definiert noch systematisch in der Lehre adressiert. Versteht man die Persönlichkeit als (zumindest in Teilen beeinflussbaren) Ausprägungsgrad verschiedener Fähigkeiten, Interessen und Einstellungen (Preckel und Frey 2005), wird jedoch klar, dass ein Adressieren von motivationalen Orientierungen und (Wert-)Haltungen in der Hochschullehre dazu beitragen könnte Studierende auf eine (hoch)dynamische Gegenwart und Zukunft vorzubereiten. Die Bedeutung dieser Faktoren wird spätestens auch dann klar, wenn man das Konstrukt Kompetenz noch einmal näher betrachtet: Kompetenz als Befähigung zum Handeln in offenen Situationen, besteht aus einem integrierten Bündel von komplexem Wissen, Fertigkeiten, Fähigkeiten und eben motivationalen Orientierungen und (Wert-)Haltungen (Schaper et al. 2012). In der akademischen Lehre muss also ein Rahmen geschaffen werden, in dem alle diese Aspekte erworben und entwickelt werden können. Motivation und Haltung müssen dabei zwingend vorhanden sein, damit das Individuum in offenen Situationen handlungsfähig wird. Ein Blick auf die aktuelle Situation an Hochschulen zeigt jedoch, dass diesem Aspekt noch sehr wenig Beachtung geschenkt wird und wenig strukturierte Konzepte zur Adressierung dieses Desiderats vorliegen (Seidl et al. 2018). Hier gibt es also dringenden Handlungsbedarf!

Eine weitere wichtige Zielebene ist die Befähigung zum gesellschaftlichen Engagement. Unsere Absolventinnen und Absolventen gestalten durch ihr Handeln – im Privaten wie im Beruf – bewusst oder unbewusst unsere Gesellschaft. Ziel der Hochschulbildung muss es sein, die Studierenden zunächst einmal für die Implikationen ihres Handelns zu sensibilisieren. Die Entwicklung und Umsetzung einer technischen oder sozialen Innovation findet nie im luftleeren Raum statt, sondern zeigt Wirkung. Dies zu wissen und auf der Grundlage der Abschätzung der Konsequenzen bewusste Entscheidungen zu treffen, sollte ein/eine Studierende/r im Laufe seines/ihres Studiums lernen. Dafür ist es wichtig, die eigenen intellektuellen und technischen Fähigkeiten in einen Wertekanon einordnen zu können, der Orientierung und Maßstäbe für das eigene Handeln liefert. Zudem sollte sie/er die Bereitschaft entwickeln, Gesellschaft und Wirtschaft (im Sinne seines/ihres Wertekanons) aktiv gestalten zu wollen. Auch dieser Forderung würden sicherlich viele Hochschulangehörige lautstark zustimmen – die Frage, wie sich das jedoch strukturiert in der Lehre abbilden lässt, ist an den meisten Standorten noch nicht gelöst.

## Notwendige Kompetenzen

Der (digitale) Wandel führt zu neuen bzw. anders gewichteten Kompetenzanforderungen an die Menschen – jetzt und vor allem auch in der Zukunft. Als zentrale Frage stellt sich für Hochschulen und andere Bildungseinrichtungen: Welche Kompetenzen brauchen unsere Absolventinnen und Absolventen dafür? Bei einem näheren Blick wird deutlich, dass es neben fachlichen Kompetenzprofilen ein Kompetenzset zu geben scheint, dass zur „Zukunftsfitness" aller Menschen beitragen kann. Diese Kompetenzen werden oft auch als „21st century skills" bezeichnet. Mit diesem Begriff soll deutlich gemacht werden, dass diese Kompetenzen stärker aus den Bedürfnissen aktueller Zukunftstrends und -szenarien abgeleitet sind als aus den Anforderungen industrieller Produktion in der Tradition des 20. Jahrhunderts. Die so entstandenen Kompetenzmodelle sind für die Studiengangsentwicklung an Hochschulen von großer Bedeutung, da sie zur Ableitung von (überfachlichen) Kompetenzprofilen von Absolventen nicht nur für die Lebens- und Arbeitswelt von heute, sondern für die Lebens- und Arbeitswelt von übermorgen genutzt werden können.

Eine internationale Forschungsgruppe hat die Inhalte verschiedener Rahmenmodelle zusammengefasst und konsolidiert (Binkley et al. 2012). Das dabei entstandene Meta-Modell KSAVE kann so die Limitationen einzelner Studien ausgleichen. Das Modell besteht aus zehn Kompetenzbereichen, die jeweils auf drei Ebenen – Knowledge, Skills, Attitudes, Values and Ethics (vgl. dazu auch die Ausführungen zur Kompetenz als integriertes Bündel oben) – beschrieben werden:

**Meta-Modell KSAVE**
Ways of thinking – In dieser Kategorie stehen Denkfähigkeiten höherer Ordnung und insbesondere die Steuerung eigener Lernprozesse im Mittelpunkt:

1. Kreativität und Innovation
2. Kritisches Denken, Problemlösung, Entscheidungsfähigkeit
3. Lernen lernen und Metakognition

Ways of working – hier geht es um die professionelle Gestaltung von Zusammenarbeit:

4. Kommunikation
5. Zusammen- und Teamarbeit

Tools for working – diese Kategorie adressiert Kompetenzen für die Nutzung neuer Technologien:

6. Informationskompetenz
7. Umgang mit Informations- und Kommunikationstechnologie

Living in the world – hier werden die notwendigen Kompetenzen zur aktiven Gestaltung des eigenen Lebens sowie zur gesellschaftlichen Teilhabe adressiert:

8. Gesellschaftliches Engagement (lokal und global)
9. Leben- und Karriereplanung/-gestaltung
10. Eigenverantwortung und soziale Verantwortung (inklusive kultureller Sensibilität und interkultureller Kompetenz)

Für einen umfassenden Blick auf die Kompetenzprofile von Absolventinnen und Absolventen hilft es, die Kompetenzziele von Modulen und Studiengängen aus den Perspektiven heute, morgen und übermorgen zu betrachten (Seidl 2017):

I. Heute: welche Kompetenzen benötigen Studierende, um ihr Studium erfolgreich absolvieren zu können?
II. Morgen: welche Kompetenzen benötigen Studierende, um in der aktuellen Lebens- und Arbeitswelt erfolgreich bestehen zu können?
III. Übermorgen: welche Kompetenzen benötigen Studierende, um in der Lebens- und Arbeitswelt der Zukunft erfolgreich bestehen zu können?

Insbesondere die dritte Perspektive fällt heute leider zu oft unter den Tisch. Das KSAVE Modell kann genutzt werden, um diese Leerstelle zu füllen, da es als abgesicherte Quelle für die Ableitung von notwendigen Zukunftskompetenzen genutzt werden kann. Hier sind jetzt die Hochschulen gefragt, die Kompetenzprofile ihrer Studiengänge zu überprüfen und geeignete didaktische Szenarien zu implementieren.

## Konsequenzen für die Hochschulen

Die Umsetzung der beschriebenen Ziele von Hochschul(aus)bildung im digitalen Zeitalter sowie die Integration von 21st century skills in hochschulische Curricula machen an den Hochschulen vielerorts ein Nach- und Umdenken über bisherige Vorgehensweisen und Überzeugungen notwendig (Arbeitsgruppe Curriculum 4.0 2018). Dies beginnt mit einer Verständigung unter den an Hochschul(aus)bildung beteiligten Stakeholdern über Vision und Mission der einzelnen Hochschulen in Zeiten der Digitalisierung. Dabei müssen Fragen geklärt werden wie:

- Wie verändert Digitalisierung Wirtschaft und Gesellschaft und wie müssen wir (als Individuen/als Hochschule) darauf reagieren?
- Welche neuen Kompetenzen müssen wir in die Curricula aufnehmen bzw. vorhandene Inhalte neu gewichten?
- Wie können wir den Erwerb von Kompetenzen (als integrierte Bündel) effektiv begleiten?
- Welche Rückwirkungen hat das auf die Studierenden, die Lehrenden sowie die Organisation Hochschule?

Diese Fragen müssen immer in den einzelnen Hochschulen verhandelt werden – alleine um den notwendigen Rückhalt bei den Stakeholdern entwickeln und individuelle Besonderheiten beachten zu können. Trotzdem lassen sich einige grundsätzliche Notwendigkeiten (an dieser Stelle aus Platzgründen nur kurz skizziert) feststellen: Digitalisierung hat sowohl Einfluss auf das „Wie" des Lernens als auch das „Was" des Lernens – hat also für Hochschulen inhaltliche und didaktische Konsequenzen. Bei der Einrichtung und Weiterentwicklung von Curricula/Modulen müssen deshalb aktuelle technologische und gesellschaftliche Trends auf beiden Ebenen aufgegriffen werden. Curriculums(weiter)entwicklung ist dabei als andauernder, vielleicht sogar agiler, Prozess zu betrachten, der sich nicht nur an festen Akkreditierungszyklen und -instrumenten orientiert (Seidl und Vonhof 2017). Die sich schnell verändernden Anforderungen in Beruf und Gesellschaft machen zudem notwendig, dass sich Hochschulen als wichtige Partner im Life-Long-Learning verstehen. Dies bedeutet zum einen die Entwicklung von Kompetenzen (im oben beschriebenen Sinn) sowie insbesondere Lernkompetenz als zentrale Metakompetenz zu fördern; zum anderen muss die Durchlässigkeit des Systems Hochschule (im Hinblick auf Zielgruppen und eine heterogene Studierendenschaft) erhöht werden. Mittel dazu sind etwa die Einrichtung von Nano-Degrees und die Entwicklung von zielgruppenspezifischen postgradualen Weiterbildungsangeboten.

Nicht zuletzt (und vermutlich mit höchster Priorität) müssen sich aber Hochschulen und deren Mitarbeiterinnen und Mitarbeiter selbst als Life-Long-Learner verstehen. Auch hier sind Ambiguitätstoleranz, die Bereitschaft zum Wandel und zur eigenen Weiterentwicklung (sowohl didaktisch aber auch fachlich/inhaltlich) sowie zur proaktiven Gestaltung der Zukunft zentrale Voraussetzungen, um die Herausforderungen, vor die uns die Digitalisierung stellt, bewältigen zu können.

## Literatur

Akkreditierungsrat. (2013). Regeln für die Akkreditierung von Studiengängen und für die Systemakkreditierung. http://www.akkreditierungsrat.de/fileadmin/Seiteninhalte/AR/Beschluesse/AR_Regeln_Studiengaenge_aktuell.pdf. Zugegriffen am 01.12.2018.

Arbeitsgruppe Curriculum 4.0. (2018). Curriculumentwicklung und Kompetenzen für das digitale Zeitalter – Thesen und Empfehlungen der AG Curriculum 4.0 des Hochschulforum Digitalisierung. Arbeitspapier Nr. 39. Berlin: Hochschulforum Digitalisierung. https://hochschulforumdigitalisierung.de/sites/default/files/dateien/HFD_AP_Nr39_Empfehlungen_der_AG_4_0_WEB.pdf. Zugegriffen am 01.12.2018.

Binkley, M., Erstad, O., Herman, J., Raizen, S., Ripley, M., Miller-Ricci, M., & Rumble, M. (2012). Defining twenty-first century skills. In P. Griffin & E. Care (Hrsg.), *Assessment and teaching of 21st century skills. Methods and approach* (S. 17–66). Dordrecht: Springer.

Preckel, D., & Frey, K. (2005). Erzeugt das Hochschulstudium messbare Persönlichkeitsveränderung? In S. Spoun, W. Wunderlich & C. Brüggenbrock (Hrsg.), *Studienziel Persönlichkeit. Beiträge zum Bildungsauftrag der Universität heute* (S. 71–83). Frankfurt a. M.: campus.

Schaper, N., Reis, O., Wildt, J., Horvatz, E., & Bender, E. (2012). Fachgutachten zur Kompetenzorientierung in Studium und Lehre. https://www.hrk-nexus.de/fileadmin/redaktion/hrk-nexus/07-Downloads/07-02-Publikationen/fachgutachten_kompetenzorientierung.pdf. Zugegriffen am 01.12.2018.

Seidl, T. (2017). Schlüsselkompetenzen als Zukunftskompetenzen – Die Bedeutung der „21st century skills" für die Studiengangsentwicklung. In *Neues Handbuch Hochschullehre*. (Nachlieferung 4/2017 – Griffmarke J 2.23).

Seidl, T., & Vonhof, C. (2017). Agile Prinzipien – was kann die Studiengangsentwicklung davon lernen? *Fachmagazin Synergie. Digitalisierung in der Lehre, 3*, 22–25.

Seidl, T., Baumgartner, P., Brei, C, Lohse, A., Kuhn, S., Michel, A., Pohlenz, P., Quade, S., & Spinath, B. (2018). (Wert-)Haltung als wichtiger Bestandteil der Entwicklung von 21st Century Skills an Hochschulen (AG Curriculum 4.0). Diskussionspapier Nr. 3. Berlin: Hochschulforum Digitalisierung. https://hochschulforumdigitalisierung.de/sites/default/files/dateien/Diskussionspapier3_Haltung_als_wichtiger_Bestandteil.pdf. Zugegriffen am 01.12.2018.

**Prof. Dr. Tobias Seidl** ist Professor für Schlüssel- und Selbstkompetenzen Studierender an der Fakultät Information und Kommunikation der Hochschule der Medien Stuttgart (HdM). Er lehrt und forscht im Bereich Schlüsselkompetenzen, Kreativität, Hochschulentwicklung und innovative Methoden in der Lehre. Nach Stationen in der hochschuldidaktischen Personal- und Organisationsentwicklung (u. a. an den Universitäten Mainz und Koblenz-Landau) macht er seit 2015 Studierende der HdM fit für die Herausforderungen der Zukunft und verantwortet den Bereich Lehrentwicklung der Fakultät. 2017 war er Mitglied der Arbeitsgruppe Curriculum 4.0 des Hochschulforum Digitalisierung.

# Teil III

# Politik

# Kompetenzen und Technologiesouveränität als Voraussetzungen für die Selbstbestimmtheit von Staat und Individuen im digitalen Wandel

Wolf-Dieter Lukas

## Wir stehen vor großen Herausforderungen

Wir stehen an der Schwelle zu einem Datenzeitalter. Die damit verbundenen Veränderungen gehen weit über die Wirtschaft hinaus. Sie betreffen die gesamte Gesellschaft, die Art und Weise, wie wir leben, arbeiten und wie wir am sozialen und politischen Leben teilhaben. Die Menschen sehen schon heute den Nutzen und die Chancen in ihrem Alltag, aber auch die Gefahren für den Zusammenhalt der Gesellschaft und für unsere Werte, denen wir verpflichtet sind (vgl. zu diesem Absatz Karliczek 2018).

Wir müssen der Umgestaltung der Gesellschaft durch die Digitalisierung mit einem eigenen Gestaltungsanspruch begegnen und sie in unserem Sinne steuern. Der Politik kommt dabei eine zentrale Rolle zu. Sie muss aufzeigen, wie und wohin wir die Digitalisierung in Deutschland zum Wohle der Menschen vorantreiben und sich deutlich auch gegen Fehlentwicklungen abgrenzen. Sie muss den konkreten Nutzen im Einzelnen in den Vordergrund stellen. Und der Staat muss seine Schutzfunktion für die Bürgerinnen und Bürger wahrnehmen. Es geht nicht um das Mitmachen, sondern um das Mitgestalten – Richtung geben, nicht hinterher laufen. Das verlangt Entscheidungskompetenz und den Mut, neue, eigene Wege zu gehen.

---

W.-D. Lukas (✉)
Bundesministerium für Bildung und Forschung, Berlin, Deutschland
E-Mail: Christoph.March@bmbf.bund.de

© Springer Fachmedien Wiesbaden GmbH, ein Teil von Springer Nature 2020
M. Friedrichsen, W. Wersig (Hrsg.), *Digitale Kompetenz*, Synapsen im digitalen Informations- und Kommunikationsnetzwerk,
https://doi.org/10.1007/978-3-658-22109-6_15

## Wirtschaft und Gesellschaft werden neu geordnet

Die Digitalisierung wirft neue Fragen zur Verteilung von Arbeit und Wohlstand und zur Teilhabe am sozialen und politischen Leben auf. So wird die Nutzung digitaler Technologien durch die Bürgerinnen und Bürger von verschiedenen soziodemografischen und ökonomischen Faktoren beeinflusst. Dies birgt die Gefahr einer „digitalen Spaltung" (Marr und Zillien 2010). Diese Gefahr droht sich mit dem Fortschreiten der Digitalisierung noch zu vergrößern. Die Politik muss hier früh die Weichen für eine breite Beteiligung stellen. Kompetenzentwicklung ist dabei nur eine von vielen Aufgaben, es geht etwa auch um die Bereitstellung von Infrastruktur. Der DigitalPakt Schule ist hierfür ein wichtiger Schritt, um allen Kindern Zugänge zu ermöglichen.

Darüber hinaus zeigen zahlreiche Studien auf, dass der Einsatz digitaler Technologien in der Wirtschaft auf dem Weg zu einer Industrie 4.0 einerseits viele Tätigkeiten künftig obsolet machen könnte und zugleich die Entstehung neuer Beschäftigungsmöglichkeiten wahrscheinlich ist (Frey und Osborne 2017; Acemoglu und Restrepo 2019; Dauth et al. 2019). Deshalb wird der Arbeitsmarkt der Zukunft ein anderer sein. Eine Hypothese ist die Aushöhlung der Mittelschicht. Übrig blieben dann nur noch hoch spezialisierte und gut bezahlte Arbeitsplätze sowie Tätigkeiten, die keine besondere Qualifikation erfordern und daher im Niedriglohnbereich angesiedelt sind (Goos und Manning 2009). Eine derartige Polarisierung ist allerdings auf dem deutschen Arbeitsmarkt gegenwärtig nicht erkennbar (Helmrich 2018). Hinzu kommen neue Beschäftigungsverhältnisse, wie Crowdworking oder die auf hoher Flexibilität und unregelmäßigen Arbeitszeiten beruhen (Gerber und Krzywdzinski 2017). Andererseits entstehen neue Wertschöpfungsketten, eröffnen sich neue Arbeitsmarktzugänge für Einwohner von Gegenden mit schwächer ausgebauter Infrastruktur, entstehen neue Freiräume und Bedarfe für personalisierte Dienstleistung.

Doch betrifft die drohende Neuverteilung nicht nur die Gesellschaft. Das Rückgrat der deutschen Wirtschaft bilden vor allem kleine und mittlere Unternehmen in klassischen Branchen. Für sie ist die Digitalisierung eine große Herausforderung. Unsicherheit und Skepsis hinsichtlich des Verhältnisses von Nutzen, Kosten und Risiken digitaler Technologien spielen hier ebenso eine Rolle, wie das Fehlen entsprechender Fachkräfte und Experten bei den Arbeitnehmern und im Management und das rechtzeitige Erkennen von sich neu eröffnenden Chancen (KfW 2017).

Hinzu kommt eine neue Konkurrenzsituation: Getrieben durch die Digitalisierung konkurrieren kleine und mittlere Unternehmen, auch aus klassischen Branchen, zunehmend mit global agierenden und finanzkräftigen Internetkonzernen – um Kunden, Arbeitskräfte und Wertschöpfung. Unter Ausnutzung neuester Methoden der Datenerfassung und -analyse haben diese „Datenintermediäre" ihre Position an der Schnittstelle zum Kunden in den letzten Jahren kontinuierlich ausgebaut. Sie schöpfen heute einen wesentlichen Teil des entstehenden Mehrwerts ab. Gleichzeitig haben Sie sich einen Informationsvorsprung erarbeitet, der es ihnen ermöglicht, auch in die Kernbereiche der Wirtschaft hinein zu wirken (DIE ZEIT 2018). Die aktuellen Forschungsanstrengungen von Google oder Amazon sprechen diesbezüglich eine deutliche Sprache (Handelsblatt 2019).

## Kompetenzen sind ein zentraler Produktionsfaktor

Für eine Digitalisierung, die alle gesellschaftlichen Gruppen erfasst und dem Kern der deutschen Wirtschaft eine valide Chance im globalen Wettbewerb einräumt, ist der Aufbau digitaler Kompetenzen bei den Beschäftigten entscheidend. Nur wer die neuen Technologien versteht und zu nutzen weiß, kann ihren Mehrwert erkennen, Chancen ergreifen und mögliche Risiken realistisch einschätzen. Das Ziel müssen digital souveräne Beschäftigte sein, die sich selbstbestimmt und sicher in der digitalen Wirtschaft und Gesellschaft zurechtfinden, eigenständig Chancen und Risiken der neuen Technologien abwägen und über deren Einsatz entscheiden.

Digitale Kompetenzen sind gleichermaßen die Voraussetzung für ein Fachkräftereservoir, das mit den steigenden Anforderungen einer digitalen Wirtschaft Schritt halten kann. Deutschland muss sich hier seinen Vorsprung bewahren, den es sich insbesondere mit seinem weltweit beachteten System der dualen Berufsausbildung erarbeitet hat (Rendall und Weiss 2016).

Die Vermittlung digitaler Kompetenzen ist dabei eine Aufgabe über alle Altersgruppen und Bildungsstufen hinweg, von der Vorschule und Schule über die Berufs- und Hochschulausbildung bis hin zur Weiterbildung im Beruf und zur Qualifizierung von Forscherinnen und Forschern. Die Politik hat hierfür bereits wichtige Weichen gestellt. Mit der „Bildungsoffensive für die digitale Wissensgesellschaft" wird die Entwicklung digitaler Kompetenzen ganzheitlich angegangen, von der Ausstattung der Schulen über die Entwicklung pädagogischer Konzepte bis hin zur Digitalisierung in der Wissenschaft und am Arbeitsplatz (BMBF 2016a).

## Kompetenzentwicklung hat Grenzen

Doch allein mit Bildungsangeboten werden wir die Digitalisierung nicht im Sinne unserer Werte gestalten können. Es ist nicht ausreichend, den Bürgerinnen und Bürgern den Umgang mit Technologien beizubringen, die im Ausland erforscht und entwickelt wurden – sei es der Roboter „Made in China" oder das in den USA entwickelte soziale Netzwerk. Dies legt die Unternehmen und Menschen auf die Rolle der Konsumierenden fest. Digitale Souveränität bleibt dann auf die Entscheidung zwischen Nutzung und Nicht-Nutzung beschränkt. Und auch dies nur zum Schein, ist Nicht-Nutzung in einer zunehmend vernetzten Welt doch gleichbedeutend mit wirtschaftlicher, sozialer und politischer Isolation.

Mehr noch: Eine bloße, selbst kompetente Nutzung von Technologien, die andere geschaffen haben, würde fundamental die Wertschöpfung in der deutschen Wirtschaft gefährden. Der Wandel zur Wirtschaft 4.0 geht schon heute mit einer Verschmelzung von

Produktion und Dienstleistung zu Leistungsbündeln, sogenannten „hybriden Produkten" einher. Wertschöpfung entsteht dann weniger durch den Verkauf physischer Produkte wie Maschinen, sondern vorrangig durch die damit verbundenen Dienste. Der automatisch gewartete Drucker oder das regelmäßige Update für das Smartphone sind dafür nur die griffigsten Beispiele. Dies stärkt die Rolle von Technologieentwicklern und -produzenten in einer digitalen Wirtschaft.

Hinzu kommt ein weiterer Aspekt: Die Werte einer Gesellschaft finden nicht zuletzt Ausdruck in den Gesetzen, die sie sich selbst im politischen Prozess gibt. Welche Aufgaben dürfen neue Technologien wie autonome Systeme übernehmen und welche nicht? Wer kann für ein technisches Versagen solcher Systeme haftbar gemacht werden? Welche Rolle räumen wir der IT-Sicherheit und dem Datenschutz ein? All diese Fragen müssen vom Gesetzgeber im Sinne unserer Werte und für die Praxis handhabbar beantwortet werden. Hier betreten wir in vielerlei Hinsicht tatsächlich „Neuland". Als Nutzer von Technologien, die von anderen entwickelt wurden, würden wir dabei immer häufiger mit Antworten konfrontiert, bevor wir diese selbst geben oder gar die Fragen überhaupt stellen können. Dies birgt die Gefahr, von der Macht des Faktischen überrollt zu werden und Werte von Technologien bestimmen zu lassen, statt umgekehrt.

## Ein Imperativ für Technologieentwicklung

Um die Digitalisierung zu gestalten müssen deshalb in erster Linie die ihr zugrunde liegenden Technologien beherrscht werden. Deutschland muss sich hier seine Technologiesouveränität bewahren. Sie ist das Fundament digitaler Souveränität.

Dabei geht es erstens darum, Technologien wertegetrieben zu erforschen und zu entwickeln. Anforderungen bezüglich Sicherheit, Zuverlässigkeit, Wirtschaftlichkeit, Nachhaltigkeit und Datenschutzlevel neuer Systeme müssen bereits bei der Technologieentwicklung mitgedacht, Dual-Use-Potenziale – soweit möglich – ausgeschlossen werden. Gerade für die nächste Welle der Digitalisierung, getrieben von Künstlicher Intelligenz, wird dies entscheidend sein. Mit der Einrichtung der Plattform Lernende Systeme und der Verabschiedung der Strategie für Künstliche Intelligenz (Bundesregierung 2018) hat die Bundesregierung wichtige Voraussetzungen geschaffen, um Künstliche Intelligenz wertegetrieben weiterzuentwickeln und in die Anwendung zu bringen.

Das Ziel muss zweitens sein, Deutschland in der Gruppe der Leitanbieter digitaler Technologien zu etablieren. Dies ermöglicht nicht nur, Wertschöpfung und Arbeitsplätze in Deutschland zu erhalten und auszubauen, sondern reduziert auch die Abhängigkeit von Entwicklungen auf dem Weltmarkt. Daneben ist eine Leitanbieterschaft die Voraussetzung, um Normen und Standards auch global in unserem Sinne zu beeinflussen. Ein gutes Beispiel hierfür ist Industrie 4.0. Deutschland hat sich hier eine Führungsposition erarbeitet, die in der Welt gesehen und anerkannt wird. Etwas Ähnliches wollen wir nun im Bereich der Künstlichen Intelligenz erreichen. Dafür ist die europäische Kooperation entscheidend. Die angestrebte Zusammenarbeit mit Frankreich ist ein weiterer wichtiger Schritt.

Drittens sind Technologien häufig notwendig, um gesellschaftliche Anforderungen sinnvoll in der Praxis zu erfüllen. Wenn der Fahrer eines autonomen Fahrzeugs jederzeit in der Lage sein soll, wieder die Kontrolle zu übernehmen, muss das Auto entsprechend gestaltet sein, um dies zu ermöglichen. Genauso können wir Bürgerinnen, Bürger und Unternehmen, insbesondere kleine und mittlere Unternehmen, nicht mit der Umsetzung der Datenschutz-Grundverordnung (DSGVO) allein lassen. Vielmehr müssen Datenräume etabliert werden, die es Bürgerinnen und Bürgern ermöglichen, ihre Rechte wahrzunehmen und die es Unternehmen erleichtern, ihren Pflichten nachzukommen. Solche Datenräume können beispielsweise ermöglichen, einfache Prinzipien zu etablieren, die dann automatisch in entsprechende Einstellungen bei Software und entsprechende Richtlinien zur Datenverwaltung umgesetzt werden. Zu diesem Zweck hat die Bundesregierung im Oktober 2019 Pläne für den Aufbau einer europäischen Dateninfrastruktur „GAIA-X" vorgestellt (vgl. BMWi und BMBF 2019). Damit soll ein offenes, digitales „Ökosystem" geschaffen werden, in dem Daten sicher und vertrauensvoll verfügbar gemacht, zusammengeführt und geteilt werden können. GAIA-X baut auf Initiativen wie dem „International Data Space" (vormals „Industrial Data Space") auf, womit bereits seit 2014 die Entwicklung eines sicheren Datenraums und einer dazu notwendigen Referenzarchitektur vorangetrieben wird (vgl. Otto et al. 2016).

## Ein Dualismus und ein neuer Kompetenzbegriff

Kompetenzentwicklung ohne Technologieentwicklung ist für eine Gestaltung der Digitalisierung nicht ausreichend. Dies gilt auch umgekehrt. Technologien benötigen Fachkräfte, die sie nutzen, bedienen und weiterentwickeln können. Technologien und Kompetenzen müssen daher gemeinsam entwickelt werden. Dies ist beispielsweise ein Kern der Programmlinie „Zukunft der Arbeit" des Bundesministeriums für Bildung und Forschung (BMBF 2016b). Mit regionalen Kompetenzzentren der Arbeitsforschung, wie dem „Future Work Lab" in Stuttgart, werden darin insbesondere Anlaufpunkte geschaffen, in denen Unternehmen und Menschen neue Technologien und Organisationsformen für die Arbeit von morgen erfahren und notwendige Kompetenzen erwerben können. Auch in der Strategie für Künstliche Intelligenz hat die Bundesregierung ein enges Zusammenspiel von Technologie- und Kompetenzentwicklung vereinbart.

Dieses Zusammenspiel umfasst auch die Forschung. Innovationen entstehen heute häufig an der Schnittstelle von Disziplinen und Technologien. Die Digitalisierung hält zunehmend Einzug in verschiedene Forschungsbereiche, etwa die Material- und Werkstoffentwicklung, die Gensequenzierung oder die Gesundheitsforschung. Ein interdisziplinäres Forschen ist daher künftig unumgänglich. Hierfür müssen auch Forscherinnen und Forschern entsprechende Kompetenzen, etwa zum Umgang mit Daten, vermittelt werden.

Digitale Kompetenzen und Technologieentwicklung sind insoweit zwei Seiten derselben Medaille. Nur das Zusammenspiel der beiden ermöglicht einer Gesellschaft, die Digitalisierung sinnvoll zu gestalten. Technologie- und Kompetenzentwicklung müssen zeitlich parallel und zugleich eng miteinander verzahnt verlaufen. Neue Entwicklungen auf der einen Seite müssen nahezu unmittelbar in neue Anforderungen auf der anderen Seite übersetzt werden.

Dieser Dualismus spricht für einen neuen Kompetenzbegriff, der beide Aspekte vereint: Gestaltungskompetenz umfasst sowohl die individuelle Kompetenz der Bürgerinnen und Bürger, sich selbstbestimmt und sicher in der digitalen Wirtschaft und Gesellschaft zu bewegen, als auch die Kompetenz der Gesellschaft, digitale Technologien zu entwickeln und zu gestalten. Dieser Zweiklang ist ein Leitmotiv der Bildungs- und Forschungspolitik der Bundesregierung.

## Literatur

Acemoglu, D., & Restrepo, P. (2019). Robots and jobs: Evidence from US labor markets. *Journal of Political Economy*, im Erscheinen.
BMBF. (2016a). Bildungsoffensive für die digitale Wissensgesellschaft. Berlin: Bundesministerium für Bildung und Forschung. https://www.bmbf.de/files/Bildungsoffensive_fuer_die_digitale_Wissensgesellschaft.pdf. Zugegriffen am 12.09.2018.
BMBF. (2016b). Zukunft der Arbeit. Innovationen für die Arbeit von morgen. Bonn: Bundesministerium für Bildung und Forschung. https://www.bmbf.de/pub/Zukunft_der_Arbeit.pdf. Zugegriffen am 12.09.2018.
BMWi, & BMBF (2019). Das Projekt GAIA-X – Eine vernetzte Dateninfrastruktur als Wiege eines vitalen, europäischen Ökosystems. https://www.bmwi.de/Redaktion/DE/Publikationen/Digitale-Welt/das-projekt-gaia-x.pdf?__blob=publicationFile&v=22. Zugegriffen am 16.12.2019.
Bundesregierung. (2018). Strategie für Künstliche Intelligenz. https://www.ki-strategie-deutschland.de/home.html. Zugegriffen am 07.01.2019.
Dauth, W., Findeisen, S., Suedekum, J., & Woessner, N. (2019). *The adjustment of labor markets to robots*. Düsseldorf: mimeo.
DIE ZEIT. (2018). Post: Sie werden amazonisiert! https://www.zeit.de/2018/35/amazon-post-disruption-jeff-bezos-lieferdienste. Zugegriffen am 07.01.2019.
Frey, C. B., & Osborne, M. A. (2017). The future of employment: How susceptible are jobs to computerisation? *Technological Forecasting and Social Change, 114*, 254–280.
Gerber, C., & Krzywdzinski, M. (2017). Schöne neue Arbeitswelt? Durch Crowdworking werden Aufgaben global verteilt. *WZB-Mitteilungen, 155*, 6–9.
Goos, M., & Manning, A. S. (2009). Job polarization in Europe. *American Economc Review: Papers & Proceedings, 99*(2), 58–63.
Handelsblatt. (2019). Deutsche Top-Konzerne steigern Forschungsausgaben langsamer als ausländische Konkurrenz. Handelsblatt 04.08.2019. https://www.handelsblatt.com/politik/international/studie-deutsche-top-konzerne-steigern-forschungsausgaben-langsamer-als-auslaendische-konkurrenz/24869370.html. Zugegriffen am 16.12.2019.
Helmrich, R. (2018). Polarisierung 4.0. Was folgt aus der Digitalisierung der Arbeitslandschaften. In Bundesinstitut für Berufsbildung (BIBB), Online-Dokumentation des BIBB-Kongresses „Für die Zukunft lernen: Berufsbildung von morgen – Innovationen erleben", Berlin 7.–8. Juni 2018.

https://kongress2018.bibb.de/wp-content/uploads/2018/06/forum_I_helmrich_tag_1_final_dok.pdf. Zugegriffen am 19.12.2019.

Karliczek, A. (2018). Für eine neue Datenpolitik. Gastbeitrag in der Frankfurter Allgemeinen Zeitung. https://www.bmbf.de/de/fuer-eine-neue-datenpolitik-6264.html. Zugegriffen am 08.01.2019.

KfW. (2017). *Unternehmensbefragung 2017 – Digitalisierung der Wirtschaft: breite Basis, vielfältige Hemmnisse*. Frankfurt a. M.: KfW Bankengruppe.

Marr, M., & Zillien, N. (2010). Digitale Spaltung. In W. Schweiger & K. Beck (Hrsg.), *Handbuch Online-Kommunikation* (S. 257–282). Wiesbaden: VS Verlag für Sozialwissenschaften.

Otto, B. et al. (2016). Industrial Data Space. Digitale Souveränität über Daten, Fraunhofer White Paper 2016. https://www.fraunhofer.de/content/dam/zv/de/Forschungsfelder/industrial-data-space/Industrial-Data-Space_whitepaper.pdf. Zugegriffen am 16.12.2019.

Rendall, M., & Weiss, F. J. (2016). Employment polarization and the role of the apprenticeship system. *European Economic Review, 82*, 166–186.

**Prof. Dr. Wolf-Dieter Lukas** ist seit September 2019 Staatssekretär im Bundesministerium für Bildung und Forschung (BMBF). Er ist promovierter Physiker, Honorarprofessor an der Technischen Universität Berlin und seit 1988 im BMBF tätig. Vor seiner Ernennung zum Staatssekretär war er 14 Jahre lang Leiter der Abteilung „Forschung für Digitalisierung und Innovationen". Davor leitete er die Unterabteilung „Information und Kommunikation" und bis April 2001 das Referat „Grundsatzfragen der Informations- und Kommunikationstechnik". Von 1996 bis 1998 war er persönlicher Referent der Staatssekretäre Helmut Stahl und Gebhard Ziller.

Wolf-Dieter Lukas studierte von 1976 bis 1981 an der Freien Universität Berlin Physik. Im Anschluss an sein Studium arbeitete er vier Jahre lang zunächst als Doktorand und später als wissenschaftlicher Mitarbeiter am Max-Planck-Institut für Festkörperforschung in Stuttgart. Im Jahr 1984 promovierte er in Physik an der Technischen Universität Darmstadt. Nach seiner wissenschaftlichen Tätigkeit wechselte er ins BMBF. Geboren wurde Wolf-Dieter Lukas am 1. Februar 1957 in Berlin-Charlottenburg.

# Der dynamische Staat: Denken wir IT-Sicherheit in Behörden neu!

Jimmy Schulz

▶ Das Erlernen von Digitalkompetenz, gerade auch im Kontext lebenslanges Lernen, ist eine gesamtgesellschaftliche Aufgabe, die längst auch Behörden betrifft. Gerade für staatliche Institutionen ist dabei der Faktor IT-Sicherheit von besonderer Bedeutung, da kritische Infrastruktur und Staatsgeheimnisse vor Spionage und Angreifern geschützt werden müssen. Doch IT-Sicherheit ist keine Einzelmaßnahme, sondern ein laufender Prozess, der an die dynamischen Veränderungen des technischen Fortschritts angepasst werden muss. Daher müssen wir Strukturen und Abläufe in staatlichen Einrichtungen grundlegend überdenken. So sollte ein IT-Sicherheitskonzept den Faktor Mensch einbeziehen und die Mitarbeiterinnen und Mitarbeiter von Behörden gezielt auf ihre Rolle bei der Absicherung der Systeme vorbereiten. Daneben braucht es ein Umdenken weg von geschlossenen Systemen hin zu offener Software. Die Experten sitzen in der Regel nicht in den Amtsstuben – trauen wir uns, das Wissen und die Kreativität externer Kräfte zu nutzen. Schließlich ist auch die Verfolgung und Aufklärung von Straftaten im digitalen Raum eine Voraussetzung für bessere IT-Sicherheit. Strafverfolgungsbehörden und Gerichte müssen daher in die Lage versetzt werden, gezielt Digital-Expertise aufzubauen. Dazu ist ein struktureller Wandel notwendig, denn Cyberkriminalität macht nicht an föderalen oder nationalen Grenzen halt.

Anfang des Jahres 2018 wurde das Regierungsnetz gehackt. Auch ein Jahr später blieb unklar, von wem dieser Angriff auf die IT-Infrastruktur des Bundes ausging und welche

---

J. Schulz (✉)
Vorsitzender Bundestagsausschuss Digitale Agenda, FDP, Berlin, Deutschland
E-Mail: jimmy.schulz.ma04@bundestag.de

Daten abgehört bzw. abgegriffen wurden. Das gehackte Datennetzwerk gilt nach wie vor als besonders sicher. Es handelt sich um den Informationsverbund Berlin-Bonn (IVBB), mit dem Bundesbehörden kommunizieren, also beispielsweise E-Mails und Dateien austauschen. Die Hacker nutzten dabei die technisch schwächste Stelle im Netz aus, die bei der Hochschule des Bundes für öffentliche Verwaltung und der Bundesakademie für öffentliche Verwaltung lag, um ein spezielles Virus einzuschleusen. Die Studenten konnten aus der Ferne das Intranet der Einrichtungen nutzen. Und genau hier griffen die Hacker an, aber nicht beliebig, sondern ganz gezielt solche Nutzer, die an Fortbildungskursen für Mitarbeiter des Auswärtigen Amtes teilnahmen. Vor diesem Hintergrund ist es obligatorisch, die Frage nach der Bedeutung des Faktors Mensch für die IT-Sicherheit in Behörden zu stellen und Lösungsansätze für eine maximale Absicherung der Systeme zu evaluieren.

## IT-Sicherheitsrisiko Mensch

Wer die IT-Sicherheit von Behörden betrachtet, kann dies längst nicht mehr nur als technisches Problem ansehen. Desto mehr die Amtsstuben digitalisiert werden, desto wichtiger wird der einzelne Beamte für die Absicherung des Systems. Jeder Mitarbeiter einer Behörde ist ein potenzielles Ziel von Hackern und damit ein Sicherheitsrisiko. Diese Form des Hackings nennt sich „Social Engineering" und meint nichts anderes, als die gezielte Täuschung von Menschen, um an bestimmte Informationen zu gelangen.

Die wohl bekannteste Form des Social Engineering ist das sogenannte Phishing. Dabei werden Nutzer auf teilweise sehr überzeugende Kopien von Webseiten, wie beispielsweise das Online-Banking-Portal der lokalen Sparkasse, gelenkt. Geben diese dort ihren Nutzernamen und ihr Passwort ein, können die Angreifer die Angaben abgreifen und sich selbst auf der Original-Webseite einloggen. Die Login-Daten müssen aber nicht unbedingt das Ziel einer Phishing-Attacke sein. Es kann auch sein, dass der Nutzer dazu gebracht werden soll, eine bestimmte Schadsoftware herunterzuladen, um damit seinen Computer zu infizieren – wie scheinbar im Falle des IVBB-Hacks.

Beim Social Engineering versuchen Hacker also, Menschen für ihre Zwecke zu instrumentalisieren. Dabei nutzen Angreifer gezielt öffentlich verfügbare Informationen (z. B. über die sozialen Medien) und nutzen psychologische Tricks, um via Telefon oder E-Mail an weitere Daten zu gelangen. Einer der prominentesten Beispiele für diese Form der Manipulation ist der Fall Robin Sage: Sage war jung, hübsch und frei erfunden. Der IT-Experte Thomas Ryan erstellte 2010 das fiktive Profil einer attraktiven jungen Frau und bespielte dieses mit Bildern, Informationen und Beiträgen, die das Profil echt wirken ließen. Diese fiktive Figur schaffte es Militärs, Unternehmern und Politikern vertrauliche und höchst sensible Informationen zu entlocken, obwohl die Betroffenen ausschließlich über digitale Kanäle Kontakt mit ihr hatten. Doch die Opfer empfanden die Nachrichten von Ryans Fake-Profil als so authentisch, dass sie keinerlei Verdacht schöpften. Thomas Ryan ging es dabei weniger um die Daten, die er so erbeutete. Er wollte beweisen, dass der

Mensch selbst eine der größten Sicherheitsrisiken von IT-Systemen darstellt – was ihm eindrucksvoll gelungen ist (Ryan 2010).

Vor Social Engineering kann man sich schützen. Besonders Mitarbeiterinnen und Mitarbeiter öffentlicher Behörden sollten kritisch überdenken, mit wem sie beispielsweise private Inhalte in den sozialen Medien teilen. Bei E-Mails, ebenso wie am Telefon, sollte man gerade dann vorsichtig sein, wenn die Person am anderen Ende unbekannt ist. Doch es gibt immer wieder neue „Maschen", die von Angreifern erprobt werden, um Menschen dazu zu bringen, Daten und Informationen herauszugeben. Genauso wie man bei den IT-Systemen selbst regelmäßig die Sicherheitseinstellungen updaten muss, gehört auch ein „Update der Mitarbeiterinnen und Mitarbeiter" in Form einer regelmäßigen IT-Sicherheitsschulung dazu, die neben den technischen Aspekten auch Kompetenzen im Umgang mit sozialen Medien umfasst und gezielt neue Trends zum Ausspähen von Informationen thematisiert. Die Mitarbeiterinnen und Mitarbeiter gehören längst zur kritischen Infrastruktur.

Auch wenn zu Recht beklagt wird, dass die Bundesregierung in der derzeitigen digitalen Umbruchsphase im Bereich e-Government viel zu langsam und zu wenig handelt, so ist die Digitalisierung doch bereits in deutschen Behörden und Verwaltungen angekommen. Das stellt auch die Mitarbeiterinnen und Mitarbeiter vor neue Herausforderungen. Sie müssen sich an digitale Arbeitsprozesse anpassen, ihr Verhalten in Bezug auf IT-Sicherheitsrisiken reflektieren und zunehmend auch Verantwortung für die Einführung neuer IT-Prozesse übernehmen. Es reicht eben nicht mehr aus, einen IT-Experten einzustellen – Medienkompetenz und ein technisches Grundwissen sind für jeden Mitarbeiter von Bedeutung.

Dazu gab es bereits 2013 eine fraktionsübergreifende Handlungsempfehlung der Projektgruppe „Demokratie und Staat" der Enquete-Kommission „Internet und digitale Gesellschaft" des Deutschen Bundestages, welcher ich angehörte. Die Verwaltungsausbildung sollte gezielt Hilfestellungen umfassen, damit Mitarbeiterinnen und Mitarbeitern ein souveräner und sicherer Umgang mit digitalen Medien und sozialen Netzwerken im Rahmen ihrer Aufgabenerfüllung ermöglicht wird. Daher empfahlen wir Bund, Ländern und Kommunen bei der Ausbildung, Qualifizierung und Weiterbildung verstärkt Module für Transparenz, Partizipation und moderne Verwaltung (insbesondere Datenschutz und Datensicherheit) anzubieten (Deutscher Bundestag 2013).

## Mehr Offenheit für mehr IT-Sicherheit

Wer sich mit Vorhaben zur Digitalisierung von Prozessen der öffentlichen Verwaltung beschäftigt, kann den Eindruck bekommen, dass staatliche Institutionen nicht in der Lage sind, große IT-Projekte professionell zu managen. Zuletzt wurde dies leider am Beispiel des „besonderen elektronischen Anwaltspostfaches" (beA) demonstriert. Das Ziel dieses Vorhabens ist äußerst begrüßenswert: Statt tonnenweise eingestaubter Akten sollen Anwälte, Gerichte und Staatsanwaltschaften zukünftig elektronische Dokumente nutzen. Mit dem besonderen E-Mail-Postfach für Anwälte sollen diese rechtssicher versendet werden können. Aus offensichtlichen Gründen sind die Anforderungen an die IT-Sicherheit dieser E-Mail-Kommunikation besonders hoch, denn der vertrauliche Austausch zwischen Anwälten und Mandanten, der durch das Anwaltsgeheimnis geschützt ist, muss auch im digitalen Raum garantiert werden.

Ursprünglich war geplant, dass ab dem 01.01.2018 alle Anwälte über dieses besondere E-Mail-Postfach verfügen müssen – und auch verpflichtet sein sollten, dieses empfangsbereit eingerichtet zu haben. Doch Ende 2017 wurden alle Anwälte aufgefordert, die beA-Software auf ihren Rechnern sofort zu deinstallieren. Zwischenzeitlich wurde die E-Mail-Plattform wegen erheblicher Sicherheitslücken sogar komplett abgeschaltet. Es stellte sich heraus, dass ein Zertifikat der Bundesrechtsanwaltskammer als Einfallstor für Cyberattacken genutzt werden konnte. Der Chaos Computer Club machte auf weitere Sicherheitslücken aufmerksam – wurde zunächst jedoch nicht ernst genommen.

Das Highlight der Enthüllungen: Die „Ende-zu-Ende-Verschlüsselung", mit der das System als besonders sicher beworben wurde, war gar keine. Diese Form der Verschlüsselung sollte garantieren, dass tatsächlich nur der Absender und der Empfänger der Nachricht diese lesen können. Selbst wenn ein Angreifer eine Nachricht abgefangen hätte, hätte dieser nichts mit ihr anfangen können, da diese verschlüsselt, also nicht lesbar, gewesen wäre – in der Theorie. Doch das beA-System nutzte noch einen Zwischenschritt: Die Nachrichten wurden auf dem Übermittlungsweg auf einem Server der Bundesrechtsanwaltskammer in einem sogenannten Hardware Security Module „umgeschlüsselt", also noch einmal neu verschlüsselt. Ein Angreifer, der auf diesen Server gelangt wäre, wäre also in der Lage gewesen, alle Schlüssel und Nachrichten abzufangen – und zu lesen. Eine Gruppe von Anwälten reichte im Juni 2018 wegen der fehlenden Ende-zu-Ende-Verschlüsselung Klage gegen die für das beA verantwortliche Bundesrechtsanwaltskammer ein.

Seit dem 03.09.2018 ist das System – ohne die von vielen Experten geforderte Testphase – wieder in den regulären Betrieb gegangen. Eine verlässliche Einschätzung, wie sicher es ist, gibt es nicht.

Gerade in öffentlich geförderten Projekten ist die Frage, wie man sichere IT-Systeme implementiert, ohne explodierende Kosten zu provozieren, alles andere als trivial. Der oft eingeschlagene Weg, wie auch im Fall des beA, auf proprietäre Software zu setzen, erweist sich jedoch immer wieder als problematisch. Bei proprietären Systemen ist der Quellcode nicht verfügbar bzw. nicht (öffentlich) einsehbar, so dass eine vollständige Prüfung der Funktionalität sowie der Sicherheit der Applikationen nicht möglich ist. Gerade deshalb sollten wir in der öffentlichen Verwaltung, wie ich seit langem fordere, vermehrt auf Open Source Soft- und Firmware setzen. Bei freier Software ist der Quellcode öffentlich einsehbar, dies hat den Vorteil, dass IT-Sicherheitslücken schneller gefunden werden können. In diesem Zusammenhang ist es empfehlenswert, durch öffentlich ausgeschriebene Audits, IT-Sicherheitsexperten auf der ganzen Welt dazu aufzurufen, die Widerstandsfähigkeit von IT-Anwendungen oder Systemen zu testen. Offenheit und Transparenz sind kein Nachteil, sondern ein Qualitätsmerkmal – gerade für staatliche Software. Hier brauchen wir dringend ein Umdenken bei den Entscheidungsträgern in den Behörden.

Im Rahmen des beA hätte man beispielsweise einen sogenannten „Hackathon" durchführen können. Das sind Veranstaltungen mit Event-Charakter, auf welchen Programmierer, Hacker, Anwender und andere Interessierte zusammenkommen, um gemeinsam z. B. eine bereits bestehende Software zu testen und zu verbessern. Die Experten sitzen in der Regel nicht in den Amtsstuben – trauen wir uns, das Wissen und die Kreativität externer Kräfte zu nutzen. Hiervon kann die IT-Sicherheit nur profitieren.

## Effiziente Strukturen gegen Cyber-Kriminalität

Neben dem Schutz vor Angriffen gehört es zu den grundlegenden Aufgaben des Staates, Verbrechen, wenn man sie nicht verhindern konnte, auch aufzuklären. Das gilt selbstverständlich auch für Cyber-Kriminalität. Doch derzeit scheint Cyber-Kriminalität besonders „attraktiv", da der Aufwand für die Angreifer relativ gering ist und eine verlässliche Strafverfolgung im digitalen Raum derzeit kaum gewährleistet werden kann. Hier besteht dringender Nachholbedarf, denn wenn ein Verbrechen nicht mit Strafe geahndet wird, ist die Verlockung groß, es zu wiederholen.

Der wirtschaftliche Schaden im Bereich Computerbetrug bezifferte sich im Jahr 2017 laut Bundeskriminalamt auf immerhin 71,4 Mio. Euro (Bundeskriminalamt 2017). Zu Recht fordern Strafverfolgungsbehörden bessere Instrumente zur Verfolgung solcher Straftaten. Dabei kommt auch immer wieder das Thema Vorratsdatenspeicherung (VDS) zur Sprache, also die anlasslose Speicherung sogenannter Verkehrsdaten, damit diese nachträglich von den Strafverfolgungsbehörden ausgewertet werden können. Wer, wann, mit wem und wie lange digitalen Kontakt hatte, kann so exakt nachverfolgt werden – egal, ob die Beteiligten unter irgendeinem Verdacht stehen oder nicht.

Über die erheblichen verfassungsrechtlichen Bedenken dieses tief greifenden Eingriffs in das Recht auf informationelle Selbstbestimmung wurde an anderer Stelle schon viel geschrieben. Nicht ohne Grund habe ich selbst gemeinsam mit Christian Lindner, Sabine Leutheusser-Schnarrenberger und weiteren Parteifreunden 2016 Verfassungsbeschwerde gegen die gesetzlich vorgeschriebene Vorratsdatenspeicherung eingelegt. Die VDS widerspricht nicht nur unserem Grundgesetz, sie ist auch als Instrument der Strafverfolgung ungeeignet.

Nicht nur Cyberkriminelle wissen, dass es kinderleicht ist, der VDS zu entkommen – die dafür notwendige Software ist nur eine Google-Suche entfernt (z. B. „Tor Project"). Dass es solche Software gibt, ist gerade für Journalisten unter autoritären Regimen, aber auch für alle, die Geheimnisträger sind oder einfach ihre Privatsphäre schützen wollen, wichtig. Doch auch eine gute Sache kann für schlechte Zwecke missbraucht werden.

Polizei und Staatsanwaltschaften brauchen also andere Instrumente – solche, die gezielt angewandt werden können und nicht nach dem Prinzip „Nadel im Heuhaufen" alles überwachen. Im analogen Raum gibt es klare Grenzen für Überwachungsmaßnahmen, diese dürfen auch im digitalen Raum nicht übertreten werden. Schon aus einer technischen Notwendigkeit heraus entstehen Datenspuren im Netz. Die Daten müssen also nicht auf Vorrat gespeichert, sondern gezielt und anlassbezogen ermittelt werden. Dazu braucht es auch im digitalen Raum vor allem zwei Dinge: klassische Ermittlungsarbeit und technische Kompetenz.

Erfreulich ist, dass es in den letzten Jahren bereits eine Umstrukturierung bei Polizei und Staatsanwaltschaften gab. Alle Bundesländer haben spezialisierte Ermittler angestellt und Spezial-Abteilungen eingerichtet. Doch Cyber-Kriminalität macht nicht an föderalen Strukturen, ja nicht einmal an nationalen Grenzen halt. In Deutschland gilt das Prinzip, dass der Tatort bestimmt, welche Behörde Ermittlungen beginnt. Doch wenn der Tatort das Internet ist, kann das schon einmal dazu führen, dass in allen 16 Landeskriminalämtern parallel ermittelt wird. Das ist nicht nur ineffizient, es widerspricht auch den Erfahrungen, die bei erfolgreichen Ermittlungen im digitalen Raum gemacht wurden.

So konnte 2016, nach vierjähriger gemeinsamer Ermittlungsarbeit von FBI, Europol, dem BKA und britischen Behörden sowie dem LKA in Niedersachsen, der weltweite Betrugsring „Avalanche" ausgehoben werden. Bei dieser kriminellen Organisation, die wie ein professionelles Unternehmen strukturiert war, handelte es sich um ein sogenanntes Botnetzwerk. Ein Bot ist ein Programm, das ferngesteuert auf einem PC arbeitet; von einem Botnetz spricht man, wenn sehr viele PCs per Fernsteuerung zusammengeschlossen werden. Meist wissen die Nutzer überhaupt nicht, dass ihr Gerät infiziert ist, da die Bots im Hintergrund laufen, ohne die Funktionalität der Geräte wesentlich zu beeinträchtigen. Das Botnetz „Avalanche" wurde an Cyberkriminelle vermietet, die dieses dann genutzt haben, um im großen Stil Phishing-Attacken zu starten oder Trojaner zu versenden. Auch sogenannte DDoS-Attacken (Distributed Denial of Service) können mit Botnetzen durchgeführt werden – dabei wird eine Website oder ein Online-Dienst so vehement mit Anfragen attackiert, dass der Dienst überlastet wird und die Website schließlich nicht mehr erreichbar ist.

Das Beispiel verdeutlicht, dass eine Strafverfolgung erfolgreicher ist, wenn die Ermittlungstätigkeit gezielt gebündelt wird. Anstatt auf Landesebene sollten die Spezial-Abteilungen auf Bundes- und europäischer Ebene eingerichtet werden. Gerade das BKA und Europol sollten bei Cyber-Kriminalität unmittelbar die Ermittlungen übernehmen und nicht nur koordinierend wirken. Nur so kann langfristig Expertise aufgebaut und echte Schlagkraft im Kampf gegen Cyber-Kriminalität entwickelt werden.

Auch im Gerichtswesen ist ein Umdenken der Strukturen notwendig. Gerade wurde beispielsweise mit dem Netzwerkdurchsetzungsgesetz ein wesentlicher Teil rechtsstaatlichen Handelns – die Rechtsdurchsetzung – an private Unternehmen ausgelagert, weil Gerichte mit der Masse an (vermeintlich) rechtswidrigen Kommentaren auf Social-Media-Plattformen überfordert sind. Selbstverständlich haben auch die Unternehmen selbst eine Verantwortung. Doch die Meinungsfreiheit ist ein hohes Gut und der Staat muss die notwendigen Maßnahmen treffen, um sie zu gewährleisten. Daher braucht es auch hier spezialisierte Kammern, die gezielt Expertise aufbauen können und eine schnellere Bearbeitung der Fälle ermöglichen. Der Rechtsstaat gilt auch im digitalen Raum.

## IT-Sicherheit neu- und mitdenken

Es braucht einen grundlegenden Paradigmenwechsel beim Umgang des Staates mit IT-Sicherheit. Digitale Prozesse sind dynamisch und verändern sich mit hoher Geschwindigkeit. Daher müssen auch staatliche Strukturen agiler werden und stets dazulernen, damit sie auf diese Veränderungen reagieren können. IT-Sicherheit ist dabei keine Einzelmaßnahme und schon gar keine rein technische Frage. Vielmehr handelt es sich um eine langfristige Aufgabe, an der sowohl die einzelnen Mitarbeiterinnen und Mitarbeiter, Entscheidungsträger sowie Strafverfolgungsbehörden und Gerichte beteiligt sind. Sie alle müssen lernen, IT-Sicherheit mitzudenken, und Digitalkompetenz aufbauen, um staatliches Handeln im digitalen Raum zu ermöglichen.

## Literatur

Bundeskriminalamt. (2017). Cybercrime – Bundeslagebild 2017. https://www.bka.de/SharedDocs/Downloads/DE/Publikationen/JahresberichteUndLagebilder/Cybercrime/cybercrimeBundeslagebild2017.pdf?__blob=publicationFile&v=3. Zugegriffen am 14.01.2019.

Deutscher Bundestag. (2013). Siebter Zwischenbericht der Enquete-Kommission „Internet und digitale Gesellschaft" – Demokratie und Staat. Drucksache 17/12290. http://dipbt.bundestag.de/doc/btd/17/122/1712290.pdf. Zugegriffen am 14.01.2019.

Ryan, T. (2010). Getting in bed with Robin Sage. Black Hat USA. http://media.blackhat.com/bh-us-10/whitepapers/Ryan/BlackHat-USA-2010-Ryan-Getting-In-Bed-With-Robin-Sage-v1.0.pdf. Zugegriffen am 14.01.2019.

**Jimmy Schulz,** geboren 1968 in Freiburg, war ein deutscher Internet-Unternehmer und Politiker. Nach dem Abitur in Ottobrunn studierte er zunächst in Austin, Texas und nach der Bundeswehrzeit bei den Gebirgsjägern in Berchtesgaden in München politische Wissenschaft. Zur Finanzierung des Studiums gründete er 1995 die Firma CyberSolutions, die im Jahr 2000 mit der Mutterfirma an die Börse ging. Im selben Jahr trat er der FDP bei und vertrat diese 2009–2013 im Deutschen Bundestag. Als Obmann der FDP-Bundestagsfraktion in der Enquete-Kommission Internet und digitale Gesellschaft und im Unterausschuss Neue Medien gestaltete er die Netzpolitik im Deutschen Bundestag von Anfang an mit. Seit 2017 war Jimmy Schulz wieder Mitglied des Deutschen Bundestages. Er war Vorsitzender des Ausschusses Digitale Agenda und Mitglied im Innenausschuss. Am 25.11.2019 verstarb Jimmy Schulz in München.
@**Christine Olma**

# Digital und demokratisch – was zeitgemäße schulische Bildung leisten kann

Jan Hofmann und Alexa Schaegner

> *Ich bin fast 18 und hab keine Ahnung von Steuern, Miete oder Versicherungen. Aber ich kann 'ne Gedichtanalyse schreiben. In vier Sprachen.*

Als eine 17-jährige Schülerin Anfang 2015 via Twitter mit dieser Formulierung darauf hinwies, dass sie sich nicht auf das Leben nach der Schule vorbereitet fühlt, ging ein ‚Aufschrei' durch die deutsche Bildungslandschaft, der auch medial starke Resonanz fand. Vieles was daraufhin diskutiert wurde, war wenig konstruktiv, manches sehr banal und das meiste ging am Thema vorbei. Dennoch traf die Aussage hinter den 140 Zeichen dieses Tweets einen Nerv: Das deutsche Bildungssystem ist reformbedürftig. Die Institution Schule hat sich in den letzten 100 Jahren als stabiles, funktionierendes und recht konservatives Element von Bildung und Entwicklung eingerichtet und tut sich in vieler Hinsicht schwer, den gesellschaftlichen Wandlungen Rechnung zu tragen (Hofmann 1997). Erforderliche Kompetenzen, die für die Bewältigung umfassender Anforderungen in verschiedenen Lebensbereichen entwickelt werden sollten, sind in Referenzrahmen, Rahmenplänen und Curricula zwar beschrieben, werden jedoch vielerorts nicht zeitgemäß und der heutigen Lebenswelt angemessen umgesetzt.

In den meisten Sekundarschulen stellt sich dementsprechend die Ausgangssituation oft so dar: Eine staatlich geprüfte Lehrerperson trifft in einem festen Zeitrahmen, vorwiegend

---

Dieser Aufsatz bezieht sich vornehmlich auf die allgemeinbildenen Schulen (private und staatliche). Berufsbildende Schulen stehen bei der Betrachtung weniger im Fokus.

---

J. Hofmann (✉)
politischer Beamter im Ruhestand, Potsdam, Deutschland
E-Mail: janhofmann142@aol.com

A. Schaegner
Redakteurin bei politik-digital.de, Berlin, Deutschland
E-Mail: alexa.schaegner@gmx.de

in der ersten Tageshälfte, auf eine festgelegte Anzahl gleichaltriger Schüler*innen, die in einem spezifischen Unterrichtsfach an ein und demselben vorgegebenen Stoff arbeiten. Die Annahme, sie seien in ihrem Wissen, ihrer Entwicklung und Lernbereitschaft homogen, wird trotz vieler anders lautender Befunde aus der Hirnforschung oder pädagogischen Wissenschaft weiterhin kaum hinterfragt. Tiefgreifende globale und gesellschaftliche Transformationen, die zunehmend an Dynamik gewinnen, fordern nun aber seit geraumer Zeit diese rigide Statik des deutschen Unterrichtens heraus und stellen viele der altvertrauten Selbstverständlichkeiten in Frage.

So wird in den letzten Jahren intensiv darüber diskutiert, was Menschen für das Leben in einer von Digitalisierung, Globalisierung und Ökonomisierung geprägten Welt eigentlich lernen müssen. Erschwerend kommt hinzu, dass wir zudem eingestehen müssen, dass wir junge Menschen auf eine Zukunft vorbereiten, von der wir selbst nicht genau wissen, wie sie aussehen wird. Ein zeitgemäßes Bildungssystem muss daher Inhalte, Methoden und Ziele von Bildung den jeweils aktuellen gesellschaftlichen Entwicklungen entsprechend immer wieder neu anpassen und flexibel auf unterschiedliche Standortbedingungen reagieren, ohne den Bildungsauftrag aus den Augen zu verlieren. Dabei geht es nicht nur um die Anhäufung von fachspezifischem Wissen, sondern auch um die Befähigung von Kindern und Jugendlichen sich selbstwirksam und verantwortlich als Teil einer pluralistisch demokratischen Gesellschaft zu erleben.

Eine tief greifende Provokation für die über Jahrzehnte etablierten Kommunikationsrituale der deutschen Schule ist in diesem Zusammenhang nun die Digitalisierung und der damit verbundene scheinbar selbstverständliche[1] Umgang von Kindern und Jugendlichen mit digitalen Medien. Plötzlich sitzt eine Generation von Schüler*innen vor uns, die mit Smart-Phone, iPad und PC so virtuos umzugehen scheint, wie ihre im Altersdurchschnitt 50-jährige Lehrer*innen dies mit Tafel, Kreide und gedruckten Unterrichtsmaterialien tun. Da sehen wir nicht mehr den wissenden Erwachsenen, der Fragen stellt, das Unterrichtsgespräch in Gang hält, die Tafel beschreibt und der aus der absoluten Gewissheit seiner fachlichen Überlegenheit sein eigenes Selbstverständnis herleitet. Sondern wir sehen einen zum Teil von digitaler Technik überforderten Menschen vor uns, der dem selbstverständlichen Umgang seiner Schüler*innen mit Touchscreen, Apps und Social Media oft nur noch selektiv folgen kann. So wenig sich Lehrende und Lernende im Zeitalter von Tafel und Kreide gleichgewichtig und in wechselseitig anerkennender Kommunikation begegneten, so wenig tun sie es heute im „Smartphone-Zeitalter". Der gravierende Unterschied ist allerdings, dass die Protagonisten zumindest partiell die Rollen getauscht haben. Die „Expertenschaft" in der Verwendung von digitalen Medien liegt eher bei den Schüler*innen. Doch inwiefern gilt das auch für deren Verständnis vom Funktionieren dieser

---

[1] Die Bedienung von Smartphones und Tablets sagt noch nichts aus über die tatsächliche Fähigkeit mit dem elektronischen Medium kritisch und konstruktiv umzugehen und sich dessen bewusst zu sein, inwiefern die Verwendung Mittel zum Zweck ist. Erst wenn das Bewusstsein für die konstruktiven Möglichkeiten wie für die Gefahren der eigenen Objektwerdung durch das elektronische Medium entwickelt wurde und die damit verbundene Berechenbarkeit zukünftigen Handelns, aus der Manipulation und Beeinflussung resultieren können, verstanden werden, sind aus meiner Sicht Aspekte des selbstverständlichen und kompetenten Umgangs gegeben.

anscheinend so selbstverständlich genutzten virtuellen Welten? Dies ist die Ouvertüre für den Entwurf einer „Neue Schule", die die neuen digitalen Medien nicht mehr in erster Linie als Bedrohung für demokratisches Handeln und kritisches Denken sieht, sondern als fruchtbare Möglichkeit, genau dies zu fördern.

Parallel zu dieser mediengeschichtlichen Entwicklung ist die Welt auch politisch enorm in Bewegung geraten. Die Trumps, Putins, Erdogans und Kims bestimmen gegenwärtig die internationalen Headlines in der Öffentlichkeit. Vokabeln aus dem Arsenal des kalten Krieges, wie „Handelskrieg", „Strafzölle", „Religionskampf" und „Regierungskrisen" erleben eine Renaissance. Wir werden mit neuen Sachverhalten, wie Cryptocoins und anderen digitalen Zahlungsmitteln, Technologieexpansion, Globalisierung, Umweltbelastung, Artensterben etc. konfrontiert. Populisten auf der ganzen Welt versuchen mit scheinbar einfachen Lösungen entlang binärer Schwarz-Weiß-Oppositionen verunsicherte Menschen in ihren Bann zu ziehen – und haben dabei offensichtlich zunehmend Erfolg. Aber auf komplexe Fragen gibt es keine einfachen Antworten, sondern nur den „mühevollen" Weg einer diskursiv angelegten Bildung, die mündige, eigenverantwortliche und emphatische Bürger*innen hervorbringen soll, die zu sozialem Handeln und politischer Verantwortlichkeit befähigt sind und selbstständig kritisch urteilen können. Um also die „Generation Smartphone" in ihrer Entwicklung zu unterstützen, muss ein modernes Bildungsverständnis etabliert werden, das den Zusammenhang von demokratischer Handlungskompetenz und digitaler Mündigkeit in den Blick nimmt.

**Demokratie-Lernen in der Schule**
Die Schule ist der Ort, der alle Kinder und Jugendlichen erreicht und an dem Demokratie als Lebens-, Gesellschaft- und Herrschaftsform vermittelt und erlebt werden kann (Himmelmann 2007). Das letzte bundesdeutsche Bund-Länder-Modellprogramm (BLK) „Demokratie lernen und leben", das von 2002 bis 2007 in 13 Bundesländern durchgeführt wurde, hat hierfür nochmals wichtige Impulse gesetzt und eine entsprechende fachliche und politische Aufmerksamkeit erzeugt. So hat sich die KMK in einer Empfehlung 2009 im Anschluss an dieses Programm für die „Stärkung des Demokratielernens" eingesetzt (kmk 2018), im Oktober 2018 erneuert sie diese Empfehlung – auch mit Blick auf das Zusammenspiel von Digitalisierung und Demokratiebildung.

Zum Lernen von Demokratie gibt es in der Schule von heute eine Reihe von Verfahren bei denen demokratische Handlungskompetenzen grundlegend gefördert werden. Hierbei sollen Selbstkonzepte der Kinder und Jugendliche gestärkt, Perspektivwechsel gefördert, Kritikfähigkeit geschult und insbesondere Selbstwirksamkeitserfahrungen in sozialen Umgebungen mit der Erfahrung von Autonomie, Kompetenz und sozialer Anerkennung verbunden werden. Welche persönlichen Lernerfahrungen und Bewertungen daran gekoppelt sind, hängt häufig von der Art und Weise ab, mit der Schüler*innen und Lehrer*innen in diesen Verfahren aufeinandertreffen. So werden durchaus unterschiedliche Assoziationen und Erinnerungen wachgerufen, wenn von der Aktivierung und Erweiterung von Schülervertretungen oder vom Klassenrat die Rede ist, der mittlerweile weit verbreitet ist. Auch die Frage nach der Wertschätzung der Person in diskursiven Verfahren demokratischer Kompetenzförderung, wie abwägendes Argumentieren und „demokratisches Sprechen" bis hin zum Wettbewerb „Jugend debattiert", oder den Verfahren zur Förderung und Entwicklung des moralischen Urteils (insbesondere der „Just-community-Ansatz"), die durch die Entwicklungspsychologie nach Piaget und Kohlberg inspiriert sind, spielt heute eine wesentliche Rolle. Die Übernahme von Verantwortung bei der Streitschlichtung durch Schüler*innen und dem Service Learning – Lernen durch Engagement, indem Schüler*innen in Sportvereinen, in Altenheimen, bei lokalen Radios und ähnlichen Einrichtungen engagiert mitwirken – fördert Fähigkeiten, die zur kritischen Auseinandersetzung mit der eigenen außerschulischen Lebenswelt führen.

Schließlich rücken seit einiger Zeit Formen der transparenten, gerechtigkeitsorientierten und partizipativen Leistungsbeurteilung sowie Schüler*innen-Feedback im Sinne regelmäßiger Rückmeldungen an die Lehrkräfte in den Focus demokratischer Schulentwicklung. All das stellt verschiedene Herausforderungen an die Haltung, Persönlichkeit und Kompetenzen von Lehrenden.

Begleitet und unterstützt werden Schulen durch fachliche Netzwerke wie den Schulwettbewerb „Demokratisch Handeln", der von Schüler*innen initiierte demokratische Projekte aufsucht, sichtbar macht und dabei durch Fortbildung und diskursiv-reflektierende Arbeit mit den Schüler*innen weiterentwickelt.

**Digitale Mündigkeit und Schule**
Im März 2018 bekräftigte die Bildungsministerin Karliczek in ihrer Antrittsrede das Vorhaben der Bundesregierung, insgesamt fünf Milliarden Euro dafür zu investieren „Digitale Medien an jede deutsche Schulen zu bringen" (Die Bundesregierung 2018). Der seit 2016 immer wieder verschobene „Digitalpakt" trägt damit hoffentlich endlich in dieser Legislaturperiode der Notwendigkeit Rechnung, Schulen eine technische Infrastruktur als zukünftige Arbeitsgrundlage bereit zu stellen. Was der Digitalpakt nicht zu beantworten vermag, sind inhaltliche Fragen auf aktuelle Lebensrealitäten: Wie funktioniert die Welt des „Digitalen Wandels", welche Kenntnisse braucht man, um sich souverän in dieser Welt zu bewegen, und was bedeutet eigentlich „Wissen" für den Einzelnen heute, wenn uns nahezu alle Informationen jederzeit abrufbar zur Verfügung stehen können? Diesen Fragen muss sich Schule ebenso stellen, wie der notwendigen Vermittlung von demokratischen Handlungskompetenzen. Was müssen Menschen können, wenn technische Anwendungen schwere, monotone und auf abrufbarem Wissen basierende Arbeiten übernehmen und im Gegenzug problemlösungs- und kommunikationsorientierte Arbeit immer bedeutsamer wird? Die Organisation Partnership for 21st Century Learning (2018) hat vier Kompetenzen als Antwort darauf identifiziert: Kollaboration, Kommunikation, Kreativität und kritisches Denken.

Auch die Kultusministerkonferenz hat in ihrem Strategiepapier zur „Bildung in der digitalen Welt" sechs Kompetenzbereiche bestimmt, die „individuelles und selbstgesteuertes Lernen fördern: Mündigkeit, Identitätsbildung und das Selbstbewusstsein stärken sowie die selbstbestimmte Teilhabe an der digitalen Gesellschaft ermöglichen" (kmk 2017). Benannt werden dabei die folgenden Bereiche: Suchen, Verarbeiten und Aufbewahren; Kommunizieren und Kooperieren; Produzieren und Präsentieren; Schützen und sicher Agieren; Problemlösen und Handeln; (Medien) Analysieren und Reflektieren (kmk 2017).[2]

So begrüßenswert die hier angeführte Auseinandersetzung mit dem „digitalen Wandel" auch ist, die der vorher erwähnten KMK-Strategie zugrunde liegt, so sehr orientiert sie sich bei solchen Prozessen immer noch an einem „altbewährten" Schulsystem und übersieht leider die entscheidenden politischen und pädagogischen Herausforderungen. Denn in der Praxis erfolgt die Integration solcher Kompetenzen in den Lehrplan sehr schleppend: Der Zyklus der Lehrplanentwicklung, Implementation, Evaluierung und Anpassung in 16 Bundesländer dauert nämlich in der Regel etwa zehn Jahre. Gleichzeitig wird in einer nahezu selbstständig verlaufenden Parallelbewegung das gesamte Bildungs- und Schulsystem permanent durch Schulbuchverlage, außer- und innerschulische Projekte, Angebote von IT-Dienstleistern und der digitalen Lebenswirklichkeit der Schüler*innen beeinflusst.

So wundert es nicht, dass die Reaktion auf die genannten Herausforderungen inzwischen eher dezentral und aus der direkten Praxis heraus erfolgt. So sind eine Reihe pädagogisch profilierter und guter Schulen dazu übergegangen, das wertende Gegeneinander von Buchschule und digitalen Medien – das eine gut, das andere der Abgrund – aufzuheben und produktiv mit der medialen Differenz umzugehen. Es kommt hinzu, dass Handyverbote wenig überzeugend sind, wenn es um die Befähigung zur kritischen Auseinandersetzung und die konstruktive Anwendung geht. Eher führt ein ausschließliches Verbot dazu, dass kreative Wege gesucht werden, wie es umgangen werden kann, statt die kreative Energie auf eine kritisch-reflektierte Nutzung zu lenken. Die Nutzung digitaler Medien bietet nämlich deutlich mehr Chancen als simple Lernprogramme. Wissenserkundung, Recherche und Kommunikation über das Klassenzimmer hinaus können Unterricht bereichern und Schüler*innen einen kritischen Umgang mit Informationen aus dem World Wide Web, dem Digitalen Off und deren Manipulierbarkeit lehren.

Auch für Beteiligungsformen auf verschiedenen Ebenen der Schule oder des Gemeinwesens kann die digitale Entwicklung partizipativ und demokratiefördernd sein. Das gilt umso mehr, als gerade die jugendlichen Bevölkerungsgruppen hier ein neues, ihrem Temperament und ihrer Erfahrungswelt angemessenes Medium der Verständigung, der Meinungsbildung und der Mobilisierung für peer-bezogene Aktivitäten haben und auch intensiv nutzen. Digitalisierung – das gilt eben auch – ist empirisch gesehen bereits längst massiv und lebensprägend vorhanden! (mpfs 2017)

Wie aber verknüpfen wir den konstruktiven und informierten Gebrauch von digitalen Medien in der Schule mit den Anforderungen demokratischer Partizipation und Demokratie-Lernen? Oder noch anders gewendet: Wie kann der mediale Umbruch als innovativer Motor für das Erlenen von Demokratie und Partizipation genutzt werden?

---

[2] Dem dazugehörigen Kompetenzkatalog liegen Kompetenzmodelle des Institute for Prospective Technological Studies JRC-IPTS, der ICLS Studie sowie der Länderkonferenz MedienBildung zugrunde (kmk 2016).

**In der Praxis gibt es Beispiele**

An einem Dienstag Anfang Juli 2017 ist das Smartphone an einer Freiburger Realschule interaktives Schulbuch, Kamera, Aufnahmegerät, Taschenrechner, Pulsmesser, Kalorienzähler, WLAN-Router, und vieles mehr. Es inspiriert Schüler*innen und Lehrende zu kollaborativem und kreativem Arbeiten und erweitert bei stabilem WLAN das Spektrum der Interaktionen zwischen Lehrenden und Lernenden um ein Vielfaches. Bei der Beobachtung all dieser vielseitigen Möglichkeiten in verschiedenen Unterrichtsstunden kommt man nicht an der Frage vorbei: Warum ist eigentlich nicht häufiger Smartphone-Tag?

Diesem Projekttag liegt der BYOD-Ansatz zugrunde – („bring your own device") nutze dein Tablet und dein Handy in unserem Schulnetz – das heißt: Kommuniziert damit in Projekten, ruft die Übungsaufgaben ab, die im Schulnetz hinterlegt sind; erstellt Eure Präsentationen mit fundierter Recherche im Netz und mit pfiffiger Anschauung in der entsprechenden Software.

Voraussetzung dabei ist, dass der Besitz eines Smartphones nicht als Grundlage zur Beteiligung gesehen wird. Hier muss Schule durch eine entsprechende digitale Ausstattung allen Kindern und Jugendlichen die gleichen Zugriffsmöglichkeiten bieten. Die Schüler*innen lernen dabei nicht nur die Bedienung von Apps und heruntergeladenen Programmen, sondern sie setzen sich mit der Frage auseinander, wie die Ergebnisse zu bewerten sind. Welchen Gehalt Informationen aus dem Netz haben, wie diese zustande kommen und welche Wirkungen sie auf den Fragenden haben können. Gleichzeitig müssen Erfahrungen gesammelt werden, wie der Umgang mit personenbezogenen Daten im Internet funktioniert und was sicheres Surfen bedeutet. Digitale Kompetenz bedeutet also nicht nur Anwendung, sondern auch kritische Bewertung dessen, was man tut.

Potenziale von digitalen Medien für die Umsetzung von zeitgemäßem, partizipativeren Unterricht, die über BYOD hinausgehen, zeigt beispielsweise das digitale Beteiligungsprojekt „aula – Schule gemeinsam gestalten". Als bisher einziges, bekanntes Konzept seiner Art, möchte aula „Partizipation" von Schüler*innen nachhaltig und praktisch in den Schulalltag integrieren und dabei gleichzeitig das Üben von demokratischer und digitaler Praxis ermöglichen. Das Konzept des Berliner Vereins politik-digital e.V. gibt der gesamten Schülerschaft über eine online-Plattform und wöchentliche aula-Stunden die Möglichkeit, sich an der Gestaltung ihrer Schule zu beteiligen.

Von Klassenreisen und neuen Schultraditionen, über einen monatlichen Smartphone-Tag, bis hin zur Baumbepflanzung des Schulhofs wurde eine ganze Reihe an Projekten erfolgreich umgesetzt. Eines der wichtigsten Ziele ist dabei die Selbstwirksamkeit und Eigenständigkeit von Schüler*innen zu fördern. Sie formulieren Ideen, diskutieren und üben konstruktive Kritik. Schüler*innen stellten bei Befragungen fest, dass sie stärker auf die Bedürfnisse anderer achteten und neue soziale Verbindungen an der Schule knüpften. Manche empfanden eine Stärkung der Gemeinschaft. Zudem wurde eine deutliche Aktivierung zurückhaltender Schüler*innen festgestellt. Demokratische Handlungskompetenzen werden somit gestärkt: „Aula vermittelt Kompetenzen, selbst Verantwortung zu übernehmen, selbst laut sein zu dürfen und sagen zu dürfen, was man denkt, – Dinge, die anderswo vielleicht nicht gelehrt werden." (Politik-Digital e.V. 2018)[3]

**Was brauchen zeitgemäße Schulen?**
Inzwischen sind immer mehr Schulen bekannt, die die pädagogischen Partizipations- und Gestaltungsmöglichkeiten dieser Medien erkennen und Projekte wie „aula" integrieren, statt den Schüler*innen digitale Medien in der Schule vollständig zu verbieten, wie es beispielsweise seit 2006 in Bayern per Gesetz der Fall ist. Dennoch fehlt es weiterhin an einer breiten Auswahl an Konzepten, sowie schlicht an der (Unterrichts-)zeit und einer hierfür notwendigen, modernen Infrastruktur. Zeitlich und inhaltlich herausgeforderte Lehrer*innen sind angehalten, Medienkonzepte für ihre Schule zu schreiben. Dies geschieht auf der Grundlage von Kompetenzrastern, die wenig Anhaltspunkte dafür liefern, wie solche Fähigkeiten im sonstigen Unterrichtsalltag untergebracht werden sollen. Forderungen danach, verpflichtendes „Programmieren" einzuführen oder ein einziges Schulfach zu „Digitalisierung" zu etablieren (Pilotversuch Berlin „Digitale Welten") (Senatsverwaltung für Bildung, Jugend und Familie 2017) in dem ein Abriss von Algorithmen, über Programmiersprachen bis hin zum sozialen Umgang miteinander im Netz durchgenommen werden sollen, sind dagegen eher Ausdruck dieser Überforderung und werden der Komplexität des Themas nur partiell gerecht.

Dazu kommt die Frage, wie „Digitalisierung", die bekanntermaßen all unsere Lebensbereiche immer stärker durchzieht, überhaupt in einem eigenen Fach untergebracht werden kann? Genau wie das Entwickeln demokratischer Handlungskompetenzen muss das Erwerben digitaler Mündigkeit eine Querschnittsaufgabe in schulischer Bildung werden, die sich durch den gesamten Schulalltag zieht und nicht auf ein Fach oder Schuljahr begrenzt ist. Im Rückblick auf das bisher Vorgestellte ist also zunächst mit Nachdruck darauf hinzuweisen, dass digitale Lehr- und Lernformate neue Möglichkeiten des Kommunizierens, kollaborativen Arbeitens und projektorientierten Lernens bieten. Die Reichweite und Vernetzungsmöglichkeiten sind deutlich größer geworden und jede*r kann partizipieren. Internationalisierung und Austausch über den eigenen kulturellen Erfahrungsraum hinaus werden erleichtert. Grundlegend dafür ist nach wie vor der Erwerb von Kulturtechniken wie Kommunikation, Schreiben, Lesen etc., die ihren zentralen Stellenwert für die Weiterentwicklung und Gestaltung von Gesellschaft beibehalten. Entscheidungsprozesse und Kommunikation können aber durch Digitalisierung transparenter gestaltet und leichter zugänglich werden. Sie bietet Anerkennung und Beteiligung bislang Benachteiligter, sofern auch der Exklusionsneigung aufgrund sozialer Statuszuweisungen zu Gerätegenerationen und teuren Marken (iPhone) sowie Zugriffsmöglichkeiten kritisch begleitend Rechnung getragen wird.

So kann eine generelle Öffnung von Schule für demokratische Prozesse gerade im Rahmen einer produktiven Einbeziehung des digitalen Medienumbruchs stattfinden. All diese

---

[3] So die Antwort eines Schülers einer Jenaer Projektschule, deren Ergebnisse regelmäßig anonymisiert evaluiert werden.

Möglichkeiten benötigen jedoch gleichzeitig auch aufmerksame Begleitung und Betreuung durch kompetente Lehrende. Immer noch und eher verstärkt ist Cyber-Mobbing, Aggression gegen und Ausschluss Jugendlicher aus virtuellen Communities eine große Bedrohung für die Entwicklung sozialer Fähigkeiten und Beziehungen. Themen wie personenbezogene Datenverarbeitung und Beeinflussung sind ein weiteres Feld, das bewusst und kritisch beleuchtet werden muss. Um all das umzusetzen, bedarf es eines entsprechenden politischen Willens. Denn die ausgefeiltesten Konzepte und Ideen bringen nichts, wenn die notwendigen Strukturen fehlen, um sie zu realisieren. Neue Lehrer*innenstellen müssen geschaffen werden, vor allem aber müssen an jeder Schule multiprofessionelle Teams und Lehrende eingestellt werden, die den Bildungsanforderungen in einer globalisierten und zunehmend digitalisierten Welt gerecht werden. Für die Fragen und Herausforderungen des 21. Jahrhunderts braucht es Auseinandersetzungen durch mündige Bürger*innen. Dabei können digitale Mündigkeit und demokratische Handlungskompetenzen sich gegenseitig fördern, wenn sie, wie hier vorgeschlagen, nicht als Antagonisten gesehen werden, sondern als wechselseitig diskursiv miteinander interagierende Systeme.

## Literatur

Die Bundesregierung. (2018). Karliczek, A., „Deutschland braucht jedes Talent". https://www.bundesregierung.de/Content/DE/Artikel/2018/03/2018-03-22-karliczek-rede-bundestag.html. Zugegriffen am 18.02.2019.

Himmelmann, G. (2007). *Demokratie Lernen als Lebens-, Gesellschafts- und Herrschaftsform. Ein Lehr- und Studienbuch* (Reihe Politik und Bildung Bd. 22). Schwalbach/Ts: Wochenschau.

Hofmann, J. (1997). Die Selbstständigkeit der Schule liegt im Steckpolster des Staates. In K.-H. Braun & H. H. Krüger (Hrsg.), *Pädagogische Zukunftsentwürfe* (S. 211–224). Opladen: Leske und Budrich.

kmk. (2016). Strategie der Kultusministerkonferenz „Bildung in der digitalen Welt. Beschluss der Kultusministerkonferenz vom 08.12.2016 ", S. 13 f. https://www.kmk.org/fileadmin/Dateien/pdf/PresseUndAktuelles/2016/Bildung_digitale_Welt_Webversion.pdf. Zugegriffen am 08.03.2019.

kmk. (2017). Strategie der Kultusministerkonferenz „Bildung in der digitalen Welt" (Beschluss der Kultusministerkonferenz vom 08.12.2016 i. d. F. vom 09.11.2017). https://www.kmk.org/fileadmin/Dateien/pdf/PresseUndAktuelles/2017/Digitalstrategie_KMK_Weiterbildung.pdf. Zugegriffen am 08.03.2019.

kmk. (2018). Demokratie als Ziel, Gegenstand und Praxis historisch-politischer Bildung und Erziehung in der Schule, Beschluss der Kultusministerkonferenz vom 06.03.2009 i. d. F. vom 11.10.2018. https://www.kmk.org/fileadmin/Dateien/veroeffentlichungen_beschluesse/2009/2009_03_06-Staerkung_Demokratieerziehung.pdf. Zugegriffen am 08.03.2019.

mpfs. (Hrsg.). (2017). JIM 2017. Jugend, Information, (Multi-)Media. Medienpädagogischer Forschungsverbund Südwest, Stuttgart. https://www.mpfs.de/studien/jim-studie/2017/. Zugegriffen am 18.02.2019.

Partnership for 21st Century Learning. (2018). http://www.battelleforkids.org/networks/p21. Zugegriffen am 18.02.2019.

Politik-Digital e. V. (2018). Codebuch aula Evaluation, S. 65. http://aula-blog.website/aula-evaluation/. Zugegriffen am 08.03.2019.

Senatsverwaltung für Bildung, Jugend und Familie. (2017). „Digitale Welten" – neuer Kurs für Berliner Schulen. Pressemitteilung vom 26.07.2017. https://www.berlin.de/sen/bjf/service/presse/pressearchiv-2017/pressemitteilung.615925.php. Zugegriffen am 18.02.2019.

**Dr. Jan Hofmann** ist Politikberater. Er ist diplomierter Erziehungswissenschaftler und Philosoph. 1991 promovierte er an der Humboldt Universität zu Berlin zum Dr. phil. Er war bis zum Frühjahr 2016 Kultusstaatssekretär in Sachsen Anhalt. Im Jahre 2013 war er Vorsitzender der Amtschefkonferenz der KMK. Vor seiner Tätigkeit als Politischer Beamter leitete er als Gründungsdirektor das Landesinstitut für Schule und Medien Berlin Brandenburg. Hofmann ist ehemaliger Vorstand des Wettbewerbs Demokratisch Handeln, Mitglied im wissenschaftlichen Beirat von MINT-EC, Mitglied des Kuratorium der Theodor Heuss Stiftung, Vorstand des Freundeskreises des Bauhaus Dessau, stellv. Vorsitzender des Landeskulturrats Mecklenburg-Vorpommern.

**Alexa Schaegner** studierte Politikwissenschaften (MA) und Publizistik an der Universität Wien und der Freien Universität Berlin. Seit 2013 arbeitet sie für den Berliner Verein politik-digital e.V. Dort organisierte sie als Redakteurin politische Videochat-Formate wie die „Digitale Bürgersprechstunde" und schrieb an einem Gutachten für das Büro für Technikfolgen-Abschätzung beim Deutschen Bundestag (TAB) zur „Online-Bürgerbeteiligung an der Parlamentsarbeit" mit. Aktuell arbeitet sie als operative Projektleitung für das Beteiligungsprojekt „aula-Schule gemeinsam gestalten" und engagiert sich für partizipative, offene Bildungsformate.

# EinBlicke zur deutschen und europäischen Bildungspolitik 2018

Cornelia Langer

Zu meiner Schulzeit war das höchste Maß an Digitalisierung ein Taschenrechner, den wir benutzen durften, um komplizierte Integralrechnungen schneller zu lösen. Meine Kinder durften dann schon die Errungenschaft eines „Amiga Commodore" im Computerraum der Schule kennen lernen, der damals vergleichbar mindestens so gesichert war, wie wir es uns heute von den Räumlichkeiten wünschen, in denen die Server der großen Mobilfunkanbieter stehen.

Die Kinder heute kommen inzwischen ganz selbstverständlich oft schon in der Grundschule mit einem Smartphone in den Unterricht, und spätestens in der Oberstufe mit einem Pad. Mit den meisten Anwendungen auf diesen Geräten sind sie bestens vertraut. Manchmal besser als ihre Lehrer, die oft aufgrund der demografischen Strukturen des Lehrpersonals in Deutschland, sich eher von ihren Schülern noch Tipps holen, denn dass sie in der Lage wären, diesen den Umgang mit digitalen Medien beizubringen.

Viele Eltern können zwar Smartphones und Computer benutzen, um ihren Kindern einen verantwortungsbewussten Umgang mit diesen neuen technologischen Errungenschaften beizubringen, dafür reicht es bei den meisten nicht. Wie sollen die Schüler heute fit werden für die Herausforderungen, die die Digitalisierung in einer globalisierten Welt mit sich bringt. Welche Antworten bietet die Politik, um dafür zu sorgen, dass junge Menschen mehr digitale Kompetenzen erlangen, als nur auf Facebook, Instagram und Co. mit ihren Freunden zu chatten.

Untersuchungen haben ergeben, dass allein schon weitere Fähigkeiten z. B. im Umgang mit Softwareprogrammen, wie sie als Standardanwendungen in Unternehmen

---

C. Langer (✉)
Com4Europe, Berlin, Deutschland
E-Mail: c.langer@com4europe.eu

© Springer Fachmedien Wiesbaden GmbH, ein Teil von Springer Nature 2020
M. Friedrichsen, W. Wersig (Hrsg.), *Digitale Kompetenz*, Synapsen im digitalen Informations- und Kommunikationsnetzwerk,
https://doi.org/10.1007/978-3-658-22109-6_18

genutzt werden, kaum vorhanden sind. Dies zeigt sich spätestens, wenn diese jungen Menschen eine Bewerbung mithilfe eines Office-Programmes schreiben sollen.

So hat eine von der „International Association for the Evaluation of Educational Achievement" beauftragte, und in 21 Ländern (für D von der Universität Paderborn) durchgeführte Studie „International Computer and Information Literacy Study" (Bundesministerium für Bildung und Forschung, 24. Juli 2014) ergeben, dass Schüler der achten Klassen in Deutschland nur rudimentäre Kenntnisse hätten. Zusätzlich wurden starke Abhängigkeiten in Bezug zu der sozialen Herkunft sowie auch geschlechtsspezifisch konstatiert.

Insbesondere wurde kritisiert, dass sich die Ausstattung der Schulen mit Computern seit 2006 nicht wesentlich verbessert hat, obwohl bereits 2012 die Kultusministerkonferenz die Medienbildung zum schulischen Bildungsauftrag erklärte, und eine „Qualitätsoffensive Lehrerbildung" vom Bundesbildungsministeriums gestartet wurde.

Wenn also offensichtlich die nationalen Aktivitäten der Bildungsverantwortlichen in Deutschland noch nicht ausreichend waren, um maßgebliche Qualitätsverbesserungen zu erreichen, hat vielleicht die europäische Kommission bessere Vorschläge?

Immerhin hat die europäische Kommission bereits seit 1985 einen Kommissar für die Informationsgesellschaft eingeführt. So richtig bekannt wurde dieses Amt in der allgemeinen Öffentlichkeit Deutschlands aber erst als Günther Oettinger 2014 zum „Kommissar für Digitale Wirtschaft und Gesellschaft" ernannt wurde. Anfänglich etwas belächelt, brachte seine Strategie für die Digitalisierung der Wirtschaft ein verstärktes Bewusstsein für die Notwendigkeit, das Potenzial digitaler Innovationen zu erschließen. Es wurde auf eine stärkere Vernetzung zwischen Hochschulen und Forschungseinrichtungen und Unternehmen gesetzt, der schulische Bereich fehlte noch.

Das Thema digitale Bildung in schulischen, beruflichen und universitären Ausbildungen wurde auch von den Kommissaren für Bildung und Kultur nicht immer ganz oben auf der Prioritätenliste angesiedelt. Erst mit dem in 2009 vereinbarten „Strategischen Rahmen ET 2020" wurden durch die Bildungsminister der EU-Mitgliedstaaten wesentliche Handlungsfelder beschlossen. Etwas ernüchtert darf man jedoch sein, wenn man sich die Ziele anschaut. So geht es darum, den Anteil der Schüler, die noch nicht einmal über ausreichende Fähigkeiten in den Grundkompetenzen verfügen, auf unter 15 %,und auch die Quote der frühzeitigen Schul- und Ausbildungsabbrecher auf unter 10 % zu senken. Im Bereich der Erwachsenenbildung ist das Ziel, dass 15 % der Erwachsenen sich überhaupt mit lebenslangen Lernen auseinandersetzen. Auch wenn in der Wirtschaft schon längst vernetzte Systeme, Industrie 4.0, eine zunehmende Bedeutung gewonnen haben, so stellt es angefangen von den Schulen bis zu den Universitäten immer noch eine große Herausforderung dar, dass solche Bildungsinhalte in die Curricula Eingang finden (kmk o. J.).

Und wie sieht es bei unseren Nachbarn aus? In Frankreich hat man sich zum Ziel gesetzt, 1 Mrd. € in die Fortbildung von Lehrern und in die Anschaffung von Computern bis Ende 2018 zu investieren. So sollen von den 7100 Collèges immerhin 1800 mit insgesamt 175.000 Schülern mit von den Departements und dem Staat finanzierten Notebooks oder Computern ausgerüstet werden, um sie auf das digitale Zeitalter besser vorzubereiten (Französische Botschaft in Berlin 2016).

Aufgrund des föderalen Systems mit unterschiedlichen verfassungsrechtlichen Kompetenzen, gestaltet sich die Realisierung der Umsetzung digitaler Infrastrukturen an unseren Schulen schwierig. Bis jetzt ist der bereits in 2016 angekündigte „Digitalpakt #'D" für die digitale Ausstattung, die Vernetzung und WLAN-Ausrüstung von Klassenzimmern, standortgebundene Endgeräte sowie sicheren Cloudlösungen für Unterrichtsinhalte und den Austausch unter Lehrern nicht umgesetzt. Es ist geplant, durch eine Vereinbarung zwischen dem Bund/Bundesministerium für Bildung und Forschung (BMBF) und den Bundesländern, dass der Bund über einen Zeitraum von fünf Jahren 5 Mrd. Euro, davon noch in dieser Legislaturperiode 3,5 Mrd. Euro zur Verfügung stellt. Welche Priorität in der Praxis der digitalen Schulbildung beigemessen wird, zeigt sich an dieser Verzögerung.

Man beabsichtigte noch im Jahr 2018 mit der Umsetzung zu beginnen, dann hieß es zum 01.01.2019, doch auch daraus ist nichts geworden. Kurz bevor die zwischen Bund und Ländern ausgehandelte Verwaltungsvereinbarung „Digitalpakt Schule", unterzeichnet werden sollte, wollen derzeit fünf Bundesländer (Baden-Württemberg, Bayern, Hessen, Nordrhein-Westfalen, Sachsen), die damit verbundene Grundgesetzänderung doch nicht mittragen. Grund ist das sogenannte „Kooperationsverbot", das besagt, dass der Bund keine finanziellen Hilfe für solche Aufgaben an die Länder geben darf, die in deren ausschließlichen Zuständigkeitsbereich fallen. Dies ist bei der Bildungspolitik der Fall, aber es wurden 2014 bereits Ausnahmen für den Hochschulbereich zugelassen. Jetzt geht es jedoch um eine Änderung des Artikels 104c des Grundgesetzes, dessen Änderung es ermöglichen soll, dass **alle** Kommunen für „gesamtstaatlich bedeutsame Investitionen" in der Bildungsinfrastruktur Finanzhilfen vom Bund erhalten können.

Und auch die EU hatte sich für 2018 ambitionierte Ziele gesetzt, in dem EU-Bildungsgipfel vom Januar wurden Empfehlungen erarbeitet, die Vermittlung von Schlüsselkompetenzen in der digitalen Bildung deutlich zu verbessern. Ein Hintergrund dafür ist, dass die neue „Kommissarin für digitale Wirtschaft und Gesellschaft", Mariya Gabriel, feststellte, dass bei 44 % der EU-Bürger ein erheblicher Nachholbedarf an digitalen Kompetenzen besteht. So wurde zusammen mit dem „EU-Kommissar für Bildung, Kultur, Jugend und Sport" Tibor Navracsics, ein Aktionsplan für digitale Bildung vorgelegt, der drei Bausteine beinhaltet.

Ein Schwerpunkt wird auf die verbesserte Ausstattung von Bildungseinrichtungen mit Breitbanddiensten gelegt, denn nach der „Satellite Broadband for Schools Feasibility Study (European Union 2017)" hatten im Jahr 2015 etwa 18 % der Primar- und Sekundarschulen in der EU keinen Breitbandinternetzugang. So soll zu mindestens die Kluft innerhalb der EU Mitgliedstaaten hinsichtlich der Infrastruktur verringert werden und der Zugang zu digitalen Technologien zur Reduzierung von Leistungsunterschieden aus sozioökonomischen Gründen beitragen.

Um dieses Ziel zu erreichen, gibt es verschiedene Finanzierungsinstrumente, z. B. Gutscheine für benachteiligte Regionen und spezielle Förderungen für ländliche Gebiete.

Entscheidend wird es jedoch darauf ankommen, wie es gelingt in den unterschiedlich strukturierten Bildungssystemen, den Lehrkräften bessere Zugänge zu neuen Konzepten,

Instrumenten, Methoden und Verfahren der systemischen und gestalterischen Umsetzung digitaler Unterrichts- und Lerntechnologien zu ermöglichen.

In den Mitgliedsländern gibt es derzeit nur punktuell innovative digitale Bildungsmaßnahmen, denn die Ausstattungen von Schulen und Berufsbildungseinrichtungen unterscheiden sich ganz erheblich, dies gilt auch für die Fertigkeiten der Lehrkräfte.

Hierzu werden verschiedene Ansätze verfolgt, um deren Fachwissen zu erweitern, zum einen durch Peer-Learning und zum anderen über internationale Vernetzungen, für Schüler über das Programm Erasmus +.

Das neue Tool für Schulen zur Selbstbewertung im Hinblick auf den Einsatz von Unterrichts- und Lerntechnologien (SELFIE) wird derzeit als Pilotprojekt in Schulen in 14 Ländern getestet, um hieraus neue Erkenntnisse für die Optimierung von organisationsübergreifenden Konzepten für den Einsatz digitaler Technologien zu gewinnen.

Der „Europäische Referenzrahmen für Lehrkräfte" beinhaltet einen Leitfaden zur Entwicklung entsprechender Modelle, z. B. in den Bereichen Information und Datenkompetenz, Kommunikation und Erstellung digitaler Inhalte. Digitale Bildung ist aber nicht nur ein Thema der Schulen, sondern erstreckt sich über alle Lebensbereiche. Folgerichtig werden verschiedene Kampagnen zur Medienkompetenz und Cyberhygiene durchgeführt, um die Bürger für die Chancen und Herausforderungen des digitalen Wandels zu sensibilisieren.

Der weitere Aspekt ist die Motivation zum lebenslangen Ausbau von Schlüsselkompetenzen in den Bereichen Wissenschaft, Technologie, Ingenieurwesen und Mathematik, wie sie analog im „Europäischen Referenzrahmen für digitale Kompetenzen der Bürger" festgelegt wurden.

Die Wettbewerbsfähigkeit Europas im internationalen Vergleich hängt nicht nur von der frühzeitigen Heranführung an digitale Kompetenzen in den Schulen sowie Hochschulen und anderen Bildungseinrichtungen ab, sondern auch von der konsequenten Fort- und Weiterbildung.

Nach einer Auswertung der Initiative „IKT für die Arbeit: Digitale Kompetenzen am Arbeitsplatz" (Bundesministerium für Arbeit und Soziales 2016), erfordern schätzungsweise 90 % der Arbeitsplätze bereits von heute zumindest digitale Grundkenntnisse und Fertigkeiten. Und obwohl fortgeschrittene digitale Kompetenzen insbesondere bei Forschern erforderlich sind, verfügen drei von vier Forschern nicht über die notwendigen Fähigkeiten im Umgang mit Open Access oder Open Data, die digitale Werkzeuge für zahlreiche Innovationsprojekte sind. Verbesserungen sollen durch die Einführung einer europaweiten „Plattform für die digitale Hochschulbildung" zu einer besseren Zusammenarbeit führen. Online-Lernangebote, virtueller Campus und die Stärkung einer offenen Wissenschaft in allen Ebenen der Hochschuleinrichtungen, sollen mit Angeboten für die Bürger-Wissenschaft verknüpft werden. Mit der Einbindung von Unternehmen und Nichtregierungsorganisationen sollen digitale aber auch unternehmerische Kompetenzen insbesondere auch für die Motivierung von Mädchen und Frauen für MINT-Berufe vermittelt werden. Dies soll auch dazu führen, dass verstärkt die Nutzerperspektive Bottum-Up für Innovationslösungen im Bildungsbereich berücksichtigt werden kann, während bisher die Initiativen stets Top-Down ansetzten. Ein Beispiel für die Einbeziehung der Bürgerbeteiligung ist die Durchführung eines jährlichen EU-weiten Hackathrons, um innovative Lösungen im Bildungsbereich zu entwickeln. Mit dem Start von Pilotprojekten zu künstlicher Intelligenz und Lernanalytik sollen durch die Auswertung der riesigen Datenmengen, die Ergebnisse für die Entwicklung relevanter Instrumentarien für bildungspolitische Maßnahmen nutzbar gemacht werden.

Man darf also gespannt sein, inwieweit es der Europäischen Kommission in der restlichen Laufzeit bis 2020 gelingen wird, die ehrgeizigen Pläne, bei sehr unterschiedlichen Voraussetzungen in den jeweiligen Bildungssystemen der Mitgliedsländern, zur Schaffung eines europäischen Bildungsraumes mit gemeinsamen Werten und Schlüsselkompetenzen, umzusetzen. Auf jeden Fall ist ein Follow Up geplant, bei dem die Kommission aus den Erfahrungen politische Lehren für die Umsetzung zukünftiger Maßnahmen zielen möchte.

Von der europäischen Ebene zurück zum aktuellen Stand des Digitalpaktes Schule. Für jeden, der auch nur einen kleinen Einblick in die aktuelle Situation an den Schulen hat, dürfte es keinen Zweifel geben, dass die Digitalisierung – Ausbildung und Bereitstellung der erforderlichen Infrastruktur, mehr als überfällig ist!

Zunächst hatte der Bundesrat die vom Bundestag bereits beschlossene Gesetzesänderung in der Sitzung vom 14.12.2018 abgelehnt. Hintergrund waren hauptsächlich die Finanzen. Da Bildung eigentlich Länderaufgabe ist, sollten sich diese an den Kosten beteiligen, wobei bis 2020 eine Verteilung 90:10 zwischen Bund und Ländern vorgesehen ist, dann soll die 50:50 Regelung wieder greifen. Zudem möchten die Bundesländer den Einfluss der Bundesregierung auf die Bildungspolitik vermeiden. So bedeutsam sicherlich der Föderalismus für Deutschland ist, so sollte von den Verantwortlichen bedacht werden, die Globalisierung erfordert gut ausgebildete junge Menschen, von der Grundschule bis zum Abitur, in Berufs- und weiterbildenden Schulen unabhängig davon in welche

In nächtlichen Verhandlungen haben sich Bund und Länder am 20.02.2019 doch noch über einen Kompromissvorschlag einigen können (Bundesrat-Vermittlungsausschuss 20. Februar 2019).

Nachdem die Änderung des Art. 104c Grundgesetz am 04.04.219 in Kraft trat, wurde die Verwaltungsvereinbarung für den Digitalpakt erarbeitet und konnte bereits am 17.05.2019 von Bund und Ländern unterzeichnet werden.

Aktueller Stand zum Jahresende 2019, Förderrichtlinien sind veröffentlich worden, Beratungsstrukturen für die Antragstellung sind in den Ländern eingerichtet, die Umsetzung hat begonnen.

Es hat also noch fast ein Jahr gebraucht, ehe der Weg frei wurde, denn die Schulen warten auf die Gelder für Laptops, Tablets, WLAN in den Schulen, Anschaffung von Schulservern, interaktiven Tafeln und nicht zuletzt auf die Entwicklung von Lern- und Kommunikationsplattformen.

## Literatur

Bundesministerium für Arbeit und Soziales. (2016). http://www.bmas.de/SharedDocs/Downloads/DE/PDF-Publikationen/a875-monitor-digitalisierung-am-arbeitsplatz.pdf?__blob=publicationFile&v=2. Zugegriffen am 24.09.2018.
Bundesministerium für Bildung und Forschung. (24. Juli 2014). Pressemitteilung 067/2014. https://www.bmbf.de/de/qualitaetsoffensive-lehrerbildung-gestartet-617.html. Zugegriffen am 18.02.2019.
Bundesrat-Vermittlungsausschuss. (20. Februar 2019). Mitteilung vom 20.02.2019. https://www.bundesrat.de/SharedDocs/pm/2019/003.html. Zugegriffen am 24.09.2018.
European Union. (2017). Satellite broadband for schools: Feasibility study. https://ec.europa.eu/digital-single-market/en/news/results-satellite-broadband-schools-study. Zugegriffen am 18.02.2019.
Französische Botschaft in Berlin. (2016). Frankreich Informationen: Schule und Hochschule, Rentrée 2016: Große Schulreform in Frankreich abgeschlossen. https://de.ambafrance.org/Rentree-2016-Grosse-Schulreform-in-Frankreich-abgeschlossen. Zugegriffen am 15.03.2019.
https://www.bundesregierung.de/breg-de/themen/digital-made-in-de/digitalpakt-schule-1546598. Zum Stand des DigitalPakt Schule. Zugegriffen am 16.12.2019.
kmk. (o. J.). Strategischer Rahmen „ET 2020". https://www.kmk.org/themen/internationales/eu-zusammenarbeit/strategischer-rahmen-et-2020.html. Zugegriffen am 15.03.2019.

**Cornelia Langer** studierte Verwaltungswissenschaft, Jura und Betriebswirtschaft an der Universität Hamburg, der FU Berlin und der Hochschule für Wirtschaft und Recht, war lange Jahre in verschiedenen Führungspositionen in der öffentlichen Verwaltung tätig und auch in der freien Wirtschaft. Ihre Fachgebiete sind die Wirtschaftsberatung, nationale und europäische Forschungs- und Entwicklungsprojekte, Schwerpunkt digitale Innovationen, die Förderung von Start-Ups als Coach und Gutachterin bei den Wettbewerben Start2grow sowie Science4 Life. Sie ist in der europäischen und in der Entwicklungszusammenarbeit engagiert, u. a. im Board der Expertengruppen „Good Governance" und „Energy" in der „Strategischen Partnerschaft Digitales Afrika", einer Initiative des BMZ.

# „Viel zu lernen du noch hast" – Medienkompetenz frei nach Yoda

Peter Tauber

> Nicht zuletzt seit den Snowden-Enthüllungen wird über die digitale Souveränität gerade unter dem Aspekt der Sicherheitspolitik viel und kontrovers diskutiert. Wir hatten und haben hier sicherlich Nachholbedarf und ich bin der Ansicht, dass wir uns dieser gesamtgesellschaftlich relevanten Diskussion ausführlich stellen müssen – was wir auch tun. Ein aus meiner Sicht wichtiger Teilaspekt der digitalen Souveränität kommt dabei jedoch häufig noch zu kurz: Das Stichwort lautet Medienkompetenz.

Auf politischer Ebene diskutieren wir seit Jahren sowohl in den Ländern wie auch im Bund sehr intensiv und oftmals auch emotional über Medienkompetenz und Jugendschutz im digitalen Zeitalter. Noch fehlt es an neuen gesetzlichen Regelungen. Ich bin der Ansicht, dass reine Verbote und gesetzliche Maßnahmen hier viel zu kurz greifen. Wir müssen Kinder und Jugendliche aktiv begleiten, wenn Sie digitale Medien für sich entdecken. Eltern und Schulen sind daher ebenso in der Pflicht wie Politik. Und trotz vieler und toller Projekte und Initiativen in diesem Bereich scheint es noch immer so, als ob noch viel mehr getan werden müsste.

Und in der Tat, aus meiner Sicht gibt es viele dringende Fragen, denen wir uns stellen müssen – als Politiker, vor allem aber als Nutzer:

- Wie gehen wir selbst – also jeder einzelne von uns – mit digitalen Medien um?
- Sind wir beispielsweise sensibel genug mit unseren Daten?
- Wie sieht überhaupt der digital souveräne Nutzer aus?
- Was kann Medienkompetenz hier leisten?

P. Tauber (✉)
Bundesministerium der Verteidigung, Berlin, Deutschland
E-Mail: peter.tauber@bundestag.de

- Wie können wir insbesondere unsere Kinder und Jugendlichen kompetent und souverän auf die digitale Welt vorbereiten?
- Nutzen unsere Schulen und Universitäten schon alle Möglichkeiten, um junge Leute auf die digitale Welt vorzubereiten?
- Wo muss der Staat helfend eingreifen – Stichwort Jugendschutz und Jugendmedienschutz?

Die Liste der Fragen könnte noch schier endlos weitergeführt werden. Bisher gibt es aus meiner Sicht noch zu wenige Antworten.

Klar ist, das Internet ist sowohl im privaten wie auch im beruflichen Alltag angekommen. Gerade für Kinder und Jugendliche ist die Nutzung von Computern, Handys oder sonstigen mobilen Endgeräten heute selbstverständlich, auch die Kommunikation mit Freunden über soziale Netzwerke, Messenger, Chats oder Foren gehört längst zum Alltag. So sind bereits 48 Prozent der 6- bis 7-Jährigen und 81 Prozent der 8–9-Jährigen laut der Bitkom-Studie „Kinder und Jugend in der digitalen Welt" online; 99 Prozent sind es ab der Altersgruppe der 12- bis 13-Jährigen; 100 Prozent bei den 14- bis 19-Jährigen (letztgenannter Wert geht auf die ARD/ZDF-Online-Studie 2017 zurück).

Welche Bedeutung das Internet insbesondere für die älteren Kinder hat, zeigt sich daran, dass über die Hälfte von Ihnen täglich online ist. Während knapp ein Drittel der Kinder in der Altersgruppe der 6- bis 9-Jährigen bereits ein Smartphone besitzen, sind es in der Gruppe der 10- bis 13-Jährigen schon über 80 Prozent. Aktuell nutzen über die Hälfte der 6- bis 13-Jährigen WhatsApp, 2017 waren es noch 40 %.

Gerade die heranwachsende Generation muss daher in die Lage versetzt werden, kompetent mit digitalen Medien umzugehen. Dies betrifft nicht nur den technischen Umgang mit Tablets, PCs, Smart-Phones oder -TVs. Vielmehr müssen Kinder und Jugendliche auch lernen, Inhalte kritisch zu hinterfragen. Sie müssen mit der Masse an Informationen kompetent umgehen können. Sie müssen risikobewusst mit ihren Daten umgehen. Sie müssen aber auch in die Lage versetzt werden, Angebote nutzen zu können, die vom Staat im Rahmen von E-Government und Open-Data-Strategien zur Verfügung stehen. Kinder und Jugendliche müssen also die Chancen der Informations- und Kommunikationstechnologien nutzen, gleichzeitig jedoch um die Risiken wissen und souveräne Entscheidungen darüber treffen können. Heranwachsende müssen zu einem mündigen digital-souveränen Bürger erzogen werden.

Entscheidend ist, Kinder und Jugendliche dabei nicht von der Lebenswirklichkeit abzuschotten, sondern sie zu begleiten, wenn sie das Internet für sich entdecken. Wir müssen ihnen das Handwerkszeug vermitteln, damit sie sich im Netz sicher und selbstbestimmt zu bewegen wissen. Dafür brauchen wir eine frühzeitige und vernetzte Medienerziehung.

Medienkompetenz ist für mich damit eine permanente Aufgabe. Unter dem speziellen Gesichtspunkt des Internets ist Medienkompetenz außerdem eine Querschnittsaufgabe: Eltern, Pädagogen und Politiker müssen an einem Strang ziehen.

Gerade Eltern und Schulen sind enorm wichtig. Zum einen stehen sie in direktem Kontakt mit den Heranwachsenden. Zum anderen greift gerade im Bereich Medienkompetenz der Ruf nach rein gesetzlichen Regelungen viel zu kurz. So führt uns das Internet deutlich die Begrenztheit staatlicher Eingriffsmöglichkeiten vor Augen, wenn wir in einem Abwägungsprozess von Jugendschutz und staatlichen Regulierungsmöglichkeiten nicht Freiheitsrechte im Internet beschneiden wollen.

Gehen wir also davon aus, dass die Möglichkeiten staatlicher Regulierung im Jugendschutz in Bezug auf das Internet unzureichend sind, dann fällt unser Blick zweifelsfrei auf die Eigenverantwortung des Einzelnen. Hier finde ich es schon bezeichnend, dass viele nach der Politik rufen, um unliebsame Inhalte aus dem Internet zu verbannen. Gleichwohl installieren noch viel zu wenige Eltern die häufig kostenlose Jugendschutzsoftware auf dem heimischen Rechner. Aber selbst wenn Eltern diese installiert haben, sind sie noch in der Pflicht. Jugendschutzprogramme können nicht zu 100 Prozent schützen. Keine Technologie kann einwandfrei verhindern, dass Kinder und Jugendliche, die gezielt nach ungeeigneten Inhalten suchen, diese finden und abrufen. Zudem sind die Hersteller von anerkannten Jugendschutzprogrammen in der Pflicht: Noch gibt es diese nicht für Smart-TVs oder Spielekonsolen, mit denen Jugendliche ebenfalls häufig im Netz surfen.

Neben der Frage guter Software im Bereich des Jugendschutzes sind Eltern auch aufgefordert, mit den Sprösslingen das Gespräch zu suchen und darüber zu sprechen, was sie da möglicherweise im Internet sehen könnten oder bereits gesehen haben. Dabei reden wir heute nicht mehr nur über Sexual- und Gewaltdarstellungen. Eltern wie Jugendliche sehen sich im Netz mit neuen Herausforderungen konfrontiert: Cyber-Mobbing, Cyber-Grooming, Identitätsklau, Abzocke und vielem mehr. Hier könnte beispielsweise überlegt werden, ob ein Auskunftsrecht von Opfern gegenüber Betreibern eines Internetportals sinnvoll wäre. Bislang haben Opfer von anonymen oder pseudonymen Verletzungen ihrer Persönlichkeit keinen Anspruch auf eine Herausgabe der Nutzerdaten durch den Anbieter, weil eine gesetzliche Grundlage für die Weitergabe der Daten fehlt.

Gleichwohl will ich auch nicht schwarz malen: Die meisten Nutzer wägen sehr sorgfältig ab und auch junge Leute agieren sehr viel vernünftiger, als man allgemein annimmt. So hat die ARD/ZDF-Onlinestudie 2014 ergeben, dass 91 Prozent der 14- bis 29-Jährigen „vorsichtig mit ihren persönlichen Daten" sind und „ungefähr wissen", wie man sich im Netz schützen kann. Dass der eine oder andere „dummes Zeug" schreibt oder sich im Ton vergreift, findet man hingegen leider nicht nur in sozialen Netzwerken. Das Internet hält uns hier wohl eher einen Spiegel unserer Gesellschaft vor.

Auch wenn Heranwachsende digitale Medien verantwortungsbewusster nutzen, als dies gemeinhin gedacht wird, so müssen Eltern wie Schulen dennoch bei der Mediennutzung ihrer Kinder und der Schüler am Ball zu bleiben. Ich finde es sogar fahrlässig, wenn Politik den Eindruck vermitteln würde, sie könne beim Thema Jugendmedienschutz den Eltern Pflichten abnehmen. Das entledigt den Staat zwar nicht einer gewissen Fürsorge. Diese muss vor allem darin bestehen, Eltern und Pädagogen das notwendige Werkzeug in die Hand zu geben, um den Jugendschutz zu gewährleisten. Darauf haben Eltern und Pädagogen einen Anspruch. Diesem müssen wir als Politiker gerecht werden und unsere Hausaufgaben machen.

Bei der Medienkompetenzarbeit sind die Eltern für mich die zentrale Zielgruppe. Sie müssen noch viel mehr in den Fokus der Medienbildung rücken. Denn ebenso wie Lehrer sind auch Eltern häufig mit der Mediennutzung der Kinder vollkommen überfordert. Hier möchte ich auf die Handlungsempfehlungen der Enquête-Kommission „Internet und Digitale Gesellschaft" verweisen. „Die Enquête-Kommission setzt sich für die Ausweitung von gezielter Elternberatung, insbesondere über niedrigschwellige Angebote ein. Hierzu können beispielsweise Informationsabende in Kindertagesstätten und Schulen dienen." (Deutscher Bundestag 2013, Drucksache 17/7286, S. 35) Die konstruktiven Vorschläge liegen vor; es gilt sie umzusetzen.

Die zweite wichtige Zielgruppe für Medienkompetenzarbeit sind Lehrer und Lehrerinnen. 66 Prozent stehen dem Einsatz von elektronischen Medien im Unterricht im Großen und Ganzen positiv gegenüber; 29 Prozent eher positiv. Also finden nur vier Prozent den Einsatz negativ oder eher negativ. Knapp jeder zweite Lehrer würde gerne noch öfter digitale Medien einsetzen.

Dies hat der Branchenverband Bitkom in einer durchgeführten Umfrage bei Lehrkräften herausgefunden. Gleichwohl sagen 43 Prozent, dass sie zwar gerne neue Medien einsetzen würden, an der Schule jedoch das entsprechende Gerät fehle. Und fraglich sei zudem, ob sie die technischen Hilfsmittel im Unterricht sinnvoll einsetzen könnten. 59 Prozent der Lehrerinnen und Lehrer gaben zu, dass sie in den letzten drei Jahren lieber eine Fortbildung zu anderen Themen gewählt hätten, da sie wichtiger erschienen.

Was will ich mit diesen Zahlen verdeutlichen? Es geht insgesamt um die kompetente Nutzung digitaler Angebote im Bildungsbereich. Als Politiker müssen wir dafür Sorge tragen, dass die Schulen die entsprechende technische Ausstattung bekommen. Dazu gehört für mich neben interaktiven Whiteboards beispielsweise auch, wie von der Enquête-Kommission gefordert, dass jeder Schüler und jede Schülerin einen eigenen Laptop oder einen eigenen Tablet-PC bekommt. Insgesamt muss ein sehr viel höheres Niveau an technischer Ausstattung in den Schulen Standard werden und nicht vom Wohlwollen und dem Mut des Schulleiters, der Finanzkraft der Kommunen oder des Bildungsministeriums abhängen.

Außerdem darf digitale Medienbildung nicht mehr auf eine gesonderte Unterrichtsstunde abgewälzt werden – Beispiele dafür gibt es leider noch immer genug. Ziel muss es sein, dass digitale Medien fester Bestandteil des Unterrichts und als sinnvolles Arbeitsinstrument integriert werden, mit dem beide Seiten kompetent umgehen können.

Wir als Politiker müssen dafür Sorge tragen, dass das pädagogische Personal entsprechend geschult wird. Das fängt bei der Ausbildung der Lehrkräfte an und hört bei Lehrerfortbildungen auf. So sind Lehrer und Lehrerinnen inzwischen täglich mit den Smartphones ihrer Schüler konfrontiert. Unter den Tischen wird gechattet, vom Tafelaufschrieb werden Bilder gemacht und immer wieder klingelt es laut. Oft wird das Smartphone dabei als störend wahrgenommen. Dabei sind die Möglichkeiten, das Gerät in den Unterricht einzubinden, vielfältiger als gedacht. So kann sich das Smartphone in ein Mikroskop „verwandeln" oder mit einer entsprechenden App im Sportunterricht eingesetzt werden. Noch fühlen sich jedoch zu viele Lehrer von den digitalen Medien überfordert. Häufig liegt es vor allem daran, dass sie selbst zu wenig Teil der digitalen Lebenswelt sind. Es bedarf also einer Angleichung von Lehrern und Schülern beim Umgang mit digitalen Medien.

Und last but not least muss der Staat auch gesetzgeberisch tätig werden, insbesondere im Bereich Jugendmedienschutz. Der Jugendmedienschutzstaatsvertrag muss endlich den aktuellen Entwicklungen angepasst werden. Das ist nicht einfach, aber unumgänglich. Die Zuständigkeit dafür liegt bei den Ländern. Zudem sollte im Zuge der im Koalitionsvertrag angekündigten Bund-Länder-Kommission für den Bereich Medienpolitik auch über eine stärkere Vernetzung der Medienkompetenz-Initiativen von Bund und Ländern nachgedacht werden. Es könnte des Weiteren überlegt werden, die unterschiedlichen Aufsichtsinstitutionen im Bereich Jugend-/Jugendmedienschutz stärker zu bündeln. Sicherlich würde hier der ein oder andere über seinen Schatten springen müssen. Aber auch hier gilt: Eine 100 prozentige Kontrolle wird es nicht geben können. Wir müssen uns jedoch bemühen, die vorhandenen Ressourcen bestmöglich zu nutzen.Ich bleibe bei meiner Überzeugung: Der Medienkonsum von Kindern und Jugendlichen zu Hause geht den Staat nichts an. Und wer wieder nach staatlicher Regulierung ruft: jedes Kind hat meistens zwei Regulierer zu Hause. Eine höhere „Betreuungsdichte" wird der Staat kaum gewährleisten können und es liegt eben vor allem in der Verantwortung der Eltern – das entspricht zutiefst unserem christdemokratischen Verständnis von Familie –, den eigenen Kindern das notwendige Rüstzeug mit auf den Weg zu geben.

## Literatur

ARD/ZDF-Onlinestudie. (2014). https://www.daserste.de/specials/service/onlinestudie-106.html. Zugegriffen am 18.02.2018.
ARD/ZDF-Onlinestudie. (2017). http://www.ard-zdf-onlinestudie.de/files/2017/Artikel/917_Koch_Frees.pdf. Zugegriffen am 28.02.2019.
Deutscher Bundestag. (2013). Schlussbericht der Enquete-Kommission „Internet und digitale Gesellschaft", Drucksache 17/7286, S. 35. http://dip21.bundestag.de/dip21/btd/17/125/1712550.pdf. Zugegriffen am 18.02.2018.

**Dr. Peter Tauber** ist seit 2009 Bundestagsabgeordneter und seit 2018 Parlamentarischer Staatssekretär bei der Bundesministerin der Verteidigung. Zuvor bekleidete er von 2013 bis 2018 das Amt des Generalsekretärs der CDU Deutschland. Seit 2008 hat Tauber zudem einen Lehrauftrag am Historischen Seminar der Johann-Wolfgang-Goethe-Universität in Frankfurt am Main. Peter Tauber ist Mitglied im Vorstand der Konrad-Adenauer-Stiftung, des Freundeskreises Yad Vashem e.V. und des Deutschen Kinderhilfswerks e.V. sowie Mitglied im Präsidium der Stiftung Neue Verantwortung.

# Digitale Kompetenz – Was ist das? Vier Blicke und ein erstaunter Zweifel

Torsten Albig

Digitale Kompetenz! Oh je – eines dieser Schreckensworte für jeden Politiker.

Wir verblödeten – so hört man es allerorten – kollektiv, weil wir engstirnigen politischen Ignoranten es versäumten, die digitalen Grundlagen dafür zu schaffen, unser Land endlich in eine glückliche und vor allem prosperierende Zukunft zu katapultieren.

Wir machten dabei angeblich auch so alles falsch, was man falsch machen könne. In der Schule ließen wir tatsächlich noch die komplett überflüssige Philosophie auf dem Lernplan – anstatt dass wir den Schülern endlich Swift, X-Code oder Objective-C beibrächten. Auch die digitale Infrastruktur komme nicht voran: Wir bauten Straßenkreuzungen allerorten – aber Glasfaserleitungen fehlten, wohin man auch schaue. Überall nur 64 kbit anstelle von 1 Gbit, wie es an jeder ordentlichen estnischen Tanne selbstverständlich sei.

Wir fielen deshalb gesellschaftlich zurück und unser Untergang nahe. Zumindest der digitale und ihm folgend dann auch unser gesellschaftlicher Wohlstand, denn bei der Frage nach den Gründen unseres künftigen Erfolgs sei die einzige zulässige Antwort: „It's digital, stupid!" Oder eben auch nicht. Und warum das Ganze? Weil die aktuelle Politikergeneration – zumindest in Deutschland – digital vollkommen inkompetent sei. Sie verstünden es einfach nicht, dieses „Internetding".

So weit der erste Blick des „Bürgers" auf die „Politik".

T. Albig (✉)
ehem. Ministerpräsident Schleswig-Holstein, Kiel, Deutschland
E-Mail: torsten.albig@onlinehome.de

© Springer Fachmedien Wiesbaden GmbH, ein Teil von Springer Nature 2020
M. Friedrichsen, W. Wersig (Hrsg.), *Digitale Kompetenz*, Synapsen im digitalen Informations- und Kommunikationsnetzwerk,
https://doi.org/10.1007/978-3-658-22109-6_20

## Digitale Kompetenz?

### Blick zwei des erschrockenen Vaters

Ist es eigentlich Ausdruck besonderer digitaler Kompetenz, wenn Jugendliche (aber längst nicht nur die) jede Form gesellschaftlicher direkter Kommunikation zugunsten virtueller sogenannter „Freundschaften", die 24/7 online sein müssen, ausgetauscht haben?

Wenn das „In-die-Hand-Nehmen" von Büchern oder Zeitungen für eine unnötige Kulturhandlung längst ausgestorbener (oder zumindest ausgestorben gehörender) Urzeitvölker gehalten wird – weil all unser Wissen (und ergo, das der gesamten Welt) ja in dem ca. 7 x 14 cm kleinen Gerät in unserer Hand vorhanden ist.

Wie überflüssig, es auch noch im Kopf haben zu wollen. Alle Bücher, alle Zeitungen, alle Sprachen, alle Formeln – wer den Algorithmus beherrscht, der beherrscht die Welt!

## Digitale Kompetenz?

### Blick drei des besorgten Bürgers

Wer den Algorithmus versteht, beherrscht die Welt! Wirklich? Erleben wir nicht gerade, dass der Algorithmus längst uns beherrscht? Dass der Algorithmus seine Kinder frisst – und zwar viel erfolgreicher und umfassender als irgendeine der langweiligen Revolutionen der pre-digitalen Vergangenheiten es je geschafft hätte.

Das erste iPhone konnten wir erst 2007 in die Hand nehmen – jetzt scheint es mit derselben längst verwachsen zu sein. Im elften Jahr! Das dauerte bei den Äxten der Steinzeit dann doch etwas länger.

Unsere Ururur-Vorfahren erlernten mühsam über Jahrtausende den Gebrauch von Werkzeugen. Wenn wir sie heute mit diesen Werkzeugen bei Ausgrabungen finden, so erkennen wir dies als Zeichen ihres gesellschaftlichen Entwicklungsstadiums weg vom Affen hin zum Menschen. Sollte morgen ein gigantischer Vulkanausbruch von uns und unserer digitalen Gegenwart eine ewige Momentaufnahme für die Archäologen einer fernen Zukunft machen, dann werden wir für diese eine Gesellschaft gewesen sein, die offensichtlich kultische Handlungen mit einem kleinen eckigen Ding betrieben hat. Denn jeder von uns trug es bei sich – die meisten hielten es im Zeitpunkt des Lavastroms sogar in der Hand – mit leicht gebeugter, wohl demütig religiöser Kopfhaltung. Offensichtlich eine kultische Handlung, die sich aber selbst dem klügsten Zukunftsarchäologen nicht mehr erschließen wird.

(Sehen wir dabei einmal a) großzügig darüber hinweg, dass die Objekte unserer Anbetung wohl weggeschmolzen wären und b) dass zumindest die Wetter-App uns natürlich rechtzeitig vor dem bescheuerten Vulkan gewarnt, automatisch ein Uber-Taxi bestellt und uns in vulkansichere Tempel gebracht hätte, in denen wir weiter fröhlich dem Algo-Gott hätten Dienst tun können.)

## Digitale Kompetenz?

**Blick vier des handelnden Politikers**

Ja, ich stimme uneingeschränkt zu, im 21. Jahrhundert ist es die verdammte Pflicht jeder Politik, Infrastrukturen so auszubauen, dass Wertschöpfung nicht deshalb unterbleibt oder sich verlagert, weil wir nicht dieselben Netze mindestens in derselben Qualität bespielen können wie unsere Wettbewerber.

Aber das hat nichts mit digitaler Kompetenz zu tun – genauso wenig wie unsere Vorgänger im späten 19. Jahrhundert „Eisenbahnkompetenz" brauchten, um zu verstehen, dass man im ökonomischen Wettstreit nur bestehen kann, wenn es im jeweiligen Land funktionsfähige Eisenbahnnetze gab.

(Allerdings sei der Hinweis erlaubt, dass niemand es ernsthaft in Erwägung ziehen wird, der einmal dort vor Ort war, dass der innovative Hot-Spot dieses Planeten – das viel gepriesene Silicon Valley – gerade deshalb so erfolgreich wäre, weil der amerikanische Staat dort vorbildlich funktionierende und für alle zugängliche IT-Netze zu bezahlbaren Preisen in die Erde gebuddelt hätte. Es ist vielleicht doch mehr der allgegenwärtige, unbändige Unternehmergeist, der dort die Innovation vorantreibt und nicht in erster Linie der Zugang zu einem megaschnellen Datennetz.)

Und ja, diese Netze sollte man auch nutzen können. So wie wir in der Zeit der industriellen Revolution die Vorzüge von Uhrzeiten und daran ausgerichteten Fahrplänen erlernen mussten (das brauchte die Menschheit bis zu diesem Zeitpunkt nämlich nicht), sollten wir umgehen können mit dem, was digitale Netze und ihre Werkzeuge uns an Möglichkeiten bringen.

Aber nein und nochmals nein: So wie zur Zeit von Gutenberg nicht alle Bürger lernen mussten, wie man Bücher druckt, um mit dieser neuen revolutionären Verbreitungsmethode von Wissen (dem gedruckten Buch nämlich) „kompetent" umzugehen, müssen wir heute nicht alle perfekt programmieren können.

Ja, so wie unsere Gesellschaft immer Techniker brauchte und sie auch entsprechend ausbilden musste, braucht sie künftig Menschen, die digitale Netze entwickeln und betreiben können. Ich begrüße es sehr, dass wir in der Schule auch diese Kompetenz – zumindest in ihren Grundzügen – vermitteln. Schon damit jeder die Chance hat, zu erkennen, dass da sein künftiger Weg liegen könnte.

Aber das meint nicht in erster Linie „Digitale Kompetenz", sondern das intellektuelle Rüstzeug zu erlangen, in seiner Zeit erfolgreich sein zu können.

Wenn ich über „Digitale Kompetenz" nachdenke, dann kommt mir viel mehr in den Sinn, dass wir als Gesellschaft gerade dabei sein könnten, etwas Lebenswichtiges aufs Spiel zu setzen: nämlich unsere intellektuelle Autonomie, unsere Fähigkeit der kritischen Distanz. Unsere Fähigkeit, Autoritäten nicht nur willfährig zu dienen, sondern sie in Frage zu stellen – und da wo nötig auch vom Thron zu stoßen.

Wir sind dabei, all das auf einem digitalen Altar zu opfern, was uns spätestens in den letzten hundert Jahren an Selbstbestimmtheit mit großen Mühen gesellschaftlich mündig gemacht hat. Einem Altar, der dem Götzendienst des Algorithmus geweiht ist. Geweiht der Unausweichlichkeit. Der Vorbestimmtheit.

Was immer wir auch tun, der Algorithmus weiß, was am Ende dabei rauskommt. Gib zehn relevante Daten über mich in die kleine schwarze Box und man weiß, wer ich bin und wie ich bin. Ob ich Erfolg im Job habe oder ein Loser bin, ob ich Darjeeling oder lieber Nespresso trinke, ob ich nächstes Jahr in die Heide reise oder in die Serengeti. Und all das weiß „man", bevor ich es weiß. Die Krankenversicherung weiß, wann und woran ich sterben werde und mein Arbeitgeber weiß, dass ich drei Minuten meines Arbeitstages mit den Gedanken bei etwas anderem als den Excel-Tabellen vor mir war.

Wir geben auf, was wir (oder besser unsere Großmütter und -väter) für uns erkämpft haben: autonome, unabhängige, unserer selbst bewusste Wesen zu sein. Und wir geben es auf, weil wir dem fatalen Irrtum unterliegen, dass „Digitale Kompetenz" allein bedeute, programmieren zu können oder jede App unseres Smartphones zu beherrschen oder ununterbrochen online sein zu müssen.

Wer in der Lage war, ein Messer zu schmieden, gewann seine eigentliche „Instrumentenkompetenz" nicht dadurch, jeden, der einem dumm kam, mit dem frisch geschmiedeten Messer gleich umzubringen – auch wenn es technisch ohne Probleme möglich gewesen wäre –, sondern sich der Bedeutung dieses gewaltigen und machtvollen neuen Gerätes bewusst zu werden. Er hatte die Verantwortung zu lernen, damit vernünftig umzugehen. Vernünftig!

Die digitale Revolution frisst ihre Kinder, indem sie sie entmündigt. Wie Religion in ihren dunkelsten Ausprägungen nimmt sie uns ab, selber zu denken – weil schon alles gedacht. Zu lesen, weil schon alles gelesen und zu entscheiden, weil schon alles entschieden. Von einer nicht kritisierbaren Autorität. Wer die meisten Likes hat, der muss der Beste sein. Ganz nach dem alten Sponti-Spruch: „Leute, fresst Scheiße, Millionen Fliegen können nicht irren!"

Was im Circus Maximus „Brot und Spiele" waren, um das Volk bei Laune zu haben, ist heute der verblödende Impuls, all meine freie Zeit mit „Candy Crush" zu verdaddeln oder der immanente Zwang, in Echtzeit mitzuverfolgen, was für mich eigentlich völlig irrelevante andere Abhängige den ganzen Tag an sinnlosen Dingen mit ihrem Smart-Phone so treiben. Und es dann zu allem Überfluss auch noch zu bewerten. Und wirst Du nicht bewertet, gibt es Dich nicht. Aus „cogito ergo sum" wurde „ich werde gelikt ergo sum".

Ja, es ist richtig, nie hatte die Menschheit umfassenderen Zugang zu Wissen. Nie war es so leicht, sich eine fundierte Meinung zu bilden. Nie wurde uns soviel unnütze Arbeit abgenommen. Eigentlich könnten wir uns also auf unsere evolutionäre Stärke besinnen: das Denken. Aber tatsächlich werden wir als Gesellschaft wieder dümmer und nicht klüger. Tatsächlich nutzen wir die revolutionären Fähigkeiten der Technik auf fahrlässige Weise nicht. Es ist, als ob nach der Erfindung des Rades unsere Vorfahren es nur genutzt hätten, um es sich auf den Rücken zu binden und um damit dann unnütze, beschwerliche und Zeit kostende Wettläufe zu veranstalten.

Auch darum muss es gehen, wenn wir über „Digitale Kompetenz" sprechen: Wie erringen wir wieder die Hoheit über unsere Zeit, wie lernen wir zu nutzen und nicht genutzt zu werden? Wie werden wir uns der Macht unserer Daten wieder bewusst und verschleudern sie nicht als Morgengabe an digitale Gottheiten, die sich an ihnen nur mästen wollen.

Hier ist Politik in allererster Linie gefragt. Bildungspolitik und nicht digitale Infrastrukturpolitik.

Wir brauchen in der Schule und im Elternhaus die Kompetenz, erklären zu können, warum wir uns als politische Wesen nicht abhängig machen sollten. Von nichts und niemanden. Warum wir kritisch und nicht götzenhörig sein müssen. Warum wir widersprechen müssen, wenn man uns glauben machen will, dass schon ausgerechnet sei, was in unserem Leben geschehen werde.

Digital kompetent ist die Generation, die weiß, dass der Code ein Instrument ist, mit dem man herrschen kann oder beherrscht werden kann. Die das Denken nicht verlernt in dem Irrglauben, das Gerät dächte schon für einen. Die ihre Zeit nutzt und nicht verspielt.

Eine App programmieren zu können, ist Ausdruck einer technischen Gewandtheit, die wir lernen und beibringen sollten, so wie wir den Satz des Pythagoras gelernt und beigebracht bekommen haben. Um das Lernen zu lernen. Eine App programmieren zu können, ist aber noch lange kein Beweis, dass wir digital kompetent wären. Und vice versa.

Wenn wir prüfen wollen, ob die Gesellschaft politisch etwas tut, um digital kompetenter zu werden, sollten wir schauen, ob sie mehr Geld für Datennetze oder für Philosophieunterricht ausgibt. Im ersten Fall sollten wir anfangen, uns Sorgen zu machen.

## Digitale Kompetenz!

### Erstaunter Zweifel

Vielleicht ist das Problem der vorhergehenden Blicke aber auch einfach, dass ich mangels digitaler Kompetenz gar nicht mehr verstehe, was um mich herum wirklich geschieht.

Denn es gibt auch die Generation, die virtuos durch all diese unendlich schnell gewordenen virtuellen Welten surft, die alle gleichzeitig existieren. Und diese Generation ist dieselbe wie die in den anderen Blicken. Die Generation, die nicht nur auf dem Fortnite-Schlachtfeld kämpfen, sondern auch gleichzeitig mit ihren Mitstreitern über das Headset real kommunizieren kann.

Diese Generation, die als Nutzer und Kunde niemals treu sein wird, aber ehrlich genug, zwischen Freunden und Flammen zu unterscheiden. Weil das eine real, das andere ein digitales Spiel mit Potenzial für die Anbahnung oder zusätzliche Pflege echter Freundschaften ist. Und die beides doch durchaus auseinanderhalten kann. Ich war es, der es nicht kann.

Und zum ersten Mal in der Geschichte dreht sich die Lehrer-Lernender-Richtung. Es sind die Alten, die lernen müssen. Von den Jungen.

Vielleicht wird das sorgfältige unvoreingenommene Beobachten dieser Generation uns etwas darüber lehren, welche digitale Kompetenz für unsere Generation überlebensnotwendig ist – und welche nicht. Vielleicht lernen wir von denen, für die ein Shitstorm ein alltägliches Phänomen ist, die den Wert ihrer Likes und Dislikes und deren Flüchtigkeit viel besser einschätzen können als wir Generationen vorher. Die sich gar keinen Kopf darum machen, ob das noch normal ist, sondern längst Strategien entwickeln, wie sie in dieser Normalität nicht nur überleben, sondern sich eine gute Position sichern.

Vielleicht lernen wir genau das, was wir heute schon über „Eisenbahnkompetenz" längst wissen: dass Digitale Kompetenz in der Welt von heute am Ende nichts anderes ist als Lebenstüchtigkeits-Kompetenz. Und vielleicht können wir uns da ja als Pre-Digits einiges abschauen und mit unseren Kompetenzen umgekehrt den Digital Natives helfen, neue Antworten auf digitale Beziehungsfähigkeit, digitale Meinungsbildung oder digitales Maßhalten zu entwickeln.

Aber vielleicht braucht es noch einen ganz anderen Blick ....

**Torsten Albig**, 55, ehemaliger Kieler Oberbürgermeister und schleswig-holsteinischer Ministerpräsident. Lebt jetzt in Brüssel und leitet dort die Repräsentanz der Deutschen Post DHL Group. Vater von zwei erwachsenen und Stiefvater von drei pubertierenden Kindern – hin und hergerissen zwischen dem Wunsch nach vollständiger heimischer Digitalisierung und der Vernichtung aller im Haushalt vorhandenen Smartphones ....

# Teil IV

# Wirtschaft

# Führung und Strategieentwicklung im Spannungsfeld der Digitalisierung

Siebo Woydt

In einem seiner Romane lässt Ian Fleming den Chef des Secret Service, der immer nur unter dem Pseudonym „M" bekannt ist, davon sprechen, dass in der Royal Navy jeder wisse, was er zu tun habe, bis auf den Admiral.

Dieses Buch wurde vor über 50 Jahren veröffentlicht, das Statement von „M" entspricht dem damaligen Management-Mantra, dass Führung und Weisung in einer strengen Hierarchie von oben nach unten verlaufen und einer langfristigen Strategie folgen. Auch die modernen Verfilmungen der Bond-Romane zeigen noch diesen Typus von Führung, aber Bond wird mehr und mehr zu einem unabhängigen Geist.

Was waren das für überschaubare Zeiten: Strategie wurde von wenigen Auserwählten im Elfenbeinturm hinter verschlossenen Türen entwickelt, die dafür eingesetzten Methoden waren entsprechend hermetisch und grenzten an Magie, aber an wissenschaftlich begründete Magie. Und vor allem hatte man im Vergleich zu heute Zeit, viel Zeit. Die Entwicklung der Strategie beanspruchte Monate und die Meilensteine in der Execution wurden auf Jahresbasis gesetzt. Entsprechend musste sich die Strategie erst irgendwann in ferner Zukunft bewähren und die Geister hinter der Strategie hatten mit den zwischenzeitlich erlebten Änderungen des Umfeldes immer ein gutes Argument, warum die Resultate nicht den Planungen entsprachen.

Heute ist jeder Versuch, länger als einige Monate im Voraus zu planen und einen Anspruch auf eine angemessene Prognosegüte zu erheben, zum Scheitern verurteilt. Mehrjahrespläne sind gut, weil sie zur Beschäftigung mit dem Umfeld und mit alternativen Entwicklungen zwingen, aber eine belastbare Orientierung für die Zukunft geben sie nicht

---

S. Woydt (✉)
Creditreform AG, Neuss, Deutschland
E-Mail: s.woydt@creditreform-ag.de

© Springer Fachmedien Wiesbaden GmbH, ein Teil von Springer Nature 2020
M. Friedrichsen, W. Wersig (Hrsg.), *Digitale Kompetenz*, Synapsen im digitalen Informations- und Kommunikationsnetzwerk,
https://doi.org/10.1007/978-3-658-22109-6_21

mehr. Und frei nach Clausewitz überlebt ohnehin kein Businessplan den ersten Kontakt mit dem Kunden.

Das Prinzip der agilen Softwareentwicklung, das Planung und Umsetzung in kurzen Sprints taktet, setzt sich zwangsläufig auch in der übergeordneten strategischen Planung durch, die Veränderung wirkt hier von unten in die Management-Etagen hinein. Eine sich im 2-Wochen-Takt propagierende Softwareentwicklung führt zwangsläufig zu einem Konflikt mit Strategieplänen, die auf Jahresbasis abgefasst sind. Der Klügere, nein der Schwächere, gibt nach.

Der Druck durch das steigende Tempo im eigenen Umfeld, durch von selbst kürzer werdende Planungszyklen für die Software, wird ergänzt und erhöht durch den Druck von außen. Hinter dem Horizont lauert das disruptive Geschäftsmodell des Wettbewerbers, den man noch nicht einmal kennt und den es eventuell erst in irgendeiner Garage gibt. Das Vertrauen in das eigene Geschäftsmodell schwindet bei zunehmender Betrachtung in dem Maße, in dem man die vielen Uber's, Netflix' und die gerade erst Gehen lernenden Startups bewundert, die ohne Konzernzwänge, Rücksichten auf Hierarchien und Multiprojekt-Portfolien und einem anstrengenden Tagesgeschäft, vor allem ohne Kunden, an dem einen ultimativen Ding schrauben, mit dem die etablierte Welt zu Grund gehen wird. Wird er vielleicht doch möglich sein, der Mythos des Überholens ohne Einzuholen? Wird da plötzlich ein bisher unbekannter Player das bewährte Geschäftsmodell ignorieren und die Kunden mit etwas Neuem begeistern? Mit Features, die über Nacht verfügbar sind und sofort von den Kunden schon immer vermisst wurden?

Was jetzt tun? Darauf warten, überholt zu werden oder das eigene Tempo erhöhen? Digitalisierung steigert die Unsicherheit, auch wenn sie im privaten Bereich vieles erleichtert, Neues erlebbar macht und vereinfacht. So leicht es ist, Digitalisierung hinzunehmen oder davon zu profitieren, sie zu genießen, desto schwerer ist es, sie zu bändigen. Und wenn man der Unsicherheit trotzt und die eigene Digitalisierung in Angriff nimmt, immer in dem Bewusstsein, eigentlich schon zu spät zu sein, denn alle anderen sind schneller, und mit der sofort folgenden Unsicherheit, welche Methoden, Paradigmen, Mantras, MVPs, Design Thinkings, Serious Plays usw. man denn zuerst einsetzen, welche Data Lakes man zuerst ausbaggern und fluten soll, dann steht man mit dieser Unsicherheit plötzlich zwischen einerseits den Gremien, die mit ihrer eigenen Unsicherheit kämpfen und auf die digitale Zukunft warten, von der man überall liest, und andererseits den Mitarbeitern, denen statt Unsicherheit eher Ungeduld ins Gesicht geschrieben ist und die darauf warten, dass es endlich losgeht mit den neuen Zeug, das alle anderen ja schon haben, nur wir nicht.

Hier führt, wer diese Unsicherheit aushalten kann, wer sie sogar zulässt. Es geht nicht um das „if everything is under control, you're not fast enough", das ist eine Entschuldigung für Unplanung, wenn damit zugelassen wird, kein Ziel zu haben. Nach wie vor gilt „fail to plan is plan to fail". Aber der Plan ist nicht mehr das 60-seitige gebundene Strategiepapier mit der mehrjährigen Verfallsfrist und nicht das Wasserfall-Modell, bei dem das Konzept für die Lösung des Kundenproblems erst fertig ist, wenn der Kunde längst insolvent ist. Der Plan folgt immer einem Ziel, einer Vision, die nur schwer von einer Strategie unterscheidbar ist.

Und da der Plan ein Elefant ist, muss man ihn in Scheiben schneiden, um ihn zu verzehren. Und schon in der Mitte des Rüssels merkt man, dass der verbleibende Rest mehr und mehr nach Rennpferd aussieht. Früher hätte man jetzt die Leute entlassen, die den Elefanten-Plan gemacht haben; heute freut man sich über jede Woche, die man das Pferd früher erkennt und den Plan auf Pferd umschreiben kann. Wenn das Pferd das Kundenproblem löst und besser löst als der Elefant, dann ist das die beste Entwicklung. Die Kompetenz ist das frühe Erkennen des Pferdes und die bewusste Erkenntnis, dass es wie ein Pferd aussieht, statt erst einmal den Elefanten fertig zu entwickeln und dann zu überlegen, ob es Pferde gibt. Ein Teil des Plans sind akzeptierte Kurskorrekturen und die Fähigkeit, sie sehr rasch umzusetzen. Und aus dieser Fähigkeit lässt sich dann auch – endlich – wieder Sicherheit gewinnen. Denn diese Fähigkeit, die nicht auf Assets wie Kapital, Rohstoffe oder Software baut, macht handlungsfähig.

Diese Fähigkeit zur raschen Umsetzung von Kurskorrekturen, das Umarmen des „fail fast, fail cheap", ist zunächst organisationsfeindlich. Ein akzeptiertes, ein sogar gefeiertes, Scheitern an einer Stelle schafft Neider und rasch auch eine gefühlte Zwei-Klassen-Gesellschaft in der Belegschaft, wenn es auf neue Teams in externen Lofts beschränkt wird und diese Teams kapselt. Dann folgen Lagerbildung, die Verweigerung von Wissenstausch und gegenseitiger Hilfe. Also keine Kapselung, sondern neues Arbeiten und neues Wissen möglichst für alle öffnen. Aber man wird nicht alle mitnehmen können, es wird Verlierer geben. Der Elefant kann dem Affen lange beim Klettern zusehen, aber er wird es nicht lernen.

Auch deshalb muss Digitalisierung von oben beginnen. Digitalisierung muss gewollt sein, nicht nur geduldet. Digitale Führung beinhaltet, sich in Frage zu stellen und das Tabu um die organisatorische Zementierung der eigenen Hierarchie zu entlarven.

Digitalisierung heißt Aufbruch, so wie man zu einer Reise aufbricht, aber auch wie man die harte Schale der Nuss aufbricht, um an den nahrhaften Kern zu kommen. Wer hinter den Horizont sieht und ihn näher heranholt, das Ziel der Reise beschrieben kann und sein Umfeld dafür begeistert, der führt, in analogen wie in digitalen Zeiten. Begeisterung wiederum kann Wissen schaffen, ist sogar oft Bedingung für die Schaffung von Wissen, vor allem für die Bereitschaft, sich Wissen anzueignen.

Begeisterung kann Wissen aber nicht ersetzen. Mitarbeiter zu begeistern ist daher der erste Schritt, um Wissen zu erzeugen und dann anwendbar zu machen. Wenn alles gut geht, dann entsteht dabei auch Wissen, mit dem man nicht gerechnet hat, es entstehen die bisherigen „unknown unknowns", die Dinge, von denen man gar nicht wusste, dass man sie nicht wusste. Dieses Wissen anzuwenden setzt Tools voraus und erschafft neue Tools.

Tools wählt man aus einem Werkzeugkasten und man muss bei Bedarf neue Tools hinzunehmen; die Kompetenz liegt in der Bewertung und der Auswahl der Tools. Aber „a fool with a tool is still a fool", der Einsatz des Werkzeugs muss zur Aufgabe passen und das Tool zu haben reicht nicht aus. Evtl. leiht man auch Tools vom Nachbarn, denn man arbeitet vernetzt und kompetenzorientiert in einem Ökosystem ohne Gewinner und Verlierer – auch das ist Teil der neuen Kompetenz. Und diese Systeme sind mächtiger als die Summe ihrer Teile.

Hier geht es darum, wer den notwendigen Beitrag am besten und am schnellsten leisten kann, unabhängig von seinem Logo oder seinem Gesellschafter. Genauso wandelt sich die Arbeit in den internen Teams von Hierarchieorientierung zu Talentorientierung. Die Wahrnehmung von Ebenen verschwindet durch Sneaker und Jeans als egalisierende Symbole, der Wert einer Meinung wird vom Dienstalter unabhängig. Wir finden also unter den Digitalen Kompetenzen neben tiefer technischer und methodischer Fachlichkeit auch alte Bekannte: Moderation, Change Management, Wertschätzung des Gegenübers und demokratische Prinzipien. Und „if it's not necessary to decide, it´s necessary not to decide" – Führung heißt heute, diese Arbeitskultur herzustellen, diese Werte zu schaffen, auf Hygiene zu achten und sich sonst nicht dauernd einzumischen, wenn das Team funktioniert.

Wenn etwas nicht funktioniert, ist Fehlerkultur wichtig. „Fail fast fail cheap" heißt ja in erster Linie „fail". Scheitern ist akzeptierter Teil des Plans und hier stößt das digitale Change Management an seine größte Hürde. Scheitern ist traditionell nicht vorgesehen, das ist in den bisherigen Führungsprinzipien und in dem Unterschied zwischen dem europäischen und amerikanischen Raum genauso deutlich zu erkennen wie in den unterschiedlichen Prinzipien des jeweiligen Insolvenzrechts. In Deutschland ist der gescheiterte Unternehmer mit Makel behaftet und rasch ein geschäftlicher Außenseiter, in den USA gilt die Insolvenz als Meilenstein der persönlichen Entwicklung, der Erweiterung des Erfahrungsschatzes und dem Schutz vor Wiederholungen. Digitale Kompetenz umfasst Kulturveränderung und Persönlichkeitsentwicklung.

Die prä-digitalen disruptiven Beben erfolgten in großen Abständen (das Finden des Feuers, die Erfindung des Rades, die Pest, der Buchdruck, die Dampfmaschine, der Transistor), und die Abstände dazwischen wurden kürzer. Die heutigen digitalen Beben disruptieren kontinuierlich, im Wochentakt entstehen Veränderungen, die sich durchsetzen oder verschwinden und die dabei Unsicherheit und Chancen zurücklassen. Wie die postdigitalen Disruptionen aussehen werden, kann unsere Fantasie noch nicht fassen.

Bis dahin ist wissensgestützte Veränderung der Schlüssel zum digitalen Darwinismus.

**Siebo Woydt** ist Diplom-Informatiker (Universität zu Oldenburg) und seit 1991 bei Creditreform. Zunächst in der zentralen IT des Verbandes der Vereine Creditreform e.V. aktiv, dann Projektleiter für Marketing-IT und internationale Kundenprojekte. Ab 1996 war er als Bereichsleiter für die Produktentwicklung im Bereich Consumer-Information verantwortlich. Im Jahre 2002 wurde er Mitglied der Geschäftsleitung der 1997 gegründeten Creditreform Boniversum GmbH und von 2003 bis 2014 deren Geschäftsführer. Seit 2014 ist er alleiniger Vorstand der Creditreform AG und somit für die Entwicklung der insgesamt elf Gesellschaften dieser Holding verantwortlich. Im Rahmen seiner Tätigkeit hat er mehrere Beirats- und Aufsichtsratsmandate inne. Siebo Woydt war u. a. Vorsitzender des Verbandes Die Wirtschaftsauskunfteien e.V. (DW), mehrere Jahre im Vorsitz der Fachgruppe eCommerce des Bundesverbandes Digitale Wirtschaft e.V. (BVDW) und Mitglied in der Bundesfachkommission „Internet und digitale Gesellschaft" des Wirtschaftsrates.

# Digital Excellence: Innovation plus Management-Kompetenz

Klaus Radermacher

Digital Excellence ist ein Schlagwort, auf das Google aktuell mehr als eine halbe Million Suchergebnisse liefert, und im Internet werden Checklisten und Roadmaps angeboten, um anhand einiger Fragen den Ist-Zustand einer Organisation zu bestimmen und dann den richtigen Weg zur digitalen Transformation einzuschlagen. Wenn über Digital Excellence als Grundlage für zukünftige unternehmerische Erfolge gesprochen wird, geht dies häufig einher mit Slogans wie „Daten sind der Rohstoff des 21. Jahrhunderts" oder Anleitungen dahingehend, wie existierende Geschäftsmodelle aus der „analogen Welt" erfolgreich „digital transformiert" werden können.

Dass neben den technischen und innovationsspezifischen Fragestellungen in jedem Fall auch „klassische Management-Kompetenz" in erheblichem Umfang notwendig ist, um irgendein Digitalisierungsprojekt erfolgreich durchzuführen, wird gerne vernachlässigt.

„Daten sind der Rohstoff des 21. Jahrhunderts!" Diese plakative Aussage soll die Bedeutung von „Informationen" (nicht Daten) in der digitalisierten Welt unterstreichen. Doch zwischen geschäftlichem Erfolg auf der Basis von physischen Rohstoffen einerseits und Daten andererseits, gibt es gravierende Unterschiede. Physische Rohstoffe (Gold, Platin, seltene Erden, Erdöl etc.) haben einen umso größeren Wert, je weniger davon verfügbar ist. Der Wert resultiert daraus, dass ein Goldbarren oder ein Barrel Öl, das einem Unternehmen gehört, einem anderen Unternehmen nicht mehr verfügbar ist. Zudem ist der Transport physischer Rohstoffe vergleichsweise zeit- und kostenintensiv. Bei Daten ist dies grundlegend anders. Daten lassen sich mit minimalem Aufwand beliebig oft vervielfältigen und in Bruchteilen von Sekunden an nahezu jeden beliebigen Ort übertragen. Voraussetzungen hierfür sind lediglich eine funktionierende Kommunikationsinfrastruktur sowie etwas

K. Radermacher (✉)
Geschäftsführer KRBE GmbH, Köln, Deutschland
E-Mail: klausradermacher@googlemail.com

Strom. Es ist somit immer davon auszugehen, dass man Daten nicht so exklusiv besitzt wie physische Rohstoffe, sondern dass die gleichen Daten auch von anderen erhoben und gesammelt, erworben oder legal und zuweilen auch illegal kopiert werden können.

Bei genauerer Betrachtung stellen die „nackten" Daten in Form von Bits und Bytes auch überhaupt keinen Wert dar. Wertvoll sind lediglich Informationen, die sich aus Daten erzeugen lassen. Hier liegt der Schlüssel für Wertschöpfung bei diversen digitalen Geschäftsmodellen. Um aus Daten nützliche Informationen zu extrahieren, bedarf es heute noch der Kompetenz von Datenanalyse-Spezialisten, auch wenn an dieser Stelle Methoden der Künstlichen Intelligenz schon viel leisten können und in Zukunft noch sehr viel mehr leisten werden. Spezialisten aus den Gebieten „Data Science", „Data Analytics", „Econometrics" etc. gehören nicht zufällig zu den derzeit am meisten gesuchten Fachkräften. Und zusätzlich zu den Fachleuten, die in der Lage sind, aus Daten wertvolle Informationen zu extrahieren, benötigt man eine Strategie, die aufzeigt, welche Informationen im Zusammenhang mit meinem Geschäft in welcher Form eingesetzt werden können, um daraus nachhaltigen Erfolg zu generieren. Dabei reicht es nicht, eine „Digitalisierungsstrategie" zu entwickeln, auch wenn dies ein wesentlicher Baustein für zukünftigen Erfolg sein wird. Es müssen Projekte aufgesetzt und erfolgreich gemanagt werden, Projektergebnisse müssen in existierende Unternehmensprozesse einfließen, evtl. notwendige Veränderungen müssen gegen etablierte Verfahren und oft gegen starke Beharrungskräfte durchgesetzt werden. All dies erfordert klassische Managementkompetenz, wie sie auch in der alten „analogen" Welt gebraucht wurde. Das fachliche Know-how um „Big Data" ist „lediglich" ein zusätzliches Erfordernis.

Die „Digitalisierung aller Geschäftsprozesse" ist ähnlich wie das Thema „Daten sind der entscheidende Rohstoff" ein oft wiederholtes Mantra im Zusammenhang mit „Digital Readiness" und „Digital Excellence". Dem möchte ich hier keineswegs widersprechen, aber auch hier gilt, dass es mit Digitalisierung allein nicht getan ist: Ein Prozess, der den Anforderungen nicht genügt und schlechte Prozessergebnisse liefert, wird allein durch Digitalisierung nicht besser. Es ist dann lediglich ein digitalisierter, technologisch möglicherweise innovativerer Prozess, der aber nach wie vor den gestellten Anforderungen nicht genügt. Langjährige Erfahrungen des Autors zeigen, dass dem Punkt der Angemessenheit von Prozessen gerade in Digitalisierungsprojekten viel zu wenig Beachtung geschenkt. Dies ist zum einen darauf zurückzuführen, dass Digitalisierungsexperten häufig keine Prozessexperten sind. Prozessmanagement ist schon per Definition eine Managementaufgabe! Digitalisierung ist ein zusätzlicher Aspekt, durch den anderweitige Anforderungen aber keineswegs geringere Bedeutung bekommen. Zudem sind die Prozessverantwortlichen in Unternehmen oft nicht in der Lage, einen Prozess unter den veränderten Randbedingungen und Möglichkeiten der Digitalisierung konsequent neu zu gestalten. Dies liegt zum einen an der Fokussierung auf das „Ist im Hier und Heute", das heißt, es fehlt schlicht die Vorstellungskraft, welche grundlegenden Änderungen im Prozess unter Anwendung innovativer Technologien möglich wären. Andererseits stehen sich auch innovationsaffine Menschen aufgrund der häufig zurecht zu erwartenden Schwierigkeiten bei der Umsetzung von Veränderungen zuweilen selbst im Weg und beschränken sich bei von ihnen verantworteten Veränderungen eher auf wenig produktive Trippelschritte. Es soll nicht verschwiegen werden, dass es sich hierbei auch um ein grundsätzliches Thema der Unternehmenskultur handelt. Neu gegründete Start-Ups tun sich leichter damit, einmal getroffene Entscheidungen und Festlegungen schnell wieder infrage zu stellen, wenn dies als notwendig erkannt wird. Etablierte, seit langem erfolgreiche Unternehmen, bei denen zuweilen auch Mitbestimmungsaspekte zu berücksichtigen sind, tun sich in der Regel deutlich schwerer. Auf Dauer wird dies aber nicht verhindern, dass sich auch solche Organisationen mit diesen Themen befassen müssen.

Letztendlich geht es bei der Digitalisierung von Prozessen immer auch um folgende Fragen: Welche Anforderungen werden an den Prozess gestellt? Sind diese bekannt, auch und gerade aus Sicht der unterschiedlichen, für diesen Prozess relevanten Interessengruppen (Stakeholder)? Sind die Leistungsindikatoren (KPIs, Key Performance Indicators) und Erwartungshaltungen der verschiedenen Interessengruppen bekannt, abgestimmt und verbindlich festgelegt? Welchen Teil einer größeren Prozesskette (z. B. Ende-zu-Ende Betrachtung aus Kundensicht) stellt der Prozess dar? Sind die Verbindungsstellen zu anderen Prozessen und Prozessteilen bekannt, abgestimmt und definiert? Solange auch nur eine einzige dieser Fragen nicht wirklich überzeugend mit „Ja" beantwortet werden kann, sollte ein Digitalisierungsprojekt nicht begonnen werden. (N.B. Ich spreche hier bewusst von Verbindungsstellen und nicht von Schnittstellen; Schnittstelle ist als Begriff in der deutschen Sprache zwar sehr weit verbreitet, ist aber genau das Gegenteil von dem, was in der Regel gewollt und gemeint ist.)

Zum Themenkomplex digitale Prozesse und insbesondere Digitalisierung von Geschäftsprozessen und Prozessmodellen gibt es aber noch weitere wichtige Aspekte. Für eine Organisation ist es nicht allein ausreichend, nur zu überlegen, inwieweit digitale Technologien Auswirkungen auf das eigene Geschäftsmodell, vorhandene interne wie externe Prozesse, Qualifikationsprofile der Mitarbeiter etc. haben können. Vielmehr gehört zu dieser Analyse eine entsprechende Strategieplanung mit sehr viel weitergehenden Fragestellungen: Welche Wertschöpfung können wir in einem digitalisierten Umfeld erbringen, die für unsere Kunden auch zukünftig einen Mehrwert darstellt, dass sie (die Kunden) bereit sind, dafür so viel zu bezahlen, dass die damit generierten Umsätze die nachhaltige Prosperität des Unternehmens sicherstellen? Diese durchaus komplexe Fragestellung macht bereits deutlich, dass es hierauf keine einfachen Antworten gibt. Dem Autor sind insbesondere keinerlei Beispiele bekannt, bei denen die berühmte „Killer-App" oder „der innovative Online-Shop" allein zu nachhaltigem Erfolg geführt hätten. Auf „digitale Eintagsfliegen" wie z. B. Second Life zu Beginn des Jahrtausends soll hier bewusst nicht weiter eingegangen werden.

Digital Excellence für eine Organisation heißt unter anderem, Antworten auf die zuvor erwähnten Fragen zu finden und diese Antworten in einer Strategie zusammenzufassen, die es dann konsequent umzusetzen gilt. Um die passenden Antworten zu finden, bedarf es definitiv fundierter Kenntnisse über aktuelle und zukünftige Technologien und deren Möglichkeiten und Auswirkungen. Bedauerlicherweise ist es immer noch häufig zu beobachten, dass selbst sehr grundlegende Technologien und Entwicklungen im Kontext der

Digitalisierung von Entscheidern in Unternehmen nicht in dem Maße verstanden sind, wie es für eine angemessene Berücksichtigung in der Strategieentwicklung notwendig wäre. Neben der Innovationskompetenz sowohl auf der technischen als auch auf der Geschäftsprozessseite ist es zusätzlich unbedingt notwendig, dass angemessene Methoden und Verfahren zur Strategieentwicklung und -weiterentwicklung beherrscht und konsequent angewendet werden, um in einem sich immer schneller verändernden Umfeld nachhaltig erfolgreich zu sein. Strategieentwicklung darf gerade vor dem Hintergrund von Digitalisierung und disruptiven Geschäftsmodellen, die irgendwo auf der Welt entwickelt werden und sehr schnell Einfluss auf Märkte und etablierte Geschäfte ganz woanders haben können, niemals eine einmalige Aktivität sein, sondern muss zwingend regelmäßig auszuführender Teil eines übergeordneten Managementsystems sein. Die zeitliche Dauer, für die gewonnene Erkenntnisse und daraus abgeleitete Strategien Gültigkeit haben, wird aufgrund der rasanten technologischen Veränderungen immer kürzer.

Nehmen wir zur Veranschaulichung einmal an, eine Organisation hat die für sich richtige Zukunftsstrategie entwickelt und die Erkenntnis gewonnen, dass nach einem Zeitraum von drei Jahren ein großer Teil der dann zu erwartenden Umsätze mit anderen Geschäftsmodellen über neue, bisher nicht genutzte Vertriebskanäle und mit neuen, noch zu entwickelnden Produkten und Dienstleistungen erwirtschaftet werden sollen, als dies heute der Fall ist. Die zur Erreichung der erkannten Veränderungen notwendigen Managementaktivitäten sind damit keinesfalls abgeschlossen – vielmehr geht es jetzt erst richtig los. Haben die Mitarbeiter des Unternehmens die notwendigen Kompetenzen und Fähigkeiten, um zukünftig die „neuen Aufgaben" zu bewältigen? Falls nein, woher sollen die neuen Kompetenzen kommen? Kann die Organisation es sich leisten, neue Mitarbeiter mit den erforderlichen Fähigkeiten und Skills einzustellen? Sind solche Mitarbeiter überhaupt auf dem Arbeitsmarkt verfügbar? Gerade bei sehr innovativen Themen ist das häufig nicht der Fall. Sehr viel wahrscheinlicher ist es dann, dass existierende Mitarbeiter entsprechend aus- und weitergebildet werden müssen. Wird dabei berücksichtigt, dass dies zeitaufwendig sein kann und die Mitarbeiter in dieser Zeit nicht für die Tätigkeiten zur Verfügung stehen, die sie derzeit ausüben? Diese Fragen verdeutlichen nur einen kleinen Teil der in einem solchen Kontext anstehenden Aufgaben, denen sich die Organisation widmen muss. Erneut sind dies klassische Managementaufgaben, die nur am Rande mit digitalen Technologien oder anderen Innovationen zu tun haben. Vielmehr handelt es sich bei diesem Beispiel um ganz klassische Themen des HR-Managements.

Welches Fazit und welche konkreten Handlungsempfehlungen lassen sich ziehen, um für ein Unternehmen sicherzustellen, dass es auch im Kontext der Digitalisierung nachhaltig exzellent agiert?

1. Es muss sichergestellt sein, dass aus Kundensicht dauerhaft eine Wertschöpfung erfolgt. Auch in der digitalen Zukunft wird man nur mit zahlenden Kunden, denen ein Mehrwert verkauft wird, profitable Umsätze erwirtschaften können.
2. Sowohl technische (digitale) als auch nicht-technische Innovationen und Entwicklungen (gesellschaftliche Trends, veränderte Werte, etc.) und die zugrunde liegenden

Technologien müssen verstanden sein und auf ihre jetzigen und zukünftigen Auswirkungen konsequent untersucht werden. Aufgrund der hohen und weiterhin größer werdenden Geschwindigkeit, mit der Innovationen und Technologien entwickelt werden, muss dies in einem sehr viel systematischeren und häufiger zu durchlaufenden Prozess erfolgen, als dies noch vor 10 oder 15 Jahren der Fall war.
3. Innovationen und neue Technologien sind immer im Kontext des Wertschöpfungsprozesses zu betrachten. Innovationen, die nur der Innovation wegen erfolgen, aber weder zu höherem Mehrwert aus Kundensicht noch zu höherer Effizienz bei der Generierung von Kundennutzen führen, verursachen letztendlich nur unnötige Kosten und sind kontraproduktiv.
4. Die Punkte 1 bis 3 müssen in einen systematischen und regelmäßig zu durchlaufenden Strategieentwicklungsprozess münden, dessen Ergebnisse mit ganz klassischen Managementmethoden in der Organisation umzusetzen sind. Die Strategieentwicklung darf keine „blinden Flecken" haben, ebenso wenig darf es „heilige Kühe" geben, auch seit Jahrzehnten bewährte Sachverhalte müssen konsequent hinterfragt werden. Vermeintliche Weisheiten wie „Too Big To Fail" oder „Too Small To Succeed" haben heutzutage keine Gültigkeit mehr. Aus der Strategieentwicklung müssen sich konkrete Projekte ergeben, die, mit messbaren Zielsetzungen ausgestattet, konsequent umgesetzt und kontinuierlich auf Wirksamkeit und Erreichung des erwarteten Nutzens überprüft werden.
5. Mut zur Veränderung und unternehmerisches Agieren sind auch in Zukunft unabdingbar: Wenn die Erkenntnis vorhanden ist, dass in der Vergangenheit Bewährtes für die Zukunft nicht tauglich ist, ist es nicht hilfreich, darauf zu beharren und zu hoffen, dass es schon irgendwie gut gehen wird. Wenn die Erkenntnis vorhanden ist, dass man für den einen oder anderen Schritt externe Hilfe benötigt, gilt es diese Hilfe schnell zu finden, um keine unnötige Zeit zu verlieren.

Die langjährigen Erfahrungen des Autors, sowohl bei der operativen Führung von Unternehmen als auch im Rahmen seines heutigen Beratungsgeschäftes zeigen, dass ein konsequenter Einsatz von Excellence-Methoden (EFQM, Baldrige), fundiertes Technologie- und Innovations-Know-how, sowie konsequentes Management gute Grundlagen sind, um Digital Excellence zu erreichen und dauerhaft zu praktizieren.

Die Anwendung von Excellence-Methoden verpflichtet dazu, sich über die zu erreichenden Ziele (Required Results) und deren messbare Kriterien im Klaren zu sein, sich dann Gedanken über die Methoden (Approaches) zu machen, wie diese Ziele erreicht werden sollen, um abschließend zu entscheiden, wie die Methoden zur Zielerreichung umgesetzt werden (Deployment). Sind diese Schritte durchlaufen, erfolgt über ein konsequentes Bewerten und Verbessern (Assessment & Refinement) der nächste Schritt in Richtung Excellence, bevor sich die Organisation dann wieder neue, noch ambitioniertere Ziele setzen kann und sollte. Im Streben nach Exzellenz erreicht man niemals das Ziel; der Weg der nachhaltigen und kontinuierlichen Verbesserung ist das Wichtige!

▶ Wie überall im Leben gilt auch hier der Grundsatz: Man muss handeln, solange man in der Lage ist zu agieren; wenn man nur noch „re"agieren kann, ist es zu spät!
Ande\rs ausgedrückt: „Wir müssen die Zukunft erfinden, die wir haben wollen. Ansonsten bekommen wir eine, die uns nicht gefällt."

**Dr. Klaus Radermacher** ist seit mehr als 30 Jahren in verschiedenen Funktionen in operativer Führungsverantwortung und als Berater tätig. Der promovierte Informatiker studierte in Karlsruhe und Boston und war fünf Jahre am heutigen Karlsruhe Institute of Technolgy (KIT) beschäftigt, bevor er fast 15 Jahre lang diverse Führungspositionen im In- und Ausland im Konzern Deutsche Telekom innehatte. Von ihm als Geschäftsführer geführte Unternehmen wurden mit diversen nationalen und internationalen Excellence-Preisen ausgezeichnet (zweimal Preisträger im European Excellence Award, Gewinner des Ludwig-Erhard-Preises, diverse Auszeichnungen im HR-Umfeld, International Best Service Award, etc.). Seit 2012 fokussiert er sich mit seiner Tätigkeit in der KRBE GmbH auf die Themen rund um Business Excellence, und arbeitet sowohl im strategischen, methodischen und operativen Umfeld mit seinen Kunden daran, kontinuierliche Verbesserungen und nachhaltige Wettbewerbsvorteile für die Kunden zu erzielen. Seine Branchenerfahrung erstreckt sich auf die Bereiche Telekommunikation, IT, Automotive & Verkehr, Finance, Nahrungsmittel und Gesundheitswesen. Als Excellence-Assessor ist er seit Jahren sowohl im internationalen Umfeld für die EFQM als auch national für die ILEP e.V. aktiv.

# Kompetenzen für das digitale Zeitalter schaffen

Klaus-Hinrich Vater

Die Digitalisierung hat in Wirtschaft und Gesellschaft einen tief greifenden Transformationsprozess angestoßen. Neue Technologien und das Internet verändern den Handlungsrahmen für Unternehmen in einer bisher ungekannten Geschwindigkeit. Dienstleistungen können in Echtzeit mobil, global und multimedial angeboten werden. Damit wird die Digitalisierung ein immer stärkerer Wachstumstreiber für die Wirtschaft. So können Betriebe und Beschäftigte durch die Digitalisierung gleichermaßen profitieren. Denn Digitalisierung stärkt die Kooperation von Unternehmen untereinander und ermöglicht durch Home-Office-Modelle die Entkopplung von Unternehmenssitz und Arbeitsstätte. Sie gestaltet Verkehrs- und Logistikströme effizienter und sicherer, stellt die Weichen für eine smarte Energieversorgung, stärkt vor allem in ländlichen Gebieten die regionale Wertschöpfung und bietet Chancen für mehr betriebliche Flexibilität. Schließlich verbessert sie die Vereinbarkeit von Familie und Beruf, wirkt damit dem Fachkräftemangel entgegen und leistet einen Beitrag zur Produktivitätssteigerung.

Soweit die Chancen. Doch all diese Potenziale werden sich nicht entfalten können, wenn den Mitarbeiterinnen und Mitarbeitern in Unternehmen die digitalen Kompetenzen fehlen, um mit den neuen Anforderungen und Gegebenheiten der digitalen Welt umgehen zu können. Die Digitalisierung setzt lebenslanges Lernen voraus. Aktuell begegnen viele Arbeitnehmerinnen und Arbeitnehmer diesem Erfordernis, indem sie sich neuen, digitalen Herausforderungen vor allem eigeninitiativ und einzeln nähern: Knapp 80 Prozent von ihnen erschließen sich Neues im Bereich digitaler Systeme, Technologien und Medien autodidaktisch durch Ausprobieren (Müller et al. 2016, S. 49). Auch wenn Mitarbeiter sich beim Erwerb von Wissen zu diesen Themen zudem häufig gegenseitig helfen, so

---

K.-H. Vater (✉)
Vater Holding GmbH, Kiel, Deutschland
E-Mail: cjanssen@vater-gruppe.de

verdeutlicht doch die Tatsache, dass knapp 40 Prozent von ihnen in den Genuss von Schulungen und Weiterbildungsangeboten ihrer Arbeitgeber kommen (Müller et al. 2016, S. 49), die große und wachsende Bedeutung fundierter Digitalkompetenzen für die Wettbewerbsfähigkeit der Unternehmen. Aus diesem Grund bieten auch fast zwei Drittel der Firmen ihren Mitarbeitern Weiterbildungen zur Erlangung oder Vertiefung digitaler Kompetenzen an (Bitkom Research 2018, S. 26). 96 Prozent der Unternehmen halten sie sogar für mindestens genauso wichtig wie fachliche und soziale Kompetenzen (Bitkom Research 2018, S. 22). Dabei umfasst digitale Kompetenz neben Medienkompetenz und Technologieverständnis auch Kooperations- und Teamfähigkeit oder Kommunikations- und Innovationsfähigkeit sowie Interdisziplinarität. Digitalisierung erschöpft sich also nicht in Hard- und Software. Sie ist sehr viel umfassender, sodass die Vermittlung digitaler Kompetenzen didaktisch neu ausgerichtet werden muss.

Mit der Entwicklung dieser Kompetenzen darf nicht erst in der dualen Ausbildung begonnen werden. Vielmehr muss das Thema Digitalisierung dringend in den allgemeinbildenden Schulen aufgegriffen werden. Wie viel Luft nach oben in diesem Feld ist, zeigt die folgende Zahl: Im Jahr 2017 sprachen nur acht Prozent der Schulleiterinnen und Schulleiter dem digitalen Lernen eine besonders hohe strategische Bedeutung zu (Schmid et al. 2017, S. 31). Die meisten Schulen haben weder ein Konzept für den Einsatz digitaler Lernmittel noch berücksichtigen sie hinreichend den digitalen Wandel als Bestandteil einer systematischen Schul- und Unterrichtsentwicklung oder gar eines grundlegenden Umbruchs in der Wissensvermittlung.

Gleichzeitig müssen die heutigen Arbeitnehmerinnen und Arbeitnehmer befähigt werden, mit den neuen Anforderungen umzugehen. Die digitale Transformation der Arbeitswelt durch intelligente Systeme und neue Geschäftsprozesse und -modelle setzt lebenslanges Lernen voraus. Berufliche Aus- und Weiterbildung darf daher nicht auf dem Status quo verharren. Der digitale Wandel wird Arbeitnehmerinnen und Arbeitnehmern neben IT-Kenntnissen zunehmend Agilität, einen positiven Umgang mit Fehlern, Experimentierfreude sowie interdisziplinäres Denkvermögen abverlangen, um mit dem hohen Tempo der Veränderung Schritt halten zu können. Dies unterstreicht, wie wichtig es ist, die Digitalkompetenz über die gesamte Bildungskette hinweg in den Vordergrund zu rücken. Sie ist der Schlüssel für den produktiven und innovativen Einsatz digitaler Technologien und somit für die wirtschaftliche Entwicklung. Ein reines Anwenden digitaler Medien reicht nicht mehr aus; nur wer sie vertiefend verstanden hat, ist in der Lage, sie auch kreativ zu nutzen, sie intuitiv an neue Kontexte anzupassen und auf diese Weise Neues zu entwickeln. So ist das Verstehen des Aufbaus eines Programmiercodes und die grundsätzliche Logik dahinter Grundlage dafür, komplexe Systeme schneller zu erfassen sowie kritisch und lösungsorientiert zu denken. Solch ein vertieftes Verständnis hilft auch, komplexe Zusammenhänge in überschaubare Einheiten zu unterteilen und Daten zu analysieren, interpretieren und logische Verbindungen herzustellen.

Der Einsatz von Kleinstcomputern kann helfen, die kommende Schülergenerationen auf die digitalisierte Gesellschaft vorzubereiten und Schülerinnen und Schülern schon ab der Grundschule kreativ und spielerisch an die digitale Welt heranzuführen. Solche

Mini-PCs können mittels einfachster Editoren programmiert werden. Auf diese Weise können die Kinder auf spielerische Art erste Erfahrungen mit der digitalen Welt sammeln und erste Einblicke erhalten, wie Schaltungen, Software und Sensoren funktionieren, was Algorithmen sind und wie die Computer um sie herum prinzipiell arbeiten.

Besonders wichtig ist auch die engere kommunikative Verzahnung von Wirtschaft und Schule, wenn es um die Vermittlung digitaler Kompetenzen geht. Beide Seiten profitieren davon, ihre Erwartungen an die jeweilige Gegenseite auszutauschen. Vor allem die Technikbildung kommt in den Schulen häufig zu kurz: Betriebe berichten, dass Jugendliche naturwissenschaftliches Wissen nicht mit seinen Anwendungen in technischen Geräten und Prozessen in Zusammenhang bringen können. Erst die Anwendungsbezüge schaffen jedoch die Verbindung zu möglichen beruflichen Perspektiven. Hier sind Partnerschaften zwischen Schule und Betrieb sinnvoll, um eine praxisnahe Vermittlung der Anforderungen aber auch der Betätigungsfelder der zusehends digitalisierten Wirtschaft zu ermöglichen.

Noch früher setzt die gemeinnützige Stiftung „Haus der kleinen Forscher" an. Sie engagiert sich für eine bessere Bildung von Mädchen und Jungen im Kindertagesstätten- und Grundschulalter in den Bereichen Naturwissenschaften, Mathematik und Technik (die sogenannten MINT-Fächer). Die Stiftung unterstützt pädagogische Fach- und Lehrkräfte dabei, Kinder qualifiziert beim Entdecken, Forschen und Lernen zu begleiten.

Aber noch einmal: Die zarte Pflanze der Begeisterung für und Neugier auf Themen der MINT-Fächer, muss kontinuierlich gepflegt werden. Vorschulische Bildung in diesem Bereich muss zwingend von schulischen Angeboten aufgegriffen und weiterverfolgt werden, wenn sie Früchte tragen soll. Es hilft wenig, wenn in den Kitas Interesse an MINT-Themen geweckt wird, die Kinder dann aber auf einen Schulalltag treffen, in dem die neuen Medien so gut wie keine Rolle spielen und die Lehrenden ein (gefühltes) Wissensdefizit gegenüber ihrer Schülerschaft aufweisen. Der Ansatz „Fördern durch Fordern" findet dann zumindest beim Thema Digitalisierung ein jähes Ende.

Worauf gilt es aus wirtschaftlicher Sicht also zu achten? Die Wirtschaft sieht sich bundesweit mit einem Fachkräftemangel konfrontiert, der sich mehr und mehr verschärft. Dabei zeigen sich die Berufsfelder und Regionen sehr heterogen (Burstedde et al. 2018, S. 1, 3–10, 15–88). Generell sind es vor allem die Fachkräfte mit Aus- oder Fortbildungsabschluss, die vor Ort fehlen. Hinzu können auch noch Akademiker kommen. Es zeichnen sich vier technisch geprägte Berufsfelder ab, in denen Fachkräfte besonders stark nachgefragt werden:

- Informationstechnologie,
- Maschinen- und Fahrzeugtechnik,
- Mechatronik-, Energie- und Elektrotechnik und
- technische Forschung und Entwicklung.

Ihnen kommt folglich eine zentrale Bedeutung zur Gestaltung der digitalen Transformation zu.

Aus Sicht der Wirtschaft müssen daher zügig Lehreraus- und -weiterbildung, Lehrpläne und insbesondere Unterrichtskonzepte grundlegend überarbeitet und an das digitale Zeitalter angepasst werden. Um das theoretische Wissen schnell in die Praxis zu überführen, sollten Weiterbildungsangebote zu digitalen Themen für Lehrerinnen und Lehrer verpflichtend eingeführt werden. Hier besteht großes Potenzial: Deutschland ist bezogen auf die Teilnahme an Seminaren und Lehrgängen Schlusslicht bei der digitalen Lehrerbildung! Nur 1,5 Prozent der Lehrerinnen und Lehrer in Deutschland besuchten im Jahr 2015 entsprechende Seminare (Die WELT 29.11.2016). Zum Vergleich: Der europäische Mittelwert lag bei 29,3 Prozent. Spitzenpositionen belegten Hongkong, Polen und Russland, wo die Quote um die 70 Prozent liegt!

Ergänzend muss in den Lehrkörpern ein Klima des gegenseitigen Vertrauens und der Zusammenarbeit geschaffen werden, das es ermöglicht, sich ohne Gesichtsverlust gegenseitig um Unterstützung bei Digitalisierungsfragen zu bitten. Schulübergreifende Netzwerke können hier wertvolle Ergänzungen bieten.

Hier ist dringend die Politik gefragt. Indem sie Lehrern als ihren im Landesdienst tätigen Mitarbeiterinnen und Mitarbeitern entsprechende Weiterbildungen vorgibt, kann die Thematik des digitalen Wandels zügig und systematisch in den schulischen Alltag gebracht werden.

Darüber hinaus muss die Politik sich für die Vermittlung digitaler Basiskompetenzen in den Schulcurricula sowie in der Lehrerbildung einsetzen und vor allem die schulische MINT-Bildung stärken. Sie ist Grundlage für die Ausbildung technischer Fachkräfte und die technische Innovationsfähigkeit der deutschen Wirtschaft. Schulabgänger bringen in diesem Bereich oftmals zu wenige Kompetenzen mit. Deshalb sollte die MINT-Bildung einen größeren Stellenwert erhalten durch regelmäßiges, praxisorientiertes Lernen von der Kita bis zum Abitur. Um den Übergang zur praktischen Anwendung im Beruf zu erleichtern, sollten die außerschulischen Lernorte der MINT-Bildung – vom Schülerforschungszentrum bis zum Unternehmen – in den Unterrichtslehrplan eingebunden werden.

Eine Selbstverständlichkeit muss es zudem werden, Schulen mit zeitgemäßer moderner technischer Infrastruktur einschließlich einer zügigen Anbindung an leistungsfähige Breitbandnetze auszustatten. Nur so können die Schülerinnen und Schüler adäquat auf den beruflichen Alltag vorbereitet werden, der heute ohne Digitalisierung nicht mehr denkbar ist.

## Literatur

Bitkom Research. (2018). *Weiterbildung für die digitale Arbeitswelt. Eine repräsentative Untersuchung von Bitkom Research im Auftrag des VdTÜV e.V. und des Bitkom e.V. Bitkom Bundesverband Informationswirtschaft, Telekommunikation und neue Medien e.V.* Berlin: Verband der TÜV e.V. (VdTÜV).

Burstedde, A., Flake, R., Malin, L., Risius, P., & Werner, D. (2018). *Fachkräfte für die digitale Transformation. Arbeitsmarktsituation und Gestaltungsmöglichkeiten.* München: Stiftung Familienunternehmen.

Müller, L.-S., Stecher, B., Dietrich, S., Wolf, M., & Boberach, M. (2016). *2016. D21-Digital-Index. Jährliches Lagebild zur Digitalen Gesellschaft. Eine Studie der Initiative D21.* Berlin: durchgeführt von Kantar TNS.

Schmid, U., Goertz, L., & Behrens, J. (2017). *Monitor Digitale Bildung. Die Schulen im digitalen Zeitalter.* Gütersloh: Bertelsmann Stiftung.

Vitzthum, T. (2016). Überforderte Lehrer unterfordern ihre Schüler. *Die WELT.* https://www.welt.de/politik/deutschland/article159845490Ueberfordete-Lehrer-unterfordern-ihre-Schüler.html. Zugegriffen am 09.01.2019.

**Klaus-Hinrich Vater** ist nicht nur Gründer und Unternehmer, sondern engagiert sich auch vielfach ehrenamtlich. Mit seiner Vater Unternehmensgruppe beschäftigt er rund 600 Mitarbeiter in Kiel und Hamburg. Die Gruppe betreut Unternehmen in allen Belangen der IT: von Infrastrukturlösungen über Hard- und Software bis hin zu Cloud-Angeboten und Sicherheitsthemen. Darüber hinaus ist Vater seit 2004 Vollversammlungsmitglied der IHK zu Kiel und seit 2006 Mitglied des Präsidiums. Im Mai 2009 wurde er in Kiel zum Präsidenten gewählt. Seit 2017 ist Vater auch Vizepräsident des DIHK. In Kiel, Schleswig-Holstein und bundesweit ermutigt er Unternehmerinnen und Unternehmer, die Chancen der Digitalisierung zu ergreifen. Zudem ist er seit 2010 Honorarkonsul der Republik Estland in Schleswig-Holstein.

# Towards a Skilling Ecosystem: Ein Plädoyer für engere, sektorübergreifende Zusammenarbeit zur Stärkung von Weiterbildung und Qualifizierung

Anna Sinell

## Eine simple Gleichung veranschaulicht, was die digitale Transformation für die Arbeitswelt bedeuten kann

Die Auswirkungen der Digitalisierung auf den Arbeitsmarkt werden aktuell viel und kontrovers diskutiert. Was bedeutet Digitalisierung für die Unternehmen und Organisationen und was sind die Konsequenzen für jeden Einzelnen? Die aktuellste Untersuchung dieser Thematik ist vom Weltwirtschaftsforum (WEF 2018a). Sie lässt sich auf eine einfache Formel herunterbrechen:

$$75\,\text{Mio.} + 133\,\text{Mio.} = +58\,\text{Mio.}$$

Die Währung, mit der hier gehandelt wird, sind Jobs. Entgegen aller Befürchtungen und Schwarzmalereien prognostizieren die Autoren der Studie, dass in naher Zukunft – nämlich bis 2022 – weitaus mehr Arbeitsplätze durch die digitalen Technologien entstehen als wegfallen. Demnach werden weltweit zwar rund 75 Mio. Arbeitsplätze verschwinden. Dem stehen aber rund 133 Mio. neu entstehende Arbeitsplätze gegenüber. Daraus ergibt sich ein Plus von knapp 60 Mio. zusätzlichen Arbeitsplätzen. Bemerkenswert, denn bislang herrscht in der Gesellschaft die Ansicht, dass automatisierte Arbeitsprozesse Massenarbeitslosigkeit zur Folge hätten. Weitaus bemerkenswerter als dieser positive Ausblick ist jedoch die Dynamik des Wandels auf dem Arbeitsmarkt, die diese Formel veranschaulicht. Denn die Zahl der Job-, Positions- und Stellenwechsel übersteigt die 60 Mio. entstehenden Jobs bei weitem. Das stellt Individuen und Organisationen gleichermaßen vor Herausforderungen – vor allem in Sachen Qualifizierung. Millionen von Arbeitskräften müssen sich

A. Sinell (✉)
Google, München, Deutschland
E-Mail: asinell@google.com

auf sich verändernde Arbeitsanforderungen und Aufgaben vorbereiten, um langfristig beschäftigungsfähig, das heißt über relevantes Wissen und Kompetenzen verfügen und auf dem Arbeitsmarkt nachgefragt zu sein. Organisationen brauchen qualifiziertes Personal, um die neu entstehenden Aufgaben zu bewältigen: Es gilt diese Kompetenzlücken zu schließen („closing the skills gap"). Hierfür bieten sich zwei Alternativen an: Entweder sie finden neues Personal bzw. Fachkräfte, die bereits für diese neuen Anforderungen ausgebildet sind, oder sie bilden ihre aktuelle Mitarbeiterschaft selbst weiter. Ersteres ist nur bedingt realisierbar, da die Nachfrage nach Mitarbeitern, die die gesuchten Kompetenzen aufweisen, das Angebot bekanntlich weit übertrifft (Fenlon und McEneaney 2018). Dies hat auch auf internationaler Bühne einen Wettbewerb um die besten Talente zur Folge.

## Zukunftsfähige Kompetenzen in der digitalisierten Arbeitswelt

Was aber sind nun Fähigkeiten, die in der Zukunft nachgefragt werden und somit die Beschäftigungsfähigkeit der Arbeitskräfte beschreiben? Wie sollten sich Angestellte weiterbilden und welche Ausbildung benötigt die Belegschaft von Morgen – welches Studium, welche Fachausbildung? Es herrscht Einigkeit zwischen Unternehmen, Bildungseinrichtungen und der Politik, dass digitale Kompetenzen und Fähigkeiten eine entscheidende Rolle in der Zukunft der Arbeit spielen. Die Europäische Kommission stellt fest, dass bereits heute neun von zehn Jobs digitale Kompetenzen erfordern (Europäische Kommission 2017). Drei Viertel der Deutschen sehen die Digitalkompetenz als neue Kernkompetenz (Bitkom 2017). Dabei ist bislang noch nicht verbindlich definiert, was der Begriff Digitalkompetenz genau umfasst.

Offensichtlich lassen sich digitale Fähigkeiten anhand von zwei Dimensionen beschreiben:

1. Umgang mit digitalen Technologien: Digitale Technologien und speziell das Internet bieten weitreichende Wachstumspotenziale für Unternehmen und für jeden Einzelnen – allerdings nur für diejenigen, die befähigt sind, mit diesen Technologien umzugehen. Nur wenn eine Unternehmerin selbst versteht, wie sie ihr Angebot im Internet bestmöglich platziert, wird sie die Möglichkeiten, die das Internet für Unternehmenswachstum bietet, auch nutzen können. Nur wer sich mit den Regeln und Funktionsweisen sozialer Netzwerke auskennt, wird von deren Reichweite profitieren und das Potenzial für interaktive Kundenbeziehung in reale Geschäftsumsätze verwandeln können. Das Beherrschen von digitalen Schreib- und Kalkulationsprogrammen ist eine Minimalanforderung, die heutzutage an fast jedem Arbeitsplatz gefordert wird.
2. Abgrenzung von digitalen Technologien: Es mag widersprüchlich erscheinen, doch die zweite Dimension der Digitalkompetenz umfasst Fähigkeiten, anhand derer sich Arbeitskräfte von digitalen Technologien unterscheiden. Dazu zählen Kreativität, analytisches und kritisches Denken, Kommunikationsfähigkeit, Führung und Empathie. Diese Fähigkeiten (häufig substituiert unter dem Begriff „soft skills") beschreiben die Interaktion und Zusammenarbeit zwischen den Mitarbeitern, aber auch die Kontrolle und

Zusammenarbeit mit Maschinen. Neue Prognosen sehen auch „aktives Lernen und Lernstrategien" als Kernkompetenz in der Zukunft der Arbeit (WEF 2018a). Kurz gesagt: Diese Fähigkeiten stehen für den Mehrwert, den Menschen dadurch schaffen, dass sie Technologien effektiv planen und einsetzen. Diese Fähigkeiten sind dynamisch. Im Gegensatz zur traditionellen Fach- und Handwerkskompetenz werden sie nicht einmal erlernt und sind dann immer einsetzbar, sondern müssen kontinuierlich entwickelt werden.

In der Aus- und Weiterbildung müssen beide Dimensionen ausgewogen berücksichtigt werden. Gerade auch die zweite Dimension, die sich auf die Fähigkeit zur individuellen Planung und den Einsatz von Technologien bezieht, ist von Bedeutung, wenn es darum geht, künftige und aktuelle Arbeitskräfte auf sich wandelnde Anforderungen und Aufgaben vorzubereiten.

## Risiken und Herausforderungen einer flächendeckenden Qualifizierung und Weiterbildung

Wie in jeder arbeitsmarktpolitischen Diskussion gibt es auch bei der Frage nach Qualifizierung und Weiterbildung vor allem zwei Blickwinkel: Die Arbeitgebersicht, die den Erfolg des Unternehmens im Blick hat, und die Arbeitnehmerseite, die danach fragt, was die Entwicklungen für den einzelnen Mitarbeiter bedeuten.

Mit Blick auf den einzelnen Arbeitnehmer wird diskutiert, welche Jobprofile besonders betroffen sind, und bei welchen Berufen das Substitutionspotenzial besonders hoch ist (Dengler und Matthes 2018). Dabei zeigt sich, dass Individuen unterschiedlich stark von der Arbeitsmarktdynamik getroffen werden: Vor allem bei einfachen Tätigkeiten, die von weniger gut ausgebildeten Mitarbeitern und oft von Frauen ausgeführt werden, ist das Substitionspotenzial besonders hoch (WEF 2018b). Es werden Ängste vor Arbeitslosigkeit dargestellt (Technikradar 2018) sowie individuelle Bewältigungsstrategien und berufliche Optionen erörtert (Bitkom 2017). Aktuelle Weiterbildungsprogramme richten sich allerdings vor allem an bereits gut ausgebildete Individuen (WEF 2017).

In der Arbeitgeberperspektive stehen die auftretenden Kompetenzlücken („skills gap") im Zentrum der Diskussion. Zwar sehen 90 % der Unternehmen in Deutschland eher Chancen als Risiken durch die Digitalisierung, allerdings haben knapp zwei Drittel der Unternehmen aufgrund eines massiven Fachkräftemangels Schwierigkeiten, diese Potenziale zu nutzen (iWconsult 2018; Bitkom 2017). Daraus können schließlich Produktivitätsengpässe resultieren, die auf nationaler Ebene der größte Kostenfaktor auf dem deutschen Arbeitsmarkt sein werden und die deutsche Ökonomie bis 2030 eine Mrd. Euro kosten können (McKinsey 2018a). Würden diese Herausforderungen nicht mit der entsprechenden Vehemenz angegangen und bewältigt, bestünde die Gefahr, dass die aktuell in Deutschland existierenden Ungleichheiten nicht etwa durch die Potenziale der Digitalisierung (im Idealfall: gleiche Chancen durch freie Zugänglichkeit des Internets) reduziert, sondern vielmehr verstärkt würden und der Kampf um sehr gut ausgebildete Fachkräfte wachse (McKinsey 2018a).

Was bislang in der Diskussion wenig beachtet wurde, ist die sektorübergreifende Zusammenarbeit unterschiedlicher Stakeholder auf nationaler Ebene im Innovationssystem. Deutschland zählt aktuell – noch – zu den weltweit führenden Innovationsstandorten. Um diese Innovations- und Wettbewerbsfähigkeit zu erhalten, ist ein funktionierender Wissens- und Technologietransfer (WTT) der einzelnen Akteure im Innovationssystem essenziell. Darunter wird insbesondere verstanden, dass Deutschlands Spitzenforschung noch viel effektiver in Wirtschaft, Politik und Gesellschaft nutzbar gemacht werden muss. Für die dargestellten Herausforderungen an Qualifizierung und Weiterbildung spielt diese Interaktion und enge Kooperation unterschiedlicher Stakeholder eine essenzielle Rolle – ein Unternehmen allein (insbesondere kleine und mittelständische Unternehmen (KMU)) kann seine Belegschaft aufgrund mangelnder Ressourcen, Kapazitäten und Know-hows kaum weiterbilden. Doch es kann auch nicht allein in der Verantwortung von Bildungsinstitutionen wie Universitäten und Berufsschulen liegen, die Arbeitskräfte der Zukunft auszubilden. Auch sie müssen enger mit Akteuren aus der Wirtschaft kooperieren, um die Qualifizierungsbedarfe in den Unternehmen zu kennen und den Transfer des theoretisch Erlernten praktisch anzuwenden und zu testen. 65 % der Arbeitsplätze, die die Generation Z (*1995–2005) bekleiden werden, existieren heute noch nicht. Ein Ausbildungs- und Qualifizierungsprogramm für diese Berufe kann nur effektiv sein, wenn Bildungseinrichtungen aktiv in die Definition der künftigen Jobprofile einbezogen werden. Allerdings streben weniger als ein Drittel der deutschen Unternehmen bislang solche Ausbildungskooperationen an (McKinsey 2018b).

Die reine Kooperation zwischen Bildungsinstitution und Wirtschaftsunternehmen erscheint angesichts der Stärke der Herausforderung noch zu kurz gegriffen. Vielmehr bedarf es für den Aufbau zukunftsträchtiger Qualifizierungs- und Weiterbildungsprogramme der Mitwirkung weiterer Stakeholder aus unterschiedlichen Sektoren: Die Politik spielt für den Aufbau eines Ökosystems, das Qualifizierung und Weiterbildung ermöglicht („skilling ecosystem"), durch ihre rahmengebende und fördernde Instanz eine entscheidende Rolle. Es müssen Plattformen und Foren geschaffen werden, die Raum für Austausch geben und Kooperationen ermöglichen bzw. initiieren. Dies gilt insbesondere auf regionaler Ebene, doch ist keinesfalls auch darauf beschränkt. Und schließlich ist die Gesellschaft, also jedes einzelne zu qualifizierende Individuum, der vierte kritische Stakeholder, der in den Aufbau zukunftsträchtiger Weiterbildung einbezogen werden muss – sei es der junge Studierende, Auszubildende und bereits angestellte Mitarbeiter. „Putting the user first", also die frühzeitige Einbeziehung des Nutzers in eine Produkt- und Systementwicklung, hat sich als notwendiges Erfolgskriterium erwiesen. Demgemäß dürfen bei der Entwicklung neuartiger Qualifizierungs- und Weiterbildungsformate nicht nur die jeweiligen organisationsinternen Notwendigkeiten berücksichtigt werden – vielmehr muss die gesellschaftliche Perspektive in den Aufbau eines „skilling ecosystems" integriert werden.

Die Interaktion und Kooperation zwischen den einzelnen Stakeholdern aus Politik, Wirtschaft, Wissenschaft und der Gesellschaft verläuft dabei nicht hierarchisch und geradlinig. Vielmehr handelt es sich immer um hybride und fluide Austauschprozesse, die auch nötig sind, um Flexibilität zu gewährleisten und sich der Dynamik der Weiterbildungs- und Qualifizierungsherausforderungen auf dem Arbeitsmarkt anzupassen. Sicherlich spielen digitale Technologien wie beispielsweise Plattformen im Aufbau neuer Multistakeholder-Kooperationsformate eine unterstützende Rolle und ermöglichen neue Lernerfahrungen. Abb. 1 veranschaulicht die vier kritischen Sektoren und fluiden Austauschprozesse im Aufbau eines „skilling ecosystems".

## Die Zukunft der Arbeit: Entwicklung von „skilling ecosystems"

Um den aktuellen Herausforderungen gerecht zu werden, darf Weiterbildung und Qualifizierung nicht mehr nur organisationsintern gedacht werden. Das hat auch das Weltwirtschaftsforum erkannt und fordert die stärkere Zusammenarbeit mit anderen Stakeholdern,

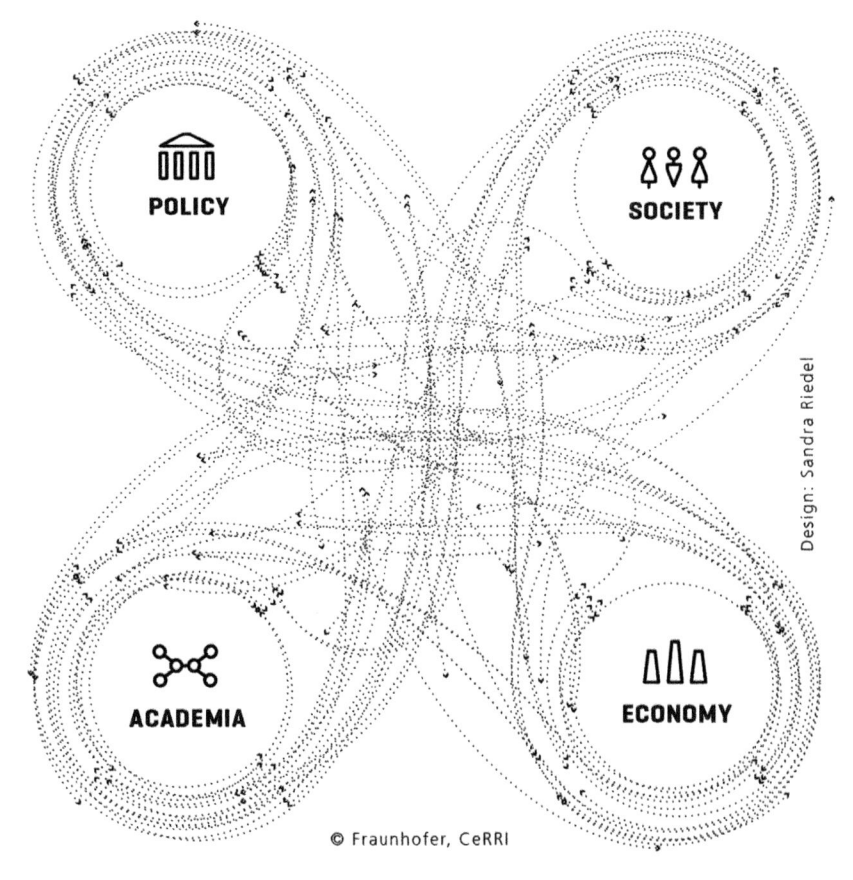

**Abb. 1** Stakeholder und Interaktionsprozesse im „skilling ecosystem" (in Anlehnung an Carayannis und Campbell 2009; Sinell 2018)

um Weiterbildungs- und Qualifizierungsstrategien zu entwickeln, die langfristig zu Wachstum und sozialer Stabilität beitragen:

> Crafting a sound in-company lifelong learning system, investing in human capital and collaborating with other stakeholders on workforce strategy should thus be key business imperatives, critical to companies' medium to long-term growth, as well as an important contribution to society and social stability. (WEF 2018a)

Der vorliegende Beitrag beschreibt solche zukunftsträchtigen Kooperationsformate zwischen unterschiedlichen Stakeholdern, die den Aufbau effektiver Ökosysteme zur Aus- und Weiterbildung (skilling ecosystems) zum Ziel haben. Insbesondere wenn es darum geht, digitale Kompetenzen zu vermitteln und auszubilden, die sich durch ihre Vielfalt und unmittelbare Praxisrelevanz und Anwendungsorientierung auszeichnen, ist die enge Kooperation verschiedener Akteure mit Theorie- und Praxisexpertise notwendig. Der Aufbau eines solchen Ökosystems der Aus- und Weiterbildung erfordert einen Kulturwandel in Unternehmen und Bildungseinrichtungen – weg vom Silodenken und dem Festhalten an bisherigen Strategien und gängigen Modellen hin zu mehr Transparenz und Offenheit. Die einzelnen Akteure müssen sich ihrer Verantwortung und Rolle in der Bewältigung der Herausforderungen bewusst werden und offen ihre Expertisen weitergeben. Es muss für die Relevanz der Weiterbildung sensibilisiert, bedarfsorientierte Anreize gesetzt und Weiterbildungsformate vereinfacht werden. Ein starkes „skilling ecosystem" zeichnet sich durch die offene, enge und dynamische Zusammenarbeit auf Augenhöhe unterschiedlicher Akteure aus Wissenschaft (Bildung), Wirtschaft (Anwendung), Politik (Rahmenbedingung und Förderung) sowie der Gesellschaft (individuelle Weiterbildung und Bedarfe) aus.

## Literatur

Bitkom. (2017). Arbeit und Qualifizierung in der digitalen Welt. https://www.bitkom.org/Presse/Presseinformation/Berufstaetige-sehen-sich-nicht-fuer-digitale-Arbeitswelt-geruestet.html. Zugegriffen am 15.11.2018.

Carayannis, E. G., & Campbell, D. F. J. (2009). ‚Mode 3' and ‚Quadruple Helix': Toward a 21st century fractal innovation ecosystem. *International Journal of Technology Management, 46*(3/4), 201–234.

Dengler, K., & Matthes, B. (2018). Substituierbarkeitspotenziale von Berufen: Wenige Berufsbilder halten mit der Digitalisierung Schritt. (IAB-Kurzbericht, 04/2018), Nürnberg.

Europäische Kommission. (2017). ICT for work: Digital skills in the workplace. https://ec.europa.eu/digital-single-market/en/news/new-report-shows-digital-skills-are-required-all-types-jobs. Zugegriffen am 15.11.2018.

Fenlon, M., & McEneaney, S. (2018). How we teach digital skills at PwC. https://hbr.org/2018/10/how-we-teach-digital-skills-at-pwc?utm_medium=social&utm_source=facebook&utm_campaign=hbr&fbclid=IwAR1Ktnx96vWmUfagjm7Ssj50CeZIT3peNBKcgfzxwoeZn6jzPczE8qJZgns. Zugegriffen am 15.11.2018.

iWconsult. (2018). Digital Atlas Deutschland. https://www.iwconsult.de/aktuelles/broschueren-publikationen/digital-atlas-deutschland/. Zugegriffen am 15.11.2018.

McKinsey. (2018a). The skilling challenge. https://www.ashoka.org/sites/default/files/atoms/files/2018_the_skilling_challenge_ashoka_mckinsey.pdf. Zugegriffen am 15.11.2018.

McKinsey. (2018b). Skill shift. Automation and the future of the workforce. https://www.mckinsey.com/~/media/McKinsey/Featured%20Insights/Future%20of%20Organizations/Skill%20shift%20Automation%20and%20the%20future%20of%20the%20workforce/MGI-Skill-Shift-Automation-and-future-of-the-workforce-May-2018.ashx. Zugegriffen am 15.11.2018.

Sinell, A. (2018). Strategies for fostering academic entrepreneurship. https://depositonce.tu-berlin.de/bitstream/11303/7888/4/sinell_anna.pdf. Zugegriffen am 15.11.2018.

Technikradar. (2018). Was die Deutschen über Technik denken. Schwerpunkt Digitalisierung. https://www.acatech.de/Publikation/technikradar-2018-was-die-deutschen-ueber-technik-denken/. Zugegriffen am 15.11.2018.

World Economic Forum, WEF. (2017). Accelerating workforce reskilling for the fourth industrial revolution. *White paper*. http://www3.weforum.org/docs/WEF_EGW_White_Paper_Reskilling.pdf. Zugegriffen am 15.11.2018.

World Economic Forum, WEF. (2018a). The future of jobs report. http://www3.weforum.org/docs/WEF_Future_of_Jobs_2018.pdf. Zugegriffen am 15.11.2018.

World Economic Forum, WEF. (2018b). Towards a reskilling revolution: A future of jobs for all. https://www.weforum.org/press/2018/01/reskilling-revolution-needed-for-the-millions-of-jobs-at-risk-due-to-technological-disruption/. Zugegriffen am 15.11.2018.

**Dr. Anna Sinell** ist Programmkoordinator bei der Initiative Google Zukunftswerkstatt. Hier verantwortet sie Programme zur Stärkung digitaler Kompetenzen von Studierenden und Auszubildenden. Vorher hat sie am Fraunhofer-Institut für Arbeitswirtschaft und Organisation (IAO) Projekte zur Stärkung des Wissens- und Technologietransfers geleitet und an der Technischen Universität Berlin im Bereich Academic Entrepreneurship und Strategieentwicklung promoviert.

# Was bedeutet Digitalisierung für das Lernen im Klassenzimmer?

## Christiane Bauer

Menschen rund um den Globus und in allen Industrien sowie in Wirtschaft und Politik und keineswegs nur die Menschen, die direkt in das Bildungssystem eingebunden sind, beschäftigen heute eine Reihe von Fragen:

- Was bedeutet Bildung in der Digitalen Transformation?
- Wie wird Bildung durch Digitalisierung transformiert?
- Was bedeutet die Digitale Transformation grundsätzlich für die Vermittlung von Wissen?
- Welches sind die Fähigkeiten, die in Zukunft benötigt werden, welche werden an Bedeutung gewinnen, welche vielleicht auch an Bedeutung verlieren?

Die deutsche Bildungslandschaft ist geprägt von der föderalen Struktur des Staates und somit überaus heterogen, allein 2546 unterschiedliche Lehrpläne gibt es derzeit. Gleichzeitig unterscheiden sich die Stundenpläne unserer Kinder nur marginal von den unsrigen, denen unserer Eltern und sogar denen unserer Großeltern. Dieselben Fächer werden unterrichtet in einer ähnlichen Anzahl von Stunden pro Fach und vor allem in sehr vielen Fällen mit noch immer der gleichen Gestaltung des Unterrichts. Eine Lehrkraft steht vor einer Klasse und vermittelt ihr Wissen in Einbahnstraßenmanier. Schülerinnen und Schüler sitzen stundenlang in Reihe und nehmen Inhalte auf, Inhalte, die häufig wenig Bezug zu ihrer realen Lebenswelt, ihren Interessen und Neigungen haben und deren Mehrwert ihnen nicht immer deutlich wird.

---

C. Bauer (✉)
SAP Young Thinkers, Berlin, Deutschland
E-Mail: christiane.bauer@sap.com

- Wie viele Kinder kennen Sie, die sehr stolz ihre große Schultüte zu ihrem ersten Schultag im Arm tragen und es schon Monate vorher nicht abwarten können, Schüler zu werden?
- Wie kommt es, dass genau dieselben Kinder, fragt man sie wenige Jahre später nach Schule, das Gesicht verziehen und klar den Eindruck vermitteln, dass sie froh sind, wenn sie nicht am Unterricht teilnehmen müssen?
- Was passiert hier?
- Kann so eine gute und zukunftsgerichtete Vorbereitung unserer nächsten Generation auf die Zukunft aussehen?
- Wie können wir als die Gesellschaft, die wir sind, es bewerkstelligen, dass Lernen immer mehr als etwas Wertvolles und nicht wie häufig als etwas rein Anstrengendes erfahrbar wird?
- Wie können wir Wissensvermittlung so gestalten, dass sie Freude bereitet und die Schülerinnen und Schüler die Fähigkeiten entwickeln, die sie brauchen, um die Welt heute und auch morgen zu gestalten und Wissensvermittlung und das Erlenen von Fähigkeiten als das zu begreifen, was es ist: das Fundament und der Schlüssel für eine gute Zukunft und ein selbstbestimmtes Leben.
- Gibt es digitale Werkzeuge, die uns dabei helfen? Oder hat das alles gar nicht so viel mit digitaler Transformation zu tun?

De facto schreitet die Weiterentwicklung von Technik und vor allem Software in enormem Tempo und exponentiell voran, ein Schlagwort jagt das nächste, Internet der Dinge, Deep Learning, Artificial Intelligence, Smart Data und viele mehr. Schon bald werden Arbeitsfelder, die repetitiven und „errechenbaren" Charakter haben, nicht mehr von Menschen besetzt sein.

Spätestens dann ist die Ära „Auswendiglernen von existentem Wissen und Inhalten" vorüber.

**Was tritt an diese Stelle?**
Fähigkeiten wie Kreativität, Innovationskraft, Agilität, Flexibilität, Fokussierung, kritisches Denken, Empathie werden schon heute und spätestens morgen dringendst gebraucht. Bietet die derzeitige Bildungslandschaft ein förderliches Klima für die Entwicklung genau dieser Fähigkeiten? Kann ein fast ausschließlich auf Reproduktion von Gehörtem und Gelesenem ausgerichteter Unterricht das leisten? Ich bezweifle das ….

Neben diesen intellektuellen Fähigkeiten werden zutiefst menschliche Fähigkeiten wie Emotionalität, soziales Verhalten, Teamfähigkeit, Spontanität, Empathie an Wichtigkeit gewinnen, denn genau sie sind es, die uns Menschen noch lange Zeit von künstlicher Intelligenz unterscheiden werden.

Auch hier bietet unser heutiges System wenig fruchtbaren Nährboden. Sowohl in der Schule als auch in der Arbeitswelt werden leider immer wieder die „Ellenbogen-Typen", die zwar oft sehr intelligent sind, manchmal aber auch rücksichtslos und wenig empathisch, belohnt und nicht diejenigen, die sich durch viel Mitgefühl auszeichnen und auch die Schwächeren mitnehmen. Noch immer gibt es eine klare Bewertung von intellektuell ist mehr wert als emotional und sozial, Mathekönner kommen im Bildungssystem fast immer weiter als musisch, künstlerisch oder sportlich begabte Schüler.

Was also ist zu tun? Wie bewerkstelligen wir unsere Aufgabe als Gesellschaft, unsere Jugend so zu fordern und zu fördern, dass sie den Anforderungen der Zukunft gewachsen ist und mit allem ausgerüstet, was sie braucht, um die Welt in ihrem Sinne zu gestalten?

**Sind die benötigten Fähigkeiten überhaupt vermittelbar und erlernbar?**
Ich sage, sie sind es, vorausgesetzt man beginnt früh. Idealerweise findet Lernen im Projektkontext mit Realitätsbezug statt. Lassen wir den Schülern den Raum, den sie brauchen, um sich zu entfalten. Pressen wir sie nicht in enge Stundenpläne, sondern erlauben wir ihnen sich selbst Projekten zuzuordnen, die sie begeistern, für die sie „brennen". Nie lernen Menschen schneller und mehr als in den ersten drei Lebensjahren – und das ganz ohne starre Vorgaben und Schule. Haben Sie einmal beobachtet, wie ein Kind anfängt zu gehen? Das Kind beobachtet die Menschen um sich herum und sieht, wie das Gehen in etwa aussieht. Dann kommt der Tag, an dem es weit oben etwas liegen sieht, das es unbedingt anfassen möchte. Der Wunsch genau dahin zu kommen, macht die Fähigkeit frei, sich aufzurichten und nach oben zu fassen. Intrinsische Motivation als Schlüssel für das Erlernen von Fähigkeiten und Weiterentwicklung, als Startpunkt allen Lernens. Ist die Begeisterung erst entfacht, werden auch komplizierte Dinge und Theorien verdaubar und erschließen sich auf wunderbare Weise. Diese Tatsache ist heute über Gehirnscans belegbar und immer mehr Neurowissenschaftler beschäftigen sich intensiv mit den Voraussetzungen für gutes Lernen. Positive Erlebnisse, ein Erleben der eigenen Möglichkeiten und Fähigkeiten sind dabei fundamental wichtig und befeuern die Bildung von Neuronen und Synapsen.

**Wie inspirieren wir junge Menschen so, dass sie motiviert sind, die sogenannten 21st Century Skills wie Programmieren, Datenanalyse etc. zu erlernen?**
Meine Erfahrung aus unzähligen Lernsituationen mit der nächsten Generation zeigt, dass offene Lernformate, in denen Menschen, altersgemischt, miteinander die Möglichkeit erhalten, einen einfachen Zugang zu auch kompliziert anmutenden Themen zu finden, ein sehr guter Nährboden für das Lernen darstellt. Einen Zugang, der mit ihrer eigenen Lebenswelt in Zusammenhang steht und sie emotional anspricht, ein Thema, für das sie Begeisterung entwickeln können.

Lernen als Fest, als Party ist das, was wir als ein gutes Instrument vielfach getestet und als zielführend wahrgenommen haben. Dieses Format bringt Menschen allen Alters zusammen und öffnet das Portfolio der Digitalisierungsthemen wie Programmierung, Internet der Dinge, Industrie 4.0, Datenanalyse und Smart Data, Robotik, aber auch Business Modelling in ansprechender und spielerischer Weise. Menschen jeden Alters können auf Entdeckungsreise gehen, neue Themen kennenlernen, Dinge anfassen und vor allen Dingen selbst ausprobieren und so entdecken, welches die Themen sind, die sie gerne vertiefen würden.

Viele unserer Lernmodule bringen die virtuelle und die physische Welt dicht zusammen und ermöglichen eine gute Vorstellung und erste Umsetzung davon, wie man mit digitalen Tools die reale Welt gestalten kann. Teilnehmer der Veranstaltung, insbesondere Schülerinnen und Schüler, melden sehr viel Positives zurück. Menschen scheinen geradezu glücklich zu sein, wenn sie ihren Lernweg selbst mitgestalten dürfen und die Möglichkeit erhalten, selbst aus einem Portfolio auszuwählen, was sie anspricht. Insbesondere begeistert die Möglichkeit, selbst zu entscheiden, ob man autodidaktisch mit einem Manual oder geführt in einem Workshop oder mit einem hybriden Modell mit einem Mini-Input und einem „on demand" zur Verfügung stehenden Experten lernt. Die Erfahrung zeigt: Nicht jeder möchte in einem Workshop sitzen und zuhören, was ein Lehrer berichtet, manch einer möchte sich autodidaktisch ein Thema selbst erschließen. Es gibt Menschen, die keinen Input brauchen und wünschen, sondern sich ihr Thema selbst durch reines Experimentieren erschließen wollen. Besonders gute Erfahrungen haben wir auch mit „Peer Learning" gesammelt; ganz ohne Vorgaben finden sich Menschen zusammen, die ähnliche Ideen haben und sich ein neues Thema gemeinsam erarbeiten. Wenn Fragen auftauchen, schätzen sie es sehr, wenn es einen Ansprechpartner, einen Experten gibt, der Antworten für sie hat, – ein „learning on demand"-Ansatz, der ganz im Zeitgeist liegt.

Wie wäre es, man hätte alle Experten in einer Wissens-Cloud verfügbar, die man nach Bedarf befragen könnte? Wäre es denkbar, nach einer relativ kurzen Beschulungsphase, in der Lesen, Schreiben, Basics im Rechnen vermittelt werden, in einem reinen Projektkontext an einem „echten" Projekt zu lernen? Neben den reinen Hardskills gäbe es hier mannigfaltiges Potential, auch die sozialen Fähigkeiten zu erlernen. Ein weiterer und immenser Vorteil läge darin, mit seinem Lernen gleichzeitig einen Beitrag für etwas Reales und Wichtiges zu leisten, was wiederum einen Beitrag zur Selbstwirksamkeit bedeutet, ein für alle Menschen sehr bedeutsames Element.

**Mein Vorschlag zum alternativen Lernmodell lässt sich ganz schlicht in der $E^6$-Formel zusammenfassen: Excitement, Experiment, Exercise, Expertise, Exchange und vor allem Empathy**

1. Excitement:
   Am Anfang steht immer die Begeisterung für ein Thema oder eine Sache. Nur, wenn Menschen sich emotional angesprochen fühlen, werden sie ohne äußeren Ansporn oder Druck, allein durch ihre intrinsische Motivation, agieren.
2. Experiment:
   Die Möglichkeit des Anfassens und Ausprobierens ohne die Angst vor dem Scheitern oder Fehlern ist ein fundamentaler Baustein auf dem Weg, sich Wissen und vor allem auch ganz neue Dinge und Sachverhalte zu erschließen, ja zu erforschen.
3. Exercise:
   Auch Durchhaltevermögen ist auf dem Weg zum Experten gefragt, genauso wie Frustrationstoleranz. Mehrmaliges Probieren, bis es funktioniert, scheitern und einen neuen Versuch starten, üben und trainieren, bis es klappt – auch das ist Bestandteil einer guten Lernkultur.

4. Expertise:
Zunächst die großen Zusammenhänge und das System begreifen und sich dann in „seinem" Bereich detailliertes und tiefgreifendes Wissen anzueignen, ist der Königsweg auf jedem individuellen Lernpfad. Dabei kommt es nicht darauf an, einen möglichst geradlinigen Weg zu gehen, sondern im Gegenteil die Augen offen zu halten für das Gesamtsystem und die Beziehungen, die zu anderen Bereichen existieren. Sich selbst und das eigene Tun als Teil eines größeren Ganzen zu begreifen, bedeutet auch den Wert und die Bedeutung zu realisieren.
5. Exchange:
Lernen geschieht sehr einfach durch Nachahmung und Beobachtung, vor allem aber durch den Austausch mit anderen in irgendeiner Form; das können Gespräche, Hinweise, Fragen und Antworten sein. Immer steht die Interaktion mit einem oder mehreren anderen im Vordergrund. Zum einen erlaubt diese Interaktion, das eigene Wissen zu überprüfen und Fehler zu entdecken, zum anderen macht sie es möglich, den eigenen Lernweg abzukürzen, indem man von seinem „Peer" kondensiertes Wissen, das in geeigneter Sprache übergeben wird, aufnimmt.
6. Empathy:
Wie immer, überall und bei allem stehen der Mensch und das Miteinander im Zentrum und bilden die Grundlage für ein gutes und freudvolles Lernerlebnis. Als Lehrender wahrzunehmen, wer der Schüler ist, wo er steht und wie und wieviel Wissen er in welcher Situation und in welcher Weise aufnehmen kann, ist die Basis für eine gelungene Wissensvermittlung.

Zu Beginn des Kapitels habe ich gefragt, wie und ob die Digitale Transformation Bildung verändert, ob sie es kann und vielleicht auch soll. Ich denke, zur Umsetzung der zuvor beschriebenen $E^6$-Formel können digitale Medien durchaus einen guten Beitrag leisten. Bei Excitement muss man nicht lange überlegen, nahezu alle Schülerinnen und Schüler nutzen mobile Geräte mit viel Enthusiasmus. Sie genau dort abzuholen, wo sie stehen, nämlich am Mobile Device und in der virtuellen Welt, erscheint mir daher sinnhaft. Dann die Brücke in die reale Welt zu bauen und zu zeigen, wie man mit diesen Tools die reale Welt positiv mitgestalten kann, ist meiner Meinung nach ebenso wichtig. Mobile Devices und virtuelle Umgebungen, z. B. Programmierumgebungen, bieten grenzenlose Möglichkeiten, Dinge auszuprobieren, Ideen umzusetzen und auch zu üben. Die Komplexität kann beliebig variieren und wachsen, sodass die Weiterentwicklung zum Experten sich geradezu von selbst ergibt.

**Wie sieht es aber gerade mit einem digitalen Tool, das sich quasi in einer virtuellen Welt bewegt, in puncto Austausch und Empathie aus?**
Nach meiner Erfahrung ist es erstaunlich, was passiert, wenn man Lernenden Raum zur Entfaltung und Zugang zu digitalen Tools ermöglicht. Anders als man es vielleicht häufiger bei reinen Endanwendern zum Beispiel im Café beobachten kann, wo jeder Einzelne

sich nur mit seinem Device beschäftigt und die Welt um sich quasi gar nicht mehr wahrnimmt, bilden sich bei Lernparties mit digitalen Angeboten wie von selbst Teams und Gruppen, die gemeinsam daran arbeiten, Ideen und kleine Projekte umzusetzen. Es findet reger Austausch in Form von Fragen und Antworten und auch Feedback zu Projekten anderer statt, man lässt sich inspirieren von Projekten anderer oder entdeckt, dass sich zwei Projekte kombinieren lassen. Die Fülle an Interaktion übersteigt die, die in einem „normalen" Klassenzimmer stattfindet, bei weitem. Ein anderer schöner Effekt, der durch die Unmittelbarkeit in der Programmierung möglich wird, ist die Erfahrung der Selbstwirksamkeit, die das Selbstbewusstsein der Lerner fast schon sichtbar fördert, und der Stolz, mit dem die jungen Programmierer ihre Projekte präsentieren und teilen.

Der rege Austausch der Lernenden ist ein idealer Nährboden für das Erlernen von Empathie. Indem man die Projekte des anderen betrachtet, erfährt man etwas über sein Gegenüber, über sein Lieblingsthema, über Dinge, die ihn beschäftigen. Nicht selten programmieren zwei Schüler eine gemeinsame Geschichte, in der sie einiges voneinander lernen und einiges von sich offenbaren.

Sicher ist Programmieren nur eine Möglichkeit, digitale Tools zu nutzen, um alternative Lernmethoden zu unterstützen. Auch die Option des „flipped classrooms" (nach Prof. Spannagel) z. B. wäre ohne die Möglichkeiten von moderner Technologie nicht möglich. Das Feedback vieler Nutzer zeigt aber, dass es als sehr positiv empfunden wird, wenn die Vorlesung sozusagen „aus der Dose" online vorab konsumiert werden kann und die wertvolle Präsenzzeit dann für Interaktion, für die Beantwortung von Fragen und eingehende Diskussionen verwandt werden kann. Erst jetzt durch den Einsatz dieser Technologie ist eine von allen als Bereicherung empfundene Lernerfahrung möglich. Die Möglichkeiten, die uns Technologie hier bietet, sind mannigfaltig und längst nicht erschlossen. Zum Schluss sei noch die jetzt zum ersten Mal möglich gewordene Möglichkeit der individuellen Anpassung von Lerninhalten und Lerntempo und sogar Lernumgebung erwähnt, die ohne digitale Unterstützung nicht möglich wäre. Nur mit digitalen Medien und den sogenannten „learning analytics" ist es möglich, vollkommen individuelle Lernpfade zu entwerfen und maßgeschneiderte Lernpakete anzubieten.

Den Anwendungsideen von digitaler Technologie sind keine Grenzen gesetzt. Vielleicht werden wir in nicht allzu ferner Zukunft gar nicht mehr lernen dürfen oder müssen, da wir Wissen einfach „uploaden" können, ganz wie unser Handy das heute schon mit zig Applikationen kann. Lernen obsolet durch Digitale Transformation?

Ich würde sagen, vielleicht – was die Hardskills angeht, ja. Wer immer „Per Anhalter durch die Galaxis" gelesen hat, fühlt sich vielleicht jetzt an den „babblefish" erinnert, der jede Sprache sprach, und wer wollte ihn nicht gerne haben (Adams 1981)?

Was jedoch all die Softskills wie Kreativität, Teamfähigkeit, Empathie und andere angeht, fällt die Vorstellung eines einfachen „Uploads" deutlich schwerer.

Daher plädiere ich für eine Stärkung genau dieser Fähigkeiten für uns alle und vor allem unserer nächsten Generationen, gerne unter Zuhilfenahme digitaler Medien und Tools, sofern diese diesem Zwecke dienen.

## Literatur

Adams, D. (1981). *Per Anhalter durch die Galaxis*. München: Rogner und Bernhard.

**Christiane Bauer** studierte Sprachen, Geographie, Geologie und Jura an der Universität Heidelberg. Seit fast 20 Jahren leitet sie für SAP globale Teams und Programme im Bildungsbereich. Sie ist die Begründerin des SAP Young Thinkers Movements und Programms, ein Programm, das es sich zum Ziel gesetzt hat, Wissen zu Themen der digitalen Transformation mit der nächsten Generation zu teilen und darüber hinaus vor allem mit neuen Möglichkeiten des Lernens auch über Altersgrenzen hinweg zu experimentieren. Inspiration und Motivation stehen dabei immer am Anfang der gemeinsamen Lernerfahrung. Als systemischer Coach und Design Thinking Coach schätzt es Christiane Bauer unterschiedlichste Erfahrungen und Aspekte gewinnbringend miteinander zu verbinden und ist ebenso neugierig wie begeistert von Ergebnissen, die aus Zusammenarbeit, Kreativität und Empathie entstehen können. In Bewegung zu bleiben, ist dabei ein Leitmotiv.

# Neugier als digitale Kompetenz

Thomas Oehring

Bereits im Rahmen der Recherchen zu meinem Buch „Unterwegs nach #Neuland" (Oehring 2018) hatte ich die Gelegenheit, mich intensiv mit den Kompetenzen auseinandersetzen zu dürfen, die Entdecker in einer digitalisierten Welt erfolgreich machen. Vom dort definierten Dreiklang aus Affinität, Flexibilität und Mobilität ausgehend, möchte ich an dieser Stelle den Fokus auf die alldem zugrunde liegende Neugier als digitales Mindset legen.

Die digitale Welt wird angetrieben von Innovation. Aber wie werden Menschen innovativ? Die Antwort steckt im Wörtchen selbst, denn es enthält zwei „N", eines für „Not" und eines für „Neugier", die einzigen beiden Gründe, aus denen heraus Menschen innovieren. Not scheint derzeit nicht unser größter Innovationstreiber zu sein, wir müssen uns also auf die Neugier verlassen.

Diese Kompetenz muss aber immer wieder geschärft und bewusst gesteigert werden. Denn wenn Sie genau darauf achten, wie wir selbst erzogen wurden und wie wir unsere Kinder formen, dann haben Sie sicher die Sprüche „Kleine Kinder müssen alles essen, aber nicht alles wissen" oder „Steck deine Nase nicht in Erwachsenenangelegenheiten" wohl öfter gehört als die Bitte „Hey, kannst du herausfinden, wie unser Fernseher funktioniert". Wir gewöhnen uns und unseren Kindern die Neugier und die Wissbegierde aus reiner Bequemlichkeit ab.

Neugier ist der Hunger nach Wissen, sie ist die Bereitschaft und die Freude daran, sich überraschen zu lassen, zu staunen und zu lernen. Ohne diese Eigenschaft gibt es keine Experimente oder Fortschritt. Allerdings ist diese menschliche Ureigenschaft enorm fragil: Das Nichtwissen verunsichert ebenso viele Menschen. Und die Unsicherheit und die

---

T. Oehring (✉)
FScon AG, Flensburg, Deutschland
E-Mail: Thomas.Oehring@fscon.de

daraus resultierende Angst blockieren dann wieder die Neugier und bremsen die digitale Entwicklung.

Neugier ist damit eine der zentralen digitalen Kompetenzen, da sie die Affinität, die Flexibilität und Beweglichkeit in allen Dimensionen unter ihrem Dach vereint. Dabei gehen die Meinungen auseinander, ob sie der Wunsch ist oder die Motivation, sich bewusst neuen und ungewohnten Situationen und Denkweisen auszusetzen oder ein Instinkt, also ein Urtrieb. Letztlich steckt darin aber immer die Bereitschaft zur Veränderung, zum Dazulernen. Denn das Interesse und die Offenheit, neue Erfahrungen und neue Erkenntnisse zu machen, wird uns zwangsläufig beeinflussen.

Durch unsere Neugier verändern wir unsere Welt. So wie in der Quantenphysik die Messung das Messergebnis beeinflusst, so ändert jede Information, die wir in unser Weltbild einbauen, unseren Horizont. Interessant daran ist: Schon Kleinkinder besitzen diesen unstillbaren Wissensdurst. Sie saugen alles auf, was ihnen die Welt bietet. Sie sind wissbegierig, wollen den Dingen auf den Grund gehen und stellen Fragen. Auch solche, die uns als Eltern herausfordern oder in echte Erklärungsnöte bringen können. Kinder kennen weder Konventionen noch Tabus.

Und dann kommt das mit dem Essen und dem Wissen, Sie erinnern sich? Neugier jedoch, davon sind Wissenschaftler heute überzeugt, ist uns angeboren. Diese Eigenschaft besitzen sowohl Menschen als auch Tiere. Mit zunehmendem Alter verlieren viele Menschen ihre Neugier. Sie wissen zwar auch immer mehr, werden aber dadurch erst klug, dann altklug und schließlich selbstgefällig.

Die digitale Dimension zu entdecken bedeutet eben nicht nur Spaß und Abenteuer, sondern auch Ungewissheiten, Risiken und Gefahren. Neugier setzt Flexibilität voraus und trainiert Anpassungsfähigkeit. Dadurch wird sie zu einer unersetzlichen digitalen Kompetenz. Neugier ist eine Eigenschaft, die man hat und erlernen kann, die, wenn wir sie nicht trainieren, wieder verloren gehen kann. Was Sie allerdings dafür tun können, ist, die Hindernisse im Kopf aus dem Weg räumen, die Ihrer Neugier im Weg stehen.

Beobachten und erkunden wir dazu zunächst das Zusammenspiel von Gedanken, Emotionen und Empfindungen: Wie reagieren wir und unsere Körper auf Neues und Ungewohntes? Mit Lust und Freude oder doch eher mit Zurückhaltung und Argwohn? Somatic Mindfulness heißt diese Selbsterforschung in der Fachsprache. Dabei finden wir nicht nur heraus, welche Erfahrungen und welche Erwartungen da sind, sondern auch, warum wir womöglich gerade mental dicht machen und eben gar nicht neugierig sind (Mai 2017).

Dabei ist Neugier ein wesentlicher und oft unterschätzter Motor für persönliches Wachstum und Wissen. Nebenbei ist sie eine absolute Erfolgseigenschaft. Als etwa britische und schweizerische Forscher die Daten von rund 50.000 Studenten auswerteten, stellten sie fest: Der Intelligenzquotient (IQ) hatte für den Studienerfolg weniger Bedeutung als angenommen. Viel entscheidender ist die Neugier. Studenten, die nur über einen mittelmäßigen IQ verfügten, dafür aber gegenüber Neuem aufgeschlossen waren, schnitten deutlich besser ab (Spiegel 1. März 2012).

Dabei spielt vor allem auch die Reiselust und die damit verbundene räumliche und geistige Mobilität eine entscheidende Rolle. Mehr noch: Der amerikanische Wissenschaftler

Todd Kashdan (George Mason University) wiederum fand heraus, dass neugierige Menschen schneller und leichter Kontakt zu anderen finden. In der Folge hatten sie nicht nur mehr Freunde und ein stabileres Netzwerk, welches die Organisationsform der digitalen Welt darstellt. Darüber hinaus: Bei einer Langzeitstudie, an der rund 2000 Senioren zwischen 60 und 86 Jahren beteiligt waren, kam heraus: Neugier bescherte den Probanden eine deutlich höhere Lebenserwartung – sogar unabhängig von Risikofaktoren wie Rauchen, ungesunder Ernährung oder Erkrankungen (https://www.toddkashdan.com/).

Interessanterweise wird die Neugier dennoch häufig unterdrückt. Obwohl sie eine der ursprünglichsten, natürlichsten und grundlegendsten Fähigkeiten des Menschen ist, lernen wir sie früh wieder zu unterdrücken. Wir hängen den Forscher- und Entwicklungsdrang an den Nagel und denken nur noch in Schubladen und Schablonen, weil es bequemer ist und wir das schon immer so gemacht wird. „Never change a running system", bis das System stillsteht. Das ist gefährlich, denn solche Menschen bleiben psychisch irgendwann stehen, ihr Geist bewegt sich, als würde er durch schnell härtenden Zement stapfen.

Vielleicht liegt das gar im Ursprung der Neugier als Triebfeder der Entwicklung im Kindesalter. Viele verbinden sie im beruflichen Kontext mit Begriffen wie naiv, kindisch, unbedarft. Und das sind Eigenschaften, von denen wir meinen, dass sie heute im Berufsleben nicht gefragt sind. Stattdessen betonen Stellenanzeigen landauf, landab immer wieder Fähigkeiten wie Durchsetzungsstärke und Erfahrung.

In vielen Jobs der analogen Sphäre zählen Fachwissen und Rationalität noch oft mehr als Experimentierfreude, Spontanität und Offenheit für Neues. Und auch auf die Gefahr hin mich zu wiederholen: Wer als Kind für allzu große Neugierde eher Rügen und Strafen kassiert hat, wird mit dem Alter zwangsläufig vorsichtig. Die einst gesunde Neugier verklärt sich nun in ihr Gegenteil. Sicher ist sicher. Fatal, denn wer neugierig bleibt, der …

- entdeckt jeden Tag eine neue Welt,
- bleibt aufgeschlossen und tolerant,
- wird für andere interessant und sympathisch,
- besitzt Authentizität und Präsenz,
- inspiriert mit frischen Ideen und Gedanken,
- findet Abkürzungen und entdeckt Neuland,
- findet neue Freunde und erweitert sein Netzwerk,
- gerät so schnell nicht in die Defensive und wird selbstsicherer.

Für mich ist das ein Ansporn jeden Menschen, den ich treffe, für die Neugier, die Entdeckerfreude und die Abenteuerlust zu begeistern. Denn Neugier und Wissen gehen Hand in Hand. Man kann nicht neugierig bleiben, ohne etwas zu lernen. Und dieses Wissen irgendwann wieder weiterzugeben. Ich kann mir nicht vorstellen, dass es einen echten und erfolgreichen Experten gibt, der nicht zugleich neugierig geblieben ist. Die gute Nachricht ist, jeder kann die Neugier wieder lernen und so die Leidenschaft zum Abenteuer wecken. Einfach mal ausprobieren!

Und zwar ganz bewusst und jeden Tag. Nehmen wir beispielsweise einen anderen Weg zur Arbeit, probieren wir einen neuen Stil, kochen wir anders. Lesen wir einfach mehr, vor allem Bücher. Wir werden feststellen, dass wir daraus viel lernen – und neugieriger werden.

Hinterfragen wir! Alles! Mit der Zeit schleichen sich in jedem Alltag Routinen und Traditionen ein. Ermutigen wir uns doch diese Dinge zu hinterfragen und suchen wir weniger nach Gründen, warum etwas nicht geht, sondern Wege, die es möglich machen. Werden wir mobil! Nicht nur körperlich, sondern vor allem geistig. Was ist schlimmer? Einen Fehlschlag erleben oder nie versucht zu haben, unsere Träume zu verwirklichen?

Neugier lohnt sich immer, denn in der Rückschau wird wohl jeder bestätigen, dass Risikobereitschaft und Mut zu größerer Befriedigung und einem erfüllteren Leben führen. In der Digitalisierung zeigt sich die wachsende Neugier im Trend zum Do-it-yourself und in der um sich greifenden Maker-Kultur. Diese ist Ausdruck einer im positivsten Sinne kindlichen Freude am Schaffen und an Innovation.

Es wird Bestehendes verbessert, bis es auf digitalen Ebenen ankommt und neuen Nutzen schafft. Und es wird ohne Respekt vor tradierten Ansichten geforscht und ausprobiert, bis ganze Branchen der Disruption anheimfallen.

Das Neue befriedigt Bedürfnisse und öffnet Wege in die digitale Zukunft.

## Literatur

Mai, J. (2017). Neugier: Die unterschätzte Erfolgseigenschaft. https://karrierebibel.de/neugier/#-Die-Nachteile-der-Neugier. Zugegriffen am 09.01.2020.

Oehring, T. (2018). *Unterwegs nach #Neuland: Der Reiseführer für Entdecker in einer digitalen Welt*. Handewitt: Druckhaus Leupelt.

Spiegel. (1. März 2012). Intelligenz von Studenten. Neugier schlägt IQ. http://www.spiegel.de/lebenundlernen/intelligenz-von-studenten-neugier-schlaegt-iq-a-816084.html. Zugegriffen am 09.01.2020.

**Thomas Oehring** wurde am 24.08.1975 in Eisenach geboren und lebt in Flensburg, München, Berlin und im #Neuland. Er ist Vorstand (CEO) der FScon AG – Dienstleister für Digitale Infrastruktur, Vorsitzender des Aufsichtsrates der Fullhouse IT Services AG, Bundesvorsitzender der Wirtschaftsjunioren Deutschland 2012 und Autor und Digitaler Explorer. Sein Motto lautet: „Es ist nicht die Digitalisierung, die die Menschen arbeitslos macht, sondern die Verweigerungshaltung, digitale Techniken für die eigene Arbeit zu nutzen".

# Teil V
# Verbände/Organisationen/Stiftungen

# Wie kann Cybersicherheit digital kompetent gestaltet werden?

Hans-Wilhelm Dünn

Digitale Kompetenz umfasst das Wissen, den Sachverstand und die Fähigkeiten, auf deren Basis die digitale Transformation der Politik, der Wirtschaft und der Gesellschaft nachhaltig erfolgreich gestaltet werden kann. Dementsprechend muss Cybersicherheit integraler Bestandteil digitaler Kompetenz sein, denn die enormen Potenziale von Marktwachstum bis hin zu Lebensqualität können nur in einem sicheren Cyberraum entfaltet werden. „Smarte" Produktionsprozesse in der Industrie, ressourceneffiziente Versorgungsdienstleistungen, 24/7 verfügbare Bürgerservices und Cyberdiplomatie sind ohne Vertrauen in die Sicherheit der Daten und der erforderlichen Infrastruktur aus Kupfer- und Glasfaserkabeln sowie Millionen von mobilen Endgeräten nicht möglich. Cybersicherheit als Kernelement digitaler Kompetenz ist zudem nicht nur Führungsaufgabe, sondern muss von allen Einheiten eines Staates, eines Unternehmens oder einer Gesellschaft gleichermaßen umgesetzt werden. Diese Prämisse gewinnt besonders angesichts der fortschreitenden Digitalisierung an Bedeutung: Die weltweite Vernetzung wächst an, sodass der Cyberraum expandiert und sich demgemäß die digitalen Angriffsflächen der interagierenden Akteure vergrößern. Die damit einhergehenden Gefahren sind bekannt: Cyberkriminalität, -sabotage und -spionage richten sich gegen Unternehmen, kritische Infrastrukturen, Behörden und Bürger und äußern sich in Form von Datenleaks, Blackouts, politischen Desinformations- und Diskreditierungskampagnen oder Identitätsdiebstahl.

Digitale Kompetenz umfasst folglich auch ein Verständnis für politische, wirtschaftliche und gesellschaftliche Implikationen der Digitalisierung, und so steht an dieser Stelle insbesondere die Politik gemäß des erteilten Schutzauftrags in der Verantwortung, die Digitalisierung sicher und gemeinwohlorientiert zu moderieren. Voraussetzung für digitale

---

H.-W. Dünn (✉)
Präsident Cyber Sicherheitsrat Deutschland e.V., Berlin, Deutschland
E-Mail: schaefer@cybersicherheitsrat.de

Kompetenz im Kontext von Cybersicherheit ist zunächst, die Herausforderungen und Eigenarten des Cyberraums zu verstehen. Dazu gehören neben organisatorischen gleichermaßen technische Aspekte, die für Entscheidungsträger als gesellschaftliche Verantwortung übersetzt werden müssen. Erst auf Grundlage der sich daraus erschließenden Erkenntnisse können die eigenen IT-Infrastrukturen kontrolliert, sowie Gestaltungsansätze entwickelt und angewandt werden.

## Die Eigenarten und Komplexität des Cyberraums verstehen

Die anhaltende Professionalisierung von Cyberkriminellen und regierungsnahen Hackerkollektiven fordert die nationale Sicherheit heraus. Der Schutz kritischer Infrastrukturen sowie die Prävention, Detektion und Abwehr von Cyberangriffen werden demnach angesichts perfektionierter Angriffsvektoren personal- und ressourcentechnisch aufwendiger. Gleichzeitig ist der Cyberraum eine Domäne internationaler Beziehungen geworden: Elemente der hybriden Kriegsführung und die Schwierigkeiten der Attribution von Cyberangriffen sorgen für Misstrauen innerhalb der Staatengemeinschaft; die Folgen des Dissens sind etwa geopolitische Spannungen sowie die Abwesenheit eines internationalen Abkommens zur Definition völkerrechtskonformer Cyberaktivitäten.

Insgesamt unterliegt der Cyberraum einer asymmetrischen Ausgangslage. Während ein effektiver Schutz umfangreicher Sicherheitsmaßnahmen bedarf, genügt Cyberkriminellen die Identifikation einer einzigen Schwachstelle, um Netzwerke infiltrieren zu können. Absolute Sicherheit ist somit nicht möglich. Einige Staaten versuchen derweil, diesem Umstand durch eine Regulierung des Internets zu begegnen. Hier belaufen sich entsprechende Ansätze zumeist auf national begrenzte Unterfangen und tragen zu einer „Balkanisierung des Internets" bei, was angesichts des globalen und grenzenlosen Charakters des Cyberraums weniger erfolgreich scheint. Ein regulierender Ansatz wäre ausschließlich auf internationaler Ebene zielführend, unter anderem im Hinblick auf die Schwierigkeiten der Attribution von Cyberangriffen. Gegenwärtig kann nahezu jeder Staat entweder über Nachrichtendienste oder regierungsnahe Hackerkollektive offensive Cyberkapazitäten anwenden, aufgrund der Möglichkeiten der Verschleierung von Angriffen diese jedoch selbst bei eindeutiger Motivlage glaubhaft abstreiten. Eine Lösung dieser prekären Ausgangslage ist schwierig. International verpflichtende Abkommen in Form von Verhaltensrichtlinien im Cyberraum inklusive der Installation eines darüber wachenden Sanktionsregimes könnten allerdings zumindest auf zwischenstaatlicher Ebene befriedend wirken.

Eine weitere Herausforderung digital kompetenter Cybersicherheitspolitik ist die Identifikation, Förderung und sichere Gestaltung zukunftsweisender Technologien. Generell beinhaltet das Feld der Digitalpolitik die zentralen Zukunftsthemen, deren politische, wirtschaftliche und gesellschaftliche Implikationen moderiert und gestaltet werden müssen. Paradebeispiel solcher Technologien ist die Künstliche Intelligenz. Deren Anwendung wird mittel- oder langfristig die gleiche alltägliche Selbstverständlichkeit haben wie das Smartphone, mit Auswirkungen auf alle Lebensbereiche: Gesundheits- und

Finanzwesen, Energieversorgung, Produktivität, Transport, Städte, politische Systeme, Kriminalität und soziale Beziehungen.

Angemessene Lösungsansätze können also nur auf einem ganzheitlichen Konzept beruhen. Denn die aus digitalen Interaktionen erwachsenen Interdependenzen, etwa zwischen Politik, der freien Wirtschaft und der Zivilgesellschaft, sind offensichtlich. So wird das aus Rechnernetzwerken bestehende Internet von allen Akteuren gleichermaßen und weitestgehend gleichberechtigt genutzt, Behörden sind dabei auf Betriebssysteme und Produkte der freien Wirtschaft angewiesen. Interessant ist zudem der Gedanke, dass Unternehmen über großes Know-how für defensive und offensive Cyberkapazitäten verfügen, was ein signifikanter Unterschied zu konventionellen Sicherheitsfeldern darstellt. Zwar sind es auch Rüstungsunternehmen, die dem Staat Waffen und Munition liefern, das Wissen zu deren bestmöglichen strategischen Einsatz liegt aber in der Regel beim Militär.

## Indikatoren digital kompetenter Cybersicherheitspolitik

Auf Grundlage eines umfangreichen Verständnisses von Cybersicherheit können Ansätze im Sinne digitaler Kompetenz realisiert werden. Ein erster Indikator hierfür sind die zur Verfügung gestellten Budgets. Denn das Narrativ von Investitionen in Cybersicherheit verändert sich angesichts der beschriebenen Herausforderungen von einem Kostenfaktor in einen essenziellen Wertschöpfungsfaktor des digitalen Zeitalters. Nichtsdestotrotz belaufen sich die Investitionssummen in der Europäischen Union bis 2020 auf 1,8 Mrd. Euro, während zum Vergleich die US-amerikanische Verwaltung alleine 2017 circa 19 Mrd. Dollar zur Verfügung stellte. Die Vorteile angemessener Summen liegen auf der Hand: Einerseits wird der Cybersicherheitsmarkt, beziehungsweise der Digitale Binnenmarkt, gestärkt. Es ist also erwartungsgemäß, dass vornehmlich US-amerikanische Unternehmen in dieser Branche weltführend sind. Andererseits stärken im Hinblick auf die Interdependenzen der Netzwerke von Politik und Wirtschaft innovative Produkte die gesamte Cybersicherheit nationaler Netzwerke. Hierzulande besteht folglich Korrekturbedarf, denn das Potenzial für einen starken digitalen Binnenmarkt ist bereits vorhanden: In den europäischen Unternehmen herrscht große Nachfrage an Cyberprodukten, die neben ansprechendem Schutz auch höchsten Datenschutz und Rechtsschutz garantieren.

Ein offensichtlicher Zusammenhang zwischen der Notwendigkeit angemessener Investitionen und der Stärkung der digitalen Kompetenz lässt sich in Deutschland anhand des Bund-Länder-Digitalpakts darstellen. Für die darin vorgesehene flächendeckende Ausstattung deutscher Schulen mit digitaler Infrastruktur sind gegenwärtig fünf Mrd. Euro vorgesehen. Laut einer Expertenkommission ist dessen Umsetzung jedoch nur mit einem doppelten Investitionsvolumen realisierbar. Abgesehen davon wird digitale Infrastruktur an Schulen alleine weder die digitale Kompetenz steigern, noch den gravierenden IT-Sicherheitsfachkräftemangel ausreichend begegnen können. Deswegen bedarf es neuer Ausbildungsformate basierend auf Kooperationsmodellen zwischen Staat, Bildungsträgern und Industrie. Die Digitalisierung gilt mittlerweile als „Achillesferse des

Wirtschaftsstandorts Deutschland", sodass massive Investitionen in die technologische, aber auch schulische und akademische Forschung zu Implikationen des digitalen Wandels für Politik, Wirtschaft und Gesellschaft nötig sind. Die Dringlichkeit digitaler Kompetenz wird unter anderem erneut am Beispiel der Künstlichen Intelligenz deutlich. Hier findet der Wettbewerb um die globale Führungsrolle momentan zwischen den USA und China statt. In Europa braucht es einen stärkeren Führungs- und Gestaltungswillen, um in dieser wirklich wegweisenden Debatte nicht den Anschluss zu verlieren. Die Möglichkeiten Künstlicher Intelligenz sind grenzenlos, faszinierend und teilweise erschreckend. Deswegen muss der Diskurs um die sichere und ethisch korrekte Anwendung dieser Technologie im Einklang mit Cybersicherheit und gemeinsamen Werten getrieben werden.

Des Weiteren ist, erwachsen aus dem Bewusstsein der digitalen Wechselwirkungen zwischen Politik und Wirtschaft, eine enge Kooperation zwischen öffentlichem und privatem Sektor unabdingbar. Bereits existierende Kommunikationskanäle müssen gefestigt und ausgebaut werden, sodass gemeinsam auf Bedrohungslagen reagiert werden kann. Während Behörden dabei mit entsprechenden Mandaten der Strafverfolgung und Abwehr ausgestattet sind, verfügen Unternehmen über großes IT-Expertenwissen, was für die Identifikation, Isolation und Analyse von Angriffen herangezogen wird. Auf diesem Wege kann die gesamte Cybersicherheitsarchitektur verstärkt und weiterentwickelt werden. Auf rein staatlicher Ebene zeichnet sich diesbezüglich eine digital kompetente Gestaltung vornehmlich durch die Gewährleistung einer effektiven Zusammenarbeit der damit beauftragten Behörden aus. Letztendlich kommt es nicht auf die Quantität, sondern Qualität der Arbeit von staatlichen Cyberakteuren an. Notwendig sind hierfür wiederum angemessene Haushaltsvolumen sowie die eindeutige Klärung von Mandaten und Zuständigkeiten hinsichtlich defensiver und offensiver Cyberkapazitäten.

## Cybersicherheit und digitale Kompetenz als Voraussetzung erfolgreicher Digitalisierung

Cybersicherheit ist somit zentraler Enabler einer erfolgreichen digitalen Transformation und Kernbestandteil digitaler Kompetenz. Nur durch sichere Produkte und Infrastrukturen können Digitalpotenziale voll ausgeschöpft werden. Hinzu kommt die Notwendigkeit, die eigenen IT-Netzwerke verstehen und somit kontrollieren zu können. Insgesamt ist die Digitalisierung aufgrund der anhaltenden Schöpfung und Weiterentwicklung neuer Technologien ein Prozess mit offenem Ende. Eine digital kompetente Cybersicherheitspolitik verlangt als Konsequenz nach einer hohen Flexibilität und Dynamik, um Kompetenz in deren Anwendung und in Bezug auf deren Implikationen sicherzustellen. Es ist höchste Zeit, sich den Herausforderungen zu stellen und auf Basis digitaler Kompetenz inklusive des Bewusstseins für die Problemstellungen des Cyberraums die Zukunft zu gestalten.

**Hans-Wilhelm Dünn** legte sein Studium an der Universität Potsdam als Diplom-Verwaltungswissenschaftler ab. Von 2007 bis 2009 war er Persönlicher Referent im Büro des Wirtschaftsministers und stellvertretenden Ministerpräsidenten des Landes Brandenburg, den er dort auch bei seiner Arbeit als Beiratsvorsitzender der Bundesnetzagentur unterstützte. Von 2009–2010 war er Mitglied im Aufsichtsrat der Energie und Wasser Potsdam GmbH. Von 2010 bis 2012 war Dünn Geschäftsführer von Security and Safety made in Berlin-Brandenburg e.V. Außerdem war er von 2011 bis 2014 Mitglied im Aufsichtsrat der VIP Verkehrsbetrieb Potsdam GmbH. Momentan ist er Vorstand der BuCET Shared Services AG, die IT-Sicherheitsmanagementsysteme bei Unternehmen und kritischen Infrastrukturen implementiert, sowie Mitglied im Aufsichtsrat der Klinikum Ernst von Bergmann gGmbH sowie der Lausitz Klink Forst GmbH und im Beirat der Luftschiffhafen Potsdam GmbH. Als Gründungsmitglied und Präsident – zuvor Vizepräsident und Generalsekretär – des Cyber-Sicherheitsrat Deutschland e.V. (CSRD) ist er unter anderem Leiter des Energy Hubs und berät Betreiber kritischer Infrastrukturen zu cybersicherheitsrelevanten Themen. Sein Fachwissen vermittelt er zudem auf hochrangigen Veranstaltungen und ist häufiger Ansprechpartner für TV-Sender und Gastautor für verschiedene Zeitungen und Fachzeitschriften.

# Der Schlüssel zur wirtschaftlichen Zukunft Deutschlands: Digitale Kompetenzen für alle

Alexander Rabe und Lucia Falkenberg

▶ Die digitale Transformation von Gesellschaft und Wirtschaft ist weltweit in vollem Gange. Für die im Export erfolgreichen deutschen Unternehmen ist sie ein entscheidender Faktor. Sie haben mit großer Konsequenz in den vergangenen Jahren Geschäfts- und Produktionsprozesse entlang der Lieferketten optimiert und digitalisiert. In der Folge stieg die Anzahl der Beschäftigten im deutschen Maschinenbau zwischen 2005 und 2017 von 864.000 Beschäftigten auf 1,032 Mio. an (VDMA 2018, S. 7). In den Betrieben der Hersteller von Kraftfahrzeugen und Kraftfahrzeugteilen legte die Beschäftigung 2017 trotz Dieselgate das siebte Jahr in Folge zu und erreichte mit 820.200 Personen den höchsten Stand seit dem Jahr 1991 (VDA 2018).

Auch im tertiären Sektor schreitet die Digitalisierung voran. Das Gesundheitswesen und die Energiewirtschaft, ebenso wie Logistikunternehmen transformieren bestehende Prozesse in das digitale Zeitalter, vernetzen sich, optimieren bestehende Prozesse digital und entdecken dabei neue Wertschöpfungsansätze. Selbst im primären Sektor ermöglicht die Digitalisierung einen weiteren Innovationsschub, weil Landwirtschaft präziser, effizienter und umweltschonender produzieren kann.

Neue Unternehmen und neue Jobs entstehen, um den Bedarf der Wirtschaft nach Gestaltung der digitalen Transformation zu decken. Zugegeben entfallen

---

A. Rabe (✉) · L. Falkenberg
eco – Verband der Internetwirtschaft e.V., Berlin, Deutschland
E-Mail: alexander.rabe@eco.de; lucia.falkenberg@eco.de

dabei Routine-Jobs durch Rationalisierung. Zugleich steigt aber die Nachfrage nach Arbeitskräften mit digitalen Kompetenzen. Die Bewertung der Effekte ist strittig. Zunehmend belegen aktuelle Untersuchungen jedoch positive Netto-Beschäftigungseffekte durch die Digitalisierung (Arntz et al. 2018, S. 19–20).

## Digitalisierung ist ein Wachstumsmotor und schafft neue Arbeitsplätze

Die Arbeitswelt verändert sich, Arbeiten wird zeit- und ortsunabhängig und der Computer zum Kollegen des Arbeitenden. Parallel dazu wächst der Bedarf an Fachkräften mit digitalen Kompetenzen, die mit ihrer Kreativität, ihrer Bereitschaft, Verantwortung zu übernehmen, und ihren kommunikativen Talenten den Algorithmus steuern und beherrschen.

Denn mit Fokus auf die Internetwirtschaft hat der digitale Wandel nochmals an Dynamik zugenommen. Telefonbuchverlage, Firmenverzeichnisse oder Videotheken etwa gehörten zu den ersten, deren Geschäftsmodelle durch die digitale Transformation obsolet wurden. Immer mehr verschwinden auch Job- und Kleinanzeigen in Zeitungen. Einige Zeitungsverleger investierten in Portale, welche den weiterhin bestehenden Bedarf nun digital decken. Überall werden analoge Geschäftsmodelle durch neue, unvergleichlich effektivere und komfortablere digitale Angebote ersetzt. Auch angestammte Platzhirsche werden dabei verdrängt und neue Firmen, die bis vor kurzem kaum bekannt waren, nehmen ihren Platz ein. Die sogenannte Plattformökonomie fegt viele bestehende Geschäftsmodelle beinahe über Nacht weg.

Produktions- und Wertschöpfungsprozesse werden digital transformiert. Für den Erfolg eines Produktes sind heute Marketing und Vertrieb über digitale Plattformen entscheidend. Für den Absatz sorgt die perfekte Beherrschung der Algorithmen digitaler Absatzkanäle. Das Besondere hierbei: Der größte Taxianbieter weltweit hat plötzlich keine eigenen Fahrzeuge mehr, der größte Hotelier keine eigenen Zimmer oder auch der größte Buchhändler lediglich einen einzigen Buchladen – zu Werbezwecken.

Diese Beispiele zeigen, dass wir im 21. Jahrhundert – ähnlich wie im ausgehenden 19. und Anfang des 20. Jahrhunderts – mit neuen Technologien völlig neue Geschäftsmodelle entwickeln. Damals erkannte die Wirtschaft den Bedarf an Fachkräften und musste ein Grundverständnis fundamentaler Fähigkeiten der Schulabgänger voraussetzen, damit aufbauend auf diesem Schulwissen in den Betrieben ausgebildet werden konnte. An Schulen wurde das Unterrichtsfach Physik eingeführt.

Ähnlich wie damals die Industriearbeiter, müssen die digitalen Arbeitnehmer heute befähigt werden, an der Transformation zu partizipieren und diese mitzugestalten. Eine Herausforderung, insbesondere für die jetzt die Gesellschaft lenkende Generation X. Personaler attestieren ihr bereits eine erheblich geringere Aufgeschlossenheit gegenüber dem Change und eine geringere Anpassungsfähigkeit als den inzwischen nachströmenden Millennials (ElanceoDesk 2014). Zumindest lässt sich daraus erkennen, dass es schwer ist, mit dem im 20. Jahrhundert vermittelten Rüstzeug den digitalen Wandel zu bewältigen.

## Lebenslanges Lernen als Voraussetzung für die Digitalisierung

Eine digitale Transformation, die langfristig den Wohlstand sichert und die Lebensverhältnisse aller verbessert, setzt folglich eine lebenslange Vermittlung jener Kompetenzen und Fähigkeiten voraus, ohne die der Einzelne von der technischen Entwicklung abgehängt wird. Voraussetzung dafür ist ein über alle Lebensphasen hinweg präsentes Bildungswesen, das das Prinzip des lebenslangen Lernens konsequent unterstützt, Bildung individualisiert und die Zugangswege erleichtert.

Konkret gilt es zunächst, die Versprechen aus dem Digitalpakt wahr werden zu lassen und die notwendige technische Infrastruktur zu schaffen, damit jede Schule ans Internet angeschlossen wird. Das ist die Voraussetzung, damit über eine Schul-Cloud oder eine ähnlich geartete Plattform Lernenden und Lehrern Unterrichtsmaterial digital zur Verfügung gestellt werden kann.

Digitalkompetenz zu vermitteln, die unsere Wirtschaft zukunftsfähig macht und die Lernenden zur mündigen Teilhabe am gesellschaftlichen Leben der Zukunft qualifiziert, bedarf zunächst einer konsequenten und vor allem kontinuierlichen Fortbildung der Lehrkräfte, um digitale Kompetenzen in das bestehende Lehr- und Lernsystem zu integrieren. In der laufenden Lehrerausbildung werden diese Fähigkeiten, Stand 2018, nicht ausreichend berücksichtigt, das heißt selbst die jüngste Lehrergeneration geht ohne digitales Rüstzeug in die Klasse, ohne didaktisches Konzept und vielerorts auch ohne Rahmenlehrplan für digitale Kompetenzen. Hierbei ist nicht „Medienkompetenz" angesprochen – wobei auch diese wichtig ist –, sondern die Logik der Digitalisierung selbst.

Ob zu diesem Zweck das Coden im Mathematikunterricht integriert wird wie in Finnland, Programmierunterricht verpflichtend oder als Wahlfach angeboten oder aber ein fächerübergreifender Ansatz gewählt wird – entscheidend wird sein, den IT-Unterricht aus der Nische der Computer AG zu holen. Eine feste Einbindung in den Lehrplan als Pflichtfach hätte sicherlich den Vorteil, dass Fachlehrer ausgebildet werden müssen und diese dann auch feste Vorgaben im Rahmenlehrplan zu erfüllen hätten.

## Weibliche Fachkräfte fördern

Das größte Potenzial, dass Deutschland heute brachliegen lässt, sind Mädchen und Frauen in der IT- und Digitalwirtschaft. Das Image der Informatik ist bis heute männerdominiert. Das zeigen sowohl die Zahlen im dualen Ausbildungsgang als auch im Hochschulstudium. Trotz steigender Studentenzahlen stagniert die Zahl der weiblichen Erstsemester bei etwa einem Fünftel (Destatis 2019). Das wäre sicherlich nicht nötig – der Gender Gap setzt erst etwa mit dem zwölften Lebensjahr ein. Bis dahin sind Jungen und Mädchen gleichermaßen motiviert und befähigt, digitale Logiken zu erproben und Lösungen anzubieten.

Digitale Kompetenz kann spielerisch frühzeitig Kindern in der Schule beigebracht werden. Ein gutes Beispiel dafür liefert Deutschlands größter Informatik-Schülerwettbewerb, der Informatik-Biber 2017, an dem 341.241 Schülerinnen und Schüler der Klassen 3 bis

13 von 1898 Schulen teilnahmen. Die interaktiven Aufgaben waren nicht so sehr durch die Kenntnis von Programmiersprachen zu lösen, sondern mit logischem und digitalem Verständnis (Bundesweite Informatikwettbewerbe (BWINF)).

Ein Bildungssystem, das die Möglichkeiten der Digitalisierung annimmt, kann durchaus zu mehr Gerechtigkeit im Bildungswesen beitragen und den Kreis derjenigen erweitern, die als Fachkräftenachwuchs sehnsüchtig von der Wirtschaft erwartet werden. Erste Ansätze dazu gibt es bereits im europäischen Computerführerschein (ECDL). Mit ihm wurde ein internationaler Standard für die standardisierte und vergleichbare Entwicklung und Zertifizierung digitaler Kompetenzen geschaffen. In Deutschland wird der ECDL von der Gesellschaft für Informatik e.V. und der DLGI – Dienstleistungsgesellschaft für Informatik mbH weiterentwickelt und umgesetzt.

Ein weiteres Beispiel sind die handlungsorientierten Lernmodule zur Vermittlung von E-Business-Kompetenzen CEBRA. CEBRA steht für „Counselor for E-Business Related Assignments" und ist initiiert durch eco – Verband der Internetwirtschaft e.V. Vorrangig kaufmännische Schulen, vergleichbare Bildungsträger sowie Unternehmen, die für ihre Mitarbeiter in E-Business-nahen Bereichen ein Fortbildungsangebot suchen, sollen mit dieser Initiative ein stetig aktualisiertes Unterrichtsmaterial zur Verfügung gestellt bekommen.

## Technische Qualifikationen und digitale Kompetenzen für alle

Dabei bleibt zweifellos im Bereich der dualen Ausbildung und der Hochschulausbildung viel zu tun. Etwa jeder zweite Studienanfänger im Fach Informatik führt sein Studium nicht zu Ende (HIS 2003, S. 28). Schaut man sich international um, erkennt man schnell, dass Deutschland – sogar im europäischen Vergleich mit England, Schweiz oder skandinavischen Ländern – ins Hintertreffen um die Gestaltung der digitalen Zukunft gerät (Dehio und Rothgang 2017, S. 16). Wir ruhen uns aus auf unseren wirtschaftlichen Erfolgen und vergessen die Reform unser Schul- und Hochschullehrerwelt, wir ignorieren den Investitionsbedarf in Hardware und Internetausstattungen und vergessen, zukunftsweisende didaktische Konzepte zu implementieren.

Aber auch die Wirtschaft steht in der Pflicht, die Qualifizierung ihrer Mitarbeiter voranzutreiben. In einer Wissensgesellschaft muss sie Weiterbildungskosten als Investitionen in die eigene Zukunft begreifen. Mit der eco Akademie hat beispielsweise Europas größter Internetverband ein Kompetenzaufbau- und Weiterbildungsprogramm sowohl für Fach- und Führungskräfte der IT- und Digitalwirtschaft als auch für Vertreter der Anwenderindustrien etabliert. Selbstredend, dass in einer Arbeitswelt, in der Präsenz am Arbeitsort immer weiter an Bedeutung verliert, digitale Weiterbildungsmöglichkeiten und E-Learning sowie hybride Lernangebote stärker gefördert werden müssen. Um aber die Innovationskraft am Wirtschaftsstandort Deutschland langfristig zu sichern, bedarf es auch einer Neuinterpretation der klassischen Zusammenarbeit in den Betrieben. Auch der Chef von heute wird sich zum Digital Leader weiterentwickeln müssen.

Die im Weißbuch für Arbeit 4.0 (BMAS 2017) skizzierte Idee einer Weiterbildungsagentur sollte daher konsequent weitergedacht werden. Die Durchlässigkeit verschiedener Bildungswege sollte weiter gefördert werden. Es besteht Einigkeit darüber, dass sich die Aufgabenfelder der verschiedenen Berufsbilder ändern werden. Künftige Mitarbeiter werden häufig projektbezogen arbeiten und immer wieder neuen Aufgaben und Anforderungen gegenüberstehen. Das deutsche Bildungssystem muss Antworten auf diese sich dynamisch verändernden Qualifikationsprofile finden und Hilfestellung leisten, damit der Wunsch, ein Leben lang zu lernen, künftig unkompliziert in die Tat umgesetzt werden kann. Das Bild des Mitarbeiters, der ein ganzes Erwerbsleben lang nur einer Tätigkeit nachgeht, gehört bereits heute der Vergangenheit an.

Digitalisierung bietet die Möglichkeit, Gutes zu tun. Wir dürfen nie vergessen, es geht nicht um den Algorithmus per se, sondern darum, die Welt besser zu machen. Alle Anwendungsfelder wie eben Medizin, Energiemanagement und so fort, dienen der Verbesserung des Lebensstandards der Menschen. Damit dieser Wunsch Wirklichkeit wird, müssen wir jetzt anfangen, ihn wahr werden zu lassen.

## Literatur

Arntz, M., Gregory, T., & Zierahn, U. (2018). *Digitalisierung und die Zukunft der Arbeit: Makroökonomische Auswirkungen auf Beschäftigung, Arbeitslosigkeit und Löhne von morgen*. Mannheim: Bundesministerium für Forschung und Entwicklung (BMBF).

BMAS – Bundesministerium für Arbeit und Soziales. (2017). Weißbuch Arbeiten 4.0. Abteilung Grundsatzfragen des Sozialstaats, der Arbeitswelt und der sozialen Marktwirtschaft. https://www.bmas.de/SharedDocs/Downloads/DE/PDF-Publikationen/a883-weissbuch.pdf?__blob=publicationFile. Zugegriffen am 08.01.2019.

Bundesweite Informatikwettbewerbe (BWINF). https://www.bwinf.de/biber/. Zugegriffen am 08.01.2019.

Dehio, J., & Rothgang, M. (2017). *Indikatorikstudien – Fortentwicklung und optionale Untersuchungen: Hochschulbildung und -finanzierung*. In: RWI – Leibniz-Institut für Wirtschaftsforschung e.V., Studien zum deutschen Innovationssystem, Essen.

Destatis. (2019). Studierende in MINT-Fächern. https://www.destatis.de/DE/ZahlenFakten/GesellschaftStaat/BildungForschungKultur/Hochschulen/Tabellen/StudierendeMintFaechern.html. Zugegriffen am 08.01.2019.

ElanceoDesk. (2014). The 2015 millennial majority workforce: Study results. https://www.slideshare.net/oDesk/2015-millennial-majority-workforce/. Zugegriffen am 08.01.2019.

HIS, Zentrum für Europäische Wirtschaftsforschung. (2003). Indikatoren zur Ausbildung im Hochschulbereich, Bericht für 2003 in Rahmen des Berichtssystems zur technologischen Leistungsfähigkeit Deutschlands. http://www.dzhw.eu/pdf/pub_kia/kia200303.pdf. Zugegriffen am 08.01.2019.

VDA – Verband der Automobilindustrie e.V. (2018). Umsätze 2017: Automobilindustrie trotz Gegenwind und erreicht Rekordumsatz. https://www.vda.de/de/services/zahlen-und-daten/zahlen-und-daten-uebersicht.html. Zugegriffen am 08.01.2019.

VDMA. (2018). VDMA – Maschinenbau in Zahl und Bild 2018 (S. 7). https://www.vdma.org/v2viewer/-/v2article/render/19492584. Zugegriffen am 08.01.2019.

**Alexander Rabe** ist Dipl.-Kommunikationswirt (Universität der Künste Berlin) und studierte Strategische Kommunikationsplanung sowie Politologie und Soziologie. Seit 2016 ist er für den eco – Verband der Internetwirtschaft e.V. tätig, dem mit über 1000 Mitgliedsunternehmen größten Verband der Internetwirtschaft in Europa, seit 2018 als Geschäftsführer. Davor war Rabe seit 2010 für die Gesellschaft für Informatik e.V. (GI) aktiv, zuletzt als Hauptgeschäftsführer der GI und Geschäftsführer der Deutschen Informatik-Akademie GmbH. Von 2009 bis 2011 war er Dozent für Marktforschung am privaten Institut für Marketing und Kommunikation (IMK) in Berlin. Alexander Rabe ist Mitglied im Beirat Marktwächter Digitale Welt des VZBV und im Beirat für das BMWi-geförderte Mittelstand 4.0-Kompetenzzentrum IT-Wirtschaft.

**Lucia Falkenberg** ist Chief People Officer (CPO) und Leiterin der Kompetenzgruppe New Work bei eco – Verband der Internetwirtschaft e.V. Die Kompetenzgruppe New Work versteht sich als Wegbegleiter des digitalen Arbeitens und fokussiert u. a. auf Trends der Digitalisierung von Arbeitsplätzen und Arbeitsmodellen, die Qualifizierung und Mitarbeitergewinnung mit neuen Recruitingverfahren sowie agiles People Management und vernetztes Arbeiten. Vor ihrer Tätigkeit für eco war die Dipl. Betriebswirtin als freie HR Managerin sowie HR Business Partner für verschiedene internationale IT-Unternehmen tätig.

# Teil VI

# Gesellschaft

# Im Griff von Social Media: Wie Journalisten ihre Glaubwürdigkeit aufs Spiel setzen

Markus Ziener

„Peshmerganor" heißt das Profil, das Mike auf Facebook und Instagram betreibt. Dort begrüßt der Kämpfer für die kurdische Miliz im Irak seine Follower in beiger Camouflage und mit Maschinenpistole im Anschlag. Mikes Gesicht ist nicht zu erkennen; und auch der Name Mike ist lediglich ein Alias. Was Mike in seiner Timeline von sich preisgibt ist nicht allzu viel: Man erfährt lediglich, dass Mike kurdische Wurzeln hat, bis 2014 für das norwegische Militär in Afghanistan kämpfte und sich danach den Peschmerga angeschlossen hat. Seine Einsätze gegen die Terroristen des Islamischen Staats (IS) hat er dokumentiert – auf Social Media. Mit 168.000 Followern auf Instagram und 73.000 auf Facebook ist ihm auch nach dem Ende seines Einsatzes im Irak eine große Fangemeinde treu geblieben (Peshmerganor 2018).

Mike berichtet und postet vom Krieg gegen den IS ganz ohne die Hilfe der etablierten Medien. Entweder veröffentlicht er Informationen, die er selbst gesammelt hat, oder er schreibt seine Meinung auf. Oder aber sein Social Media Account dient als Plattform für andere, die etwas zum islamistischen Terror zu sagen zu haben. Was Mikes Attraktivität ausmacht, ist seine Authentizität, die Tatsache, dass er selbst vor Ort war und immer wieder ist, dass er sich für das, was er veröffentlicht, keine Beschränkungen auferlegen muss.

Nur: Was fehlt bei Mike ist Kontext, Einordnung, Überprüfung der Quellen. Es fehlt die Entwicklung der Geschichten, die erzählt werden. Es fehlt die Erklärung, warum ausgerechnet dieses Video, dieses Foto, dieser Post veröffentlicht werden muss, warum sie Relevanz haben. Den Followern aber genügt, dass es Mike ist, der eine Geschichte berichtet – oder dass Mike zu einem Post auf seiner Seite seine Zustimmung gibt. Mit Journalismus

---

M. Ziener (✉)
Hochschule für Medien, Kommunikation und Wirtschaft, Berlin, Deutschland
E-Mail: m.ziener@hmkw.de

© Springer Fachmedien Wiesbaden GmbH, ein Teil von Springer Nature 2020
M. Friedrichsen, W. Wersig (Hrsg.), *Digitale Kompetenz*, Synapsen im digitalen Informations- und Kommunikationsnetzwerk,
https://doi.org/10.1007/978-3-658-22109-6_29

hat das nichts zu tun. Aber das, was Mike und so viele andere machen, läuft den Journalisten kontinuierlich den Rang ab.

Zwar ist das Vertrauen in die traditionellen Medien noch immer stabil. Nach einer Veröffentlichung des Reuters Instituts, das sich auf eine Erhebung der Meinungsforscher von YouGov stützt, glauben weltweit durchschnittlich 44 Prozent der Befragten, dass die dort präsentierten Informationen stimmen (Reuters Institute 2018). Doch gleichzeitig nimmt die Nutzung dieser Medien kontinuierlich ab und dies trifft insbesondere auf jugendliche Nutzer zwischen 14 und 17 Jahren zu. Diese informieren sich verstärkt über Social Media (rund ein Drittel), wenn es um politische Themen geht und klicken dafür vornehmlich auf YouTube, Instagram und Facebook (Orde und Durner 2018).

Dabei liegt die Glaubwürdigkeit von Nachrichten, die über Social Media verbreitet werden, bei nur 23 Prozent. Dessen ungeachtet wächst die Social Media-Nutzung mit jedem Jahr. Weltweit hat sich diese Gruppe von rund 1,9 Mrd. Nutzern im Jahr 2014 auf 2,62 Mrd. im Jahr 2018 vergrößert. Für das Jahr 2021 wird gar mit über drei Mrd. Nutzern von Social Media gerechnet (Statista 2018a).

Mit anderen Worten: Obwohl die Nutzer selbst nur bedingt an die Richtigkeit der Informationen glauben, die sie über Social Media erhalten, bewegen sie sich von den vertrauenswürdigeren traditionellen Medien kontinuierlich weg.

Und die Journalisten jagen Social Media hinterher. 2017 gaben 54 Prozent von über 1700 befragten Journalisten in Deutschland an, dass die sozialen Medien eine große bzw. eine sehr große Rolle bei der Arbeit spielen würden (newsaktuell 2017). Zwar wird noch immer auch traditionell recherchiert und es werden etwa Expertengespräche geführt. Aber Social Media als Quelle der Information und Inspiration bleibt ein zentraler, in der Tendenz an Bedeutung zunehmender Faktor (newsaktuell 2018).

Damit verfestigt sich eine Entwicklung, die schon seit längerem zu beobachten ist: Die Journalisten verlieren die Rolle des „Gatekeepers". „Es gibt nicht mehr den einzig mächtigen Gate Keeper in Gestalt der klassischen Massenmedien. Nein, jeder vermag auf der Weltbühne des Netzes selbst zu publizieren, und das ist tatsächlich eine neue Veränderung", sagt Bernhard Pörksen, Medienwissenschaftler an der Universität Tübingen (Pörksen 2017). Für andere sind die Journalisten zu reinen Gatewatchern mutiert, die bestenfalls noch einigermaßen den Überblick darüber haben, was vor unserer Haustür gerade passiert (Bruns 2008).

Mit dem Verblassen der Rolle des Gatekeepers verändert sich auch das Agendasetting. Medien- und Publikumsagenda stehen nicht mehr in klarer Korrelation zueinander – zumindest dann nicht, wenn man den traditionellen Medienbegriff zugrunde legt. Die Vorstellung, dass vor allem die „alten" Medien die Themen bestimmen, welche die Politik vorantreiben, ist überholt. Auch wenn diese Medien weiterhin eine zentrale Funktion beim Agendasetting und Agendabuilding besitzen, sind sie häufig doch nur Mittler von Themen, die schon längst auf Social Media oder zahlreichen digitalen Plattformen – und dort nicht von Journalisten – gesetzt wurden.

Seitdem der amerikanische Präsident Donald Trump extensiv das Medium Twitter nutzt, um seine Themen zu platzieren, ist die Hilflosigkeit des Journalismus – zumindest in den USA – mit Händen zu greifen. Die täglichen Pressekonferenzen im Weißen Haus, einst ein „Muss" für jeden Reporter, der über die Politik der US-Administration berichtete, verkommen immer mehr zu einem Ritual ohne Wert. Während sich die Journalisten im engen James S. Brady Press Briefing Room im West Wing des Weißen Hauses noch einen Schlagabtausch nach dem anderen mit den Sprechern und Sprecherinnen des Präsidenten liefern, findet derweil die Themensetzung auf Twitter statt.

Trump war allerdings nicht der erste Politiker, der die Macht von Social Media, und insbesondere von Twitter, erkannte und für sich nutzte. Der frühere schwedische Außenminister Carl Bildt kommunizierte schon Jahre zuvor phasenweise ausschließlich per Twitter mit den Medien und platzierte so seine Agenda. Die Medien ihrerseits griffen die Tweets auf und verarbeiteten sie journalistisch in ihrer Berichterstattung (Kalsnes 2016).

Eine Folge dieser Verschiebung der Kommunikationswege ist eine veränderte Wahrnehmung dessen, was wirklich wichtig – oder skandalös ist. Konnte früher ein verbales Scharmützel zwischen Journalisten und dem Sprecher des US-Präsidenten während des Briefings noch die Öffentlichkeit erregen, so nimmt die Bedeutung solcher Kontroversen zunehmend ab. Ausschnitte aus als empörend wahrgenommenen Kommentaren der Präsidenten-Surrogate sind oft einzig noch als Schnipsel für die Filterblasen der Trump-Opposition oder zur digitalen Befeuerung des eigenen Lagers geeignet. Gleichzeitig sorgt die Administration gezielt dafür, die Bedeutung der Veranstaltungen zu minimieren, indem für Fragen und Antworten immer weniger Zeit zur Verfügung steht (Borchers 2018).

Zwar liegt der Nutzungsgrad von Social Media-Plattformen für den Transport politischer Botschaften in Deutschland noch hinter jener in den USA (Statista 2018b). So nutzt die deutsche Bundeskanzlerin nach wie vor gerne das lineare Fernsehen, um sich via Talkshows, Parlamentsdebatten oder Pressekonferenzen an die Öffentlichkeit zu wenden. Doch auch hier wächst der Einfluss der digitalen Vehikel, welche ohne journalistische Vermittlung auskommen. Ein Beispiel ist der Einsatz des sogenannten Microtargeting zur Verbreitung politischer Botschaften (Papakyriakopoulos et al. 2017).

Festzuhalten sind zwei parallele Entwicklungen: Einerseits wenden sich die Menschen von den traditionellen, tendenziell glaubwürdigeren Medien ab und den digitalen, tendenziell weniger glaubwürdigen Social Media-Plattformen zu. Gleichzeitig sind es aber genau diese digitalen Plattformen, bei denen sich die Journalisten als Ideengeber bedienen und die damit in hohem Maße die journalistische Agenda beeinflussen – die dann wiederum medial weiter transportiert wird. Damit verdoppelt sich ein Effekt, dessen Opfer am Ende Genauigkeit und Vertrauenswürdigkeit sein können. Die ohnehin um ihre Wahrnehmung und Reputation ringenden traditionellen Medien laufen Gefahr eines weiteren Ansehens- und Wirkungsverlustes, indem sie den Themen, die auf Social Media gespielt werden, zunehmend folgen.

Was also ist zu tun? Während einerseits nicht ausgeschlossen werden kann, dass der Hunger nach verlässlicher und geprüfter Information wieder zunimmt, müssen derweil die journalistischen Standards eher höher statt tiefer gesetzt werden. Die Nachfrage nach einem belastbaren Nachrichtenangebot kann etwa wieder wachsen, wenn sich digitale Plattformen durch mangelnde Seriosität selbst diskreditiert haben. Gleichzeitig können auch äußere Umstände (politische Krisen, etc.) eine Renaissance der etablierten Medien einläuten.

Umgekehrt sollte Social Media die traditionellen Medien dazu zwingen, die qualitativen Standards ihrer eigenen Arbeit zu erhöhen. Fehler in der Berichterstattung der „Alt-Medien" werden in den sozialen Medien gnadenlos offengelegt und angeprangert – und befördern damit insbesondere den im rechten politischen Spektrum oft benutzten Vorwurf der „Lügenpresse". Gründlichkeit und Akkuratesse, solide Recherche statt zu „googeln" oder Social Media zu nutzen sollte daher höchste Priorität zukommen.

In der Ausbildung von Journalisten ist die Vermittlung von solidem Grundlagenwissen wichtiger denn je. Auch wenn Informationen heute jederzeit per Mausklick abrufbar sind, so ersetzt dies nicht die Sicherheit im Urteil. Dieses kann nur erreicht werden, wenn der Journalist über eine Basis für sein Urteil verfügt, die über das Herdenwissen der Crowd hinausreicht. In einer medialen Welt, in der die ständige Vergleichbarkeit der eigenen Meinung mit der Mainstreammeinung im Netz möglich ist, erfordert das fundierte Beharren auf einem eigenen Standpunkt mehr Souveränität und Kompetenz denn je. Es gibt wohl kaum einen Korrespondenten, der von seiner Heimatredaktion nicht mit dem Vorwurf konfrontiert wurde, dass diese oder jene Meldung von „Spiegel Online" oder einem anderen digitalen Massenmedium verbreitet wurde, und warum „wir" diese Geschichte nicht auch hätten. Hier dem Herdentrieb zu widerstehen und seine eigene, möglicherweise abweichende Meinung mit guten Argumenten zu verteidigen, erfordert zweierlei: Fachkompetenz und charakterliche Stärke. Beides sollte nach Möglichkeit in der journalistischen Ausbildung vermittelt werden.

Nur: Ist es realistisch, dass eine solche Zielvorgabe überhaupt erreicht werden kann? Beispiel Tageszeitungen: Seit bald zehn Jahren übersteigen die Erlöse aus dem Vertrieb von Zeitungen jene aus dem Verkauf von Werbung. Die alte Regel, wonach zwei Drittel der Umsätze eines Zeitungshauses aus der Werbung und ein Drittel aus dem Verkauf der Zeitungen stammen hat sich damit längst umgekehrt (Pasquay 2017). Gleichzeitig kann aus dem Verkauf von Zeitungen, der seit Jahren kontinuierlich sinkt, bei weitem nicht das erlöst werden, was einst über Anzeigen eingespielt wurde. Der Gesamtumsatz der Branche hat sich von 9,4 Mrd. Euro im Jahr 2001 auf 7,2 Mrd. Euro im Jahr 2016 reduziert (Röper 2018). Währenddessen wachsen die Erträge aus der digitalen Werbung zwar insgesamt, aber sie fließen vor allem in Suchmaschinen und Social Media (Statista 2018c). Zumindest die Zeitungshäuser können damit die oben beschriebenen Verluste nicht kompensieren. Wie aber soll bei schrumpfenden Budgets in Ausbildung investiert und die redaktionelle Qualität erhöht werden?

### Beispiel öffentlich-rechtlicher Rundfunk

Beispiel öffentlich-rechtlicher Rundfunk: Hier ist die Einnahmesituation mit rund acht Mrd. Euro aus dem Rundfunkbeitrag jährlich relativ konstant (Brandt 2017). Als Träger der journalistischen Ausbildung kommt den Öffentlich-Rechtlichen damit eine besondere Verantwortung zu. Ausgleichen aber kann der Rundfunk nicht, was bei den Zeitungshäusern verloren geht. Zum einen, weil die bedienten Genre (Print und elektronische Medien) inhaltlich nur partiell vergleichbar sind. Zum anderen, weil die schiere Zahl der Ausbildungs- und Redakteursstellen bei Print deutlich größer ist.

Umso mehr richtet sich daher der Blick auf die journalistischen Ausbildungsangebote außerhalb der Rundfunkhäuser und Verlage. Journalistenschulen und Medienhochschulen müssen vermitteln, was andere nicht mehr leisten können oder wollen. Neben den gewachsenen handwerklichen Anforderungen in einem Journalismus, bei dem die Darstellungsformen immer mehr verschmelzen, müssen mindestens in gleichem Umfang Grundlagen in einer Art Studium Generale gelernt werden. Kompetenz im digitalen Journalismus heißt eben nicht alleine, die digitalen Formen bedienen zu können. Kompetenz zu besitzen bedeutet vielmehr, dass sich der Journalist nicht vom Digitalen beherrschen lässt und in eine digitale Falle begibt (Vandehei 2016). Wenn sich die Medienhäuser darauf besinnen, dann investieren sie langfristig in den Erhalt oder Erwerb von Glaubwürdigkeit – und damit in ihre eigene Existenzsicherung.

## Literatur

Borchers, C. (2018). White House press briefings got shorter in May for the fourth straight month. https://www.washingtonpost.com/news/the-fix/wp/2018/06/01/white-house-press-briefings-got-shorter-in-may-for-the-fourth-straight-month/?utm_term=.3713c243faa5. Zugegriffen am 09.07.2018.

Brandt, M. (2017). Beitragszahlungen fallen auf unter 8 Mrd. Euro. https://de.statista.com/infografik/2284/einnahmen-der-oeffentlich-rechtlichen-sender-durch-den-rundfunkbeitrag/. Zugegriffen am 09.07.2018.

Bruns, A. (2008). Vom Gatekeeping zum Gatewatching. http://snurb.info/files/2008_DFG_Vom%20Gatekeeping%20zum%20Gatewatching_preprint.pdf. Zugegriffen am 30.06.2018.

Kalsnes, B. (2016). Intermedia agenda setting: Political journalists' source hunting on social media. https://www.researchgate.net/publication/317235768_Intermedia_agenda_setting_political_journalists'_source_hunting_on_social_media. Zugegriffen am 09.07.2018.

Newsaktuell. (2017). Journalismus 2017: Stellenwert von Social Media wächst rasant. https://www.newsaktuell.de/academy/journalismus-social-media/. Zugegriffen 06.07.2018.

Newsaktuell. (2018). Whitepaper: Recherche 2018 – Mit visuellen Stories in die Medien. https://www.newsaktuell.de/academy/wp/recherche2018/. Zugegriffen am 06.07.2018.

vom Orde, H., & Durner, A. (2018). Jugend und Medien 2018. Internationales Zentralinstitut für Jugend- und Bildungsfernsehen (IZI), München. http://www.br-online.de/jugend/izi/deutsch/Grunddaten_Jugend_Medien.pdf. Zugegriffen am 09.07.2018.

Papakyriakopoulos, O., Shahrezaye, M., Thieltges, A., et al. (2017). Informatik Spektrum 40, 327. https://doi.org/10.1007/s00287-017-1051-4. Zugegriffen am 01.07.2018.

Pasquay, A. (2017). Zur wirtschaftlichen Lage der Zeitungen in Deutschland 2017. https://www.bdzv.de/maerkte-und-daten/wirtschaftliche-lage/artikel/detail/zur-wirtschaftlichen-lage-der-zeitungen-in-deutschland-2017/. Zugegriffen am 27.06.2018.

Peshmerganor, Profil auf Facebook. https://www.facebook.com/pg/Peshmerganor/community/?ref=page_internal. Zugegriffen am 18.06.2018.

Pörksen, B. (2017). Es gibt nicht mehr den einzig mächtigen Gate Keeper. In: Deutschlandfunk, 11.01.2017. http://www.deutschlandfunk.de/journalismus-es-gibt-nicht-mehr-den-einzig-maechtigen-gate.691.de.html?dram:article_id=376142. Zugegriffen am 09.07.2018.
Reuters Institute. (2018). Digital News Report 2018. http://www.digitalnewsreport.org/. Zugegriffen am 09.07.2018.
Röper, H. (2018). Zeitungsmarkt 2018. Pressekonzentration steigt rasant. In: Media Perspektiven 5/2018, S. 216.
Statista. (2018a). Number of social media users worldwide from 2010 to 2021 (in billions). https://www.statista.com/statistics/278414/number-of-worldwide-social-network-users/. Zugegriffen am 09.07.2018.
Statista. (2018b). Social media usage in the United States – Statistics & Facts. https://www.statista.com/topics/3196/social-media-usage-in-the-united-states/. Zugegriffen am 09.07.2018.
Statista. (2018c). Digitale Werbung 2018. https://de.statista.com/outlook/216/137/digitale-werbung/deutschland#. Zugegriffen am 09.07.2018.
Vandehei, J. (2016). Escaping the Digital Media Crap Trap. https://www.theinformation.com/articles/escaping-the-digital-media-crap-trap. Zugegriffen am 09.07.2018.

**Prof. Dr. Markus Ziener** ist seit 2014 Professor für Journalismus an der Hochschule für Medien, Kommunikation und Wirtschaft (HMKW) in Berlin. Im Jahr 2016 übernahm er die Leitung des Fachbereichs Journalismus und Kommunikation. Organisatorisch liegt der Schwerpunkt seiner Arbeit auf der Entwicklung der englischsprachigen Masterstudiengänge. Seine Forschungsinteressen sind Digitaljournalismus, Kommunikationstheorien und Pressegeschichte. Nach dem Studium der Sozialwissenschaften an der Friedrich-Alexander-Universität Erlangen-Nürnberg wurde er an der Humboldt-Universität Berlin im Fach Politikwissenschaft promoviert. Als Korrespondent und Redakteur für die Zeitungen „Handelsblatt" und „Financial Times Deutschland" berichtete er viele Jahre u. a. aus Moskau, dem Mittleren Osten und Washington.

# Leibniz, Labs & Leapfrogging Prolegomena einer Pädagogik in postdigitalen Zeiten

Wolf Siegert

## I.

In diesem Buch, so das Versprechen der Herausgeber, ist von den „Herausforderungen für Wissenschaft, Wirtschaft, Gesellschaft und Politik" in der Digitalisierung die Rede. Im nachfolgenden Beitrag wird der Autor darauf nur insoweit eingehen, um in diesem Kontext zwei andere Themen in den Vordergrund zu rücken: den Menschen und die Medien.

Das Thema wird im Folgenden an diesen beiden Polen aufgespannt werden: der Mensch als Medium und: das Medium als Message. Dabei mag das erste Thema in Zukunft vielleicht nur noch nach Maßgabe des Digital Detox in Betracht kommen. Und das Zweite als Ausdruck eines Systems, das vielleicht ganz ohne menschliches Zutun als Kommunikator funktioniert.

Diese Positionierungen machen in ihrer Zuspitzung deutlich, worum es geht: Es geht um die Formulierung und Formatierung der eigenen Existenz in einem interdependenten, sich also gegenseitig bedingenden Zusammenhang von realen und virtuellen Werten, die die Vorstellungskraft vieler von uns übersteigen könnten.

Es geht um unser Leben – und um unser Überleben als vernunftbegabt denkende Wesen. Es geht darum, wie wir in Zukunft damit umgehen wollen, dass schon heute kaum noch ein Entscheidungsträger bereit ist, über Zukünfte zu sprechen, die sich jenseits des nächsten Wirtschaftsquartals aufspannen.

Während unser Alltag von *Buzzwords* bestimmt wird – von Agilität bis Generation Z – laufen wir einmal mehr Gefahr, uns den Versprechungen von Agenten aufzuschließen, von Agenturen, die uns weissagen wollen, dass wir uns endlich in einen neuen Kokon von

---

W. Siegert (✉)
IRIS® Media, Berlin, Deutschland
E-Mail: contact@iris-media.com

medial vermittelten Werten einzunisten haben, die eine neue „Qualität" von selbstverständlicher Sicherheit versprechen... genug davon. Was gibt es wirklich zu sagen, was nicht schon von so vielen Anderen gesagt wurde?

## II.

Es geht um die Verpflichtung des Autors, die Verantwortung für jeden Augenblick der Rezeption zu übernehmen, den Sie als LeserIn investiert haben. Das ist alles andere als banal: Es ist das Versprechen, das inmitten der Verpflichtung fällt, eine „digitale Kompetenz" für einen ganz besonderen Sachverhalt zu entwickeln, der sich mit der Digitalisierung mehr und mehr zu verflüchtigen beginnt. Es geht um den Verlust aller Referenzwerte und Wahrnehmungen jenseits des Analogen.

Dieses Beispiel als Pars pro Toto: Warum haben sich nach ihrer Erfindung Uhren mit einer Digitalanzeige, auf der nur noch Stunden, Minuten und Sekunden in Form von Zahlen zu sehen sind, nicht wirklich durchgesetzt? Warum sind gerade diese eben noch als so „modern" empfundenen digitalen Chronografen wieder aus der Mode gekommen? Und warum sind selbst die heute auf einhundert Prozent digitaler Technik aufbauenden „Uhren" mit – nunmehr virtuellen – „Zeigern" ausgestattet?

Schauen Sie auf die eigene Uhr, die Sie gerade tragen: Sie könnten sie sogar dazu nutzen, um herauszufinden, wieviel Lesezeit Sie in die Lektüre dieses Textes investieren. Sie könnten aber auch das Lesen mittels einer „Denkpause" einstellen, zum Nachdenken nutzen und/oder eine Minute lang Sekunde für Sekunde zusehen, wie die Zeit vergeht.

## III.

Ist es Ihnen wirklich gelungen, eine Minute lang die Zeit – scheinbar unnütz – verstreichen zu lassen? Wenn nicht, dann dank Ihrer Neugier, oder aber Ihrer Ungeduld erfahren zu wollen, worum es hier letztendlich eigentlich geht. Wenn ja, dann, weil es Ihnen gelungen ist, jenseits der Nostalgie eine persönliche Kompetenz zu stärken, die es Ihnen erlaubt, das scheinbare Nichtstun als die wahre Herausforderung einer zunehmend digitalisierten Existenz zu begreifen.

Es mag heute immer noch Menschen, vor allem EDV-affine Menschen vornehmlich männlichen Geschlechts geben, die geradezu in nostalgische Schwärmerei verfallen, wenn sie davon berichten, wie einst auf dem Computerbildschirm nach dem Start ihres „Defragmentierungsprogramms" vielfarbig blinkende und über den Bildschirm wandernde Klötzchen angezeigt wurden, die den jeweiligen Zustand eines bestimmten Teils der Festplattenpartition dokumentierten.

Man mag sich über so etwas schlicht hinwegsetzen oder eine solche Beobachtung der Lächerlichkeit preisgeben, man mag aber auch nach dem „Warum" fragen. Und nach Antworten suchen. Und beim Nachfragen und geduldigen Hinhören auf Aussagen wie diese stoßen: Weil in diesen Momenten des scheinbar sinnlosen Zuschauens eines jener Zeitkontinua wieder hergestellt wird, das mit der Digitalisierung zerstört wurde.

Für diejenigen, für die diese Feststellung eine Binse ist, umso besser. Denn je selbstverständlicher dieser Umstand ist, desto leichter wird es, den Mut zu fassen, sich mit den Folgen dieser zerberstenden Kompetenz auseinanderzusetzen, die letztendlich mit der Bewältigung der eigenen Lebenszeit zu tun hat.

## IV.

Wer kennt nicht ein Märchen aus alten Tagen, in dessen Verlauf eine der handelnden Personen mehr als ein Leben hatte? Alternativ gefragt: Wer hat nicht ein Computerspiel gespielt, in dem die darin handelnden Personen mehr als ein Leben hatte? Im Märchen wird dessen Ende oftmals mit der Prognose ausgeführt, dass die Protagonisten „happily ever after" weiterleben. Im Computerspiel reicht ein Neustart per Knopfdruck oder eine Tastenkombination, um den Protagonisten ein neues Leben einzuhauchen.

Dass diese beiden Pole nicht so gegensätzlich sind, wie sie in diesen Positionen erscheinen mögen, zeigte im Frühsommer des Jahres 2018 die Charade des Geheimdienstes der Ukraine, der einen Journalisten für tot erklären ließ – selbst gegenüber allen medialen Einrichtungen und selbst gegenüber der eigenen Familie –, um damit „in Wahrheit" einen anderen „bösen" Menschen eines beabsichtigten Tötungsdeliktes und vieler weiterer beabsichtigter Missetaten zu überführen.

Dass auch staatliche Stellen Urheber von sogenannten *FakeNews* sind, ist aus dem Gesichtswinkel der bisherigen Geschichtsschreibung an sich nichts Neues. Aber neu ist, dass mit zunehmender Digitalisierung das Bedürfnis nach Wahrheit gewachsen zu sein scheint, nach einer Wahrhaftigkeit, die sich weder in *Denial of Service*-Attacken auflösen lässt noch durch den fortwährenden Druck, immer mit seinen *Updates* – oder sogar *Upgrades* – auf der Höhe der Zeit sein zu müssen.

Je häufiger wir erleben, wie uns die Verantwortlichkeit für die eigene Lebenszeit entgleitet, ja wie die Zeit eines uns digital bekannt gemachten Menschen nicht mehr seiner uns medial vermittelten Autorität unterliegt, desto mehr sehen wir uns nach einer Kompetenz, die es uns ermöglichen würde, wieder wahrnehmen zu können, was uns mehr und mehr in der Folge der Digitalisierung verloren geht: ein Raum-Zeit-Kontinuum.

## V.

Sätze wie „Nichts ist beständiger als der Wechsel" klingen mit dem zunehmenden Grad der Digitalisierung wie ein immer verzweifelteres Pfeifen in einem virtualisierten Walde, in dem man vor lauter Bäumen nichts mehr zu sehen vermag – geschweige denn, sich selber. In einem solchen „Wald" verbergen sich viele Geheimnisse und Schätze. Aber wie soll man sie kennenlernen können, wenn es nicht einmal mehr gelingt, den/die Anderen/ Andere – auch in sich selber – zu erkennen.

Wo ist sie hin, die Kontinuität des bürgerlichen Bildungskanons, die immer noch als Rettungsanker ausgeworfen wird. Was ist, wenn die AusbilderInnen nicht mehr in der Lage sind, die Verantwortung zu übernehmen, dass mit ihrem Lehrkanon die Grundlage für eine Bewältigung des zukünftigen beruflichen Lebens geschaffen – ja, garantiert – werden können?

Wenn dieser Text überhaupt für die von Ihnen, verehrte LeserInnen, investierte Zeit von Nutzen sein kann, wenn die *Usability* der Lektüre einer mentalen *due diligence* standhalten soll … dann nur dadurch, dass wir uns wieder und immer wieder der Verantwortung bewusst werden, die wir als Lehrkräfte, als „Lehrkörper" im Rahmen einer solchen Einrichtung übernommen – und auch über diesen Rahmen hinaus zu vertreten haben.

## VI.

Denn wir, die Lehrkräfte, wir sind mehr als *Moodle*-Mediatoren, mehr als Steigbügelhalter auf der Karriereleiter, mehr als Mittler von Kompetenzen, von denen hier in diesem Buch die Rede ist.

Unsere Aufgabe geht über diesen aktuellen Zeitgeist hinaus. Und stellt Herausforderungen, aber auch Chancen bereit, die für all diejenigen gelten, die noch die Welt der Kartei- und Lochkarten kennengelernt und sich unterdessen soweit fit gemacht haben, dass sie die Verantwortung im Umgang mit digitalen Medien und Methoden auch vorleben können.

Viele wissen aus der eigenen Lebensgeschichte, wie schwer es ist, dieser doppelten Anforderung nicht nur gewachsen zu sein, sondern ihr auch in einem positiven Einverständnis mit sich selber und dieser Zeit des Umbruchs gerecht zu werden.

Dabei sollen hier nicht einmal jene bekannten Dilemmata von den immer noch unzureichend vernetzten Schulen und/oder den dort engagierten Lehrkräften herangezogen werden, die nicht einmal über den gleichen Grad an „digitaler Kompetenz" verfügen wie ihre Schüler-/StudentInnen – die ja selbst als Einzelgänger eine ganze Nation mit ihrem Treiben in Aufregung zu setzen vermögen.

Vielerorts wird sogar – und nicht zu unrecht – die Frage gestellt, ob es überhaupt möglich, ja zulässig sei, zu diesen Zukunftsfragen Antworten aus jenen Kreisen zu formulieren, die sich (noch) nicht den sogenannten *digital natives* zurechnen dürfen – oder wollen. Selbst dann, wenn sie sich im *Silicon Valley* haben *coachen*, ja „bekehren" lassen und sich nun darin versuchen, sich zumindest an ihresgleichen als *Evangelizer*, als Garanten für den Erfolg im digitalen Zeitalter abzuarbeiten.

Gut: Es ist inzwischen *Common Sense*, dass es ohne eine positive Einstellung zum lebenslangen Lernen nicht mehr geht. Aber ist das eine Entschuldigung dafür, sich Lehrpläne auszudenken, die nach wie vor alten Wein in neuen Schläuchen einzuschenken versuchen?

Ja: Es ist inzwischen nicht mehr zu verkennen, dass das Englische/Amerikanische zur *Lingua Franca* geworden ist. Ja, es wird auch hier um Agilität und *Disruption* gehen, um *New Work* und Methoden des *Design Thinking* und des *Scrum-Managements*. Aber Viele unterliegen der Versuchung, diese inzwischen neu erworbenen Kompetenzen durch die Häufung solcher *Buzzwords* unter „Beweis" zu stellen. Anstatt erfahrbar zu machen, was mit diesen Begriffen gemeint ist, in welchen Zusammenhängen sie entstanden sind und was die dahinterliegenden Funktionen und Formate zu bedeuteten haben, für den Einzelnen – aber eben auch für uns alle in Wirtschaft und Politik, Recht und Verwaltung. Ja, selbst in der Kultur?!

## VII.

In diesen Zeiten, in denen es gleichzeitig als ebenso *hipp* wie gefährlich gilt, etwas Konkretes über die Zukunft zu sagen. In Zeiten, in denen, wenn dieses dennoch getan wird, kaum jemand wirklich in dem Sinne zuzuhören in der Lage ist, da die daraus abgeleiteten Katastrophen und Dystopien noch nicht wirklich bis zur eigenen Haustür vorgedrungen sind. In Zeiten, die heute mit dem VUKA-Brand belegt werden, weil sie volatil, ungewiss, komplex und von hoher Ambiguität sind, die nach „Komplexitätsreduktionsbewältigern" rufen und „Reanalogisierungsbeauftragte(n)": Gerade in Zeiten wie diesen kommt der Kultur eine ganz neue – und doch eigentlich ihr schon immer innewohnende – Aufgabe zu. Nicht nur zu zeigen, was ist, sondern erlebbar zu machen, wie dieses „ist" gesehen, erfahren, subjektiv wahrgenommen wird.

Kultur ist seit Platon integrierter Bestandteil des Guten, Wahren und Schönen. Aber diese einst gesetzte Interdependenz, ihre gegenseitige Abhängigkeit und Bedingtheit wird immer brüchiger. Unsere Geschichte, das ist auch Gutenberg (Buchdruck) und Leibniz (Binärzahlen), ebenso wie Brandenburg (mp3) und Plattner (*Design-Thinking*). Aber das sind darüber hinaus auch alle heutigen *Fab*s und *Lab*s. Und die gibt es nicht nur in der Forschung und Wissenschaft, in der Industrie und der Politik, sie gibt es auch und vor allem in den unendlich vielen und vielfältigen kulturellen Einzelplätzen und Einrichtungen, die es in die zukünftige Arbeit zu integrieren – aber damit bitte nicht zu vereinnahmen – gilt.

Als Pars pro Toto seien hier genannt die „transmediale" in Berlin und die „ars electronica" in Linz. Die *transmediale/art&digitalculture* ist ein Festival und ganzjähriges Projekt in Berlin, das seit mehr als 30 Jahren immer wieder neue Verbindungen zwischen Kunst, Kultur und Technologie herausstellt. Auch die *Ars Electronica* sucht seit 1979 nach solchen Verbindungen und Überschneidungen, ist im besten Sinne von Ideen beflügelt, die innovativ, radikal, ja exzentrisch sind.

Und: das Goethe-Institut und das ZKM. „Internationale Kultur- und Bildungsarbeit sind kein Beiwerk, sondern zentraler Faktor in einer auf Wissensaustausch angewiesenen Gesellschaft", so Klaus-Dieter Lehmann, Präsident des Goethe-Instituts, am 6. Juni 2018 in Berlin (Goethe-Institut 2019). „Die Digitalisierung, diese Revolution, ist eine bedeutend viel größere Erfindung als die des Buchdrucks", so Peter Weibel, Direktor des Zentrums für Kunst und Medien auf dem Forum Zukunft in Baden Baden am 11. März 2016 (Weibel 2016).

Wenn Bildung im Sinne Gadamers wirklich zum Ziel hat, gelernt zu haben, die Dinge aus der Sicht eines Anderen sehen zu können, dann bedeutet das auch, über die weltweiten Einflüsse auf die Kunstschaffenden ebenso wie die der Goethe-Institute erleben zu lernen, was die Beweggründe der Digitalisierung und deren Folgen in anderen Kulturen sind – und was sie dort bedeuten.

## VIII.

Es geht also darum, zugleich mehrere „Um"-Wege als Lehr- und Lernpfad anzulegen, den über die Kultur und den über die interkulturelle Erfahrung. Und dies ist wiederum im räumlichen und im zeitlichen Sinne gemeint. Sie untersucht und überwindet bestenfalls internationale Grenzen ebenso wie jene zwischen der analogen und der digitalen Annahme von Wahrheiten. Mit der Entdeckung und Vermessung der Welt als Kugel wurde einst begonnen, ein Raum-Zeit-Kontinuum zu erobern, das jetzt durch die digitalen Parameter unendlich genau berechenbar – und zugleich durch deren Anwendung zerstört wird.

Dieses ist eine ungeheure und zugleich ungeheuer spannende Herausforderung in und für die gesamte Bildungslandschaft. Man muss in dieser mutiger denn je daran arbeiten. Man muss nicht nur die überkommenen Werte und Wissensmomente in die digitale Welt überführen. Sondern es wird darum gehen, sie gemeinsam mit den Lernenden und unter Nutzung ihrer Potenziale neu zu finden – oder sogar zu erfinden!

Nur so werden wir einen Weg durch das Labyrinth der immer weiter wachsenden Unwägbarkeiten und Unsicherheiten finden. Und den Mut haben, sich den schier übermächtigen Herausforderungen aktiv zu stellen.

## IX.

Es geht also nicht darum, einen „Lehrplan der Zukunft" zu entwerfen, sondern für die Zukunft der Menschen an den Hochschulen Pläne zu entwerfen, in denen das Einpauken durch das gemeinsame Erproben ersetzt, die Last der Wissensvermittlung von der Lust am Erkenntnisgewinn vertrieben, das Spruchdenken durch die Herausforderung durch den Widerspruch abgelöst wird.

Das ist nicht nur so dahergesagt, sondern ermahnt zugleich, im Verlauf einer solchen Ausbildung neue Fixpunkte, ja Orientierungsmaßstäbe zu entwickeln, die notwendig sind, um diesen Anforderungen gewachsen zu sein. Das gemeinsame Erproben, die Lust am Erkenntnisgewinn und die Herausforderung durch den Widerspruch sind Zielmarken, die selbst für viele der Lehrkräfte nur selten erreichbar oder gar umsetzbar erscheinen mögen.

Und die aus dieser Wahrnehmung heraus geradezu als eine Überforderung der Jugendlichen gedeutet – und dann vielleicht sogar abgelehnt – werden.

Steht etwa die Entwicklung einer eigenen und eigenständigen Persönlichkeit im Gegensatz zu den sogenannten „Anforderungen des Arbeitsmarktes"? Wenn man sich die zum Teil extreme Verschulung der Ausbildungsgänge an den Hochschulen anschaut, mag das so scheinen. Und noch ist keineswegs klar, in welchen Bahnen diese Entwicklung angesichts des zunehmend irreversiblen Einflusses der Digitalisierung ihren Weg finden wird. Kein noch so präzise formuliertes Ausbildungsziel für einen zukünftigen Arbeitsmarkt wird verhindern können, dass Prognosen alsbald schon wieder obsolet sein werden. Aber eine solche Aussage disqualifiziert nicht die hohen Anstrengungen, um zum Beispiel endlich mehr Frauen für die MINT-Berufe zu interessieren oder die längst überfälligen Ausbildungsreformen in den Pflegeberufen voranzutreiben.

## X.

Joachim Ringelnatz konnte noch die paradigmatische Unschärferelation einer nicht ausreichend zielführenden Logik mit dem Satz beschreiben: „Sicher ist, dass nichts sicher ist. Selbst das nicht."

Aber in der digitalen Welt helfen weder der Humor noch die Fähigkeiten des dialektischen Denkens als nicht mehr ausgewiesene Kompetenzen der Daseinsbewältigung weiter. Vielmehr wird der Ruf nach der digitalen Kompetenz so lange in den Echokammern des Bildungsbürgertums verhallen, solange nicht jener entscheidende „kleine Unterschied" begriffen wird, der eben nicht nur sprachlicher Natur ist.

In den letzten Jahren gab es kaum noch ein Substantiv, das nicht mit dem Adjektiv „digital" versehen und damit mit neuer Güte und Geltung aufgeladen worden wäre: von der „digitalen Autonomie" bis zur „digitalen Zensur". Die wichtigste Voraussetzung für den Erwerb und die Vermittlung von „digitaler Kompetenz" ist aber die Notwendigkeit, Subjekt und Prädikat vom Kopf auf die Füße zu stellen: Zu erkennen, dass es nicht um die Fortführung der Alten Welt in der Bemäntelung einer neuen Technologie geht, sondern um das Finden von neuen Werten für das Digitale, um das Erfinden von Kompetenzen, die auf der Basis dieser Technologie in der Lage sind, ihrer mächtig zu sein. Nur dann kann es gelingen überhaupt zu versuchen, die Macht der Gewaltausübung nicht länger nur der Wirtschaft („den Konzernen") und der Politik („der Kanzlerin") zu überlassen. Oder der Wissenschaft, die vor lauter Künstlicher Intelligenz verlernt haben könnte, dass zum Überleben auch die Lebenskunst gehört.

## PS.

In den „Hinweisen zur Manuskripterstellung" wurde angeregt, die Fußnotenfunktion „sehr sparsam" zu verwenden. Nachdem viele denkfreudige, lektorierende, kritisierende *Fellows* und *Follower* diesen Text *in statu nascendi* gelesen und kommentiert hatten, reifte die Entscheidung, so zu schreiben, dass an dieser Stelle darauf ebenso verzichtet werden kann, wie auf ein weiterführendes Literatur- und Quellenverzeichnis.

## Literatur

Goethe-Institut. (2019). Pressefrühstück. Internationale Kultur- und Bildungsarbeit sind kein Beiwerk. Pressekonferenz von Präsident und Geschäftsführung in den Räumen des Goethe-Instituts am 6. Juni 2018 in Berlin. https://www.goethe.de/de/uun/akt/21296051.html. Zugegriffen am 21.03.2019.

Weibel, P. (2016). Digitalisierung: Eine kulturelle Revolution – nur mit der Erfindung des Buchdrucks zu vergleichen. Vortrag Forum Zukunft Baden-Baden 11. März 2016. Auch bei der Tele-Akademie des SWR-Fernsehens. https://www.ardmediathek.de/ard/player/Y3JpZDovL3N3ci5kZS8xOTk4OTQ1Mg/. Zugegriffen am 04.04.2019.

**Dr. Wolf Siegert** war am Theater engagiert, bevor er Germanistik, Geschichte, Pädagogik und Kunstgeschichte studierte und mit mehreren Staatsexamina und einem Dr. phil. über Brechts letztes Exildrama abschloss. Beruflich im Film, Funk und Fernsehen unterwegs, u. a. für deutsche, französische und britische Sender. Projektentwicklung und Digitalisierungsstrategien im IT-Sektor für die DTAG, France Télécom (heute Orange), die EU und Anbieter in Asien. Mitbegründer vom Video-Film-Fest und dessen Weiterentwicklung zur „transmediale". Strategiepartner für die IFA in Berlin, die CeBIT weltweit und die NAB-Show in Las Vegas. Unterrichtet(e) an Universitäten in Deutschland und Österreich, in Frankreich und im Vereinigten Königreich, in China und in den USA. Vor seiner Rückkehr nach Berlin kürten ihn die KollegInnen in Stanford zum „Changineer". Und hierzulande erklärte ihn die Speakers Excellence Deutschland zum „Doyen der Digitalisierung", nicht zuletzt, weil er sich schon seit einem Jahrzehnt mit der Frage beschäftigt „Was kommt nach der Digitalisierung?"

Wolf ist Gründungsmitglied von „Virtual Reality e.V. Berlin-Bandenburg", President German Chapter „Digital Cinema Society", Vorstand im Deutschen Journalisten-Verband B**erlin**, ....

Mehr unter: **http://siegert.berlin/**

# Medienkompetenz – ein gerne unterschätzter Aspekt einer digitalen Welt

## Wolfgang Kreißig und Thomas Rathgeb

▶ Wenn wir uns mit der digitalen Zukunft beschäftigen, wird meistens eine Metaperspektive eingenommen: Welche Auswirkungen haben diese Entwicklungen auf unsere Gesellschaft, die Meinungsbildung und wie wird unser demokratisches Gemeinwesen durch Intermediäre beeinflusst? Bei der Befassung mit konkreten Problemlagen wiederum herrscht eine Perspektive auf der Mesoebene vor: Welche Auswirkungen hat die Einführung digitaler Technik auf Institutionen, wie können Kosten durch Automatisierung, virtuelle Konferenzen und andere Aspekte der Digitalisierung gesenkt werden? Wie optimiert man Prozesse in Hinblick auf seine Institution, seine Organisation? Was hierbei oft zu kurz kommt, ist der Blick auf die Individuen, die einzelnen Menschen, die mit digitaler Technik arbeiten, kommunizieren und schließlich leben müssen. Sind diese überhaupt in der Lage, diese Möglichkeiten zu nutzen? Und hierbei ist nicht nur die Bedienkompetenz gemeint, sondern der reflektierte und selbstbestimme Umgang mit Medien.

Hier kommt nun die Medienkompetenz ins Spiel. Nicht ohne Grund gehört es zum gesetzlichen Auftrag der meisten Landesmedienanstalten, die Vermittlung von Medienkompetenz zu fördern. Denn nur über eine vielfältige Medienlandschaft in Verbindung mit medienkompetenten Nutzerinnen und Nutzern lässt sich das übergeordnete gesetzliche

---

W. Kreißig · T. Rathgeb (✉)
LfK Baden-Württemberg, Stuttgart, Deutschland
E-Mail: Wolfgang.Kreissig@web.de

Ziel der Medienaufsicht, nämlich die Gewährleistung einer vielfältigen Meinungsbildung, überhaupt erreichen. Dies hat auch das Bundesverfassungsgericht in seinem jüngsten Urteil zum Rundfunkbeitrag so gesehen.[1] Bei der Vermittlung von Medienbildung erscheinen die Medienanstalten dabei als besonders geeignet, da sie aufgrund ihrer unterschiedlichen Aufgaben über Know-how nicht nur im Bereich der spezifischen Medienpädagogik, sondern auch in Bereichen wie Technik und Recht verfügen, ohne die eine differenzierte Einordnung von Medienunternehmen und Medieninhalten kaum mehr möglich erscheint.

Medienkompetenz meint dabei ein Bündel an unterschiedlichen Kompetenzen, die notwendig sind, um in einer von Medien geprägten Welt mit den verschiedenen Medienangeboten sicher, selbstbestimmt und reflektiert umgehen zu können. Im Hinblick auf eine demokratische Gesellschaft kommt es weiter darauf an, dass die Bürgerinnen und Bürger sich unabhängig informieren und auch selbst aktiv medial einbringen können. Angesichts einer sich schnell verändernden Medienwelt und immer kürzeren Innovationszyklen liegt es auf der Hand, dass einerseits übergreifende Kompetenzen gefordert sind, die nicht nur auf einzelne Produkte und Angebote bezogen sind, sondern es als universale Basis den Nutzern erlauben, die für sie passenden Elemente auszuwählen, zu nutzen und zu beherrschen. Gleichzeitig zeigt die große Dynamik in der Medienentwicklung, dass die Auffassung, mangelnde Medienkompetenz sei nur ein temporäres Problem und habe sich mit der nächsten Generation der „digital natives" erledigt, so nicht haltbar ist.

Vielmehr ist gerade beim Thema Medien lebenslanges Lernen gefragt. So ist eine heutige junge Lehrkraft zu Beginn ihrer Schulkarriere, die mit Facebook aufgewachsen ist und privat WhatsApp und Instagram nutzt, deswegen noch nicht unbedingt in der Lage, einen mediengestützten Unterricht sinnvoll zu gestalten, Grundzüge unseres Mediensystems zu vermitteln und Jugendlichen einen reflektierten Umgang nahezubringen. Zwar mag es helfen, privat eigene Erfahrungen gemacht zu haben, aber dies ersetzt keineswegs einen fundierten Hintergrund und eine systematische Ausbildung. Diese verbindliche Auseinandersetzung mit dem Thema Medien findet derzeit in der pädagogischen Ausbildung noch nicht immer statt. Hinzu kommt, dass das Thema Medien bei genauerer Betrachtung sehr vielschichtig, hochdynamisch und komplex ist. Auch auf der emotionalen Ebene im Spannungsfeld zwischen Eltern, Schülern und Pädagogen ist das Thema Medien nicht immer leicht, beispielsweise bei der Diskussion über Regeln im Klassenchat oder über Mediennutzungszeiten. Hier bedarf es, wie bei anderen Fachrichtungen auch, einer fundierten Ausbildung sowie sinnvoller Unterstützungsangebote an Schulen wie bspw. einem Medienkompetenzbeauftragten und aktueller Fortbildungsangebote. Dass ein Einsatz von Medien und die Befassung mit Medien eine entsprechende technische Ausstattung erfordert, ist selbstverständlich.

Doch nicht nur am Beispiel Schule zeigt sich der Bedarf an Medienkompetenz. Die Notwendigkeit eines permanenten und professionellen Medienkompetenzangebotes wird auch bei der Betrachtung der älteren Bevölkerung deutlich. Hier ist es ebenfalls nicht damit getan zu warten, bis die nächste Generation der Seniorinnen und Senioren aus ei-

---

[1] BVerfG, Urteil vom 18. Juli 2018, Rn. 84.

nem von Medien geprägten Berufsleben ins Rentenalter kommt. Zum einen würde man dabei die große Zahl der Menschen vergessen, die bereits heute im Ruhestand sind und bislang keine Möglichkeit hatten, sich den Umgang mit den „neuen Medien" (aus deren Perspektive ist dieser Begriff durchaus gerechtfertigt) anzueignen. Zum anderen ist auch ein Mensch, der (vielleicht) im Berufsleben am PC gearbeitet hat, deswegen noch nicht in der Lage, Social Media-Angebote zu bewerten, Algorithmen in Suchmaschinen zu hinterfragen oder Geschäftsmodelle im Netz kritisch zu bewerten.

Jede Generation hat ihre eigenen Bedürfnisse und Erwartungen an die medialen Optionen, was mit einer jeweils individuellen Mediennutzung einhergeht. Hier gilt es auf die spezifischen Fragestellungen und Anforderungen einzugehen. Beispielsweise spielt das Thema Verbraucherschutz und Sicherheit bei älteren Menschen eine viel größere Rolle als bei Kindern und Jugendlichen. Dort sind es dann weniger wirtschaftliche Risiken, sondern eher Kontaktrisiken wie beispielsweise Cybermobbing oder Cybergrooming, der richtige Umgang im Chat oder die Frage, wie Kinder und Jugendliche im Sinne des Jugendmedienschutzes vor der Konfrontation mit jugendgefährdenden oder -beeinträchtigenden Inhalten geschützt werden können.

Lenkt man den Blick von den Risiken auf die Chancen, so ist es offensichtlich, dass auch hier die unterschiedlichen Lebensphasen unterschiedliche Zielsetzungen und Bedürfnisse nach sich ziehen. Bei jungen Menschen steht die Frage der Persönlichkeitsentwicklung und die produktive Nutzung der medialen Möglichkeiten für die private wie berufliche Zukunft im Mittelpunkt, während bei älteren Menschen eher Themen wie Bildung, soziale Teilhabe und auch die kommerzielle Nutzung im Fokus stehen. Alle Altersgruppen stehen vor der Aufgabe, sich auf die immer neu entwickelnde Umwelt einzustellen, das Medienangebot kritisch zu bewerten und der Mediennutzung in ihrem Leben einen angemessenen Raum zu geben. Dagegen betrifft das Thema Partizipation alle Altersgruppen. Alle Bürgerinnen und Bürger sollten in der Lage sein, sich objektiv zu informieren, ein Instrumentarium zur Bewertung von Informationen und Quellen zur Hand zu haben und sich auch aktiv der Medien zu bedienen, um sich auszudrücken, sich einzubringen und am gesellschaftlichen Leben teilzuhaben.

Angesichts einer sich immer weiter ausdifferenzierenden Medienlandschaft, bei der die unterschiedlichen Generationen sich deutlich in der Art der Informationsbeschaffung und in der Art und Weise wie sie sich ihre Meinung bilden, unterscheiden, ist es keineswegs trivial, die Voraussetzungen zu schaffen, um eine am Gemeinwesen orientierte Meinungsbildung, die alle Bevölkerungsteile anspricht, zu gewährleisten. Die Instrumente zu beherrschen, sich mit den medialen Möglichkeiten auszudrücken und sich dort kompetent zu informieren ist kein Luxus, sondern ein wichtiger Baustein unseres demokratischen Gemeinwesens.

Artikel 5 des Grundgesetzes garantiert nicht nur die Pressefreiheit und die Freiheit der Berichterstattung durch Rundfunk und Film, sondern gibt auch allen das Recht, ihre Meinung zu äußern und zu verbreiten und sich aus allgemein zugänglichen Quellen zu informieren. Betrachtet man die letzten beiden Aspekte des Sich-Informierens und der Verbreitung vor dem Hintergrund des aktuellen, digitalen Medienangebots, stellt sich dies heutzutage deutlich komplexer dar, als in den Anfängen der Bundesrepublik. Seine Meinung in Wort, Schrift und Bild zu äußern und zu verbreiten setzt voraus, die Mechanismen der jeweiligen Medienangebote zu kennen und mit diesen selbstbestimmt umzugehen und dabei insbesondere auch die spezifischen Regeln zu kennen und einzuhalten. Sich in allgemein zugänglichen Quellen zu informieren wirft angesichts der starken Stellung von Intermediären wie Google, Facebook oder Twitter neue Fragen auf und erfordert neue Kompetenzen, um beispielsweise die Rolle von Algorithmen zu verstehen.

Insgesamt betrachtet darf man also die Vermittlung von Medienkompetenz nicht als temporäre Zusatzaufgabe verstehen, sondern als ein unabdingbar notwendiges Element unserer Gesellschaft, bei der die Medien eine Schlüsselrolle einnehmen. Es bedarf einer strukturierten und fundierten Medienkompetenzkonzeption, die die Bürgerinnen und Bürger ein Leben lang begleitet und lebenslanges Lernen unterstützt. Vom Vorbild der Eltern in ihrem Medienumgang für Kleinkinder über erste selbstständige Medienerfahrungen im Kindergarten, den Einstieg ins Internet, medienpraktische Erfahrungen und informatorische Grundbildung in der Schule bis hin zum Berufsleben und dann im Rentenalter gilt es, spezifische Angebote bereitzustellen, die es den Bürgerinnen und Bürgern erlauben, an der Entwicklung teilzuhaben, diese für sich positiv zu nutzen und es allen zu ermöglichen, sich in die Gesellschaft einzubringen. Hierzu bedarf es Strukturen vor Ort, verbindliche Ausbildungselemente für pädagogische Fachkräfte und eine Unterstützungsstruktur auf kommunaler Ebene.

Die Idee einer digitalisierten demokratischen Gesellschaft mit Smart Cities und e-Government gerät in Gefahr ins Leere zu laufen, wenn die Betroffenen, die Bürgerinnen und Bürger, nicht daran teilhaben können und bei den Prozessen nicht beteiligt sind. Eine Akzeptanz der Digitalisierungsprozesse kann man nur dann erwarten, wenn die Nutzerinnen und Nutzer auch einen realen Nutzen für sich selbst sehen und nicht nur Optimierungsziele und Sparpotenziale für die Anbieter. Daher sollten auch die technischen Komponenten und Angebote nicht ohne den Endnutzer gedacht werden. Hierbei müsste nicht der technikaffine Anwender als Maßstab gelten, sondern auch die Personen, die bislang noch keinen Zugang zur digitalen Welt gefunden haben.

Wenn wir also „Smart Cities" im Blick haben, sollten wir das Thema Medienbildung zwingend in entsprechende partizipative Konzepte der digitalen Gesellschaft integrieren. Dies erkannte in ähnlicher Form bereits vor 20 Jahren die Enquete-Kommission des Deutschen Bundestags „Zukunft der Medien in Wirtschaft und Gesellschaft – Deutschlands Weg in die Informationsgesellschaft" in ihrem Schlussbericht:

> Die politische Zielvorstellung, möglichst vielen Bürgern den Zugang zu den modernen Medien zu ermöglichen, muß in erster Linie durch den Nutzen der neuen Dienste selbst erreicht werden. Die für die Bildung verantwortlichen staatlichen Stellen müssen dieses Anliegen unterstützen. Sobald bestimmte lebenswichtige Informationen und Dienstleistungen nur noch über die neuen Medien zu erlangen sind, muß jedermann der Zugang zu diesen Diensten möglich sein. (Deutscher Bundestag 1998, S. 85)

Dem ist auch heute noch, 20 Jahre später, zuzustimmen. Auf dem Weg zu einer digitalen Gesellschaft bedarf es einer strukturellen Verankerung der Vermittlung von Medienkompetenz. Den Anspruch, die Digitalisierungsvorhaben vom individuellen Nutzer her zu denken und auf den Menschen auszurichten, gilt es umzusetzen und stellt eine gesamtgesellschaftliche Herausforderung dar.

In diesem Kontext sind die Landesmedienanstalten wichtige Player bei der Vermittlung von Medienkompetenz. Heute sind die der Mediengesetzgebung zugrunde liegenden Zielsetzungen wie etwa die Gewährleistung einer vielfältigen Meinungsbildung oder der Jugendmedienschutz nur in Verbindung mit einer differenzierten Medienbildung zu bewerkstelligen. Die Vermittlung von Medienkompetenz gehört daher zwingend in den gesetzlich verpflichtenden Aufgabenkatalog aller Landesmedienanstalten.

## Literatur

Deutscher Bundestag. (1998). Drucksache 13/11004, Schlussbericht der Enquete-Kommission Zukunft der Medien in Wirtschaft und Gesellschaft – Deutschlands Weg in die Informationsgesellschaft vom 22.06.1998, S. 85.

**Dr. Wolfgang Kreißig** hat an der Ruprecht-Karls-Universität in Heidelberg Rechtswissenschaften studiert. Nach verschiedenen beruflichen Stationen als Rechtsanwalt, Staatsanwalt und Richter war er seit 2010 Referatsleiter für den Bereich Rundfunkpolitik und Medien im Staatsministerium Baden-Württemberg, bevor er vom Landtag von Baden-Württemberg zum 1. April 2017 zum Präsidenten der Landesanstalt für Kommunikation Baden-Württemberg (LFK) gewählt wurde. Die LFK ist die Medienanstalt des Landes Baden-Württemberg, zu deren gesetzlichen Aufgaben neben der Aufsicht über den privaten Rundfunk und Telemedien auch die Medienforschung und Förderung von Projekten zur Vermittlung von Medienkompetenz gehören.

**Thomas Rathgeb** leitet die Abteilung „Medienkompetenz, Programm und Forschung" der Landesanstalt für Kommunikation Baden-Württemberg (LFK) und ist Leiter der Geschäftsstelle des Medienpädagogischen Forschungsverbundes Südwest (mpfs). Der mpfs ist eine Forschungskooperation der Landesmedienanstalten von Baden-Württemberg (LFK) und Rheinland-Pfalz (LMK) und ist Herausgeber der repräsentativen Studienreihen JIM (Jugend, Information, Medien) und KIM (Kindheit, Internet, Medien), die beide seit zwei Jahrzehnten regelmäßig die Mediennutzung von Jugendlichen und Kindern in Deutschland erheben. Die Studienreihen erfolgen in Zusammenarbeit mit dem Südwestrundfunk (SWR). Thomas Rathgeb studierte an der Friedrich-Alexander-Universität Erlangen-Nürnberg Sozialwissenschaften mit dem Schwerpunkt Kommunikationswissenschaften.

# Zukünftige digitale Kompetenzen: Design Thinking und digitales Technologieverständnis für die nachhaltige Gestaltung der digitalen Wissensrevolution

Ingo Rollwagen

## Digitalisierung und digitale Wissensrevolution

Ein Seminarraum in Berlin. Studenten voll in Immersion mit digitalen Technologien. Mobiltelefone, auf denen Facebook, Pinterest und Instagram genutzt werden, um neue Modetrends zu spotten. Aufgeklappte Laptops mit Zugriff auf Archive, um die vergangenen „It"-Items und gesamte Kollektionen zu finden, die Modegeschichte geschrieben haben. Offene Reiter der medialen Plattformenwebseiten wie Vice oder die Nutzung von algorithmisch innovativ verbesserten Einkaufsplattformen von ASOS über Zalando bis hin zum Avocado-Store, um Mode zu managen.[1] Eine neue Generation von Studierenden, die nun in diesem Modulseminar zu „Digitalisierung" sitzen. Die erste Frage des Dozenten: „Wie viele von Ihnen machen Onlinebanking über das Mobiltelefon?" Fast alle Hände schnellen hoch. Folgefrage: „Wie viele von Ihnen haben einen Aktivitäts- und Virenscanner für Ihr Mobiltelefon aktiviert?" Viele ratlose Gesichter, nur eine Hand geht hoch. Folgefrage:

---

[1] Der Autor dieses Beitrags hat seit 2016 ein eigenes Modul zum Kompetenzerwerb für Bachelorstudierende im Modedesign und im Modedesignmanagement hinsichtlich „Digitalisierung" entwickelt. Beim Design dieses Moduls, das aus drei unterschiedlichen Lehrveranstaltungen besteht, wurden die CAST-Konzepte des „Universal Design for Learning principles" eingesetzt (CAST 2018). Folglich sind die Lehrveranstaltungen mit einem hohen Grad an Beteiligung und Eigenarbeit der Studierenden sehr variabel und auf unterschiedliche Wissens- und Fertigkeitsniveaus, multimodal und vielschichtig ausgerichtet, um so den Studierenden über den Kompetenzerwerb die Gestaltung der Digitalisierungstendenzen in der Kreativwirtschaft und Mode zu ermöglichen.

---

I. Rollwagen (✉)
Hochschule Fresenius, Fachbereich Design, AMD Akademie Mode & Design,
Berlin, Deutschland
E-Mail: rollwagen@gmx.net

„Nutzen Sie Suchmaschinen?" Gelächter auf Seiten der Studierenden. „Welche Suchmaschinen nutzen Sie?" Hier zeigt sich, dass die meisten nur ein oder zwei Suchmaschinen benennen können. Gefolgt von einer kurzen Einführung in andere Suchmaschinen und Query-Strategien sowie Beispiele, wie man den Einsatz von 3D-Druck in der Modebranche sowie den Einsatz von 3D-Visualisierungssoftware besser mit deren Hilfe recherchieren kann, sowie einer kurzen Einführung in die differenzierte Nutzung von XING, LinkedIn, Meetup und Slack, steigt das Interesse und die Laune der Studierenden, stärker an den Grundlagen der Digitalisierung zu arbeiten.

Diese Sequenz ist beispielhaft für die Herausforderung, die sich vielen Lehrenden, Lernenden und damit auch gesamtgesellschaftlich stellt. Viele heutige Studierende oder auch Lernende in Weiterbildungen sind stark und ständig mit ihren sozial-medialen Anwendungen, mit teils sehr leistungsfähigen und vielseitig einsetzbaren Wissenstechnologien umgeben. Sie nutzen die vielen unterschiedlichen zur Verfügung stehenden Applikationen zur Informationsbeschaffung, zum sozial-medialen Austausch, zur Organisation von Wissen und zum Lernen beinah schon natürlich.[2] Sie verfügen zum einen über einen sehr hohen Grad an digitaler Kompetenz, da sie selbst teils Code schreiben oder die Wissenstechnologien und Applikationen für sich selbst, in ihrer Freizeit und auch beruflich nutzen, da viele in Social Media-Abteilungen oder digitalen Marketingagenturen erfolgreich arbeiten.

Auf der anderen Seite wissen die meisten wenig über die den wissenstechnologischen Applikationen zugrunde liegenden Paradigmen und Wissensinhalte und die Art der Datenverarbeitung, die dem vorgefertigtem und leicht verfügbarem Handlungswissen zugrunde liegt. Genauso wenig wissen sie meist über die Grenzen dieser Applikationen und die in diesen Applikationen schon vorkodierten Verhaltensweisen und der Programmierung zugrunde liegenden Vorurteile. Denn für die meisten sozial-medialen Wissenstechnologien gibt es ungleich vieler Arzneimittel eben keinen Beipackzettel, der auf Risiken und Nebenwirkungen bzw. die Art der algorithmisch geprägten Verarbeitung von großen Datenmengen und Handlungsoptionen hinweist.

In dieser kurzen Episode wird deutlich, in welch revolutionärer Zeit wir uns alle in verschiedenen Rollen durch die fortschreitende Digitalisierung befinden und welche weitreichenden Auswirkungen die fortschreitende Digitalisierung auf die Kompetenzen, die Individuen benötigen, hat. Wie dieses Beispiel zeigt, schreitet die Digitalisierung mit Weiterentwicklungen in der Datenverarbeitung und von Wissenstechnologien voran und führt zu einer digitalen Wissensrevolution, die die Anforderungen an Qualifikationen und Kompetenzfelder verändert. Um die Auswirkungen der Digitalisierung auf zukünftige Kompetenzen verstehen zu können und zukunftsorientierte Entwürfe und Lernmodule zur Kompetenzentwicklung zu liefern, macht es in einem ersten Schritt Sinn, genauer zu betrachten, welche Dimensionen der Digitalisierung eigentlich bisher zum Tragen gekommen sind und wie man Digitalisierung als umfassenden Megatrend besser verstehen kann.

---

[2] Als Illustration der vielen verschiedenen Applikationen sei hier nur auf den Überblick der „Top Tools for Learning" von Hart (2018) verwiesen.

## Differenziertes Verständnis der Digitalisierung und digitalen Wissensrevolution

Im Zusammenhang dieser kurzen Betrachtung der Auswirkungen von Digitalisierung auf einzelne Kompetenzen und Kompetenzfelder wird unter Digitalisierung die Weiterentwicklung und Umsetzung von Informations- und Wissenstechnologien verstanden (Rollwagen und Voigt 2012, S. 3). Diese Entwicklung lässt sich mit einer differenzierten Betrachtung, Abschätzung und Bewertung von technologischen Entwicklungen und Innovationen in zwei große Bereiche einteilen: die Entwicklung und der Fortschritt von technischen Systemen in Benutzung auf der einen und die Entwicklung und der Fortschritt von zugrunde liegenden Wissensbeständen auf der anderen Seite (vgl. Rollwagen 2008, S. 130–140). In dieser Perspektive schreitet durch deren Zusammenspiel die Entwicklung der Wissenstechnologien voran, was gemeinhin unter dem Oberbegriff der Digitalisierung bezeichnet wird. Diese Perspektive auf die technische Entwicklung ist wichtig, da Kompetenzherausforderungen sowohl im Hinblick auf die technischen Systeme und deren Einsatz als auch im Hinblick auf die Wissensinhalte entstehen.

Zum einen werden ständig die technischen Systeme in Benutzung, d. h. die Applikationen, Softwarewerkzeuge, aber auch die als Lösungen zur Informationsverarbeitung angebotenen Hardwarelösungen weiterentwickelt. Diese bestehen u. a. aus digitalen Hardwaretechnologien, die helfen, mehr Daten in verschiedenen Domänen zu erfassen, zu systematisieren und zu verarbeiten. Dazu gehören auf der einen Seite die Weiterentwicklung der Rechengeschwindigkeit auf Grundlage höher entwickelter Rechner und Rechnerarchitekturen, Cloud-Infrastrukturen sowie bspw. Beacon-Technologien, die Daten über die Bewegung von Menschen liefern, oder auch 3D-Scanner und Gesichtserkennungslösungen, die helfen, Daten über Menschen und Objekte zu generieren.

Zu den technischen Systemen in Benutzung gehören ebenso Applikationen, d. h. der gesamte Bereich der Softwareentwicklung, die darin gipfeln, dass Menschen heutzutage ihre Informationen und ihr Wissen mit Hilfe von einer Vielzahl an Wissensanwendungen in veränderten Formen verarbeiten, speichern, nutzen und auch verstehen können. In diesem Zusammenhang gehören zu den technischen Systemen auch diejenigen Softwarelösungen, die uns allen helfen, neue Daten, die auf Basis besserer Hardwarelösungen generiert wurden, schneller und intelligenter als vorher zu verarbeiten und daraus handlungsrelevante Algorithmen zu erarbeiten, die dann wieder helfen, Handlungen von Individuen anders zu strukturieren. Dieser Bereich der Digitalisierung, in dem algorithmische Innovationen unterschiedlicher Qualität zu beschleunigten Formen der Wissensproduktion führen, wird heute oft in Diskussionen mit dem Stichwort „Künstliche Intelligenz" verhandelt.

Zum zweiten gehört zur Digitalisierung in enger Verschränkung zu den entstehenden technischen Systemen in Benutzung eben auch die teils vorausgegangene, teils begleitende Weiterentwicklung von Wissensbeständen. Es handelt sich dabei beispielsweise um die Weiterentwicklung von Wissen um neue technische Konfigurationen von Software oder Hardware oder auch neue Konfigurationen von Soft- und Hardware in integrierten Systemen, die neue Lösungen ermöglichen. Durch die fortgesetzte und in den letzten beiden Jahrzehnten intensivierte Forschung an Grundlagen der Informationsverarbeitung im Bereich der Informatik und der Statistik (was gemeinhin mit „Data Science" umschrieben wird) und auch anderen Wissensbereichen wurden Fortschritte in der Wissensverarbeitung ermöglicht. Dazu zählen beispielsweise die Fortschritte in Wissensbeständen und die dazugehörigen technologischen Durchbrüche im Hinblick auf die Programmierung (wie bspw. visuelle Programmierung) und auf Programmiersprachen, die teils durch die Zusammenarbeit von Entwicklern in Entwicklerforen wie GitHub möglich werden (vgl. GitHub 2018).

Diese zwei großen Strömungen und Fortschrittspfade der technischen Systeme in Benutzung – der technischen Hardware- und Softwaresysteme und der Applikationen sowie die Fortschritte in den Wissensgrundlagen – führen in der Zusammenführung durch innovative Technologieunternehmen zu hybriden, hoch funktionalen wissenstechnologischen Lösungen. Ein Beispiel dieses Zusammenspiels und der Konfluenz in integrierte Wissenstechnologien sind intelligente, sprachbasierte Assistentensysteme wie Echo und Alexa von Amazon oder Google Home und die dazu gehörigen Assistenten. Diese intelligenten Interaktions- und Konversationsinterfaces, die Nutzern über natürliche Sprache Zugang zu gesamten Ökosystemen von wissensintensiven Dienstleistungen bieten, feiern ihren Einzug in viele Haushalte in den Vereinigten Staaten und über die Welt verteilt (Jones 2018). Bei diesen intelligenten Lautsprechern handelt es sich um integrierte Hard- und Softwarekomponenten, die den Nutzern helfen, ihren Alltag komfortabler, teils schneller und effizienter zu strukturieren und beispielsweise einzukaufen. Dies setzt voraus, dass viele Informationen auf einer sehr hoch vorstrukturierten Wissensbasis verarbeitet werden. Es handelt sich bei diesen hybriden technischen Konfigurationen um eine Ansammlung von angewandtem Wissen aus der natürlichen Spracherkennung, dem angewandten, technischen, systematischen Wissen um Hardware- und Softwaredesign, den angewandten Wissensbeständen aus der Elektrotechnik und der Informatik sowie der Psychologie und des Marketing. Diese bieten den Kunden neue wissensintensivere Interaktionsmöglichkeiten. Sie stellen die Kunden aber auch vor die Herausforderung, mehr darüber zu wissen, wie und auf welchen Grundlagen diese intelligenten Konfigurationen funktionieren, um weiter die informationelle Selbstbestimmung aufrecht zu erhalten.

## Digitale Wissensrevolution: Veränderte Dynamiken der Produktion und des Umgangs mit Wissen

Wie dieses Beispiel zeigt, führen diese technischen Systeminnovationen und algorithmischen Innovationen, die sich in intelligenten Assistenten, neuen Softwarelösungen oder neuen Dienstleistungen niederschlagen, zu einer digitalen Wissensrevolution. Große Veränderungen in der Art, wie Wissen produziert, verarbeitet und eingesetzt wird, sind zu konstatieren. Die eben nur grob skizzierten Entwicklungslinien führen dazu, dass sich die Muster und die Formen der Wissensproduktion und damit auch die Formen des Lernens und der Kompetenzerwerb grundlegend verändern.

> Dynamiken der digitalen Wissensrevolution: Veränderungen der Wissensproduktion und Wissensanwendung
> Wissensproduktion und Wissensanwendung werden:
>
> - hybrider/produktorientierter/lösungsorientierter/tool-, anwendungs-, applikationsorientiert,
> - automatisierter,
> - stärker monetarisiert/prädiktiver,
> - projektorientierter/agiler/beschleunigt,
> - kooperativer/sozial-medial unterstützt,
> - voraussetzungsreicher/wissensintensiver.

Wie in der Übersicht skizziert, werden Wissen und digitale technische Systeminnovationen **hybrider, produktorientierter und lösungsorientierter** entwickelt, wie das Beispiel der intelligenten, sprachbasierten Assistenzsysteme zeigt. In anderen Bereichen, wie dem Design, zeigt sich, dass Wissenswerkzeuge und Softwaretools beziehungsweise umfassende Softwarebündel generatives Design ermöglichen, d. h. dass Designer verschiedene Gestaltungsoptionen schon im Prozess und Workflow abwägen können, um so optimierte Designlösungen hervorzubringen (vgl. Autodesk Research 2018). Die so gestaltete Anwendungs- und Applikationsorientierung greift weiter Raum, da auch Angebote in anderen Bereichen vermehrt zu wissensintensiven Dienstleistungen gemacht werden.

Da viele dieser Entwicklungen durch technologie- und wissensorientierte Unternehmen zusammengeführt werden, die auf Basis des zeitbasierten Innovationswettbewerbs agieren, wird die Wissensproduktion und digitale Innovation auch projektorientiert weiter beschleunigt. Durch die konsequente Planung und Durchführung von Projekten, die zeitlich stark strukturiert sind und wirken, werden **agiler und beschleunigt** neues Wissen und auch neue Wissenstechnologien und Wissensanwendungen hervorgebracht, was auch dazu führt, dass man als Individuum mit immer neuen Möglichkeiten und Anwendungen der Wissensorganisation konfrontiert wird.

Die Digitalisierung und die Hand-in-Hand gehenden Innovationen auf unterschiedlichen Ebenen führen auch zu einer stärker **automatisierten Wissensproduktion und Wissensanwendung.** So führt neues Wissen auf Basis von Datenanalysen und die Verbindung mit neuen Soft- und Hardwarelösungen aus dem Bereich der Künstlichen Intelligenz und des „Machine Learning" auf der einen Seite dazu, dass viele Aufgaben vereinfacht werden und automatisiert von Applikationen und integrierten Informations- und Wissensverarbeitungssystemen erledigt werden können. Zeitgleich entstehen sehr viel wissensintensivere Aufgaben, die voraussetzen, dass die jeweiligen Nutzer und Experten die verschränkten Entwicklungen verstehen und auch dazu fähig sind, selbst weitere Entwicklungen auf Basis ständiger Kompetenzentwicklung zu gestalten.

Durch diese neuen Anwendungen wird es vielen Individuen ermöglicht, sehr viel stärker mit anderen Individuen und Experten zusammenzuarbeiten. Die Wissensproduktion und Entwicklung wird sozial-medial unterstützt, **kooperativer**, d. h. durch teils hoch vorstrukturierte Zusammenarbeit verschiedener Akteure und Individuen auf digitalen, wissenstechnologischen Infrastrukturen und Plattformen geprägt.

Durch diese sozial-mediale Unterstützung und die Kombination von sehr vielen Wissensinhalten in komplexen Prozessen und Konfigurationen werden sehr viele Prozesse im beruflichen, aber auch im privaten Bereich, wie beispielsweise das Einkaufen über intelligente, sprachgesteuerte Assistenzsysteme, **epistemisch voraussetzungsreicher und wissensintensiver**. Bei vielen Arbeits- und Entwicklungsprozessen kommt es immer stärker darauf an, abschätzen zu können, wie die weiteren Entwicklungen verlaufen – auch durch die Unterstützung durch fortgeschrittene Analysen von großen Datenmengen.

Da diese wissenstechnologischen Lösungen oft zur Optimierung eingesetzt werden, wird die Wissensproduktion auch **stärker monetarisiert**, da die Entwicklung von Daten- und Wissensmärkten voranschreitet (vgl. Lorica 2018). Viele der Entwicklungen von digitalen Wissenstechnologien, die dem Bereich der Künstlichen Intelligenz zuzuordnen sind, sind auch dem Umstand geschuldet, dass Unternehmen noch nicht monetär bewertete Daten nutzen wollen, um diese auf Datenmärkten anzubieten, da sie sich davon neue Ertragsmöglichkeiten erhoffen. Darüber hinaus wird die Wissensproduktion in diesem Zusammenhang auch **stärker prädiktiv** orientiert, d. h. die Einschätzung des wirtschaftlichen Potenzials und der Optimierung des Einsatzes von Produktionsmitteln, Investitionsmitteln oder Arbeitszeit wird immer wichtiger, was wiederum zu neuen Anforderungen an die Kompetenzen von Individuen und die Wissensarbeiter der Zukunft führt, die mit der erhöhten Wissensintensität und den verschiedenen prädiktiven Orientierungen umgehen.

## Digitale Kompetenzen heute: Veränderungen durch die digitale Wissensrevolution

Diese in der Übersicht skizzierten Dynamiken der Wissensproduktion und Wissensanwendungen schlagen sich heute in verstärktem Ausmaß auf die Arbeitsmärkte und die Nachfrage nach Kompetenzen sowohl von Seiten der Unternehmen als auch der Individuen und weiterlernenden Wissensarbeiter nieder. Den ersten Niederschlag der Veränderungen auf Seiten der Weiterlernenden kann man in den weit angelegten Veränderungen in der Nachfrage nach Weiterbildungen erkennen. Hier zeigen sowohl die Berichte des Wuppertaler Kreises als auch der Bundesagentur für Arbeit und anderer Anbieter, dass sich die Nachfrage nach Weiterbildung verändert. Neben stark spezialisierter Weiterbildung in digitalen Kernbereichen und dem Projektmanagement verzeichnen auch Angebote der allgemeinen Weiterbildung einen Anstieg. Auch Bereiche, die mit der Weiterentwicklung persönlicher Kompetenzen zusammenhängen, verzeichnen einen Anstieg (vgl. Wuppertaler Kreis 2018; Müller und Wenzelmann 2018; Janssen et al. 2018).

Auch andere Studien weisen mit ihren Erkenntnissen in die Richtung einer Veränderung der Kompetenzanforderungen. So kommt die Organisation für wirtschaftliche Zusammenarbeit (OECD) zu dem Schluss, dass am Beispiel Deutschlands nachweisbar sei, dass es – auch durch die Digitalisierung begünstigt –, nun gerade sowohl auf die transversalen Kompetenzen als auch auf Problemlösungskompetenzen und der Orientierung auf die Strukturierung und Gestaltung und das Abarbeiten von Aufgaben („Task-Orientation") ankomme (vgl. OECD 2018).

Auch das Weltwirtschaftsforum, das im Jahre 2018 zusammen mit LinkedIn eine Analyse gemacht hat, um sich einen Überblick zu verschaffen, welche Kompetenzfelder, Berufe und Tätigkeiten im Rahmen der Digitalisierung schon heute stärker gebraucht werden, kommt zu einem ähnlichen Schluss (vgl. World Economic Forum 2018). In den veröffentlichten Ergebnissen tritt klar zutage, dass die oben differenziert beschriebenen Veränderungen auch zu einer veränderten, stärker differenzierten Nachfrage nach Kompetenzen, Qualifikationen und Fähigkeits- und Tätigkeitsprofilen in unterschiedlichen Branchen führen. Die Immobilienwirtschaft profitiert klar, wobei hier neben handwerklichen Mitarbeitern vor allem die hoch wissensintensiven Dienstleistungsbereiche an Bedeutung hinzugewinnen. In den konsumorientierten Branchen werden in steigendem Ausmaß Softwarespezialisten und Marketingfachleute gesucht, wie dies in den oben beschriebenen Entwicklungen auch angelegt ist. Auch im Energiebereich werden dienstleistungsorientierte Profile relevanter. Im Kernbereich der Digitalisierung, der Informations- und Kommunikationsbranche, steigt neben der Nachfrage nach Programmierern und den technischen Spezialisten auch die Nachfrage nach datenbasiert und wissensintensiv agierenden, angewandt denkenden Marketingfachleuten (Experience Design/Marketing). In der Gesundheitswirtschaft schreitet die wissensintensive Spezialisierung – auch auf Basis neuer Wissenstechnologien voran, was auch für andere unternehmensnahe Dienstleistungsbereiche gilt, in denen immer stärker Menschen mit Profilen gesucht werden, die ein sehr gutes Verständnis und Kompetenzen im Umgang und in der Gestaltung von fortgeschrittenen Wissenstechnologien mitbringen, aber auch dazu fähig sind, Datenanalysen in speziellen Domänen kundennah in vermarktbare Lösungen und Anwendungen zu übersetzen. Das Weltwirtschaftsforum kommt in seiner Studie zu dem Schluss, dass viele Tätigkeiten einer grundlegenden Evolution unterworfen sind, in der einige bezahlte Tätigkeiten disruptiven Kräften unterliegen und verloren gehen oder verlagert werden oder in ihrem Charakter völlig verändert werden. Dadurch werden Fähigkeiten und Profile fluider und instabiler, viele Tätigkeiten werden weiter automatisiert, viele Tätigkeiten werden in ihrem Charakter wissensintensiv ergänzt. Dies fassen die Autoren unter dem Motto: „From Automation to Augmentation" zusammen (World Economic Forum 2018, S. 10). Insgesamt steigt die Notwendigkeit zur Weiterbildung und der Umgestaltung von Kompetenzprofilen für Individuen und Arbeitgeber (vgl. World Economic Forum 2018, S. 8–9).

Diese Notwendigkeit der Erweiterung der Kompetenzfelder wird auch von vielen anderen Akteuren, aber hauptsächlich auch der Europäischen Kommission konstatiert und aktiv begleitet. Um den Veränderungen in den Kompetenzanforderungen Rechnung zu tragen, hat als einer der vielen Initiativen das Vereinigte Forschungszentrum der EU Kommission bereits im Jahre 2017 das „Digital Competence Framework 2.0" erarbeitet und überarbeitet (vgl. European Commission 2017). In diesem Kompetenzrahmenwerk wird auch deutlich, dass die hauptsächlichen Herausforderungen der Meisterung der Auswirkungen der Digitalisierung eben nicht im besseren Umgang mit Anwendungen (Apps) und digitalen Werkzeugen bestehen. Vielmehr liegt die Herausforderung auf der Wissensebene im Umgang mit Wissen und Informationen („Information and Data Literacy"), Kommunikation und Kollaboration, der Aufarbeitung, Weiterverarbeitung und Erarbeitung eigener digitaler Inhalte („Digital Content Creation"), der Daten-,Informations-, Kommunikations- und Wissenssicherheit („Safety") und übergreifend in den Problemlösungsfähigkeiten. Dieses Rahmenwerk hat eine hohe Bedeutung, da sich auf diesen Bausteinen aufbauen läßt, wenn man über die weiteren Folgen der digitalen Wissensrevolution nachdenkt, um zukunftsfest Lernangebote und Kompetenzorientierungen zu erarbeiten.

## Wissensrevolution: Veränderte Anforderungen an Kompetenzen

Wie die Schlaglichter auf die bisherige Entwicklung der digitalen Wissensrevolution und deren Auswirkungen auf die Nachfrage nach Kompetenzen zeigen, entfalten die Einflüsse der digitalen Wissensrevolution schon heute große Wirkungsmacht. Der hauptsächliche Unterschied zu vorigen Entwicklungsschritten der Digitalisierung besteht darin, dass nun eine größere Anzahl von Tätigkeiten – auch die bisher nur wenig wissensintensiv angereicherten Tätigkeiten, wie bspw. die Bauwirtschaft, das Bauhandwerk u. a., – transformiert werden. Mit den milliardenschweren Investitionen in Lösungen der Künstlichen Intelligenz und anderen stetig steigenden Investitionen in digitale Werkzeuge und Anwendungen (vgl. Cavanagh 2019) sowie in Plattformlösungen für die Reorganisation der industriellen Produktion als auch den Bereich der weiteren Automatisierung und der veränderten Zusammenarbeit von Menschen und Maschinen (was in Deutschland mit dem Begriff der Industrie 4.0 verhandelt wird) ist absehbar, dass sich die Dynamiken der Wissensproduktion in ihrer Intensität und auch in ihren Auswirkungen noch verstärken werden. Dadurch gewinnen Kompetenzfelder an Bedeutung, die heute zwar schon Bedeutung haben, jedoch in Zukunft noch weiter aufgewertet werden. Die digitale Wissensrevolution führt zu einer Veränderung der Anforderungen an Kompetenzen, die hier in Tab. 1 skizziert werden.

Wie in Tab. 1 skizziert wird, entstehen große Herausforderungen an viele Kompetenzbereiche. Zusammenfassend kann gefolgert werden, dass die **transversalen Kompetenzen bzw. die Schlüsselkompetenzen** (Amt für Veröffentlichungen der Europäischen Union 2006) wichtiger werden.

Unterhalb dieser Schlüsselkompetenzen werden allerdings einige Kompetenzbereiche in ihrer Bedeutung aufgewertet. Dazu zählen fachliche Kompetenzen, allen voran die **Datenkompetenz** und damit auch naturwissenschaftliches und mathematisches Verständnis (**„Data Literacy"**), da viele Dienstleistungen und Entscheidungsprozesse auf Basis von fortgeschrittener Datenverarbeitung vorstrukturiert und automatisierter werden. So wird es im professionellen Bereich, wie auch im privaten Bereich wichtig, zu wissen, wie sich

**Tab. 1** Dynamiken der digitalen Wissensrevolution und Anforderung an Kompetenzen

| Dynamiken der digitalen Wissensrevolution: Wissensproduktion und -anwendung wird … | Herausforderungen an … |
|---|---|
| … hybrider/produktorientierter/lösungsorientierter/tool- und anwendungsorientiert | … Designkompetenzen und Kreativität<br>… transversale Kompetenzen |
| … automatisierter, durch algorithmische Innovation geprägt | … Datenkompetenzen (Formen der „Data Literacy") und AI-Designkompetenz |
| … stärker monetarisiert/prädiktiver | … strategische Kompetenzen (Antizipationskompetenzen und „Futures Literacy") … ökonomische Kompetenz und finanzielle Allgemeinbildung |
| … projektorientierter/zeitlich strukturierter/beschleunigt/agiler | … Selbstmanagement-, Zeitmanagement-, Kooperations- und biografische Kompetenzen |
| … kooperativer/sozial-medial unterstützt | … Soziale Kompetenzen<br>… Teamfähigkeit<br>… Selbstmanagementkompetenzen |
| … voraussetzungsreicher/wissensintensiver | … Allgemeinbildung<br>… Mnemonik<br>… Wissensorganisationskompetenzen<br>… Lernen zu lernen |

der Einsatz von prädiktiven Methoden und Erkenntnissen aus dem Bereich Data Science auf die Angebotsgestaltung von Produkten oder auch die Entwicklungen in Märkten auswirkt.

Neben diesen eher mathematisch orientierten Verständnisbereichen steigen die Herausforderungen an **Designkompetenzen und die Kreativität**. Hier kommt es auf die kreative Verbindung verschiedener Wissensinhalte sowie die Verbindung von Design- und Produktwissen aus unterschiedlichen Domänen und Anwendungsbereichen an. Die Fähigkeit zur Kreativität mit einem hohen Maß an Kontextualisierung, Einordnung und Kategorisierung und zur lösungsorientierten Gestaltung und auch die Auswahl von Technologien zur Erschaffung von intelligenten technologiebasierten Dienstleistungen mit der Funktionalität im Zentrum zählen. Eine besondere Form der Kompetenzen wird darin liegen, im Hinblick auf den Einsatz von Künstlicher Intelligenz (KI) und die wachsende Anzahl von algorithmischen Innovationen neue Arbeitszusammenhänge von Menschen, Automaten und Maschinen zu gestalten und die Menschen in ihrem Umgang mit KI zu stärken. Dabei kommt es bei der „AI-Designkompetenz" in nahezu allen Branchen darauf an, den Einsatz von KI domänenspezifisch auszugestalten und auch ökologisch nachhaltiger und ethischer zu gestalten.[3]

---

[3] Weitere Erkenntnisse und Definitionen zum ethischeren und nachhaltigeren Einsatz von KI, algorithmischer Innovation und „AI Designkompetenz" finden sich in: ai-design-competence.eu.

Da die Dynamik der agilen und beschleunigten Wissensproduktion weiter vorherrscht, wird es für Individuen wichtiger, ihre **strategischen Kompetenzen** und ihren Umgang mit Vergangenheit und vor allem Zukunft weiter zu strukturieren. Es geht um eine Art von „**Futures Literacy**" (Miller 2010), in der die Fähigkeit zum Umgang mit Komplexität eine wichtige Rolle spielt. Hier geht es darum, auf Basis von Antizipationskompetenz mit den vielen, teils widersprüchlichen Entwicklungen umzugehen und dies auch mit **ökonomischen Kompetenzen** und Kompetenzaspekten der finanziellen Allgemeinbildung zu verbinden.

Aus Tab. 1 wird auch deutlich, dass neben den Kompetenzbereichen, die auf Faktenwissen und mathematisch-naturwissenschaftlichem Verständnis beruhen, vor allem **persönliche Kompetenzen** wichtiger werden. Dazu gehört auf der einen Seite die Fähigkeit des Lernens zu lernen. Dazu gehört auch die Fähigkeit, sich selbst wieder für eine Kompetenzentwicklung zu motivieren. Dazu gehört auch ein höheres Ausmaß an **biografischer Kompetenz**, die vor dem Hintergrund der fluideren Anforderung an Kompetenzen und die Einsatz- und Vermarktungsfähigkeit von Kompetenzen wichtiger wird. Menschen sollten dazu fähig sein, sich immer wieder sich selbst ihrer Lebensziele zu vergewissern und achtsam – auf Basis ihrer Einstellungen und Werte – mit sich selbst und mit ihren sozialen Kontexten umzugehen und danach ihren Lebensverlauf zu gestalten. Individuen wie auch Unternehmen sind in Zukunft herausgefordert, sehr viel stärker auf biografische Kompetenzen zu achten, da die digitale Wissensrevolution durch sozial-mediale Wissenstechnologien die Intensität der Zusammenarbeit mit anderen Menschen und anderen Kontexten ansteigen läßt, was auch Rückwirkungen auf das Selbstbild und die Wahrnehmung der eigenen Biografie nach sich zieht. Eng mit der biografischen Kompetenz verbunden ist der Kompetenzbereich der **emotionalen Intelligenz**. Hier wird durch die digitale Wissensrevolution vor allem die Selbsteinschätzungsfähigkeit des Individuums sowie die Fähigkeit zur Reflektion des eigenen Handelns und der Interaktion mit Anderen wie auch die Empathie in ihrer Bedeutung gesteigert.

Durch weitere technische Fortschritte im Bereich des Interfacedesign und der Mensch-Maschine-Interaktionen werden völlig neue **Kompetenzprofile hinsichtlich sozialer Interaktion** entstehen (Pring et al. 2017). Diese werden schon heute auf Basis von ersten Versuchsanordnungen von neuen Industrie-4.0-Anwendungen deutlich. In deren Prozessdesign interagieren Menschen auf sehr wissensintensiver, digitaler Basis mit anderen Menschen und Maschinen bzw. produktionstechnologischen Konfigurationen.[4] Solche wissensintensiveren Anwendungen, die in Forschung und Entwicklung, im Design, in der Produktion, im Vertrieb und in anderen Funktionen, wie dem Personalmanagement, vermehrt als unterstützende Expertensysteme aber auch als automatisierte Entscheidungssys-

---

[4] Hier sei auf eine Installation des Architekturbüros Henn verwiesen, das auf der Biennale in Seoul 2017 und in Berlin 2018 präsentiert wurde, die sich mit neuen Wegen der Zusammenarbeit von Menschen und Maschinen auseinandersetzt, mit Konzepten von Industrie 4.0, digital augmentierter Handwerkskunst und neuartigen Mensch-Maschine-Interfaces experimentiert, aus denen auf neue Kompetenzanforderungen geschlossen werden kann (vgl. Henn 2018).

teme eingesetzt werden, stellen vor allem neue Anforderungen an die Kompetenzen von Menschen, die Auswirkungen des Einsatzes dieser Anwendungen besser abschätzen zu können.

Gerade in diesem Zusammenhang wird es stärker auf **Antizipationskompetenz** ankommen sowie auf die übergreifende Fähigkeit der Menschen in Gestaltungsdimensionen zu denken (Designkompetenz). In diesem Zusammenhang geht es vor allem darum, die Zielrichtung und die Sinnhaftigkeit und ethische Vertretbarkeit von stärker automatisierten, teilweise sogar durch automatisierte, delegierte Entscheidungsfindung geprägte Prozesse in der Gestaltung dieser Prozesse zu berücksichtigen. Es geht um die klare Zuschneidung von Zwecken und Mitteln in einer Welt, die durch fortschreitend bessere und intelligentere, unterstützende Wissenstechnologien und algorithmische Innovationen geprägt ist. Dabei kommt es auch auf eine stärker ausgeprägte Professionsethik von Programmierern an, die Folgen von Programmierungsleistungen stärker antizipieren und diese Schlussfolgerungen über das Tun und Unterlassen in Entwicklungstätigkeiten einbeziehen sollten (vgl. Müller-Eiselt 2018).

Um auf das Beispiel der intelligenten Sprachassistenzsysteme zurückzukommen, stellen sich diese Herausforderungen an den **Umgang mit der informationellen Selbstbestimmung** und der **Medienkompetenz** sowie pädagogische Fragen schon heute im Alltag. Gerade im Zusammenhang mit intelligenten Sprachassistenten stellt sich die Frage wie (besonders sehr junge) Menschen und Kinder in ihrer Entwicklung auf welcher Basis, mit welchen Auswirkungen mit diesen intelligenten sprachbasierten Technologien interagieren und welche Kompetenzen in diesem Bereich wichtig werden (vgl. Fairyington 2018). Da algorithmische Innovationen auch unsere Informationsumwelt und sämtliche Medien prägen und teils zu einer fragmentierten Landschaft an Meinungen und Einstellungen und „Echochambers" führen, wird es als Teil der persönlichen Kompetenzen auch wichtig, medienkompetenter zu agieren (vgl. Schweiger et al. 2018) und die vorher beschriebenen vorhanden digitalen Kompetenzraster auszubauen (European Commission 2017).

Eng mit der Antizipationskompetenz und der erweiterten digitalen Medienkompetenz werden Kompetenzen im **Umgang mit Zeit (Zeitmanagementkompetenzen)** aufgrund der projektorientierten, zeitlich sehr stark durch Code strukturierten und auch oft beschleunigten Wissensproduktion und Wissensanwendung sehr viel bedeutsamer. Hier kommt es darauf an, in beschleunigten Umfeldern für sich und sein Umfeld die adäquate Geschwindigkeit zu finden und mit Geschwindigkeiten zu experimentieren, das Informationsverhalten anzupassen und dann darauf zu achten, sich auch mit anderen zu synchronisieren.

Alles in allem fordern die Dynamiken der digitalen Wissensrevolution und die steigende Wissensintensität auch dazu heraus, dass sich Lernende auf allen Stufen auch stärker mit der Weiterentwicklung von Wissen, mit Instrumenten und Grundlagen der Wissensorganisation (auch der Mnemonik und dem Unterschied zwischen implizitem und explizitem Wissen) und angewandtem Wissensmanagement auseinandersetzen. Einschätzen zu können, welches Wissen und welche Wissensinhalte welchen Lösungen zugrunde liegen, hilft abzuschätzen, welche Perspektiven und Handlungsoptionen sich eröffnen.

Eine gut ausgeprägte Allgemeinbildung und verstärkte Aufmerksamkeit für Wissensorganisationskompetenzen und Grundlagen der Gedächtniskunst (Mnemonik) scheinen vor dem Hintergrund der Dynamiken der digitalen Wissensrevolution auch angebracht.

## Zukünftige digitale Kompetenzen: Design Thinking und digitales Technologieverständnis für die nachhaltige Gestaltung der digitalen Wissensrevolution

Die digitale Wissensrevolution führt schon heute zu massiven Veränderungen in der Nachfrage nach Kompetenzen und wird im Rückgriff auf die Überlegungen, die in Tab. 1 zusammengefasst sind, dazu führen, dass sich das Repertoire an zukünftigen Kompetenzen noch sehr viel stärker erweitern wird. Diese Auswirkungen und die damit verbundene Aufwertung und Neuentstehung von Kompetenzen und Kompetenzrastern im Zusammenspiel mit der Weiterentwicklung von Wissen, Technologien und Innovationen machen ein verändertes Denken über zukünftig relevante Kompetenzen und Kompetenzfelder notwendig.

Im Rückgriff auf die Darstellung der Dynamiken der Wissensrevolution in der Übersicht und der Folgerungen in Tab. 1, scheint es adäquat, einen erweiterten Begriff des Design Thinking heranzuziehen, um ein Leitbild zukünftiger Kompetenzen zu skizzieren. Ohne jetzt eine grundlegende Auseinandersetzung zu Design Thinking und der Vorteile dieser Herangehensweise zu liefern (vgl. Liedtka 2018), ist gemeinhin allen unterschiedlichen Herangehensweisen, die zu Design-Thinking-Ansätzen gehören, eine radikale Orientierung auf den Nutzer und die reflexive Strukturierung von Prozessen mit Rückkopplungsschleifen sowie der Einsatz von iterativen Herangehensweisen eigen. Diese Aspekte weisen in Richtung eines veränderten Designverständnisses und weitergehender Kompetenzen. Design Thinking als übergeordnete Sammlung von Ansätzen kann dabei ein wichtiges Leitbild für zukünftige digitale Kompetenzen und Kompetenzfelder sein. Design Thinking steht mit seinen Kategorien in seinen vielen Anwendungsformen auch für **lösungs- und anwendungsorientierte** Vorgehensweisen mit mehr Offenheit gegenüber Bedürfnissen verschiedener Zielgruppen und für eine Form von Einfühlungsvermögen und Aufmerksamkeit. Design Thinking steht auch für **kooperative** Vorgehensweisen, d. h. die Zusammenarbeit von unterschiedlichen Akteuren steht im Mittelpunkt der Prozesse. Schließlich steht Design Thinking auch für **agile, zeitlich differenzierte** und **iterative** Vorgehensweisen, was alles schon sehr viele der Dynamiken der digitalen Wissensrevolution spiegelt.

Bisherige Vorgehensweisen im Design Thinking sollten in Anbetracht der Dynamiken der digitalen Wissensrevolution um ein tieferes, differenziertes Verständnis von digitalen Technologien und deren Anwendungen und eine noch stärkere Betonung des Paradigmas des kritischen Rationalismus erweitert werden. Dazu gehört zum einen, sich viel differenzierter mit der Unterschiedlichkeit in der Optionsvielfalt der verschiedenen bestehenden technischen Anwendungen auseinanderzusetzen und auf dieser Basis die eigene Nutzung von digitalen Wissenstechnologien zu gestalten. Dazu gehört zum zweiten, sich auch mit den Fortschritten der Wissensbestände und vor allem der Validität dieser Wissensbestände auseinanderzusetzen und diese in Gestaltungsprozesse einfließen zu lassen. Es stellt sich neben des Einsatzes einer Wissenstechnologie auch immer die Frage, auf Basis welcher Erkenntnisse, welchen Wissens, welches Wissenstandes und mit welcher Intention, die jeweilige Wissensapplikation gestaltet wurde. So dienen die meisten wissenstechnologischen Applikationen der Zeitersparnis – wenn man allerdings mehrere unterschiedliche, proprietär gestaltete Wissenstechnologien zur Zeitersparnis nutzt, führt dies meist genau zum Gegenteil.

Vor dem Hintergrund der oben beschriebenen Dynamiken und Veränderungen und der dadurch entstehenden Herausforderungen hilft es Individuen, Organisationen und Unternehmen wie auch staatlichen Akteuren, digitale Kompetenzen und deren Vermittlung anders zu denken, um die digitale Wissensrevolution zu gestalten. Vor dem Hintergrund der absehbaren Fortschritte in der Wissensproduktion und vor allem der auf Künstlicher-Intelligenz-basierenden Anwendungen ist vor allem ein höheres Verständnis notwendig, was die Erschaffung, Verarbeitung und Nutzung von Daten und Wissen betrifft (Datenkompetenz). Für Individuen wird es darauf ankommen, auch das Datendesign, das vielen Anwendungen und Lösungen vorgelagert ist, zu verstehen bzw. mit Spezialisten für Datenverarbeitung („Data Scientists") zusammenzuarbeiten, um zusammen mit diesen zu prüfen, ob das Design der Lösungen sinnhaft erscheint. Dabei werden die Anforderungen an die Kooperationskompetenz, d. h. die Fähigkeit über verschiedene Disziplinen und Anwendungsbereiche mit anderen zusammenzuarbeiten noch wichtiger. Dies gilt besonders für Bereiche, in denen hoch wissensintensiv orientierte Individuen wie Data Scientists und Architekten oder Interaktionsdesigner mit handwerklich orientierten Personen zusammenarbeiten, wie dies im Hoch- und Tiefbau der Fall ist, und Bereiche der Wertschöpfung, die sich durch den Einsatz von fortgeschrittenen Wissenstechnologien, wie Augmented Reality-Lösungen auf Basis von Smartphones zur Überwachung von Baufortschritten – neben anderen großen Bereichen wie der Reparatur und Wartung – durch die Digitalisierung grundständig verändern werden. In diesen Bereichen wird es für alle Beteiligten darauf ankommen, auf Basis einer breiteren Designkompetenz zusammen über neue Lösungen nachzudenken und so antizipierend Designinnovationen zu ermöglichen. Es handelt sich um ein erweitertes Denken in Dienstleistungen und neuen hybriden Produkten und die Kompetenz, auf Basis der eigenen Einschätzungen zusammen mit anderen konstruktiv Lösungen zu erarbeiten und diese in ihren Auswirkungen zu verstehen und zielgerichtet zu implementieren.

Aufgrund der immer weiter fortschreitenden Integration von Wissen in Anwendungen und Wissenswerkzeuge (Tools) und der exponentiellen Entwicklung von Möglichkeiten durch algorithmische Innovationen und Künstliche Intelligenz besteht jedoch ein über das bisherige Design Thinking hinausgehendes Kompetenzfeld in einem **tieferen Verständnis von digitalen und anderen Technologien und technologischen Systemen**. Digitale und andere Technologien und angewandte Wissensinhalte besser zu verstehen und vor allem den Einsatz von technischen Systemen genauer und aufmerksamer zu gestalten und darüber zu diskutieren, wird wichtiger. So hilft es im Kontext der Anwendung von digitalen sozialen Plattformen, Applikationen und Tools zu diskutieren, warum, welcher Nutzer, mit welcher Vorprägung und Einstellung, welche Wissenstechnologien aus welchem Grund mit welcher Einstellung zur informationellen Selbstbestimmung benutzt. Diskussionen in dem zu Anfang des Textes genannten Digitalisierungsseminar haben gezeigt, dass sich viele nicht über die Möglichkeiten der Einstellungen von anderen Präferenzen hinsichtlich des Datenschutzes bewusst waren, was nun durch die Datenschutzgrundverordnung vielen Nutzern klarer wird. Es wird auch deutlich, dass viele Nutzer – auch professionelle Nutzer – einfach neue Applikationen und Wissenstechnologien einsetzen, ohne sich vorher über ihre **Bedarfe („Technology Needs")** strukturiert Gedanken gemacht zu haben. Oft werden die Opportunitätskosten eines Wechsels der bisherigen Wissenstechnologien auch und vor allem, was Datensicherheit betrifft, nur wenig in die Überlegung einbezogen. Ein differenziertes Verständnis der technologischen Lösungen und deren Grundlagen, wie man diese zu was einsetzen kann und sollte und welche Folgen dies hat, und eine Bewertung dieser Technologien nach ihren Nutzungsvorteilen führt auch dazu, dass Nutzer die digitale Wissensrevolution innovativ nutzen können. Sie können anders interagieren, sich besser organisieren. Wenn Sie darüber hinaus auch eine stärkere epistemische Orientierung auf das Paradigma des kritischen Rationalismus mit einer stärkeren Hinwendung zur Validierung der angebotenen, sehr weitreichenden Wissenshilfsmittel und wissensintensiven Applikationen haben, hilft dies Nutzern, um von den Dynamiken in der digitalen Wissensrevolution zu profitieren und diese weiter zu gestalten. Für Studierende und andere Lernende, die sich vorher nicht oder „nur" als Nutzer von neuen Wissenstechnologien und Applikationen, Smartphones oder Rechner mit diesen verschiedenen Strömungen der Digitalisierung auseinandersetzten, ist das Verständnis der unterschiedlichen Strömungen wichtig, da es ihnen dadurch auch möglich wird, die verschiedenen Strömungen besser zu verstehen und ihre eigene Techniknutzung und in Zukunft auch Kompetenzentwicklung differenzierter anzugehen. Denn in der digitalen Wissensrevolution werden zukünftige Kompetenzen eben immer stärker auch über den Umgang mit Wissenstechnologien geprägt.

Ein – um ein differenziertes Technikentwicklungs- und Technikeinsatzverständnis – erweiterter Begriff des Design Thinking kann auch helfen, die neuen digitalen Wissenstechnologien in einer veränderten Art und Weise einzusetzen und digitale Kompetenzen zu verfeinern. Dazu gehört vor allem auch die Verfeinerung der Zeitmanagementkompetenzen. Hier hilft eine differenzierte Betrachtung der unterschiedlichen Geschwindigkeiten von Technologieentwicklungen und Innovationsdynamiken, um in Designprozessen und strategischen und operativen Überlegungen und Situationen abzuleiten, wie schnell man als Individuum oder zusammen mit anderen in der weiteren digitalen Wissensrevolution agieren und interagieren sollte. Diese Verfeinerung der Zeitmanagementkompetenzen stellt eine der wichtigsten Ansätze innerhalb der Erweiterung des Design-Thinking-Begriffs dar. Bisher tragen zwar viele Design-Thinking-Ansätze mit ihrem Timeboxing zu agileren Verhaltensweisen und beschleunigten Prozessen bei (Gerstbach 2016; Stickel 2017; Zao-Sanders 2018). Trotz des Experimentierens mit Zeit und Geschwindigkeit ist aber das reflexive Potenzial und das Lernen über Beschleunigungen und deren Vor- und Nachteile noch nicht stark genug ausgeprägt. Vor dem Hintergrund der absehbaren verschiedenen Beschleunigungsdynamiken in unterschiedlichen Technologie-, Anwendungs- und Innovationsfeldern und vor dem Hintergrund der Veränderungen des Verhaltens des Kunden entstehen gerade im Hinblick auf das reflektierte, synchronisationsorientierte Zeitmanagement große Herausforderungen für Individuen und gesellschaftliche Akteure in Wirtschaft, Wissenschaft und Politik (Rollwagen 2008, S. 214–218), wobei dann ein erweitertes Design-Thinking- und technologisch basiertes Innovationsverständnis helfen kann.

Ein um Technikentwicklungsaspekte erweitertes Verständnis von Design Thinking kann auch Lehrenden helfen, zukünftige digitale Kompetenzen anders zu vermitteln. Gerade die Nutzung von digitalen Anwendungen, Geräten und Lösungen in Verbindung mit projekt- und produktionsorientiertem Lernen kann ein sehr gutes Hilfsmittel sein, um Lernerfahrungen, Lernziele und Lernfortschritte zu unterstützen, wenn diese adäquat für die Erreichung der Lernziele eingesetzt werden (vgl. Richmond und Troisi 2018). Technische Geräte, digitale Hilfsmittel und fortgeschrittene Wissenstechnologien sollten entwickelt und kreativ eingesetzt werden, um Interesse für Themen und Sachverhalte bei den Lernenden zu wecken, die Lernenden in ihren eigenen Recherchen anzuleiten und ständig deren Meinungsäußerungen und Werthaltungen positiv zu integrieren. Diese Ansätze an die digitalisierte Vermittlung von digitalen Kompetenzen bieten auch die Chance, mit der Beschleunigung in Apps und Lernangeboten Schritt zu halten. Eine Betrachtung der Investitionen in lernunterstützende Applikationen zeigt, dass Lernen einer der großen Anwendungsbereiche ist, der durch die weiter fortschreitende digitale Wissensrevolution großen Veränderungen unterworfen sein wird. Dies ist heute vor allem in China schon der Fall, wie die extrem hohe Investitions- und Entwicklungsdynamik im digitalen, wissenstechnologisch basierten Lernen in China zeigt (vgl. Lee 2018; Barrett 2018).

## Zusammenfassende Betrachtung: Zukünftige digitale Kompetenzen: Design Thinking und digitales Technologieverständnis für die nachhaltige Gestaltung der digitalen Wissensrevolution

Durch die Dynamiken der digitalen Wissensrevolution wird eine Art der Denkweise, die davon ausgeht, mehr verstehen zu wollen, sich an den Nutzern in ihren Domänen zu orientieren, iterativ weiterzuentwickeln und sinnhaft und adäquat zu validieren, eine der wichtigsten Ausgangspunkte, um die digitale Wissensrevolution positiv für möglichst viele Menschen zu gestalten. Es geht um nichts Geringeres als um eine stärker ausgeprägte, erweiterte Designkompetenz, die hilft, datenbasiert und wissensgetrieben, bedürfnisorientiert und verantwortlich Lösungen zu gestalten, wobei die Aspekte der Antizipation, der Ab- und Einschätzung von Potenzialitäten in Zukunft wichtiger werden. Es geht für alle Bildungsinstitutionen um ein Denken über die Gestaltung von Kompetenzprofilen wie auch die verstärkte Planung des Kompetenzerwerbs mit dem Individuum, was dann in der Gestaltung einzelner Module und Inhalte und der Integration und Motivation der Lernenden mit all ihren unterschiedlichen Ausgangspunkten in Lernpfaden und Lernbiografien mündet.

Im Endeffekt ändert auch die digitale Wissensrevolution und die Verfügbarkeit von intelligenten Assistenten, Werkzeugen und Wissenstechnologien nichts daran, dass es beim Kompetenzerwerb immer um die Befähigung von Menschen zum kritisch-konstruktiven Denken, der Unterstützung von Kreativität, der Befähigung zu zielführender Interaktion und Kommunikation mit anderen Menschen und in Kontexten, (inter-)kulturelle Kompetenzen, das Engagement als Bürger, die Fähigkeit und Bereitschaft zur Zusammenarbeit mit Anderen und der Ausbildung eines Charakters und einer Haltung als Fundament für fluidere Formen der Kompetenzentwicklung geht. Die Dynamiken der digitalen Wissensrevolution verstärken nur die Anforderungen, diesen Zielen gerecht zu werden.

## Literatur

Amt für Veröffentlichungen der Europäischen Union. (2006). Schlüsselkompetenzen für lebensbegleitendes Lernen Empfehlung des Europäischen Parlaments und des Rates vom 18. Dezember 2006 zu Schlüsselkompetenzen für lebensbegleitendes Lernen [Amtsblatt L 394 vom 30.12.2006].
Autodesk Research. (2018). Project Dreamcatcher. https://autodeskresearch.com/projects/dreamcatcher. Zugegriffen am 17.12.2018.
Barrett, E. (29. November 2018). Who's teaching who? AI-enabled learning is booming in China. *Fortune*. http://fortune.com/2018/11/29/whos-teaching-who-ai-enabled-learning-is-booming-in-china/. Zugegriffen am 07.12.2018.
CAST. (2018). Universal design for learning principles. http://udloncampus.cast.org/home#.XBfEaunJ8nV. Zugegriffen am 17.12.2018.
Cavanagh, S. (2019). Artificial intelligence is attracting investors, inventors, and academic researchers worldwide. Education Week Market Brief, 04.01.2019. https://marketbrief.edweek.org/marketplace-k-12/artificial-intelligence-attracting-investors-inventors-academic-researchers-worldwide/?cmp=eml-enl-eu-news3&M=58714715&U=532464&UUID=19c00cd8eb0b32f4820ceae2098e3fed. Zugegriffen am 06.01.2019.
European Commission. (2017). The digital competence framework 2.0. https://ec.europa.eu/jrc/en/digcomp/digital-competence-framework. Zugegriffen am 17.12.2018.
Fairyington, S. (2018). Can using Alexa have negative consequences on children's development? Tech experts and child psychologists have some thoughts. Here's what to know. Thrive Global. https://thriveglobal.com/stories/artificial-intelligence-alexa-impact-children-expert-opinion-tips/-. Zugegriffen am 17.12.2018.
Gerstbach, I. (2016). Timeboxing als natürlicher Feind des Perfektionismus. Podcast DT37. https://gerstbach-designthinking.com/podcast/dt37-timeboxing-als-natuerlicher-feind-des-perfektionismus. Zugegriffen am 17.12.2018.
GitHub. (2018). The state of the Octoverse. https://octoverse.github.com/projects#languages. Zugegriffen am 17.12.2018.
Hart, J. (2018). Top tools for learning. https://www.toptools4learning.com/home/. Zugegriffen am 17.12.2018.

Henn. (2018). Communication landscapes – An installation at Seoul Biennale 2017. http://www.henn.com/de/news?page=3. Zugegriffen am 17.12.2018.

Janssen, S., Leber, U., Arntz, M., Gregory, T., & Zierahn, U. (2018). Betriebe und Arbeitswelt 4.0: Mit Investitionen in die Digitalisierung steigt auch die Weiterbildung. IAB-Kurzbericht 26/2018. http://doku.iab.de/kurzber/2018/kb2618.pdf. Zugegriffen am 14.12.2018.

Jones, C. (2018). Alexa, I need … everything. Voice shopping sales could reach $40 billion by 2022. *USA Today*. https://eu.usatoday.com/story/money/2018/02/28/alexa-need-everything-voice-shopping-becomes-common-sales-through-amazons-alexa-others-could-reach-4/367426002/. Zugegriffen am 01.03.2018.

Lee, E. (28. December 2018). System error: How online learning is failing to fill China's tech-skill gap. *Technode*. https://technode.com/2018/12/28/online-learning-fails-to-fill-china-tech-skill-gap/. Zugegriffen am 17.12.2018.

Liedtka, J. (September–October 2018). Why design thinking works. *Harvard Business Review*. https://hbr.org/2018/09/why-design-thinking-works?autocomplete=true. Zugegriffen am 17.12.2018.

Lorica, B. (2018). Data collection and data markets in the age of privacy and machine learning (18. July 2018). https://www.oreilly.com/ideas/data-collection-and-data-markets-in-the-age-of-privacy-and-machine-learning. Zugegriffen am 14.12.2018.

Miller, R. (2010). Futures literacy – Embracing complexity and using the future. *Ethos, 10*(10), 23–28, Oktober 2010.

Müller, N., & Wenzelmann, F. (2018). Berufliche Weiterbildung: Aufwand und Nutzen für Individuen. BIBB Report 2/2018. Bundesinstitut für Berufsbildung, Bonn. https://www.bibb.de/veroeffentlichungen/de/publication/show/8931. Zugegriffen am 14.12.2018.

Müller-Eiselt, R. (2018). Wie sich Gestalter von Algorithmen ethisch verhalten können. Arbeitspapier. Bertelsmann Stiftung, Gütersloh. 15.08.2018. https://www.bertelsmann-stiftung.de/de/unsere-projekte/ethik-der-algorithmen/projektnachrichten/ethik-fuer-algorithmiker/. Zugegriffen am 17.12.2018.

OECD. (2018). Skills for jobs database. https://www.oecdskillsforjobsdatabase.org/imbalances.php#DE/_/_/_/[%22skills%22%2C%22knowledge%22%2C%22abilities%22]/co. Zugegriffen am 12.12.2018.

Pring, B., Brown, R. H., Davis, E., Bahl, M., & Cook, M. (2017). 21 jobs of the future: A guide to getting – And staying – Employed for the next 10 years. Cognizant's Center for the Future of Work. https://www.cognizant.com/whitepapers/21-jobs-of-the-future-a-guide-to-getting-and-staying-employed-over-the-next-10-years-codex3049.pdf. Zugegriffen am 14.12.2018.

Richmond, A. S., & Troisi, J. D. (2018). Technology in the classroom: What the research tells us. https://www.insidehighered.com/digital-learning/views/2018/12/12/what-research-tells-us-about-using-technology-classroom-opinion. Zugegriffen am 12.12.2018.

Rollwagen, I. (2008). *Zeit und Innovation: Zur Synchronisation von Wirtschaft, Wissenschaft und Politik bei der Genese der Virtual-Reality-Technologien*. Bielefeld: transcript.

Rollwagen, I., & Voigt, S. (2012). Mehr Wertschöpfung durch Wissen(swerte): Folgen für regionale Wachstumsstrategien. Deutsche Bank Research. Aktuelle Themen. Technologie und Innovation. 19.12.2012, Frankfurt a. M.

Schweiger, W., Weber, P., Prochazka, F., & Brückner, L. (2018). *Algorithmisch personalisierte Nachrichtenkanäle. Begriffe, Nutzung und Wirkung*. Wiesbaden: Springer.

Stickel, R. (26. September 2017). Should Designers Timebox? Die Suche nach einem agileren Designprozess. *Me & Company*. https://me-company.de/blog/should-designers-timebox-agiler-designprozess/. Zugegriffen am 17.12.2018.

World Economic Forum (2018). The future of jobs report 2018. Insight report. Centre for the New Economy and Society, Geneva. http://www3.weforum.org/docs/WEF_Future_of_Jobs_2018.pdf. Zugegriffen am 12.12.2018.

Wuppertaler Kreis. (2018). Trendstudie 2018 des Wuppertaler Kreises: Digitale Transformation in der Weiterbildung. http://www.wkr-ev.de/trends18/trends18.htm. Zugegriffen am 12.12.2018.

Zao-Sanders, M. (2018). How timeboxing works and why it will make you more productive. *Harvard Business Review*. 12.12.2018. https://hbr.org/product/how-timeboxing-works-and-why-it-will-make-you-more-productive/H04P5Z-PDF-ENG. Zugegriffen am 14.12.2018.

**Prof. Dr. Ingo Rollwagen** ist Experte für Technologie- und Innovationsmanagement, Zukunftsfragen, strategische Frühaufklärung und Management in der entstehenden Wissenswirtschaft. Nach 20 Jahren professioneller Laufbahn mit der Arbeit an Zukunftsentwürfen in Think Tanks der Deutschen Bank und Daimler, lehrt er seit 2015 an der Akademie Mode und Design, dem Fachbereich Design der Hochschule Fresenius mit einer Spezialisierung auf Innovationsmanagement in wissensbasierten und kreativen Branchen.

In Forschung und Lehre, Beratung und Initiativen beschäftigt er sich mit Durchbruchinnovationen, algorithmischer Innovation und Akzeleration, der Entwicklung der Designwirtschaft und anderen Branchen in der digitalen-virtuellen-industriellen Renaissance, mit neuen Qualifikationen und der Zukunft des Lernens sowie strategischer Frühaufklärung und Designdenken für die ethische und nachhaltige Gestaltung von Transformationsprozessen unter besonderer Berücksichtigung von Künstlicher Inte**lligenz.**

# Teil VII

# Resümee

# Ausblick: Deutschland – Land der digitalen Denker und Macher.

Florian Frank

Die vorangegangenen Kapitel beschreiben das, was jedem Leser persönlich auf die eine oder andere Weise täglich widerfährt. Die gewaltigen Möglichkeiten, die digitale Technologie uns Menschen bietet, erobern unsere Lebenswelten immer mehr. Kaum ein Bereich, in dem wir keine technologische Lösung oder Anwendung finden würden. Das führt so weit, dass wir unsere Gegenwart sogar als das digitale Zeitalter bezeichnen. Dass Technologie mit großer Geschwindigkeit voranschreitet und sich entwickelt, ist nicht neu. Wie rasant und tief greifend sie jedoch sämtliche Lebensbereiche durchdringt, das haben wir bisher so noch nicht gesehen. In der Folge haben wir es heute mit einer technologisch-industriell geprägten Kultur zu tun, deren letztliche Bedeutung für die Entwicklung aller anderen soziokulturellen Bereiche noch gar nicht abschätzbar ist.

Für viele Menschen ist das technologisch Neue faszinierend und spannend. Täglich neue Entwicklungen und damit erforderliche Anpassungen suggerieren Innovation und Fortschritt. Die uns umgebende Unruhe und Bewegung vermitteln das Gefühl, ganz an der Spitze mit zu marschieren. Wer nicht mitmacht, bleibt zweifellos zurück. Das zwingt gewissermaßen dazu, gar nicht mehr in Betracht zu ziehen, einmal Halt machen zu wollen. Reflektieren und Besinnen werden zunehmend durch Experimentieren und Ausprobieren ersetzt. Wer diesen digital bestimmten Kulturwandel akzeptiert (oder toleriert), der scheint dabei zu sein. Doch wobei eigentlich? Bei den großen Schritten in die Zukunft? Die Zukunft der Menschheit? Oder die Zukunft der Technologie? Gestalten wir unsere Zukunft oder gestaltet eine zunehmend autonom voranschreitende Technologie unsere Zukunft?

War da nicht einst der Gedanke, dass Technologie und Wissenschaft dem Menschen dienstbar zur Seite stehen sollten? In einem ersten Schritt hat das noch ganz gut funktioniert.

---

F. Frank (✉)
University of Digital Science (UDS Berlin), Berlin, Deutschland
E-Mail: florian.frank@uds.berlin

Denn im industriellen Zeitalter haben Maschinen immer mehr menschliche Arbeiten übernommen. Oder anders ausgedrückt, sie haben die menschliche Muskelkraft zunehmend ersetzt. Und es damit dem Menschen wieder ermöglicht, seine Lebenszeit anderen Bereichen zu widmen. Etwa seiner Weiterentwicklung als Individuum und als Gesellschaft, sowie dem Erkenntnisgewinn in Wissenschaft und Technik. Auch im digitalen Zeitalter übernimmt die Technologie zunehmend menschliche Aufgaben. Doch ist es jetzt nicht mehr die menschliche Muskelkraft, die im technologischen Fokus steht. Heute ist es zunehmend die Geisteskraft, die von Maschinen ersetzt wird. Dabei stellt sich nun die Frage, welche humanen Ressourcen damit freigesetzt werden sollen. Eine Gesellschaft oder Menschheit, die ihre kulturelle Entwicklung einem technologischen Determinismus anvertraut, läuft Gefahr, ihre wesentlichen eigenen Aufgaben ebenfalls outzusourcen.

Technologie stellt bestimmte Fragen schlichtweg nicht. Eine dem Menschen eigene, sehr zentrale Frage lautet: „Was will ich eigentlich?" Und deren Beantwortung erfordert grundsätzlich massive geistige Kraft eines jeden einzelnen Individuums. Die Beantwortung dieser Frage spiegelt gleichzeitig auch eine grundsätzliche humanistische Annahme wieder: nämlich, dass der Mensch frei sei. Und auch weiterhin frei sein soll. Dieses nicht nur philosophische Gut ist in unserer Gesellschaft derart grundlegend, dass es sogar einen Platz in unserem Grundgesetz gefunden hat. Es findet seinen Ausdruck nicht zuletzt in der Unantastbarkeit der Würde des Menschen sowie der freien Entfaltung seiner Persönlichkeit. Das sind dieselben Grundlagen, aus denen das Bundesverfassungsgericht 1983 in seinem berühmten Volkszählungsurteil das Recht auf informationelle Selbstbestimmung abgeleitet hat. Führen wir diese Gedanken nun wieder zurück zu den Entwicklungen im digitalen Zeitalter, so stellen wir fest, dass die technologisch bestimmte Prägung unserer Kultur uns nicht nur entmündigt. Sie ist auch durchaus in der Lage, unsere Würde anzugreifen. Besonders deutlich wird das im Rahmen der Diskussion um eine digitale Ethik. Es wird davon gesprochen, ethische Algorithmen zu programmieren. Man diskutiert, wie man eine künstliche Intelligenz zu ethischen Entscheidungen befähigen könnte. Und begeht dabei den kapitalen Fehler, den zentralen Gegenstand der Ethik- und Moralphilosophie aus den Augen zu verlieren: das menschliche Handeln und Verhalten oder schlichtweg – den Menschen.

Die Ethik kann nur vom Menschen ausgehen. Es kann keine Maschinenethik in diesem Sinne geben. Jegliche ethische Überlegung hat vom Menschen auszugehen und sämtliche Technologie sowie deren Entwicklung ihm dienstbar zur Seite zu stellen. Der Nobelpreisträger Daniel Kahneman beschreibt in seinem Buch „Thinking, Fast and Slow" zwei menschliche Denk- und Handlungsmodi. Einerseits den schnellen Modus, der durch Heuristiken, Gewohnheiten, Instinkte oder einfach das Bauchgefühl geprägt ist. Er kommt im Grunde ständig zum Einsatz, unter anderem immer dann, wenn wir direkt mit Menschen zu tun haben oder alltägliche Handlungen vollziehen. Andererseits beschreibt er den langsamen Modus, der durch Nachdenken, Datensammeln, Abwägen und Logik geprägt ist. Er kommt dann zum Einsatz, wenn wir komplexe Sachverhalte durch Analyse und Schlussfolgern durchdringen und lösen wollen. In ebendiesem zweiten, langsamen Modus, kann uns Technologie wunderbar helfen, die richtigen Erkenntnisse schneller zu gewinnen. Hier ist Technologie ein wirkungsvoller Diener, der die menschliche Instanz deutlich leistungsfähiger macht. Beispiele wären etwa komplexe juristische Sachverhalte, wirtschaftliche Entscheidungen, Risikoabwägungen und dergleichen. Im Bereich des schnellen Denkens ist die Lage etwas komplizierter. Um nicht zu sagen, gefährlicher (Kahnemann 2012).

Die Bereiche, in denen Menschen direkt aufeinandertreffen, in denen Entscheidungen und Abwägungen in großem Maße vom Bauchgefühl abhängen, auf Vertrauen basieren, emotionale Komponenten haben oder schlichtweg mit Lust, Unlust und Launen zu tun haben, sind für den Menschen und dessen Entwicklung essenziell. Diese Entscheidungs- und Interaktionsdimensionen der Technologie zu überlassen, würde die Variable Mensch in unserer Freiheit und Entwicklung eliminieren. Unsere körperlich-geistige Anwesenheit wäre schlicht überflüssig und unsere Würde infrage gestellt. Dem Geist, seiner Emotionalität und seinen humanen Charakteristiken blieben schließlich nur die Dimensionen von Freizeit, Genuss und Konsum. Und dies entspricht keiner zeitgemäßen Idee des Menschen. Diese Ausführungen bilden bis hierher nur einen schmalen Auszug des Problemfeldes ab. Die mögliche und auch notwendige philosophische, soziologische und generell wissenschaftliche Auseinandersetzung wäre hier leicht zu führen. Sie entspricht jedoch nicht der Absicht dieses Kurzbeitrages. Denn der zentrale Vektor der ausgeführten Gedanken zielt auf die Rahmenbedingungen und Zusammenhänge von Bildung im digitalisierten Kontext.

Wir als Universität haben uns in unserer Gründung nicht zuletzt den Grundideen Wilhelm von Humboldts folgend der Bildung des Menschen verschrieben. Das impliziert, dass wir auch unsere Weiterentwicklung in diesem digitalen Kontext derart gestalten müssen, dass das humanistische Wesen nicht nur erhalten bleibt. Es muss auch aus dem digitalen Blickwinkel heraus neu betrachtet und zeitgemäß interpretiert werden. Die wesentliche Grundvoraussetzung dafür ist daher die kompromisslose vom Menschen ausgehenden Betrachtung. Jegliche Grundideen, sämtliche Entwicklungsschritte und erweiternden Ansätze haben stets dem Grundsatz zu folgen, die Freiheit des Menschen, seinen Willen und seine Würde angemessen und wirkungsvoll zu respektieren, zu schützen und einzubeziehen. Im Rahmen der Erschaffung unserer digitalisierten Universität haben wir uns für ein geschlossenes Plattformkonzept entschieden. Geschlossen in Bezug auf den Schutz der Persönlichkeit, der dazugehörigen Daten und Privatsphäre des Individuums. Diese Forderung zu erfüllen wäre ein Leichtes, indem man eine Blackbox erschafft, die keinerlei Möglichkeiten der Inspektion bietet und im Verborgenen ihr Ding macht. Alle anderen, davor bereits erwähnten Punkte und Dimensionen wären damit allerdings nicht bedacht. Um eine Plattform also unter ethischen Gesichtspunkten vom Menschen aus gedacht zu realisieren, muss sie zumindest für diesen transparent, beeinfluss- und kontrollierbar sein.

Das Studium an einer Universität soll dem Individuum als Zeitraum und Umwelt zur persönlichen Bildung dienen. Neben der Vorbereitung für das spätere Berufs- und Erwerbsleben ist besonders die Herausbildung der Persönlichkeit eine zentrale Dimension. Aufgabe der Technologie kann es also nicht sein, das Studium an sich zu vereinfachen oder gar zu einer passiven Berieselung werden zu lassen. Viele Gedanken in der heutigen Zeit gehen tatsächlich in diese Richtung. Bildung findet im Gehirn statt und schließt neben fachlichen Inhalten insbesondere auch soziale, emotionale, gesundheitliche, motivationale und schließlich auch ethisch-moralische Inhalte mit ein. Die Aufzählung ist nicht vollständig. Bildung bedeutet Entwicklung und Veränderung. Und diese können nur stattfinden, wenn Bildung anspruchsvoll ist. Daher ist die zentrale Aufgabe von Technologie, das Individuum dabei zu unterstützen, im Rahmen seines Willens und seiner Vorstellung seinen persönlichen Fokus auf eben diese anspruchsvollen Tätigkeiten zu richten. Die Möglichkeit, Einblicke in sämtliche Prozesse, Auswertungen und weitere Planungen zu haben, sind daher zwingende Voraussetzung für die nach ethischen Gesichtspunkten einwandfreie Konzeption einer Bildungstechnologie. Kategorische, den Entwicklungsprozess begleitende Fragen, sind daher „Was kann, was soll und was muss menschliche Dimension in der digitalen Bildung bleiben?"

Als Konsequenz aus dieser kurzen Abhandlung für die Entwicklung der Bildungsplattform ergeben sich damit unter anderem die folgenden Leitsätze.

- Die Verarbeitungsschritte, Ergebnisse und Erkenntnisse der eingesetzten Technologie müssen für das Individuum inspizierbar sein.
- Die Algorithmen und neuronalen Netze einer eingesetzten künstlichen Intelligenz müssen ebenfalls inspizierbar (inspectable) sein.
- Die Veränderlichkeit des menschlichen Willens (u. a. emotionale Komponente) muss berücksichtigt und im laufenden Prozess stets berücksichtigt sein.

Hierbei wird deutlich, dass der Mensch im Zentrum steht. Der Mensch ist nicht vollkommen und es ist, bzw. war auch nie seine Absicht, vollkommen zu sein. Dies würde viele seiner biologisch-humanistischen Grundlagen konterkarieren. Dies rechtfertigt auch den Einsatz technologisch weniger leistungsfähiger Technologie, wenn sie dafür aber aus ethischen Gesichtspunkten besser geeignet ist. Erfahrungsgemäß ist es immer eine Frage der Zeit, bis Technologie einen Entwicklungsstand erreicht hat, um bedenkenlos im menschlichen Umfeld eingesetzt werden zu können. Da wir im Bereich der Bildung Verantwortung für die Bildung menschlicher Persönlichkeit übernehmen, sind diese Grundlagen von fundamentaler Bedeutung.

Aus einem moralisch-ethischen Blickwinkel heraus kann argumentiert werden, dass Technologie im Bildungskontext nicht nur schneller, größer und weiter bedeuten kann. Sie muss grundsätzlich „gut" sein. Das bedeutet, sie muss dazu beitragen, das gesamte Bildungskonzept systematisch in Richtung „humanistisch gut" abzubilden, indem sie das „Menschliche" fördert und fordert. Gewiss bleibt der gesamte Text und insbesondere dieser Abschnitt einige Definitionen schuldig. Dies war auch nicht Absicht der kurzen Abhandlung, sondern soll Inhalt weiterer wissenschaftlicher Auseinandersetzung mit der Thematik sein. Insbesondere der Dokumentation der Plattformentwicklung sind zukünftig weitere Einzelheiten und Ausführungen zu entnehmen.

Dennoch soll an dieser Stelle auf zwei gewaltige Chancen im Zusammenhang mit digitaler Bildung verwiesen werden. Erstens: Um der bereits stattfindenden Entmündigung unserer Gesellschaft durch zunehmend autonome Technologie wirksam begegnen zu können, braucht es eine Art informationstechnische Grundkompetenz. Diese muss für jeden Menschen erwerbbar sein, möglichst früh in seiner Entwicklung. Mit dem Bildungs- und Forschungsfeld „Digital Sciences" ist hier ein Ansatz geschaffen, der eine solche Grundkompetenz maßgeblich entwickeln kann und sollte. Konkrete Ansätze dazu existieren und werden bereits entwickelt. Da hier eine besondere Relevanz für die gesellschaftliche Dimension besteht, ist eine Schwerpunktbildung klar berechtigt. Und zweitens: Wenngleich die digital-technische Entwicklung besonders im angelsächsischen Raum weit vorangeschritten ist, so sind doch die Wurzeln unseres westlichen Bildungskonzeptes hier in Deutschland zu finden. Und in diesem Zusammenhang stehen uns unsere humanistischen Denkansätze und -gewohnheiten einmal nicht im Wege. Vielmehr ermöglichen und verpflichten sie uns, den entscheidenden nächsten Schritt auf die nächsthöhere Entwicklungsstufe digitalisierter Bildung hier zu tun. Angemessen und genauso nachhaltig mit dem gegebenen Weitblick, wie es einst die Grundidee Wilhelm von Humboldts war. Sein Bildungs-IDEAL ist mit den heute zur Verfügung stehenden Möglichkeiten ein Bildungs-OPTIMAL, welches wir im Namen unserer eigenen menschlichen Zukunft hochhalten müssen. „IT-Grundkompetenz", „Humanistische Digitale Bildung" und „Ethics powered A.I." sind Begriffe, die heute schon „Made in Germany" sein können. Bedeutende Meilensteine auf dem Weg zu zeitgemäßer digitalisierter Bildung. Und das ist keine Kür, sondern Pflicht. Denn: Wenn nicht wir, wer dann?

## Literatur

Kahnemann, D. (2012). *Thinking, fast and slow*. London: Penguin.

**Florian Frank** ist Diplom-Sportwissenschaftler mit den Schwerpunkten Psychologie und Medizin. Die weitere Ausbildung in Psychologie und Therapie führten ihn schließlich in die akademische Lehre, wo er seine Faszination für digitale Technologie im Lehrkontext auf vielfältige Weise in die Praxis überführt. Sein Forschungsinteresse gilt besonders dem „digitalen Menschenbild" und der Entwicklung und Umsetzung digital gestützter Bildungsansätze sowie dem Einsatz digitaler Medien im Unterricht. Weiterhin sammelte er in über 10 Jahren als Offizier der deutschen Streitkräfte vielfältige praktische Führungserfahrung. Als Consultant für Führungskräfte und strategische Unternehmensfragen gibt er sein Wissen und Können im herausfordernden Feld von Kommunikation, Führung und Personalentwicklung im Rahmen digitaler Transformation weiter.

# Digitale Kompetenz – Handlungsoptionen und Perspektiven

## Mike Friedrichsen und Wulf Wersig

Das Ziel dieses Buches ist die Vermittlung des Eindrucks von der Breite und Vielfältigkeit der Einschätzungen namhafter und kompetenter Vertreter/-innen aus Wissenschaft und Hochschule, Politik, Wirtschaft, Verbänden/Organisationen/Stiftungen und Gesellschaft zum Thema „Digitale Kompetenz". Das Spektrum der Sichtweisen und die Unterschiedlichkeit der Prioritätensetzung in der Argumentation – wie aber auch teilweise bemerkenswerte Übereinstimmungen – bestätigen zum einen bereits verankerte Erkenntnisse, eröffnen zum anderen aber sicherlich auch neue Blickwinkel und bieten Anlass zum Überdenken eigener Positionen. Vier grundsätzliche Statements zur digitalen Kompetenz lassen sich hervorheben:

- **Grundlegende Digitalkompetenz:** Das Verständnis von Digitalisierung muss in einer aufgeklärten Gesellschaft so selbstverständlich sein wie Lesen, Rechnen und Schreiben als Grundkompetenzen einer liberalen bürgerlichen Gesellschaft (siehe Beitrag Meinel (Kap. „Digitale Kompetenzen und Schulbildung")).
- **Querschnittsfähigkeiten:** Digitalkompetenzen sind Querschnittsfähigkeiten, die in allen zukünftig relevanten Berufsfeldern, Arbeitsbereichen sowie Kreativberufen notwendig sein werden (siehe Beitrag Friedrichsen (Kap. „Notwendiger Paradigmenwechsel an Hochschulen – das Beispiel UDS")).

---

M. Friedrichsen (✉)
University of Digital Science (UDS Berlin), Berlin, Deutschland

Stuttgart Media University, Stuttgart, Deutschland
E-Mail: mike.friedrichsen@uds.berlin

W. Wersig
University of Digital Science (UDS Berlin), Berlin, Deutschland
E-Mail: wulf.wersig@digitalscience.foundation

© Springer Fachmedien Wiesbaden GmbH, ein Teil von Springer Nature 2020
M. Friedrichsen, W. Wersig (Hrsg.), *Digitale Kompetenz*, Synapsen im digitalen Informations- und Kommunikationsnetzwerk,
https://doi.org/10.1007/978-3-658-22109-6_34

- **Digitalisierung von oben:** Digitalisierung muss gewollt sein, nicht nur geduldet. Digitale Führung beinhaltet, sich infrage zu stellen und das Tabu um die organisatorische Zementierung der eigenen Hierarchie zu entlarven (siehe Beitrag Woydt (Kap. „Führung und Strategieentwicklung im Spannungsfeld der Digitalisierung")).
- **Nicht jeder ein Nerd:** Nicht jedes Mitglied der Gesellschaft muss zum Nerd mutieren, das muss ebenso selbstverständlich sein wie die Gewissheit, dass neue digitale Qualifikationen zur Teilhabe am beruflichen und gesellschaftlichen Leben erworben werden müssen (siehe Beitrag Friedrichsen und Wersig (Kap. „Digitale Kompetenz – Notwendigkeit und Kerngedanken")).

Die Auswirkungen auf die Organisationsstruktur und das Handeln in Unternehmen sind deutlich herausgearbeitet worden. „Auch der Chef von heute wird sich zum Digital Leader entwickeln müssen" (siehe Beitrag Rabe und Falkenberg (Kap. „Der Schlüssel zur wirtschaftlichen Zukunft Deutschlands: Digitale Kompetenzen für alle")), genauso, wie „die Thematik des digitalen Wandels zügig und systematisch in den schulischen Alltag gebracht werden muss" (siehe Beitrag Vater (Kap. „Kompetenzen für das digitale Zeitalter schaffen")). Anders ausgedrückt: „Digitalisierung muss von oben beginnen", aber unten ansetzen. Da wir schon lange mitten im Prozess sind, ist jedoch auch das große Delta zwischen „oben" und „unten" einzubeziehen – eine große Herausforderung für Aus-, Fort- und Weiterbildung! Tatsächlich also ist unsere ganze Gesellschaft – horizontal wie vertikal – vom digitalen Wandel betroffen und genau so wenig, wie ein Nichtwähler sich den Folgen seiner Inaktivität entziehen kann, entgeht ein „Digitalverweigerer" dem Lauf der gesellschaftlichen Veränderung. Die Frage ist eben nur, in welcher Weise und mit welcher Geschwindigkeit sich die Gesellschaft verändert und – interdependent – welche Formen die Geschäftsprozesse annehmen, gerade auch durch die Entwicklung der Einflussmöglichkeiten „künstlicher Intelligenz" (KI).

Jedenfalls ist es unsere Pflicht als (digital) mündige Bürger, uns nicht gedanken- und willenlos, verängstigt oder naiv hoffnungsfroh – jedenfalls tatenlos – einer digital bestimmten Veränderung zu unterwerfen, sondern in unseren Umfeldern mitzugestalten, soweit es in unseren Kräften liegt!

Dass digitale Spezialisten allerorten in Betrieben und Institutionen benötigt werden, steht außer Frage. Dass aber nicht jedes Mitglied der Gesellschaft zum Nerd mutieren muss, dürfte genauso selbstverständlich sein, wie die Gewissheit, dass neue Qualifikationen zur Teilhabe am beruflichen und gesellschaftlichen Leben erworben werden müssen, für die es bisher keine Curricula gab. Somit wird sich der ganze Bereich der Aus-, Fort- und Weiterbildung verändern (müssen) und wir sind gut beraten, der sich so oder so vollziehenden Entwicklung nicht hinterher zu laufen, sondern uns an die Spitze der Bewegung zu stellen.

Es gilt, Spekulationen und Mutmaßungen, durch die diffuse Ängste und Hoffnungen geschürt werden, mit fachgerechten Antworten zu begegnen und ein solides Fundament der verifizierbaren „Wahrheit" zur Erkenntnisgewinnung zu schaffen, d. h., auf neuem Terrain „Wissen zu schaffen". „Wenn Neuronale Netze keine wissenschaftlichen

Arbeitsprinzipien erlernen oder in diese eingebunden werden können, dann hat die neue Digitalwissenschaft eine große, wegweisende Aufgabe: Die Schaffung von Standards wissenschaftlichen Arbeitens im digitalen Bereich" (siehe Beitrag Schönebeck und van der Meer (Kap. „Die Cloud als Höheres Wesen? Digitale Psychologie")).

Die klassische Allgemeinbildung ist also auch in Zeiten der Digitalisierung unverzichtbar. Sie ist integraler Bestandteil der digitalen Kompetenz (siehe Beitrag Köchler (Kap. „Selbstbestimmtes Handeln im Digitalzeitalter – Philosophische und anthropologische Überlegungen")). Deutschland benötigt einen massiven Schub für das Lernen und Lehren an den Schulen und Hochschulen, um nicht den internationalen Anschluss zu verpassen. Die Grundlage für ein Leben in einer digitalen Welt ist durch eine informatische Bildung zu gewährleisten. Informatik ist als Fachdisziplin im Bildungswesen zu etablieren. Bereits in der Schule, sowohl in der allgemeinbildenden als auch in der berufsbildenden Schule, sind Einsatz und Nutzung von Informationstechniken als kulturelle Basisfertigkeiten zu vermitteln. Die digitalen Medien sind in das Bildungssystem, in den Fächerkanon zu integrieren mit dem Leitziel, Medienkompetenz herauszubilden und damit das Bildungssystem zukunftsfähig zu machen. Hierbei sind die Verfügbarkeit moderner Informationstechniken und der fehlerfreie Umgang mit ihnen eine notwendige Voraussetzung, um Medienkompetenz zu vermitteln (siehe Beitrag Busch (Kap. „Digitale Medien – Zugang zu einer neuen Welt")).

Auf jeden Fall ist es an der Zeit, die neue Dimension der Vergegenständlichung von Träumen durch Digitalisierung im virtuellen Raum mit den immer mehr ineinander fließenden Übergängen von Mensch und Maschine, biologischen und technischen neuronalen Netzen und einer möglichen künstlichen Intelligenz mit Synapsen zwischen Menschen und Programmen, intelligenten Sensoren und Echtzeit-Entscheidungsalgorithmen zum Gegenstand einer neuen Wissenschaft zu machen – der **Digitalwissenschaft** (Digital Science, siehe dazu den Beitrag Schönebeck und van der Meer (Kap. „Die Cloud als Höheres Wesen? Digitale Psychologie")).

Nach einer Auswertung der Initiative „IKT für die Arbeit: digitale Kompetenzen am Arbeitsplatz" (Abolhassan 2016) erfordern schätzungsweise 90 % der heutigen Arbeitsplätze zumindest digitale Grundkenntnisse und Fertigkeiten. Obwohl fortgeschrittene digitale Kompetenzen insbesondere bei Forschern erforderlich sind, verfügen drei von vier Forschern nicht über die notwendigen Fähigkeiten im Umgang mit Open Access oder Open Data, welche digitale Werkzeuge für zahlreiche Innovationsprojekte sind (siehe Beitrag Tauber).

Digitale Kompetenz umfasst Kulturveränderung und Persönlichkeitsentwicklung. HR-Management in Sachen Weiterbildung eigener Mitarbeiter/-innen ist eine wesentliche strategische Herausforderung (siehe Beitrag Radermacher (Kap. „Digital Excellence: Innovation plus Management-Kompetenz")). So ist das Verstehen des Aufbaus eines Programmiercodes und die grundsätzliche Logik dahinter Grundlage dafür, komplexe Systeme schneller zu erfassen sowie kritisch und lösungsorientiert zu denken. Solch ein vertieftes Verständnis hilft auch, komplexe Zusammenhänge in überschaubare Einheiten zu unterteilen und Daten zu analysieren und zu interpretieren sowie logische Verbindungen herzustellen. Hier ist die Politik dringend gefragt. Indem sie Lehrenden als ihren im Landesdienst tätigen Mitarbeiter/-innen entsprechende Weiterbildungen vorgibt, kann die Thematik des digitalen Wandels zügig und systematisch in den schulischen Alltag integriert werden (siehe Beitrag Vater (Kap. „Kompetenzen für das digitale Zeitalter schaffen")).

Es geht also nicht darum, einen „Lehrplan der Zukunft" zu entwerfen, sondern für die Zukunft der Menschen einen Plan zu entwickeln, in dem das Einpauken durch das gemeinsame Erproben ersetzt, die Last der Wissensvermittlung von der Lust am Erkenntnisgewinn vertrieben, das Spruchdenken durch die Herausforderung, durch den Widerspruch abgelöst werden (siehe Beitrag Siegert (Kap. „Leibniz, Labs & Leapfrogging Prolegomena einer Pädagogik in postdigitalen Zeiten")).

Die Arbeitswelt ist derzeit von starken Veränderungsprozessen geprägt. Insbesondere die Digitalisierung und Vernetzung von Arbeitsprozessen wird intensiv diskutiert. Aber auch andere Faktoren treiben den Veränderungsprozess voran. Diese Umweltfaktoren können Unternehmen kaum selbst beeinflussen. Sie resultieren aus kulturbedingten, politischen, volkswirtschaftlichen und vor allem technischen Entwicklungen, die zu neuen Konstellationen des Marktes führen und Verhaltensänderungen von Menschen zur Konsequenz haben können. Ihre Wirkung auf Unter-nehmen ist verschieden stark, aber nicht generell zu vermeiden. Welche Einflussfaktoren für ein Unternehmen relevant sind und welche Wirkungskraft diese haben, muss letztlich jedes Unternehmen für sich selbst beurteilen (vgl. Göhring und Niemeier 2016). Es lassen sich allerdings sieben Faktoren benennen, die den Arbeitsplatz der Zukunft prägen werden:

**Demografischer Wandel**
Der demografische Wandel ist ein wichtiger Faktor, der den Arbeitsplatz der Zukunft prägt. Er gibt Informationen darüber, welche Menschen mit welchen spezifischen Eigenschaften Teil des Arbeitsplatzes der Zukunft sein werden. Grundsätzlich ist festzuhalten, dass jeder Mensch sich eigenständig entwickelt. Jedes Individuum hat eigene Werte und Ziele, von denen es geprägt wird. Die Einteilung in unterschiedliche Generationen hilft dabei nur, Hauptmerkmale zu identifizieren und zusammenzufassen.

Die **Generation der Babyboomer** zeichnet sich durch die geburtenstarken Jahrgänge aus, welche nach dem zweiten Weltkrieg einzuordnen sind. Die Babyboomer sind heute zwischen 50 und 60 Jahre alt und umfassen die größte Population von allen oben dargestellten Generationen. Die Generation wird als erfolgreich und liberal charakterisiert und möchte langsam wieder ruhiger werden. Dies ist darauf zurückzuführen, dass die Babyboomer sich bereits dem wohl verdienten Ruhestand nähern. Sie haben die Arbeit zum Mittelpunkt ihres Lebens gemacht und der Begriff „Workaholic" wurde durch diese Generation geprägt.

Die Mitglieder der **Generation X** sind heute zwischen Ende 30 und 50 Jahre alt und werden als individualistisch, ambitioniert und ehrgeizig charakterisiert. Das berufliche Vorankommen ist bei der Jobsuche das Wichtigste. Die Generation X ist gut ausgebildet und arbeitet, um sich ein finanziell abgesichertes Leben zu ermöglichen. Im Gegensatz zu der vorhergehenden Generation, den Babyboomern, hat die Arbeit für die Generation X nicht Priorität vor allem anderen, sondern ist vielmehr Mittel zum Zweck.

Die Generation, die heute wohl am besten erforscht ist, ist **Generation Y**. Sie strömt derzeit auf den Arbeitsmarkt und stellt ganz spezielle Anforderungen an Unternehmen. Größter Anspruch an die Arbeit ist für sie, dass sie sinnvoll erscheint und Abwechslung bietet. Die Mitglieder der Generation Y legen dabei sehr viel Wert auf Selbstverwirklichung, wobei die Teamfähigkeit jedoch nicht zu kurz kommt. Sowohl offline als auch in der virtuellen Welt zeichnet sich die Generation durch eine exzellente Vernetzung aus. Das Internet sowie der Umgang damit sind für sie Normalität und gehören zum Lebensalltag. Die Generation Y sind die Ersten, die mit Kommunikationstechnologien aufgewachsen sind und die Ersten, die als Digital Natives benannt werden dürfen (vgl. Meyer 2016). Projektarbeit ist die Paradedisziplin der Generation Y. Nicht nur im Job, sondern auch darüber hinaus engagieren sie sich oft in eigenen Projekten. Es findet somit keine strikte Trennung mehr zwischen Arbeit und Privatleben statt – die Bereiche verschmelzen und ergänzen sich zunehmend. Sehr viel Wert legt die Generation Y dennoch auf Freiraum für Privates nach dem Motto Work-Life-Balance. Die Generation Y will private Angelegenheiten auch mal während der Arbeitszeit regeln können, ist im Gegenzug aber auch dazu bereit, bei Bedarf außerhalb der regulären Arbeitszeit zu arbeiten.

Die **Generation Z** wird von den heutigen Jugendlichen, welche in den kommenden Jahren in den Arbeitsmarkt eintreten, gebildet. Sie repräsentiert die Generation, welche seit frühster Kindheit mit digitalen Technologien aufgewachsen ist. Smartphones und das Internet gehören zu ihrem Alltag selbstverständlich dazu, sowohl im Privatleben als auch am Arbeitsplatz. Die Generation Z differenziert im Gegensatz zur Generation Y wieder mehr zwischen Privatleben und Arbeit. Klare Strukturen und feste Abgrenzungen sind wieder erstrebenswert. Ihre Vertreter/-innen suchen Selbstverwirklichung nicht mehr nur im Arbeitsumfeld, sondern hauptsächlich in der Freizeit und im Speziellen in sozialen Kontakten. Dabei gibt es keine klaren Grenzen mehr zwischen real und virtuell, der Kontakt mit Sympathisanten der gleichen Medien findet unentwegt statt. Das bildet sich auch in den Werten dieser Generation Z ab. Sie haben ein großes Bedürfnis nach freier Entfaltung, sind sich aber auch über ihre unsichere Zukunft im Klaren. Den Wohlstand, den sie noch von der Generation ihrer Eltern her kennen, werden sie nicht erreichen können. Dafür genießen sie den Vorteil der freien, ungebremsten Entfaltung nach allen Richtungen. Bei Vielen ist eine innere Rastlosigkeit und ein Ausprobieren der eigenen Fähigkeiten die Konsequenz.

Ein weiterer Aspekt des demografischen Wandels ist, dass das Arbeitskräfteangebot in Deutschland rückläufig ist. Berechnungen des Instituts für Arbeitsmarkt- und Berufsforschung (IAB) zeigen einen deutlichen Rückgang des Erwerbspotenzials. Dies umfasst alle Menschen, die eine Erwerbstätigkeit ausüben oder eine solche aufnehmen können. Im Jahr 2010 umfasste das Erwerbspotenzial rund 44,7 Mio., im Jahr 2015 rund 41 Mio. und im Jahr 2050 wird es auf etwa 32,4 Mio. Menschen prognostiziert. Die Rente mit 67, steigende Erwerbsquoten sowie ein Wanderungssaldo von 100.000 Personen im Jahr sind dabei Voraussetzung. Inländische Reserven von Personal werden mit begrenzter Kapazität bei Älteren und Frauen gesehen. Sie können den Rückgang des Erwerbspotenzials jedoch nur zum Teil kompensieren (vgl. IAB 2011).

Im Bereich des benötigten Volumens von Arbeitskräften, welche einen hohen Bildungsabschluss haben, wird ein Anstieg von 11 Mrd. Stunden im Jahr 2010 auf circa 13 Mrd. Stunden im Jahr 2030 prognostiziert. Die Statistik legt nahe, dass sich zukünftig viele – vor allem die gut ausgebildeten Menschen – ihren Arbeitsplatz nach persönlichen Kriterien werden aussuchen können (vgl. Fraunhofer IAO 2013).

**Globalisierung**

Die Welt wird zunehmend vernetzter. Noch nie zuvor hat so viel Handel, Kommunikation und Politik über Ländergrenzen hinweg stattgefunden. Aus diesem Grund stellt die Globalisierung ebenfalls einen großen Einflussfaktor auf den Arbeitsplatz dar. Moderne Massenmedien und Kommunikationstechnologien wie Fernsehen, Telefon, Radio und natürlich das Internet sind heute fast überall Standard. Eine Folge davon ist, dass sich Informationen zu sehr niedrigen Preisen und nahezu ohne Zeitverlust weltweit versenden lassen. Außerdem haben sich die Transportkosten für Güter in den letzten 80 Jahren um über die Hälfte reduziert (vgl. Künzel 2010). Diese Entwicklungen sind vom technischen Fortschritt getrieben. Dabei sind vor allem die Mikroelektronik, der Ausbau von Computer- und Satellitennetzen und die Telekommunikation zu nennen. Jedoch brachte auch die Öffnung der Märkte die Globalisierung voran. Seit Beginn der 80er-Jahre haben vor allem die wohlhabenden Länder dafür gesorgt, dass auf der ganzen Welt Handelshindernisse wie zum Beispiel Zölle, Einfuhrverbote und Einfuhrquoten beseitigt werden – wenn auch zurzeit (USA-China, Brexit) rückläufige Tendenzen zu beobachten sind. Die Öffnung der Märkte, die neuen Technologien und das Fallen der Transportkosten haben somit dafür gesorgt, dass es sich für Unternehmen lohnt, global zu verkaufen und zu produzieren. Die Anzahl der transnationalen Unternehmen ist seit 1969 von 10.000 auf über 100.000 Unternehmen angestiegen.

Für die Arbeitswelt bedeutet das, dass immer mehr Menschen über verschiedene Zeitzonen und Kulturen hinweg zusammenarbeiten. Dabei werden Tools, mit denen Unternehmen ihre Tätigkeitsfelder und die Zusammenarbeit der Mitarbeiter/-innen über räumliche und zeitliche Distanzen hinweg ermöglichen können, immer bedeutender. Der Erfolg von Unternehmen hängt ganz stark davon ab, wie sie eine Kultur der Zusammenarbeit schaffen und dabei ihren Mitarbeitern den Freiraum lassen, sich für die Nutzung eines individuell passenden Tools zu entscheiden – egal ob Telefon, E-Mail, Social Media oder Content- und Video-Sharing. Speziell die visuelle Kommunikation wird in den nächsten Jahren weiter an Bedeutung gewinnen und einen Beitrag dazu leisten, dass Grenzen in der Kommunikation überwunden werden (vgl. Lloyd 2015).

**Individualisierung**

Deutschland erfährt, wie einige andere moderne Gesellschaften im 21. Jahrhundert auch, eine immer stärkere Individualisierung. In allen möglichen Lebensbereichen stehen Menschen einer immer größer werdenden Anzahl an Optionen gegenüber. Diese verschiedenen

Wahlmöglichkeiten haben zur Folge, dass Selbstverwirklichung und Selbstfindung leichter zu realisieren sind und eine bedeutende Rolle im Leben einnehmen. Heute und in Zukunft können und müssen sich Menschen ihren Lebensweg selber suchen. Individuelle Wünsche werden damit so wichtig wie noch nie zuvor. Tradierte Normen und Regeln verlieren zunehmend an Bedeutung. Die vorhandene Vielfalt der Möglichkeiten führt aber dazu, dass eine Prognose über Entwicklungen immer komplexer und schwieriger wird (vgl. Rump und Walter 2013). Individualisierung kann demnach folgendermaßen definiert werden: Unter Individualisierung kann die Entwicklung eines Menschen verstanden werden, der im Lauf seiner Biografie ein ganz persönliches Bild seines Umfeldes und seiner selbst sowie der daraus folgenden Prioritäten im Hinblick auf Werte und Verhaltensweisen definiert.

Individualisierung bedeutet nicht – darüber sind sich Experten weitgehend einig – dass die Menschen vereinsamen oder sich in Nischen zurückziehen. Der Begriff Individualisierung sollte keinesfalls negativ belastet werden, wie etwa als Werteverfall. Folgende Merkmale sind für die Individualisierung charakteristisch: Kultur der Revision (d. h. Entscheidungen bezüglich des Berufs, (Ehe)partners oder Wohnorts lassen sich jederzeit revidieren), Entwicklung immer vielfältigerer Rollenmodelle, Lebenswelten und biografischer Muster, Verhandelbarkeit und Verhandlungszwang, Steuerung verschiedener Lebensgeschwindigkeiten, Ablösung oder Ergänzung verordneter und gesetzter Bindungen durch selbstbestimmte Bindungen (d. h. Freunde dominieren im Vergleich zur Familie). Insbesondere der letzte Punkt hat zur Folge, dass Menschen eine veränderte Haltung in Bezug auf soziales, politisches oder religiöses Engagement einnehmen.

Dabei ist festzustellen, dass sich insbesondere jüngere Menschen immer seltener von Organisationsformen oder kollektiven Mustern ansprechen lassen, die mit einer dauerhaften Bindung einhergehen. Das bedeutet, die Mitgliedschaft in Parteien, Gemeinden oder Vereinen wird oftmals als zu hierarchisch und zu starr (örtlich, inhaltlich und zeitlich) empfunden, da sie nicht einer individualisierten und flexiblen Lebensweise entspricht. Dabei kann aber nicht automatisch davon ausgegangen werden, dass das soziale Engagement zukünftig abnimmt. Der Hauptgrund für Engagement ist das Gefühl des „Gebraucht-Werdens" und der sozialen Zugehörigkeit. Dadurch motiviert, setzten sich Menschen für konkrete Projekte ein, die einen individuellen Bezug aufweisen.

**Wissens- und Innovationsgesellschaft**
Die Zeitspanne für die nutzbringende Verwertbarkeit von Wissen sinkt rasant, denn Wissen ist immer schneller überholt. Das gilt umso mehr, je spezieller das Wissen ist. Dadurch, dass sich Wissen stetig vermehrt und zunehmend kurzlebiger wird, wird eine Spezialisierung von Wissen herbeigeführt. Vor 200 Jahren verfügte ein Universalgelehrter noch über einen Gesamtüberblick aller Forschungsgebiete. Heute gestaltet sich bereits das Überschauen von einzelnen Wissensgebieten sowie deren jüngsten Entwicklungen schwierig. „Wissen ist der erste Rohstoff, der sich bei Gebrauch vermehrt" (Brand eins 2009). Man darf die Arbeitswelt jedoch nicht als einheitliches Gebilde betrachten. Der Arbeitsmarkt kann gedanklich in zwei Teilbereiche gegliedert werden. In dem einen Teil des

Arbeitsmarktes sind Arbeitsplätze sowie Arbeitsbedingungen durch fortschreitende Standardisierung und Rationalisierung gekennzeichnet. Dazu gehören Routinearbeiten und Arbeitsverdichtung zum Alltag. Dem Druck, dass man immer noch billiger und schneller sein möchte, wird durch Prozessoptimierung Rechnung getragen. Im anderen Teil des Arbeitsmarktes spielen Kompetenzen und Wissen in Kombination mit ausgeprägter Schnelligkeit, Wendigkeit und Flexibilität eine maßgebliche Rolle. Arbeitsplätze sowie Arbeitsbedingungen gehen hier mit einer hohen Wissensintensität und Komplexität einher (vgl. Eilers und Rump 2013).

Es ist jedoch ganz egal, in welchem der beiden Teile des Arbeitsmarktes jemand tätig ist, ein hohes Maß an Wissen und Kompetenz gilt als Basiswerkzeug für die Arbeit. Dies ist ein Indikator für das Bestehen einer Wissensgesellschaft. Das Humankapital, bestehend aus Kompetenzen, Fähigkeiten, Motivation und Wissen der Mitarbeiter/-innen, bildet die Basis für Innovationen, welche für Unternehmen von dringender Notwendigkeit sind, um auf einem immer komplexer und vielfältiger werdenden Markt bestehen und die immer wissensintensiver werdenden Strukturen, Systeme und Prozesse beherrschen zu können. Kompetenzen und Wissen, da sind sich Experten einig, werden in absehbarer Zeit der Produktionsfaktor Nummer eins sein. Dieser Wandel dürfte im Dienstleistungsbereich bereits vollzogen sein. Die Produktivitätszuwächse resultierten vor 20 Jahren zu 50 Prozent aus der Verwendung von Wissen. Heute sind es bereits 80 Prozent. In den nächsten 20 Jahren soll dieser Anteil auf 90 Prozent anwachsen. Schätzungen ergeben, dass im Jahr 2020 circa 75 Prozent der Arbeit aus Wissensarbeit bestehen wird (vgl. Eilers und Rump 2013).

Für jeden einzelnen Arbeitnehmer ist es daher von immenser Bedeutung, sich das gesamte Arbeitsleben hinweg auf einem aktuellen und auf hohem Niveau basierenden Wissensstand zu halten. Neben technischem und fachlichem Wissen zählen hierzu auch Soft Skills und die Persönlichkeit eines Menschen. Unter dem Begriff Beschäftigungsfähigkeit (Employability) werden diese erfolgskritischen Kernkompetenzen zusammengefasst. Herausfordernd ist dabei zum einen, an der Beschäftigungsfähigkeit kontinuierlich zu arbeiten und in Bewegung zu bleiben, zum anderen aber auch, die Balance zu wahren und sich nicht zu überlasten.

**Digitalisierung**

Die Digitalisierung der Gesellschaft und der Wirtschaft kann auch als „digitale Revolution" benannt werden. Ähnlich wie die industrielle Revolution des 19. Jahrhunderts, hat auch die digitale Revolution weitreichende Auswirkungen (Abolhassan 2016).

Der Begriff der Digitalisierung ist allgegenwärtig, doch die Definition bleibt zumeist im Verborgenen. Unter Digitalisierung in der Wirtschaft versteht man den Einsatz von digitalen Technologien und Tools durch Unternehmen, um das Leistungsportfolio, das Operating Modell sowie das Geschäftsmodell zu digitalisieren. Entsprechend entstehen folgende Vorteile für Unternehmen (vgl. Esser 2014): Umsatzsteigerung durch das Angebot neuer digitaler Services und Produkte, Verbesserung des Kundenerlebnisses, womit eine

Erhöhung der Kundenbindung und Senkung der Kosten einhergeht sowie Effizienzsteigerung im Unternehmen.

Für den Arbeitsplatz spielt jedoch vor allem die Digitalisierung der Gesellschaft eine wichtige Rolle. Diese charakterisiert sich durch einen irreversiblen Wandel aller sozialen Interaktionsmuster und gesellschaftlichen Lebensbereiche, welcher durch innovative Technologien hervorgerufen wird. Die Digitalisierung des weltweiten Informationsaufkommens (Daten), die mittels eines technologischen innovativen Prozesses ermöglicht wird, steht dabei im Zentrum dieses Veränderungsprozesses.

Dieser macht es möglich, Medieninhalte wie Bild, Text, Video oder Audio in einen Binärcode umzuwandeln und sie auf diese Weise für die elektronische Verarbeitung bereitzustellen. Ergänzt wird dies durch das Internet als Konvergenzraum und globales Kommunikationsnetzwerk. Dadurch wird es ermöglicht, alle bisherigen, von diesem Zeitpunkt an digitalisierten Medieninhalte weltweit und in Echtzeit für zahllose Nutzer zur Verfügung zu stellen. Dabei verlieren analoge Medienprodukte ihre Trägermedien und das führt zu einer grundlegenden Veränderung der Informations- und Kommunikationsprozesse.

Für die Gesellschaft gewinnt das Internet als Unterhaltungs- und Informationsmedium zunehmend an Bedeutung. Auch im Arbeitsbereich ist bei der Nutzung des Internets ein deutlicher Anstieg zu vernehmen. Ebenso ist die App-Nutzung in den letzten Jahren rasant angestiegen. Der Alltag und die sozialen Kontakte werden immer häufiger über Social Media und Apps gesteuert. Je weiter die Digitalisierung fortschreitet, desto mehr wächst auch die kontinuierlich produzierte Datenmenge. Diese Massen an Daten sinnvoll zu verarbeiten ist eine der bedeutendsten Herausforderungen für Unternehmen.

**IT-Sicherheit**
Damit eng verbunden ist das Thema Cyber Security. Wie bereits festgestellt, ist die Digitalisierung ein wichtiger Faktor im Hinblick auf den Unternehmenserfolg. Der zunehmende Fokus darauf bringt ohne Zweifel immense Vorteile, birgt für Unternehmen jedoch auch einige Risiken, wie die Gefahr des Datendiebstahls oder gezielter Cyberattacken. Hier entsteht für Unternehmen ein erhöhter Handlungsbedarf, denn der Schutz der eigenen IT-Infrastruktur und der vorhandenen Unternehmensdaten sind bedeutender als jemals zuvor. Investitionen in diese Schutzmaßnahmen sind enorm wichtig für die Wettbewerbsposition eines Unternehmens. Vor allem das Speichern und der Austausch von sensiblen Unternehmensdaten zwingen Unternehmen zu einem ausgeklügelten Sicherheitskonzept. Ansonsten kann sich die Digitalisierung rasant vom Segen zum Fluch entwickeln.

Neue Arbeitskonzepte wie *Bring Your Own Device* (BYOD) stellen die Verantwortlichen für die IT-Sicherheit ebenfalls vor große Herausforderungen. Dies betrifft einerseits den Umgang mit Unternehmensdaten, wie beispielsweise kundenspezifische Informationen und E-Mails, und andererseits den Zugriff von privaten Endgeräten der Arbeitnehmer auf das Firmennetzwerk.

**Urbanisierung**
Unter Urbanisierung versteht man die Ausbreitung von städtischen Lebensformen. Dies umfasst die physische Urbanisierung, d. h. das Wachstum von Städten sowie die funktionale Urbanisierung, unter der das veränderte Verhalten der Einwohner von ländlichen Gegenden zu verstehen ist. Die Urbanisierung schreitet stetig voran. Es wird davon ausgegangen, dass sich im Jahr 2050 fast 70 Prozent der Gesamtbevölkerung in Städten ansiedeln wird. Momentan liegt diese Quote zum Vergleich bei rund 50 Prozent. Besonders deutlich wird der Trend der Urbanisierung in den Entwicklungs- und Schwellenländern. Bereits für dieses Jahrzehnt wird prognostiziert, dass sich alleine in Indien und China insgesamt elf weitere Megacities entwickeln. Unter Megacities fallen Städte mit jeweils über zehn Mio. Einwohnern. Die Veränderungen durch die Urbanisierung stellen Städte vor gewaltige Herausforderungen. Besonders der verstärkte Verbrauch von Ressourcen und die bereits zum Teil überschrittenen Kapazitäten der vorhandenen Infrastruktur werden in Zukunft ein enorm wichtiges Thema werden. Dazu kommen dann noch die Herausforderungen im Hinblick auf steigende Nachfrage nach Wohnraum, steigende Abfallmengen, verstärkte Lärmbelästigung und steigenden Energieverbrauch sowie die damit zusammenhängende Luftverschmutzung.

Die Auswirkungen dieser Einflussfaktoren auf den Arbeitsplatz der Zukunft und auf die Schaffung von digitalen Kompetenzen werden in Abb. 34.1 zusammengefasst.

Die globale Vernetzung und die Digitalisierung machen die Arbeits- und Geschäftswelt immer komplexer. Die permanenten und immer schnelleren Änderungen der Marktanforderungen haben zur Folge, dass es für Unternehmen immer wichtiger wird, sich in kürzester Zeit an veränderte Voraussetzungen anpassen zu können. Dafür sind agile Prozesse und flexible Strukturen notwendig.

Zwei Grundvoraussetzungen sind dafür zwingend erforderlich. Zum einen eine passende Unternehmens- und Führungskultur, welche es den Mitarbeiter/-innen gestatten, agil und schnell zu sein und zum anderen eine IT, welche diese Kultur fördert und sich ebenso schnell und flexibel an neue Bedingungen anpasst. Oftmals ist es jedoch noch so, dass die Agilität der Arbeitnehmer durch die Software eher gebremst als gefördert wird. Ein Beispiel dafür ist, wenn veränderte Prozesse nicht anpassbar sind, sich neue Anforderungen nicht verwirklichen lassen oder die Kommunikationsmöglichkeiten zu inflexibel sind.

Die Möglichkeiten der Digitalisierung, welche uns heute schon zur Verfügung stehen, verändern zwangsläufig viele Bereiche der Arbeitswelt. Kommunikation ist mobil sowie über große Bandbreiten realisierbar und Informationen stehen immer und überall zur Verfügung. Diese Möglichkeiten sollten im Sinne der Mitarbeiter und des Unternehmens voll ausgeschöpft werden. Arbeitnehmer wollen flexible Arbeits- und Arbeitszeitmodelle, um Arbeit und die aktuelle Lebenssituation besser miteinander vereinbaren zu können. Die Unternehmen werden dabei keine Wahlmöglichkeit haben, ob sie diesen neuen Modellen

# Digitale Kompetenz – Handlungsoptionen und Perspektiven

| Einflussfaktoren | Auswirkungen auf den Arbeitsplatz der Zukunft |
|---|---|
| Demografischer Wandel | • Bedürfnisse unterschiedlicher Generationen (neue Lebensstile, Modelle und Wertewandel)<br>• Wunsch nach Flexibilität bei der Arbeit steigt (wann, wo, wie)<br>• Der technische Fortschritt ermöglicht neue Lösungen für die Umsetzung der Flexibilität<br>• Die Erwartungshaltung der Generation Y hinsichtlich digitialer Zusatzangebote und interaktiver Elemente muss erfüllt werden<br>• Barrieren zwischen jung und alt müssen reduziert werden (Vermeidung Generationenkonflikt)<br>• Flexibilität darf nicht zu einer Benachteiligung führen<br>• Chancen des demografischen Wandels nutzen |
| Globalisierung | • Technologische Unterstützung bei der Kommunikation und Zusammenarbeit von globalen Teams<br>• Flexibilität, Mitarbeiter/-innen können unabhängig von Raum, Zeit und Ort effizient arbeiten |
| Individualisierung | • Wunsch nach Anpassung an persönliche Bedürfnisse und maximale Differenzierung<br>• Wertewandel<br>• Neue Arbeitsmethoden, Vorgehensweisen |
| Wissens- und Innovations-Gesellschaft | • Überblick und Kontrolle im Bereich Daten und Information<br>• Technologische Unterstützung beim Bereitstellen, Organisieren und Finden von Wissen (z.B. Dokumentenmanagementsysteme, Cloudlösungen etc.)<br>• Neue Lernansätze |
| Digitalität | • Digitalität und damit verbundene technische Forschritte ermöglichen neue Formen der Kommunikation und Kollaboration unabhängig von Zeit und Raum<br>• Vernetzung von Personen und Gegenständen ermöglichen Effizienzen<br>• Digitalität steigert Produktivität, allerdings müssen auch Risiken kalkuliert werden<br>• Hohe Eigenverantwortung durch Digitalität und Wertewandel<br>• Wunsch nach Flexibilität bei der Arbeit steigt (wann, wo, wie)<br>• Der technische Fortschritt ermöglicht neue Lösungen für die Umsetzung der Flexibilität |
| IT-Sicherheit | • Wird immer komplexer und erfordert hohe Aufmerksamkeit bei Nutzung neuer Technologien<br>• Steht im ständigen Konflikt mit digitaler Transformation<br>• Große Herausforderung für die Unternehmensorganisation und -führung |
| Urbanisierung | • Erreichbarkeit und Zugänglichkeit<br>• Ressourceneffiziente Gebäude<br>• Steigende Kosten<br>• Vernetzung von Gebäuden<br>• Nachhaltigkeit |

**Abb. 34.1** Auswirkungen bestimmter Einflussfaktoren auf den Arbeitsplatz der Zukunft und auf die Schaffung von digitalen Kompetenzen

Einlass gewähren, denn wenn sie dies nicht tun, werden sich potenzielle Arbeitnehmer für diejenigen Unternehmen entscheiden, die ihnen diese neuen flexiblen Arbeitsmodelle ermöglichen. Die Basis aller Tätigkeiten, welche in einem Unternehmen anfallen, sind Informationen. Mit der Entwicklung der Digitalisierung wird diese Flut an Informationen immer größer und folglich auch schwerer zu beherrschen. Aus diesem Grund sind für Unternehmen das Sammeln und sichere Ablegen von Informationen sowie das schnelle Abrufen des gespeicherten Wissens von besonderer Bedeutung (Wissensmanagement).

Denn nichts ist mühseliger als ein stockender Prozess, weil relevante Informationen fehlen oder nicht schnell genug gefunden werden können. Deshalb ist es immens wichtig, dass sich die Software, die das Unternehmen einsetzt, flexibel an die Unternehmensbedürfnisse und -prozesse anpasst, permanent weiterentwickelt wird und somit auch langfristig anpassungsfähig bleibt, wenn es Änderungen von Prozessen gibt (vgl. Röcker und Werthebach 2015).

Die Entscheidung, welche Veränderungen im eigenen Unternehmen in welchem Handlungsfeld vorgenommen werden sollen, muss jedes Unternehmen individuell treffen. Denn es gibt im Hinblick auf die digitalen Kompetenzen und den Arbeitsplatz der Zukunft keinen Standard, der auf jedes Unternehmen angewendet werden kann. Vielmehr stehen Unternehmen vor der Herausforderung, viele verschiedene interne und externe Faktoren neu zu bündeln. Nur so können sie langfristig den Erfolg in einem digitalen Umfeld fördern.

Unternehmensintern kommt es zu einer Machtverschiebung zugunsten hoch qualifizierter Mitarbeiter. Der *2017 Digital IQ Survey* zeigte, dass der Mangel an benötigten Fähigkeiten dazu führt, dass Unternehmen nicht mit den Investitionstrends und aufkommenden Technologien schritthalten können (vgl. Curran et al. 2017). Die digitale Transformation ist eine Personalfrage: Der Link zwischen Business und Technologie ist nach wie vor der Mensch. Dieses Paradigma gilt für extern gerichtete Beziehungen mit Kunden und Partnern, wie auch für Mitarbeiter unternehmensintern. Der Wandlungsbedarf ist zwar von außen getrieben, doch findet die digitale Transformation im Kern des Unternehmens statt. Dabei ist die *Human Experience* das einzig gestaltbare Element, um das Verhalten von Mitarbeitern und Key-Partnern zu beeinflussen. Denn die Umsetzung der Digitalstrategie ist nur so gut, wie sie von Mitarbeiter/-innen umgesetzt und Bottom-Up operationalisiert wird. Digital Empowerment und Engagement muss dabei über alle Unternehmensbereiche hinweg erfolgen. Jedoch in einem solchen Maße, dass über den gesamten Transformationsprozess hinweg eine positive und motivierende *Human Experience* gewährleistet ist, um eine Unternehmenskultur des Wandels zu etablieren. Diese stellt die Basis für Innovationsprozesse her.

Zudem erfordert die digitale Transformation eine neue Sichtweise auf das Talent Management von Fach- und Führungskräften. Digitalisierung muss als Chance für neue Möglichkeiten der Mitarbeiterbindung genutzt werden. *Employee Branding* wird Teil einer Candidate- und Human-Experience als Differenzierungsmerkmal auf dem Arbeitsmarkt. Dies bestätigen die Ergebnisse des *2017 Digital Business Global Executive Study and Research Project*, nach dem das Unternehmen als Talent-Magnet fungieren und Führungskräfte mit digitalen Ambitionen halten und fördern muss, um Digitale Reife zu erreichen (vgl. Kane et al. 2017).

Führungskräfte sehen sich mit einer neuen Generation von Mitarbeitern konfrontiert, die eine neue Arbeitskultur in das Unternehmen tragen und dadurch zu einem sozialen und kulturellen Wandel beitragen. Damit einhergehend sind neue Formen der Arbeitsorganisation, Arbeitsgestaltung und Arbeitszeit. Die *Work/Life-Balance* gewinnt an Bedeutung und Mitarbeiter fordern flexible Arbeitszeitmodelle, die sich den Lebensumständen anpassen.

Ermöglicht wird dies durch neue kollaborative und technische Möglichkeiten des mobilen Arbeitens über Mobile Devices. Resultate erfahren mehr Relevanz als reine Präsenz. Expertise wird in einer kollektiven Intelligenz geteilt, Silodenken überwunden und formelle Strukturen werden aufgebrochen.

Mehr und mehr Prozesse werden auch abseits industrieller Fertigung automatisiert, wodurch sich Arbeitsinhalte und damit Mitarbeiteranforderungen ändern. Wissensarbeit und Wissensaustausch gewinnen zunehmend an Bedeutung, damit wächst auch die Forderung an die IT nach Bereitstellung geeigneter Applikationen zum Wissensmanagement. Die Führung muss sich dieser Entwicklung durch neue Führungs- und Managementansätze anpassen.

To thrive in the digital economy, enterprise architects must continue to work with their CIOs and business leaders to proactively discover emerging technologies that will enable transformational business models for competitive advantage, maximize value through reduction of operating costs, and overcome legal and regulatory hurdles. (Gartner Research 2016)

Um wettbewerbsfähig bleiben zu können oder die eigene Wettbewerbsposition auf Basis neuer digitaler Geschäftsmodelle weiter auszubauen, sind Unternehmen gezwungen, an neuen Technologietrends zu partizipieren. Durch die Kurzlebigkeit von disruptiven Technologien kann sich eine solche derart schnell zu einer *Sustaining Technology* entwickeln, dass Unternehmen einen Technologieschritt versäumen und im Handumdrehen vom Markt verschwinden. Aufgabe der IT ist es, eine infrastrukturelle Plattform bereitzustellen, um neue Technologien testen zu können.

Informationen in Form von Kundendaten und digitalen Inhalten bilden in der digitalen Wirtschaft die Grundlage für strategische und operative Managemententscheidungen. Die Wichtigkeit von Informationen als Unternehmenswert steigt. *Business Intelligence* ist veraltet – unabdingbar ist die Nutzung der Potenziale von Big Data. **Data (Digital) Science** wird zu einer Kerndisziplin eines jeden Unternehmens.

Neue Möglichkeiten der Kollaboration über zeitliche und örtliche Barrieren hinweg bieten Chancen für mehr Produktivität. Smart Workplaces richten sich auf Mitarbeiter/-innen ein und unterstützen diese bei der effizienten Bewältigung der Aufgaben. Wichtiger Enabler sind neue Software-Lösungen, die proaktiv Informationen zur Verfügung stellen und somit den Arbeitsschritt der Informationssuche überflüssig machen. Dabei werden Informationen auf zentralen Plattformen von überall aus der Welt zugänglich gemacht, Geschäftsprozesse können miteinander vernetzt werden und Verantwortlichkeiten sind durch die zunehmende Transparenz klar bestimmt.

Dass die digitale Transformation durch ihren disruptiven Charakter ein Risiko für alle Wirtschaftsbereiche darstellt, wurde zuletzt in diversen Studien bestätigt und bedarf keiner weiteren Kommentierung. Insbesondere durch die Schnelligkeit und Intensität stellt der Transformationsprozess ein Risiko für Unternehmen jeder Größenordnung dar. Das größte Risiko geht sicherlich von der Führungsetage aus. Einerseits sind Führungskräfte mit veraltetem Mindset sowie Zweifel am erfolgreichen Einsatz digitaler Technologien zur Wertschöpfung gefährlich. Grund ist in aller Regel das fehlende Know-how über den

Wertbeitrag selbiger und deren mögliche Integration im Wertschöpfungsnetzwerk. Digital Leader müssen in der digitalen Wirtschaft zwangsweise auch Medienkompetenz besitzen. Andererseits erfordert die digitale Wirtschaftswelt neue Führungsansätze mit Verständnis von Diversity, um das volle Potenzial aus einem generations- und kulturübergreifenden Mitarbeiterpool zu schöpfen. Erfolgt dies nicht, wird die Organisation zu ihrem eigenen Feind. Im gleichen Zuge ist es notwendig, Kontrollstrukturen abzubauen und Vertrauen gegenüber Mitarbeitern zu entwickeln. Es muss eine Verschiebung vom Delegieren zum Dirigieren von Mitarbeitern erfolgen und eigenverantwortliches Arbeiten der Mitarbeiter sollte zu einem Grundzustand werden.

Die dritte Gefahr ist das fehlende Commitment. Nur mit Führungskräften, welche die Vision teilen und digitale Initiativen im Unternehmen verankern, kann die digitale Strategie umgesetzt und letztlich digitale Wertschöpfung betrieben werden. Wenn Mitarbeiter/-innen nicht die Möglichkeit haben, ihre Digitalkompetenzen auszubauen, steigt die Gefahr auf ein bis zu fünfzehnfaches, dass diese binnen drei Jahren das Unternehmen verlassen (vgl. Kane et al. 2017). Mit fehlendem Fachwissen ist eine Transformation unmöglich.

Etablierte Unternehmen müssen sich selbst kannibalisieren, bevor dies von Seiten der Wettbewerber geschieht. Das bedeutet, dass bewährte Strukturen aufgebrochen und etablierte Geschäftsmodelle – ohne Garantie auf Erfolg – transformiert werden müssen. Wie diverse Studien belegen, muss dies mit voller Energie und Überzeugung geschehen, da ansonsten der gesamte Transformationsprozess aufgrund des fehlenden Commitments zum Scheitern verurteilt ist.

Wie aber bereits kritisch reflektiert wurde, darf auch keine Übertransformation erfolgen. Die Digitalisierung des Geschäftsmodells und des Unternehmens muss unter Berücksichtigung der Kunden- und Mitarbeiterakzeptanz erfolgen. Dabei ist eine ständige Kontrolle über spezielle KPIs notwendig. Balance Points definieren dabei den Grad der maximalen Digitalisierung in einem Unternehmensbereich. Dieser Wert muss mit zunehmender digitaler Reife unter Beachtung von strategischen Zielen angepasst werden.

Eine starke und motivierende Vision ist der Treiber für eine wandlungsorientierte Unternehmenskultur. Commitment auf die Vision in allen Bereichsebenen ist ein elementarer Erfolgsfaktor für die Umsetzung der Strategie. Entsprechend kommt der Vision- und Strategieentwicklung eine wichtige Rolle zu. Der digitale Reifegrad des Unternehmens muss realistisch bemessen sein, damit Digitalisierungsinitiativen richtig adressiert sind. Digitalstrategie und IT-Strategie gehen dabei ein komplementäres Verhältnis ein und müssen auf die Ziele der Unternehmensstrategie ausgelegt sein.

Die Befähigung von Mitarbeiter/-innen muss von Beginn des Transformationsprozesses an erfolgen. Benötigte Skills im Umgang mit neuen Technologien müssen frühzeitig allen Mitarbeiter/-innen – und nicht nur IT- oder Führungskräften – vermittelt werden. Außerdem müssen Mitarbeiter/-innen dazu ermutigt werden, die Technologien auch selbstständig im Rahmen ihrer Aufgaben anzuwenden.

Letztlich ermöglicht der Einsatz eines Enterprise Social Networks in Verbindung mit Analytik-Methoden des Big Data die Etablierung von *Data-Driven Agility*. Diese

Kombination zweier *Enabler-Technologien* ermöglicht das große Erfassen und Bewerten von Daten zur Entscheidungsfindung und – durch Rückführung der Daten – automatisierten Prozessoptimierung im jeweiligen Anwendungsbereich. Mit diesem Schritt erfolgt der Ausbau zur agilen Organisation. *Data-Driven Agility* ist die Schlüsseldisziplin im digitalen Business. Managemententscheidungen können schneller, flexibler und genauer auf Basis aktueller Daten getroffen werden. Innovationspotenziale sowie Wissensdefizite können durch Verfahren des *Text-Minings* im Unternehmen identifiziert und sofort dem Management kenntlich gemacht werden. Neue Geschäftsmodelle können auf der Datenbasis wachsen. Darüber hinaus können Mitarbeiter/-innen schnell und flexibel sowie vor allem kontinuierlich qualifiziert werden.

Die Zukunft hat schon begonnen, packen wir sie an!

## Literatur

Abolhassan, F. (2016). *Was treibt die Digitalisierung?* Wiesbaden: Springer Fachmedien.

Brand eins. (2009). Wissen ist der erste Rohstoff, der sich bei Gebrauch vermehrt, Internet: https://www.brandeins.de/archiv/2009/denken/. Zugegriffen am 02.11.2018.

Curran, C., Garrett, D., & Puthiyamadam, T. (2017). 2017 Global Digital IQ Survey: 10th anniversary edition. A decade of digital. Keeping place with transformation. https://www.pwc.com/us/en/advisory-services/digital-iq/assets/pwc-digital-iq-report.pdf. Zugegriffen am 15.01.2020.

Eilers, S., & Rump, J. (2013). *Die jüngere Generation in einer alternden Arbeitswelt: Baby Boomer versus Generation Y*. Sternenfels: Verlag Wissenschaft und Praxis Dr. Brauner GmbH.

Esser, M. (2014). Chancen und Herausforderungen durch digitale Transformation. http://www.strategy-transformation.com/digitale-transformation-verstehen/. Zugegriffen am 15.12.2018.

Fraunhofer IAO. (2013). Arbeit der Zukunft. https://shop.iao.fraunhofer.de/publikationen/arbeit-der-zukunft.html. Zugegriffen am 12.10.2018.

Gartner Research. (2016). Gartner's 2016 Hype Cycle for emerging technologies identifies three key trends that organizations must track to gain competitive advantage. 2016 Hype Cycle special report distills insight from more than 2,000 technologies, Gartner research. https://www.gartner.com/en/newsroom/press-releases/2016-08-16-gartners-2016-hype-cycle-for-emerging-technologies-identifies-three-key-trends-that-organizations-must-track-to-gain-competitive-advantage. Zugegriffen am 15.01.2020.

Göhring, M., & Niemeier, J. (2016). Arbeitswelt und Organisation im Wandel. http://www.centrestage.de/studie-arbeitswelt-und-organisation-im-wandel/. Zugegriffen am 19.10.2018.

IAB. (2011). Projektion des Arbeitskräfteangebots bis 2050. http://doku.iab.de/kurzber/2011/kb1611.pdf. Zugegriffen am 12.10.2018.

Kane, G. C., Palmer, D., Phillips, A. N., Kiron, D., & Buckley, N. (2017). Achieving digital maturity. Findings from the 2017 Digital Business Global Executive Study and Research Project. Adapting your company to a changing world, MIT Center for Digital Business; Deloitte. MIT Sloan Management Review. http://marketing.mitsmr.com/offers/DL2017/59180-MITSMR-Deloitte-Digital-Report-2017.pdf. Zugegriffen am 15.01.2020.

Künzel, J. (2010). WissensWerte: Globalisierung. http://e-politik.de/artikel/2010/wissenswerte-globalisierung/. Zugegriffen am 19.10.2018.

Lloyd, S. (2015). Wie sieht der Arbeitsplatz der Zukunft aus? Polycom identifiziert sieben Top Trends. http://www.polycom.de/company/news/press-releases/2015/20150212.html. Zugegriffen am 19.10.2018.

Meyer, K. (2016). Die Generation Y als Digital Natives: Mythen und Fakten. http://www.usability.ch/news/generation-y-digital-natives.html. Zugegriffen am 11.10.2018.

Röcker, S., & Werthebach, B. (2015). Serie: Digitaler Arbeitsplatz der Zukunft. http://mein-dms.agorum.com/blog/digitaler-arbeitsplatz-der-zukunft-1-produktivitaet-steigern. Zugegriffen am 02.11.2018.

Rump, J., & Walter, N. (2013). *Arbeitswelt 2030: Trends, Prognosen, Gestaltungsmöglichkeiten*. Stuttgart: Schäffer-Poeschel.

**Mike Friedrichsen** ist ein Pionier im Zeitalter der Digitalisierung und gründete bereits Anfang der neunziger Jahre Unternehmen mit dem Schwerpunkt Internet & E-Commerce. Prof. Dr. Mike Friedrichsen ist seit über 20 Jahren Full-Professor an diversen staatlichen Hochschulen, derzeit ist er Professor für Wirtschaftsinformatik und digitale Medien (Schwerpunkt Digital Economy & Innovation) an der HdM Stuttgart und Founding President der University of Digital Science Berlin. Zudem ist er Direktor des UDS Competence Center for Digital Economy. Neben seiner wissenschaftlichen Tätigkeit ist er stets unternehmerisch tätig, u. a. Vorstand der Humboldt School AG sowie Gründer und Gesellschafter diverser Startup-Unternehmen. Zusätzlich nimmt er regelmäßig diverse Gastdozenturen und Lehraufträge an internationalen Universitäten weltweit wahr. Prof. Dr. Friedrichsen ist Autor zahlreicher Bücher und Fachaufsätze (national und international) und hält Keynotes und Vorträge auf allen relevanten Kongressen und Tagungen sowie bei unternehmerischen Veranstaltungen. Zudem ist er als Gutachter tätig und nimmt diverse ehrenamtliche – nationale und internationale – Funktionen ein. In wissenschaftlichen und nicht-wissenschaftlichen Unternehmen, Organisationen und Verbänden ist er Mitglied von Aufsichtsgremien und Beiräten. Er ist Herausgeber von mehreren Buchreihen in deutschen und internationalen Verlagen sowie in diversen Editorial Boards von renommierten wissenschaftlichen Zeitschriften.

**Wulf Wersig** hat in Kiel (CAU) und Berlin (FU) Volkswirtschaft und Diplom-Handelslehrer studiert. Er ist zertifizierter Organisationsentwicklungsberater und Lerncoach, war Studienleiter für Wirtschaftsinformatik und 10 Jahre lang – bis 2016 – Schulleiter und Geschäftsführer des Regionalen Berufsbildungszentrums Wirtschaft der Landeshauptstadt Kiel (RBZ Wirtschaft . Kiel). Seit 2019 ist er Kanzler und Geschäftsführer der UDS – University of Digital Science Berlin. Mit der Gründung der UDS Foundation wird Wulf Wersig Vorstandsvorsitzender der Stiftung und die Funktion des Kanzlers abgeben.

## Ihr Bonus als Käufer dieses Buches

Als Käufer dieses Buches können Sie kostenlos das eBook zum Buch nutzen. Sie können es dauerhaft in Ihrem persönlichen, digitalen Bücherregal auf **springer.com** speichern oder auf Ihren PC/Tablet/eReader downloaden.

Gehen Sie bitte wie folgt vor:
1. Gehen Sie zu **springer.com/shop** und suchen Sie das vorliegende Buch (am schnellsten über die Eingabe der eISBN).
2. Legen Sie es in den Warenkorb und klicken Sie dann auf: **zum Einkaufswagen/zur Kasse.**
3. Geben Sie den untenstehenden Coupon ein. In der Bestellübersicht wird damit das eBook mit 0 Euro ausgewiesen, ist also kostenlos für Sie.
4. Gehen Sie weiter **zur Kasse** und schließen den Vorgang ab.
5. Sie können das eBook nun downloaden und auf einem Gerät Ihrer Wahl lesen. Das eBook bleibt dauerhaft in Ihrem digitalen Bücherregal gespeichert.

**EBOOK INSIDE**

| | |
|---|---|
| eISBN | 978-3-658-22109-6 |
| Ihr persönlicher Coupon | xHcMT39kxTXzgWj |

Sollte der Coupon fehlen oder nicht funktionieren, senden Sie uns bitte eine E-Mail mit dem Betreff: **eBook inside** an **customerservice@springer.com**.

Printed by Printforce, the Netherlands